KB095746

위험한 철학

위험한 철학

Jenseits von Gut und Böse

초판 1쇄 발행 2022년 9월 19일
초판 2쇄 발행 2024년 4월 12일

지은이 미하엘 슈미트잘로몬
옮긴이 안성철

발행인 강재영 | **발행처** 애플씨드
출판사 등록일 2021년 8월 31일 제2022-000065호
이메일 appleseedbook@naver.com

기획 편집 이승욱
표지 디자인 유어텍스트
CTP출력 인쇄 제본 프린탑

ISBN 979-11-978626-2-5 03100

위험한 철학

미하엘 슈미트잘로몬 지음 | 안성철 옮김

도덕 없이도 윤리적일 수 있는 이유

애플씨드

이 책을 추천하며

도덕 개념에서 벗어날 때 더 윤리적일 수 있고, 자유의지 환상에서 깨어날 때 더 자유로울 수 있다

이 책의 저자 슈미트잘로몬은 도덕과 종교에 대한 인류학적 반성을 제기한 비판적 대중작가로 유명하다. 이 책《위험한 철학》의 원제는《선악을 넘어서Jenseits von Gut und Böse》이다. 저자는 니체의 유명한 저서와 의도적으로 같은 제목을 사용했다. 독일의 대표적인 무신론 철학자이며 진화론적 인본주의자인 저자 슈미트잘로몬은 이 책에서 문화라는 이름으로 권력화되고 형이상학으로 전락하여 개념화된 도덕의 혼선을 날카롭게 꼬집고 있다. 니체가 자신의 책《선악을 넘어서》에서 형이상학과 종교를 신랄하게 비판했듯이, 저자는 진화생물학, 심리학, 뇌과학 등의 연구 성과를 바탕으로 선악의 기준을 기본 교리로 둔 서구 종교의 블랙박스를 여지없이 비판하고 있다. 어려운 철학 문장들로 가득한 니체의 책과 달리 이 책은 쉽게 읽히고 단박에 페이지를 넘길 정도로 흥미롭다. 이 책 한 권으로 니체 철학과 진화생물학뿐 아니라 생활심리학과 행동주의 윤리학을 포섭할 수 있다. 그리고 내 삶의 진정한 자유와 도덕이 무엇인지를 깨닫게 해준 소중한 책으로 기억될 것 같다.

저자는 도덕이나 자유의지 개념이 우리의 구체적 삶이 아닌 도덕 권력의 도구로 오용되고 있음을 명쾌하게 설명한다. 나아가 우리가 도덕 개념에서 벗어나야만 오히려 더 윤리적인 삶을 살 수 있고, 자유의지 환상에서 깨어나야만 거꾸로 자유로운 인생을 살 수 있다고 주장한다. 그렇다고 오해는 하지 말자. 저자는 선과 악 그 자체를 부정하는 것이 아니라, 선과 악이 삶의 행동이 아닌 권력의 이념으로 바뀌는 인위적 모순을 비판할 뿐이다. 20~30만 년의 역사를 거쳐온 호모사피엔스지만, 선과 악의 프레임은 불과 2~3천 년이라는 짧은 문명사를 통해 만들어졌다. 이렇게 만들어진 선악 프레임에서 벗어날 때 우리 자신이 더 윤리적으로 행동할 수 있다는 사실을 독자들은 이 책 안에서 실감할 수 있을 것이다.

저자는 구체적으로 도덕의 이중성을 이렇게 설명한다. 농경 정착 생활을 시작한 신석기 이후 자신이 속한 집단 내부의 도덕과 자신이 속하지 않은 집단 외부의 도덕이라는 도덕의 이중성이 생겨났다. 이것은 진화의 실수나 유전자의 오류가 아니라 단순한 인간관계에서 나오는 필연적인 결과이다. 하지만 도덕의 이중성은 집단 내부 구성원의 결속력이 강할수록 외부에 대해 더욱더 방어적이고 공격적인 투쟁의 성향으로 발전할 수 있다. 곧 집단의 도덕력이 강해질수록 집단 외부를 차단하는 논리가 도덕률에 스며들게 되면서 자신들만의 도덕 잣대 안에서 선과 악이 규범화된다는 뜻이다. 도덕은 자기 집단과 다른 이해관계를 가진 타자에 대항하여 벌이는 사회적 충돌에서 가장 유용한 승리전략이다. 바로 이 점에서 도덕은 이중적일 수밖에 없는 자연의 소산물이기도 하다. 19세기 말 윤리학자 미하일 쿨리셰르에 따르면, 도덕의 '이중성'은 온화한 사랑과 평화라는 한 편의 태도와 증오와 적대감이라는 다른 편의 태도가 병립되어 있다. 한 편의 태도 유형은 자기 집단을 대하는 도덕률이며, 다른 편의 태도 유형은 외부의 타인을 대하는 도덕 부산물이다. 쿨리셰르가 관찰한 도덕의 이중성은 세계 5대 종교와 같은 이른바 고등종교의 '거룩한 경전'에서도 잘 드러난다.

인류 진화의 산물이지만 역설적으로 권력 집단에 의해 타자에 대한 보복과 공격의 무기로 활용될 수 있는 도덕의 이중성을 직시할 때 비로소 우리는 자신의 행복과 윤리를 얻어낼 수 있다고 주장하는 저자의 용기는 기성 문명에 대한 상당한 도전으로 여겨진다.

나아가 저자는 뇌과학의 연구성과를 통해 자유의지와 자아, 곧 '나'라는 주체 또한 문화적 밈의 소산물에 지나지 않는다는 점을 논증하는데 이 부분도 무척 흥미롭다. '나'라는 의식은 신석기 문명 이후에 형성된 문화적 밈으로 미국 심리학자 줄리언 제인스의 가설에 의하면 3천 년 전에 생겨났을 것이라고 한다. 5만 년 전 구석기 성인이 갖는 독립된 '나'라는 의식은 아마도 지금의 7세 아이 수준에도 미치지 못할 것이라는 주장은 비록 가설이기는 하지만 매우 설득력 있어 보인다. 저자는 이러한 논거를 바탕으로 도덕의 이중성을 뒷받침하는 자유의지라는 형이상학적 환상에서 깨어나 부당한 사회 제약 조건과 상황을 개선하기 위해 노력할 때 비로소 우리는 자유를 얻을 수 있다고 말한다.

도덕에 억눌리지 않고서도 충분히 윤리적일 수 있다는 저자의 메시지는 도덕적 죄책감과 윤리적 후회의 차이를 통해서 잘 드러난다. 도덕적 죄책감은 우리를 위축시키면서 신체 에너지를 소진하고 심지어 우울증을 유발하기도 한다. 하지만 윤리적 후회는 과거보다는 미래를 향해 적극적으로 대처하게 하며 행동을 개선하고 자신의 자존감을 유지하게 한다. 나아가 저자는 일상에서 윤리적인 행복을 찾기 위한 행동 습관으로 첫째, 과거에 저지른 일에 대한 죄책감과 미래에 대한 불안감에서 벗어나 현재에 집중하는 마음 챙김, 둘째, 관계에 의미를 부여하기, 셋째, 대리 경험보다는 직접적인 참여와 실행을 통한 몰입을 제시하고 있다.

결론적으로 저자는 선악, 도덕, 자아, 자유의지의 관념이 혹시 권력에 의해 신성시되거나 더 높은 숭고함으로 무장된 것이 아닌지를 잘 따져보자는 것이다. 만들어진 도덕 원칙이나 형이상학으로 변모된 자유의지에 기대지 않더라도 사람들은 더 자유롭고 더 윤리적이며 새롭고 평화로운 공존의 공동체를 살아갈 수 있음을 보여준다는 점, 그것 하나만으로도 이 책은 충분히 읽을 만하다. 어려운 개념의 책이 아니라서 더욱더 재미있게 읽었다.

최종덕
상지대 명예교수, philonatu.com 운영
학술원 우수도서《생물철학》과《의학의 철학》저자

목차

일러두기

○ 본문에 포함된 주석은 한국어판에서 옮긴이와 편집자가 추가한 것입니다. 글쓴이의 원주는 본문 뒤에 수록했습니다.

○ 본문의 ( ) 안의 내용은 글쓴이가 부연해 놓은 내용입니다. 구분하기 쉽게 하려고 부연해 놓은 내용은 본문보다 글자 크기를 작게 했습니다.

○ 본문의 〔 〕 안의 내용은 옮긴이와 편집자가 내용 이해를 돕기 위해 덧붙여 놓은 것입니다. 원래의 본문과 구분할 수 있도록 옮긴이가 덧붙인 내용은 고딕으로 서체를 다르게 했습니다.

표기세칙

① 주요 개념은 본문에 외국어를 함께 표기했으나, 인명이나 지명 등의 외국어 표기는 책 뒤의 '찾아보기'에 수록했습니다.

② 책이나 정기간행물은 《 》, 논문이나 문헌, 영화, 예술작품 등은 〈 〉로 표기했으며, 외국어 표기는 책 뒤의 '찾아보기'에 수록했습니다. 한국어로 번역된 것이 있을 때에는 한국어판의 제목으로 표기했습니다.

③ 본문의 인명이나 지명 등의 외국어 표기는 해당 국가의 언어에 맞추어 나타냈습니다. 하지만 10세기 이전의 인물이나 교황의 이름 등은 라틴어를 기준으로 표기했습니다.

④ 성서의 인물이나 오늘날 영어식 발음 표기가 일반화되어 한국어에서 외래어처럼 폭넓게 사용되고 있는 것은 널리 통용되고 있는 것을 기준으로 표기했습니다.

⑤ 성서의 인용은 한국 가톨릭 공용 성서인 '한국천주교주교회의, 《성경》, 서울: 한국천주교중앙협회의, 2008'을 기초로 했습니다.

프리드리히 니체를 기리며

돌어가는 글

선과 악의 저편

나는 약간 정신이 멍한 상태로 말했다. 우리가 무죄의 상태로 돌아가려면 선악과를 다시 한번 더 먹어야 한다고요? 그가 대답했다. 그래요. 그것이 세계 역사의 마지막 장입니다.

– 하인리히 폰 클라이스트

선과 악에 관한 낡은 관념

'악'은 머릿속에서 만들어진 망상일 뿐이며, 우리가 사는 현실과 아무 관련도 없다. 조금만 더 깊게 들여다보면 선하거나 악한 고양이, 코끼리, 지렁이, 돌고래가 없는 것처럼 선하거나 악한 사람도 없다는 사실을 분명히 알 수 있다.

10년쯤 전에 내가 어느 철학 학회에서 이런 내용을 발표하자, 꽤 많은 사람의 얼굴에 불편한 기색이 드러났다. 그 자리에는 철학을 전공해서 신이나 악마와 같은 주제와 이미 어느 정도 거리를 둔 사람이 모여 있었다. 그런데도 많은 사람이 선과 악만큼은 어떻게든 구분해야 한다고 믿었기 때문인지, '도덕적인 선과 악의 구분'에 반대하는 내 주장은 끈질긴 반발에 부닥쳤다. 특히 내가 히틀러와 스탈린도 '자유의지'

로 '악'을 선택하지는 않았다고 설명했을 때 거부반응이 더 커졌다. 수백만 명을 학살한 책임이 있는 두 독재자도 비극적이지만 자신에게 주어진 삶의 경험 때문에 그렇게 할 수밖에 없었다는 내 주장을 청중들은 좀체 받아들이려 하지 않았다. 청중들은 이렇게 생각했을 것이다. '저런 악당들까지 도덕적으로 용서한다면 도대체 세상은 어떻게 될까?'

이런 반응은 당연했다. 우리의 뇌는 수백 년 동안 '죄와 속죄', '선과 악'이라는 기반 위에서 짜여왔기 때문이다. 그래서 우리가 세상을 완전히 다른 방식으로 인식할 수 있다는 사실을 대부분 생각조차 하지 못하며, 전통적 사고방식에 의문을 제기하는 사람은 곧바로 오해에 휩싸이게 마련이다. 사람들은 그런 시도가 히틀러와 같은 독재자의 끔찍한 만행을 정당화하려는 것이라고 너무나 쉽게 지레짐작해버린다. 10년쯤 전에 내 발표가 끝난 뒤에도 그랬다. 그리고 지금 이 책도 그런 오해를 받지 않을까 두렵다.

내가 위험을 무릅쓰고 다시 '선과 악에서 벗어난 인간 친화적 철학' 책을 쓰려고 하는 것이 무척 고집스럽게 여겨질지 모르겠다. 그러나 지난 10년 동안 '원죄-속죄-처벌'이라는 도덕의 삼각기둥과 철저히 결별하는 것만이 최선이라는 내 확신은 점점 더 커졌다. 프리드리히 니체는 이러한 결별을 인류의 가장 큰 진보로 보았다.[1] [사유의 망치를 들고 낡은 관념을 부수는] '망치를 든 철학자' 니체가 지나치게 과장해서 표현했지만, 도덕과 결별한 것을 인류의 가장 큰 진보로 평가한 것은 핵심을 정확히 짚었다. 실제로 우리가 구태의연한 도덕관념에서 벗어날 수 있다면 세상은 극적으로 좋아질 것이다. 구태의연한 도덕관념이 우리를 총체적으로 병들게 했을 뿐 아니라, 비판적으로 사고하지 못하는 이기적이고 바보 같은 사람으로 만들었기 때문이다.

선과 악이라는 도덕관념에서 벗어나더라도 우리가 잃을 것은 없다. 선과 악이라는 도식은 인간적인 사회를 만들려는 우리의 노력에 아무 도움이 되지 않았기 때문이다. 오히려 반대였다. 도덕이라는 가면 뒤에는 언제나 보복을 향한 맹목적 본능이 도사리고 있었다. 적, 이방인, 부적응자 등에게 '악'이라는 낙인을 찍으면서 폭력은 더욱 증폭되었다. 나아가 보복과 폭력은 인류 역사에서 끊임없이 되풀이되었다.

이런 낡은 사고체계에서 벗어나면 (이것이 이 책의 주제인데) 우리는 윤리적으로 더 건강해지고, 더 탄력 있는 세계관을 가질 수 있다. 정신과 사고도 건강해지면서 우리 스스로 유연해지고, 다른 이와 맺는 관계도 훨씬 덜 경직될 것이다. 합리적인 인도주의 세계관은 기독교인이 매일 간절히 기도하는 '악에서의 구원'을 공짜로 문 앞에 배달해준다. 따라서 구원을 얻으려면, 신에게 자비와 보살핌을 구하기보다 세계를 인식하는 우리의 가정을 비판적으로 검증할 필요가 있다.

동의하지 못하겠는가? 당연하다. 나라도 '세상을 구원할 해법'이 있다고 주장하는 글을 읽으면, 곧바로 머릿속에 경고음이 울릴 것이다. 그러나 걱정하지 않아도 된다. 나는 새로운 종교를 세울 생각은 전혀 없다. 나는 비판적 합리주의를 지지하는 철학자로서[2] 어떤 형태로든 검증하지 못할 약속은 하지 않을 것이다. 아울러 이런저런 '지식'을 얻으면, 단숨에 모든 문제를 해결할 수 있다고 사기를 치지도 않을 것이다.

악에서 구원될 수 있다는 사실이 나쁜 것에서 모두 구원된다는 의미는 아니다. 당연한 말이지만 선과 악에서 철학적으로 벗어난 뒤에도 우리는 '지상낙원'을 발견하지는 못할 것이다. 고통, 불행, 죽음 등은 여전히 우리 삶의 동반자가 될 것이다. 그러나 조금 더 이성적이고, 조금 더 여유롭고, 조금 더 유쾌하게 삶의 고난을 다루는 방법을 배울 수는 있을 것이다.

역설적이지만 구태의연한 도덕 관점에서 불편하게 여기는 많은 자연과학의 결과물이 선과 악이라는 낡은 관념체계에서 벗어나는 데 도움을 준다. 이러한 확신은 내가 직접 겪으면서 더욱 커졌다. 우리는 삶의 파도를 헤쳐 가면서 생긴 착각을 떨쳐버리기 위해 과학의 힘을 이용할 수 있다. 그러면 좀 더 건설적이고, 즐겁고, 편안한 인생관, 곧 '새로운 존재의 가벼움'을 느끼게 될 것이다.

이것이 무슨 의미인지는 앞으로 살펴볼 것이다. 다만 지금은 우리의 인생관과 직접 관련이 있는 것만 간단하게 짚고 넘어가자. 그렇게만 하더라도 우리는 실패에 대한 두려움, 열등감, 과대망상, 복수심 등과 같이 자신의 삶뿐 아니라, 다른 사람과 함께하는 삶에 부담을 주는 부정적인 감정을 예방할 수 있기 때문이다. 불가능하다고 생각하는가? 그렇다면 놀랄 준비를 하기 바란다.

새로운 존재의 가벼움에 이르기 전에 우리는 먼저 과학의 세계를 여행해야만 한다. 특히 뇌 과학, 진화생물학, 유전자학, 사회학, 심리학을 두루 살펴보아야 한다. 이런 학문이 이뤄낸 업적을 세계관의 관점에서 다루려면, 당연히 철학과 신학도 언급할 것이다. 책이 너무 무미건조해지지 않게 중간중간 작은 비유와 이야기를 배치해서 어느 정도 추상적인 과학적 · 철학적 주제를 쉽게 설명하려고 노력했다.

어떤 이야기는 이 책의 중심 소재로 무척 자주 등장할 것이다. 이른바 책 중의 책이라고 불리는 성서의 맨 앞에 실린 아담과 이브, 나아가 성서라는 신화에서 지상의 모든 불행의 원인으로 그려진 저주받은 열매 이야기가 특히 자주 등장할 것이다.

이브 그리고 존재하지도 않았던 사과

대여섯 살쯤 되었을 적에 처음 성서에 나오는 원죄 이야기를 듣고, 이브의 행동에 무척 화가 났던 기억이 난다. 고작 하찮은 사과 하나가 영원한 행복이 보장된 삶을 망쳐버렸기 때문이다. 물론 나는 사과를 싫어하지 않았다. 다만 사과 때문에 이브와 나를 비롯한 그녀의 후손이 너무 큰 대가를 치른다고 생각했을 뿐이다.

나는 한참 지난 뒤에야 아담과 이브 이야기가 역사적 사실이 아니라, 상상력이 풍부한 문학적 창작물에 지나지 않는다는 것을 알았다. 인류도 마찬가지였다. 수백 년 넘게 기독교도는 어린아이와 같은 순진함으로 성서의 창작된 이야기를 믿었다. 성서 신화의 진실성에 의문을 품은 사람은 이단으로 몰려 화형에 처할 위험을 무릅써야 했다. 코페르니쿠스의 발견으로 기반이 흔들린 뒤에도, 진화이론이 성서의 창조 신화를 지탱하는 마지막 실증적 기반까지 무너뜨린 뒤에도, 종교인은 코페르니쿠스의 발견과 진화이론에 맞서 전쟁을 벌였다.

대중매체에서 거의 매일 볼 수 있듯이, 창조론과 진화론 사이의 논쟁은 아직도 끝나지 않았다. 매우 낡은 생각이지만, 오늘날에도 전 세계의 수십억 유대교 · 기독교 · 이슬람교 신자는 성서의 신화를 역사적 사실로 받아들인다. 1억2천만 명에 이르는 미국인도 메소포타미아 사람들이 대부분 맥주를 만들어 마시던 시기에 우주가 만들어졌다는 성서의 이야기를 꿋꿋이 믿는다.[3]

종교에서 어느 정도 벗어난 서유럽에서는 현재 아담과 이브가 실존했다고 믿는 사람을 만나기 쉽지 않다. 서유럽 문화권에서는 이미 지난 세기에 상당한 정도로 인식이 발전했다. 곧 성서의 창조 신화를 호메로스, 셰익스피어, 그림 형제의 작품처럼 문학작품일 뿐이라고 생각한다.

그렇다고 성서의 창조 신화가 머릿속에서 사라졌다는 의미는 아니다. 창세기 신화는 여전히 우리 문화의 한 부분으로 확고히 자리를 잡았다.

이런 문화현상은 종교와 매우 거리가 먼 영역에서도 볼 수 있다. 유혹의 상징으로 쓰이는 사과의 이미지를 포기하려는 그래픽 디자이너나 광고영상 제작자가 있을까? 백설 공주가 독이 든 사과의 희생양이 된 것도 우연이 아니듯이, 사과는 유혹의 상징으로 전 세계에 자리를 잡았다. 그러나 정작 성서에는 사과에 관한 구절이 전혀 실려 있지 않다. (가능하지도 않았을 것이다. 사과는 20세기에 비로소 무역으로 성서의 신화가 만들어진 중동지역에 수입되었기 때문이다.)[4]

신화 속의 우리 조상이 하필이면 사과와 연결되는 상황을 보면 사상 · 그림 · 선율과 같은 문화적 정보의 단위를 뜻하는 밈이 어떤 방식으로 생겨나는지 알 수 있다.[5] 나아가 적당한 조건만 갖추면, 밈이 전 세계에 뿌리내릴 수 있다는 사실도 알 수 있다. 분명히 아주 오래전에 오늘날 우리는 알지 못하는 어떤 성직자가 〔그리스어 성서를 5세기 초에 라틴어로 옮긴〕 불가타 성서를 읽으면서, (오롯이 우연하게도) '악'이라는 뜻으로도, '사과'라는 뜻으로도 쓰이는 동음이의어인 '말룸malum'이라는 낱말을 찾아냈을 것이다.

그 성직자는 뱀이 이브를 유혹하는 장면을 나타낸 문장의 라틴어 표현을 "신처럼 되어 선과 사과를 알게 될 것Eritis sicut deus, scientes bonum et malum"이라고 해석하는 것이 터무니없다는 사실을 잘 알았을 것이다. 그러나 이름이 알려지지 않은 그 성직자는 직접적인 문맥과는 상관없이 뱀의 설득에 넘어간 이브가 선과 악을 알게 하는 나무에서 따 먹은 신비한 과일의 정체를 그 문장에서 찾아냈다고 생각했을 것이다.

그리고 '이브가 사과를 따 먹었다'라는 이야기를 만들어낸 이는 자신의 '발견'을 혼자 간직하지 않고 틀림없이 다른 이에게 전했을 것이고, 다른 이도 또 다른 이에게 퍼뜨렸을 것이다. 유혹의 사과라는 이미지는 이렇게 인류의 집단 기억에 새겨졌다. 그래서 사과는 헤아릴 수 없을 만큼 많은 이야기와 그림, 광고의 소재가 되었다. 한심한 오역에서 비롯된 이 밈의 환상적이고 성공적인 확산은 이렇게 진행되었다.

'이브가 사과를 따 먹었다'라는 밈의 환상적인 성공이 우리를 특별히 불안하게 할 까닭은 없다. 전혀 해로운 현상이 아니기 때문이다. 이 밈 대신에 '이브가 무화과를 따 먹었다'라는 좀 더 현실에 가까운 밈이 확산하였더라도 세상이 더 좋아지거나 나빠지지는 않았을 것이다. 하지만 성서의 원죄 이야기는 전혀 해가 없다고 할 수 없는 또 다른 밈을 포함하고 있다. 이 밈은 세상에 꾸준히 영향을 끼쳤고, 지금도 영향을 끼치고 있다. 이런 밈과 그것이 빚어낸 폭넓은 결과가 무엇인지를 다루는 것이 이 책의 내용이다.

원죄 증후군

성서의 이야기에 따르면, 신은 태초에 불행도 고난도 존재하지 않는 거룩한 세상을 창조했다. 신이 보기에 "손수 만든 모든 것이 참 좋았다."[6] 거룩한 창조의 정점은 신이 에덴에 아름다운 동산을 꾸미고, 사람에게 에덴동산을 일구고 돌보며 그곳에 살게 한 일이었다. 신은 인간에게 동산에 있는 모든 나무에서 열매를 따 먹어도 좋지만, '선과 악을 알게 하는 나무'에서는 열매를 따 먹으면 안 된다고 일렀다. 그 열매를 따 먹으면, 반드시 죽게 될 것이라고 경고했다.

현대에 사는 우리는 금지된 것과 그것을 위반하려는 매혹적인 자극의 관계를 잘 안다. (물론 전지전능한 신도 심리학의 기본 지식이 있었을 것이다.) 단순하게 표현하자면, 인간은 가질 수 없는 것에 무척 특별한 매력을 느낀다. 인류의 어머니인 이브도 그랬던 것 같다. "가장 간교한 들짐승인"[7] 뱀은 신이 거짓말을 했다고 그녀를 꼬드겼다. 그 나무의 열매를 먹더라도 절대 죽지 않을 것이며, 오히려 눈이 열려 신처럼 선과 악을 알게 될 것이라고 했다. 이브가 쳐다보니 그 나무 열매는 먹음직하고 소담스러웠으며, "슬기롭게 해줄 것처럼 탐스러웠다."[8] 그래서 이브는 그 열매를 따 먹었고, 남편을 설득해서 남편도 그 멋진 열매를 먹고 영원한 어리석음에서 벗어날 수 있게 했다.

얼핏 생각하면 그다지 큰 문제가 아닌 듯이 보이는 (기껏해야 단순한 과일 절도나 허용되지 않은 교육 기회를 이용한 것일 뿐인) 행동이 신학의 관점에서는 '모든 죄악의 어머니'라는 끔찍한 범죄가 되었다. 신의 명령에 따르지 않은 행위로 신이 창조한 거룩한 세계에 '악'을 끌어들였다는 이유에서였다.

오늘날 11억에 이르는 전 세계의 가톨릭 신자가 사용하는 신앙지침서인 《가톨릭교회 교리문답서》에는 아담과 이브의 행위가 이렇게 적혀 있다. "악마의 유혹으로 인간은 창조주에 대한 믿음의 마음을 잃어버리고 자유를 남용하였으며 신의 계율을 지키지 않았다. 여기에 인간의 최초의 죄가 있다. … 최초의 죄를 지은 뒤부터 죄의 홍수가 세상을 뒤덮었다. 카인이 자신의 형제 아벨을 죽였다. 그 죄로 인간은 완전히 타락하였다."[9]

신학은 이러한 타락에서 이른바 '원죄'를 끌어냈다. 아이가 세례를 받을 때 그렇게 순결한 존재가 '원죄'의 굴레를 쓰고 있다고 실제로 믿는 부모는 거의 없듯이, 유럽에서는 특별한 신학적 밈이 그다지 큰 역할을 하지는 않는다. 하지만 타락 이야기의 다른 구성요소는 탈 종교화 과정에서도 전혀 손상되지 않은 채 살아남았다.

그래서 종교가 없더라도 '원죄 증후군'에서 벗어난 사람을 찾아보기 어렵다. 여기에서 말하는 원죄 증후군은 인간의 사고와 행동, 감정을 성서의 낙원 이야기에 나오는 죄와 속죄의 원리에 따라 정형화하는 것을 가리킨다. 원죄 증후군의 기본 원리는 이렇게 정리할 수 있다.

첫째 원리. 다른 생명체와 달리 인간에게는 '자유의지'가 있다고 가정한다. 이런 사고의 밑바탕에는 이른바 '선택 가능의 원칙'이 놓여 있다. 곧 인간은 완전히 똑같은 조건에서도 원래 결정한 것과 다르게 결정할 수 있다는 것이다. 이에 따르면, 똑같은 조건에서 이브도 뱀이 제안했을 때 "싫다!"라고 결정할 수 있었고, 신의 계율을 어긴 그녀의 행동은 내면적 요인으로든 외면적 요인으로든 분명히 미리 결정되어 있지 않았다고 해석된다.

둘째 원리. (두 개념 모두 단수형인데) 선과 악을 절대적이고 보편적인 도덕적 개념으로 가정한다. 이것은 성서처럼 신과 악마라는 종교적 의미로도, 본질적인 선과 악이라는 형이상학적인 철학 개념으로도 나타날 수 있다. 어쨌든 인간이 대부분 도덕의 두 극단, 곧 '절대적 선'과 '절대적 악' 사이의 어딘가에서 도덕적 결정을 하더라도 선과 악의 도덕적 이분법은 필요하며, 심지어는 이를 포기할 수 없는, 지향해야 할 기준점으로 생각한다. 그래서 성서에 나오는 '선과 악을 알게 하는 나무'에 중요한 의미를 부여한다.

원죄 증후군의 논리를 구성하는 핵심은 두 원리의 밀접한 결합에 있다. (첫째 원리처럼) 인간은 자유의지가 있고, (둘째 원리처럼) '선'과 '악' 사이에서 자유롭게 선택할 수 있다. 그래서 인간에게 도덕적인 책임을 묻을 수 있다. 만일 인간에게 자유의지가 없다면, 인간이 '악한 짓'을 하더라도 도덕적 의미에서 인간 자체가 '악'이 될 수는 없기 때문이다. 이렇게 두 원리가 함께 작동할 때, 비로소 원죄 증후군의 마지막이자 결정적인 세 번째 기둥이 완성된다. 바로 '도덕적 죄와 속죄, 원죄의 원칙'이다.

성서에 실린 이야기로 논의를 더 명확히 해보자. 이브에게 악마의 유혹, 곧 '악'을 거절할 가능성이 없다면 죄를 저질렀다고 그녀를 도덕적으로 비난할 수는 없을 것이다. 이런 경우라면 이브에게는 〔형법상 책임의 전제로 규범에 따라 행위할 능력을 뜻하는〕 책임능력이 없는 셈이다. 그러나 원죄 증후군의 논리에서는 원칙적으로 이브가 다르게 결정할 수도 있다고 가정하기 때문에 그녀가 신의 계율을 어긴 것은 매우 큰 죄가 된다.

이를 세속적인 언어로 옮기면 이런 뜻이다. 이브는 '악'을 '자유의지로 선택'해서 도덕 장부에 부채를 남겼다. 이브가 남긴 부채는 반드시 상환되어야 하며, 이브와 모든 후손은 신이 내리는 '정당한 벌'로 그 부채를 상환해야 한다. 신은 여자에게 이렇게 말했다. "나는 네가 임신하여 커다란 고통을 겪게 하리라. 너는 괴로움 속에서 자식을 낳으리라. 너는 네 남편을 갈망하고, 남편은 너의 주인이 되리라."[10]

아담은 신의 결정으로 여자의 주인이 되었으나, 결과만 놓고 보면 이브보다 그다지 사정이 낫지 않았다. 아담도 이브의 '잘못'을 창조주에게 신고하는 대신에 아내의 말을 따랐고, 영원히 바보로 남는 대신에 '자유의지에 기초한 결정'으로 금지된 과일을 먹었기 때문에 죄를 저질렀다. 그래서 신은 '죄에 대한 벌'로 아담을 낙원에서 내쫓고, 그때부터 힘들게 일해야 하는 저주를 내렸으며 인간에게 영생의 능력을 거두었다. "너는 흙에서 나왔으니 흙으로 돌아갈 때까지 얼굴에 땀을 흘려야 양식을 먹을 수 있으리라. 너는 먼지이니 먼지로 돌아가리라."[11]

원죄 증후군이 영향을 미치는 범위를 올바르게 평가하려면 이 증후군이 인격신의 존재를 믿지 않는 사람에게도 큰 영향을 끼친다는 사실을 알아야 한다. 이 책의 도입부에서 설명했듯이 10여 년 전에 내 발표를 들은 청중들은 신과 악마에 대한 믿음과 오래전에 결별한 사람들이었다. 그런데도 히틀러와 스탈린이 (첫째 원리처럼) '자유의지'로 (둘째 원리처럼) '악'을 선택했으며, 그런 결정으로 (원죄 증후군의 논리적 귀결처럼) '커다란 죄'를 저질렀다고 확고히 믿었다.

두 명의 독재자가 자신의 범죄 행위로 도덕 장부에 엄청난 부채를 쌓았으나 전혀 '속죄'를 할 필요는 없다는 내 주장을 듣고, 종교가 없으며 은퇴한 기술자인 어떤 청중은 도저히 상상할 수 없는 "정의를 부정하는 가장 참을 수 없는 침해"라고 거세게 항의했다. 본디 매우 상냥했을 이 나이 든 남자는 히틀러와 스탈린이 마땅히 받아야 할 처벌이 무엇인지 말하면서 가학적인 상상력까지 동원했다. 그는 히틀러와 스탈린이 자신이 저지른 끔찍한 범죄에 대해 속죄하려면 수십 년 동안 전기충격기로 고문을 받아야 한다고 말했다. 이런 의견을 가진 이가 절대 혼자만은 아니었다는 사실이 더 놀라웠다.

여기에서 우리는 사람들이 원죄 증후군을 구성하는 두 개의 기본 원리, 곧 자유의지와 선악 이분법을 받아들이면 그로부터 도출되는 죄와 속죄의 원칙이라는 결론도 논리적으로 함께 받아들인다는 사실을 알 수 있다. 이는 인격신을 믿느냐 믿지 않느냐와 아무 상관이 없다. 원죄 증후군은 내재한 논리로 사람의 마음을 사로잡는다. 그러나 이 논리에는 매우 결정적인 약점이 있다. 논리의 바탕을 이루는 원리 자체가 불완전하다.

선과 악을 알게 하는 새로운 나무

이 책의 1장에서 제공하는 '새로운 선악과'를 따 먹으면 우리는 자유의지와 선악 이분법을 지탱하는 논리가 비판적 검증을 버텨내지 못한다는 사실을 깨닫게 될 것이다. 원죄 증후군의 원리가 무너지면 그 위에 세워진 도덕적 죄와 속죄의 원리도 사상누각처럼 허물어질 것이다.

그렇다고 너무 슬퍼할 필요는 없다. 오히려 그 반대이다. 이 책의 2부에서 존재의 가벼움에 관해 살펴보겠지만, 선과 악, 죄와 속죄라는 틀에서 벗어나면, 개인은 물론 사회도 매우 긍정적으로 변할 것이다.

아담과 이브에게 다시 기회를 주어 보자. 그들이 처음에 선과 악을 알게 하는 나무의 열매를 따서 먹었을 때는 아쉽게도 그 열매가 아직 익지 않았다. (이는 매우 당연한 일이었는데, 성서의 신화를 지어낸 이가 고대 유목문화의 제한된 지식수준에 의존할 수밖에 없었기 때문이다.) 어쨌든 '선과 악을 알게 되어' 신처럼 되리라던 뱀의 약속은 이루어지지 않았다. 오히려 정반대 현상이 나타났다. 성서 방식으로 선악을 '인식'함으로써 사고의 폭이 좁아졌고, 이는 이른바 '악'을 향한 불타는 증오로 보복과 전쟁을 끊임없이 부추겼다.

이제 선과 악을 알게 하는 나무의 열매를 다시 따 먹을 때가 되었다. 성서라는 신화가 만들어진 지 2천여 년이 지난 지금, 비로소 열매가 무르익었기 때문이다. 열매가 무르익었다는 것은 이제 그 열매를 먹는 일이 더는 지킬 수 없는 약속으로 여겨지지 않는다는 데에서도 드러난다. 그러나 '선과 악의 무의미함을 알게 된다'고 해서 인간이 '신'처럼 될 수 없다는 것은 분명한 사실이다. 다만 어쩌면 조금은 더 친절하고, 더 창의적이고, 더 유쾌하게 될 수는 있을 것이다. 이런 가능성만으로도 온갖 노력을 기울여볼 가치가 있지 않을까?

이런 가능성을 처음 알아챈 사람이 알베르트 아인슈타인이다. 〈내가 세상을 보는 방법〉이라는 짧지만 감동적인 글에서 위대한 물리학자 아인슈타인은 자유의지를 믿지 않는다고 밝혔다. 그리고 자유의지에서 비롯된 사상도 절대 믿지 않는다고 밝혔다. 인간은 외적 강제만이 아니라 내적 필연에 따라서도 행동하므로, 인간의 의지는 전혀 자유롭지 않고 오히려 수많은 요인으로 결정된다는 것이다. 아울러 아인슈타인은 이런 사실에 놀라지 않았으며, 오히려 수많은 요인으로 결정되는 인간의 의지 안에서 관용과 유쾌함을 찾을 수 있는 '무한한 원천'을 보았다.

"'인간은 바라는 대로 행동할 수 있지만, 바라는 대로 바랄 수는 없다'라는 쇼펜하우어의 말은 청소년 시절부터 내 삶에 활력을 주었고, 인생의 어려움을 돌아볼 때마다 위안을 주었으며, 관대해질 수 있는 무한한 원천이 되었다. 나아가 책임감을 살짝 마비시키는 긍정적 작용으로 마음을 편안하게 해주었다. 그뿐 아니라 나 자신과 다른 사람을 너무 진지하게 받아들이지 않도록 했으며, 삶을 바라보는 관점에 유쾌함이 스며들게 했다."[12]

내가 이 책에서 다루려고 하는 '새로운 존재의 가벼움'은 아인슈타인이 이렇게 짧게 요약한 문장과 관련이 있다.

이제 본격적으로 시작하기 전에 미리 일러두고 싶은 서술 형식이 있다. 나는 전문적인 학술용어를 되도록 사용하지 않고 쉽게 설명하려고 했다. 그리고 일부 독자만 관심이 있는 깊은 문제 제기는 주석으로 보충했다. 요컨대 일반적인 독자도 쉽게 이해할 수 있도록 무척 신경을 썼다. 소수의 특정한 전문가 집단에 한정하기에는 우리가 다룰 문제가 너무나 중요했기 때문이다. 곧 다음과 같은 핵심적인 물음이 바로 우리가 다룰 문제이다. 우리는 누구인가? 우리가 바라는 것은 무엇인가? 우리는 무엇을 바랄 수 있고, 무엇을 바라야 하는가?

우리가 탐구하려는 영역에는 학문적 언어의 장벽 말고도 수많은 어려움이 도사리고 있다. 수천 년이나 된 사고의 틀을 새로운 관점으로 대체해야 하는 일이니 당연하다. 많은 사람이 이런 관점의 변화에 어려움을 겪을 것이다. 우리는 이해관계에서 생기는 갈등을 도덕적 관점에서 벗어나서 평가하는 데 익숙하지 않다. 그리고 죄와 속죄의 원칙을 뛰어넘어서 자신과 주변을 판단하는 데 익숙하지 않다. 하지만 나는 우리의 뇌에 새로운 변환 모델을 정착할 능력이 있다고 확신한다. 변환 모델은 삶이 얼마나 단순하고 충만해질 수 있는지를 알 수 있게 우리의 눈을 넓혀줄 것이다.

이 책이 제시하는 새로운 대안이 여러분의 의식구조를 긍정적으로 발전시키는 데 이바지할 수 있기를 바란다. 그러면 목적을 충분히 이루었다고 할 수 있다.

1부. 새로운 인식의 열매

01

선과 악에서 벗어나기

인류의 역사를 관통하는 것은 … 어둠의 세력과 벌이는 험난한 투쟁이다. 이것은 세상이 시작될 때부터 이미 시작되었고, 주님의 말씀이 있은 뒤부터 최후의 날까지 계속될 투쟁이다.

– 제2차 바티칸 공의회 사목헌장(1965)[1]

우리는 선과 악의 갈등 한가운데에 서 있다. 그리고 미국은 악의 이름을 있는 그대로 지적할 것이다.

– 조지 부시(2002)[2]

힘의 어두운 면이 어떤 우월함을 주는지 너는 알아야 한다!

– 〈스타워즈, 제국의 역습〉의 다스 베이더(1980)

묵시록의 귀환

"온 세상이 악마의 지배 아래 놓여 있다."[3] 〈요한의 첫째 서간〉의 작가가 초기 기독교 공동체에 경고한 이 말이 할리우드의 영화제작자들에게는 블록버스터 영화의 성공비결로 꼽힌다. 〈스타워즈〉의 다스 시디어스이든, 〈해리포터〉의 볼드모트이든, 〈반지의 제왕〉의 사우론이든, '악의 어두운 힘'이 극장 매출의 신기록을 만들었다. (이 세 영화 매출 총액은 100억 달러가 넘는다.)

이 블록버스터 영화들은 '악', 그것도 '근원적인 순수한 악'이 존재한다는 사실에 의문의 여지를 남기지 않는다. 이 영화들이 종교적 색채가 강한 전통적인 장면을 풍부하게 사용하는 것도 그리 놀랍지 않다. 예컨대 〈스타워즈〉를 살펴보면, 아나킨 스카이워커는 동정녀에게서 태어난다. 그리고 오래된 '예언'은 그가 '어둠의 세력'의 위협에서 세상을 구원할 것이라고 했다. 하지만 '악'은 유혹적이다. 임신한 부인을 구할 수 있다는 희망으로 아나킨은 선의 길에서 벗어나 악마적인 어둠의 황제 시디어스의 부하인 다스 베이더가 된다.

여섯 편으로 이루어진 〈스타워즈〉 시리즈는 끝에 와서야 반전이 이루어진다. 아나킨 스카이워커는 어둠의 황제가 건넨 유혹의 손길을 거부한 아들 루크를 만난 뒤에 선과 악의 마지막 싸움에서 자신을 희생해 어둠의 황제를 죽이고 '빛의 세력' 쪽에 선다. 아울러 '예언'을 실현한 속죄와 희생의 대가로 아나킨은 죽음의 제국에 남지 않고 불멸의 영생을 얻는다. 마치 예수와 〔그리스도를 반대해서 나타난〕 적그리스도를 하나의 인격체로 동시에 나타낸 듯한 아나킨과 다스 베이더는 기독교 신화와 무척 유사하다.

소설과 영화 모두 엄청난 성공을 거둔 〈해리포터〉 시리즈에서도 종교적 상상력은 뚜렷이 목격된다. 여기에서 악마의 역할은 신의 이름을 입에 담아서는 안 된다는 유대교의 계율을 거꾸로 적용해서, 이름을 소리 내서 부르면 안 되는 어둠의 볼드모트가 맡는다. 그리고 그의 상대는 '세상을 구원하기 위해 선택된 아이'인 호그와트 마법학교의 구원자 해리포터다. 하지만 다행스럽게도 작가인 조앤 롤링은 이러한 종교적 상징을 뛰어나고 재미있는 아이디어로 풍자적으로 비트는 능력을 보여주었다.

톨킨의 판타지 소설을 영화로 만든 〈반지의 제왕〉도 뛰어나기는 하지만, 〈해리포터〉가 소설과 영화에서 보여준 것과 같은 특유의 영국식 유머는 부족하다. 그래서 피터 잭슨이 만든 이 기념비적인 영화는 유치한 삼류 영화의 경계선을 위험하게 넘나든다. 죽음을 무릅쓰고 악한 어둠의 세력과 용감하게 싸우는 고귀한 영웅을 묘사한 이야기는 풍자와 일정한 거리를 두고 감상할 때만 제대로 즐길 수 있다. (죽음은 확실하고 성공할 확률은 희박한데, 무엇을 더 기대할 수 있단 말인가?) 그러나 피터 잭슨의 손을 들어줄 수밖에 없는 것이 한 가지가 있다. 선과 악의 싸움이라는 고전적 신화가 모두 11개의 부문에서 오스카상을 받은 〈반지의 제왕〉 시리즈의 세 번째 영화만큼 잘 표현된 적은 없었다.

역사에서 가장 성공한 영화 시리즈 세 개가 모두 하나같이 '순수한 악'을 되살리고, [인류의 운명을 놓고 악마와 싸우는 내용의] 〈엔드 오브 데이즈〉와 같은 초자연적 공포물이 수많은 관객을 끌어모으는 현실을 어떻게 설명할 수 있을까? 아울러 계몽주의 운동의 출현과 함께 이미 오래전에 끝난 것으로 여겨지던 사고, 곧 인간의 '영혼'을 지배하려는 '지하세계 어둠의 악마'와 싸움을 소재로 한 〈버피〉나 〈엔젤〉, 〈참드〉와 같은 텔레비전 드라마가 인기를 끄는 이유는 무엇일까?

나는 이런 유행이 단지 우연히 나타났다고 생각하지 않는다. 오히려 이제까지 유럽에서는 충분히 고찰되지 않은 종교 · 정치 현상을 문화적으로 반영한다고 생각한다. 곧 '묵시록'의 귀환이다.

'묵시록'이라는 개념은 빅터와 빅토리아 트리몬디 부부가 쓴 《종교전쟁》이라는 책에 잘 설명되어 있다.[4] 두 사람은 서로 다투는 이슬람교도, 기독교 근본주의자, 유대교도, 급진적 힌두교도, 불교도의 '정치적 신학'에 공통점이 있다는 사실을 상세한 연구를 통해서 밝혀냈다. 이 종교들은 모두 정치와 종교를 일치시킨다는 점에서, 아울러 선과 악의 마지막 결정적인 전투가 바로 앞으로 다가왔거나 이미 시작되었다고 확고하게 믿는다는 점에서 똑같다는 것이다.

묵시록의 밑바탕에 깔린 역사의식은 종교의 '경전'에 제각기 존재하는 종말에 관한 예언에 뿌리를 두고 있다.[5] 〈다니엘서〉와 같은 유대교 예언서, 기독교의 〈요한 묵시록〉, 이슬람교의 《쿠란》과 (무함마드의 언행을 기록한) 수많은 〈하디스〉, 티베트 불교의 《칼라차크라 탄트라》, 힌두교의 《바가바드 기타》와 《라마야나》 같은 경전들이다. 빅터와 빅토리아 트리몬디는 묵시록의 기본적인 사고의 특징을 이렇게 설명했다.

첫째, 묵시록 예언자는 인간의 역사를 "선과 악, 빛과 어둠의 우주적 전쟁이 지구 차원에서 전개되는 것으로 본다. 이러한 우주적 전쟁에서는 신과 악마, 천사와 마귀, 지상 세계와 지하세계가 화해할 수 없는 적으로 마주 서 있다. 세계의 역사가 묵시록의 예언과 같은 결정적 전쟁에 가까워지면, 모든 사람은 신을 위해 싸울지 아니면 신에 맞서 싸울지 결정해야 한다."[6]

둘째, 묵시록은 현실 세계를 이런 관점으로 바라본다. "악의 세력이 강해지고 있다. 이런 현상은 도덕적 타락, 성의 문란, 신에 대한 부정, 부패, 전쟁, 폭력, 불의, 범죄, 전염병, 자연재해, 경제위기 등으로 표현된다. 있는 그대로의 현실의 모습은 극단적으로 부정된다."[7]

셋째, 묵시록 예언자는 이렇게도 주장한다. "악마와 마귀, 그 대리자가 … 악의 세상을 폭력으로 지배하려 할 것이다. 그들은 가식과 허위, 음모, 정신 조작, 테러, 살인 등으로 대다수 인간을 조종해 세상의 지배자가 된다. 그리고 신의 자리까지 넘보려 한다."[8]

넷째, 묵시록적 세계관은 〔19세기 독일 시인〕 횔덜린의 시에 표현된, "위험이 있는 곳에는 구원도 따라 자란다"라는 사고로도 나타난다. "악으로 세계를 통치하려는 자가 목적을 달성하려는 마지막 순간에 선인이 '전투적 메시아'의 형태로 나타난다. 그리고 선인, 곧 전투적 메시아가 인간과 천사 · 신 · 영웅과 같은 초인으로 구성된 '우주적 군대'의 지도자가 되어 극단적인 강력함과 분노, 무자비한 잔인함으로 악마와 그의 무리를 완전히 없앤다. 두 세력은 모든 종류의 대량파괴 무기를 사용하고, 자연재해와 전염병도 무기로 사용한다."[9]

다섯째, 선과 악 사이에 벌어질 마지막 전투를 피할 수 없을 때 새로운 순교자 문화가 활발해진다. "전투적 메시아의 추종자는 '신의 전사'라고 불리며 즉각적 '구원'에 도달하기 위해 스스로 순교자가 된다."[10]

탈 종교화한 서유럽에서는 이런 사고가 (아직은?) 그리 강하게 퍼지지 않았다. 그러나 미국과 남아메리카, 아프리카와 중동지역에서는 이런 식의 묵시록적 사고방식이 무척 중요한 영향력을 행사한다. 미국의 주간지 《타임》이 2002년에 진행한 설문조사에 따르면, 미국인의 59%가 〈요한 묵시록〉에 표현된 세상의 종말이 다가온다고 확신했다. 1999년에는 그렇게 믿는 사람의 비율이 40%였고, 1991년에는 12%였다.[11]

미국에서 종말론 신봉자가 급속히 늘어난 이유가 2001년 9월 11일의 테러와 같은 이슬람 테러리스트의 위협 때문만은 아니다. 오히려 1990년대에 우파 기독교인이 선교활동을 강화한 것에서 주된 이유를 찾을 수 있다. 그들은 이용할 수 있는 모든 수단을 써서 세계 역사의 마지막 전투가 머지않았다며, [선과 악의 최후의 전쟁터인] 아마겟돈에 관한 설교를 퍼뜨렸다. 팻 로버트슨과 제리 폴웰 같은 목사는 텔레비전 · 인터넷 · 라디오와 같은 매체를 이용해 몇 년에 걸쳐 수백만에 이르는 청중들에게 '악과의 전쟁'을 호소했다. 그들은 선정적인 영화, 컴퓨터 게임,

만화, 초자연적 공포소설의 지원도 받았다. 묵시록의 핵심 요소를 그대로 받아들인 다음에 시대에 맞도록 몇 가지 양념만을 덧뿌려 놓았다.

이런 작품 가운데 특히 중요한 작품은 팀 라헤이와 제리 젠킨스가 쓴 공상과학소설인 《레프트 비하인드》 시리즈이다.[12] 지금까지 6천5백만 권이 넘게 팔린 이 시리즈는 미국에서는 《해리포터》 시리즈 못지않게 인기를 끌었다. 《레프트 비하인드》는 스티븐 킹의 공포소설 형식으로 시작한다. 여객기가 비행하던 도중에 100명이 넘는 승객이 영문도 모르게 사라진다. 남은 것은 옷과 신발뿐이다. 여객기 기장인 레이포드 스틸은 이런 이해할 수 없는 현상이 그의 비행기에서만이 아니라 전 세계에서 벌어졌음을 확인한다. 특히 신생아와 어린아이가 모두 사라졌다. 세계가 경악한다.

학자들이 이런 현상을 합리적으로 설명할 방법을 찾으려 초조하게 노력하는 사이에 스틸은 사람이 사라지는 진짜 이유를 찾아낸다. 신이 죄 없는 아이와 참된 믿음을 지닌 자를 곁으로 데려간 것이다. 신앙심이 너무 느슨하거나 신앙을 의심하는 신자와 함께 모든 이교도와 무신론자만이 지구에 버려지듯 남겨진다. 그들은 '악'에 굴복할지 아니면 좋은 기독교인으로 '새로 거듭나서' 사탄과 그의 군대에 맞서 싸울지 선택할 수밖에 없는 상황에 놓인다.

이때 새로 국제연합 사무총장에 선출된 강력한 카리스마를 지닌 니콜라이 카파시아가 '적그리스도'라는 사실이 밝혀진다. 레이포드 스틸은 남겨진 기독교인과 함께 지하 저항조직인 '고난의 군대'를 조직해 '악'과 싸우지만, 카파시아의 학정과 묵시록에 예언된 재앙으로 수백만 명이 죽임을 당하는 것을 막지는 못한다. 그러나 누구나 예상하는 것처럼 마지막에는 선과 악의 마지막 전투가 끝난 뒤 예수가 돌아오고 순교

자가 부활하는 행복한 결말로 마무리된다.[13]

주간지 《타임》은 《레프트 비하인드》가 크게 성공했지만, 많은 미국인이 그것을 "소설이 아니라 내일의 신문"인 것처럼 읽어서 문제라고 지적했다.[14] 실제로 수백만 독자가 이 시리즈에서 '정신적 지도자'만이 아니라 '정치적 의제'를 찾았다.

이런 독자에는 정치 · 경제 · 군사 부문의 주요 인사도 꽤 포함되었다. 책 읽기를 좋아하지 않는다는 부시 전 미국 대통령도 《레프트 비하인드》의 팬이라고 밝혔다. 아울러 이 소설의 주제가 '거듭난 기독교인'인 자신의 신앙과 일치할 뿐 아니라, 정치에는 의문을 제기할 수 없는 확고한 기준이 있어야 한다는 자신의 신념과도 일치한다고 밝혔다. 실제로 '악'을 가장 자주 언급한 미국 대통령이 조지 부시였다. 로널드 레이건도 지난날 소련을 '악의 제국'으로 표현한 적이 있으나, 악을 자주 언급한 점에서 부시는 자신이 본보기로 삼은 레이건을 뛰어넘었다.

오스트레일리아 출신의 철학자 피터 싱어가 《선과 악의 대통령》이라는 책에서 밝힌 계산에 따르면, 부시는 그가 한 연설의 약 3분의 1에서 '악'이라는 표현을 사용했다.[15] 아울러 '악'이라는 표현을 형용사가 아니라 명사로 훨씬 더 많이 사용했다. 실제로 부시는 연설을 할 때 실제 나타난 인간의 행동을 평가하는 형용사로 '악'이라는 말을 쓴 예는 매우 드물었고, 대개 "잔인하고, 냉혹하고, 포악하고, 이기적인 행동을 할 능력을 지닌 실재하는 권력"을 가리키기 위해 '악'이라는 말을 썼다.[16]

2002년 1월 부시가 이슬람 테러리스트와 북한, 이란, 이라크를 '악의 축'이라고 지칭한 것이 어떤 의미인지 이해하려면 이런 차이를 정확히 알아야 한다. 부시의 '악의 축'이라는 표현은 서유럽에서는 큰 혼란을 불러일으켰다. 오사마 빈 라덴이 도대체 이라크나 북한과 어떤 관계가 있는지 도무지 이해할 수 없었기 때문이다. 사담 후세인과 빈 라덴은 서로 철천지원수처럼 대하지 않았던가? 하지만 미국의 저술가 노먼 메일러가 유럽인의 의문을 명쾌하게 풀어 주었다. 그는 부시가 테러 사건을 '철학적'으로 바라본다며 이렇게 풍자했다. "9월 11의 테러는 '악한' 행동이었다. 사담 후세인은 악하다. 모든 '악'은 어떻게든 서로 관련이 있다. 따라서 이란도 '악'이다."[17]

노먼 메일러의 표현은 씁쓸한 풍자에 그치지 않고 풍부한 의미를 담고 있다. 부시와 그의 추종자는 진짜 '모든 악은 어떻게든 서로 관련이 있다'라고 생각했기 때문이다. 그렇다. '악'이라는 말의 기본적인 역할이 모든 사실관계를 뛰어넘어 허무맹랑한 보편적인 관계를 엮어내는 데 있지 않던가! '악'이라는 허구는 해악이 생기는 복잡한 원인을 오로지 악마의 힘이 미치는 하나의 세력으로 축소하고, 존재하지도 않는 관계를 엮어서 온갖 음모론에 양분을 제공한다. 요컨대 '악'이라는 관념은 망상이라고 규정할 수 있다. 모든 해악 뒤에는 (확고한 신념을 바탕으로 끈질기게 제기하는) '어둠의 세력'이 도사리고 있다는 허구적인 주장과 우리가 아는 부당함, 잔인함, 고난 등의 실제 원인이 서로 모순되기 때문이다.

'악'이라는 사고가 망상인 이유는 필요에 따라 언제든지 다른 이들을 악으로 규정할 수 있기 때문이다. 다시 말해 조지 부시이든, 오사마 빈 라덴이든, 이란 대통령 마무드 아마디네자드이든, 크리스천연합이든, 초강경 유대인 정착 운동 조직이든, [이슬람 무장단체인] 하마스나 헤즈볼라이든, 자신을 모두 선과 악의 마지막 전투에 나선 영웅적 전사라고 생각한다. 단지 '어둠의 세력'을 가리키는 방향만 다를 뿐이다. 어느 한 쪽에서 '악의 세력'으로 여기는 가치가 다른 쪽에서는 순수한 덕목으로 여겨진다. 그러나 어느 쪽이든 선과 악이라는 도덕적 이분법에 절대적으로 집착한다는 점에서는 똑같다. 모두 〔정서 · 행동 · 대인관계가 매우 불안정하고 극단적인 성향을 보이는〕 범문화적인 경계선 성격장애 증상을 보인다는 점도 같다.[18]

오늘날 〈스타워즈〉, 〈해리포터〉, 〈반지의 제왕〉과 같은 영화뿐 아니라 상상할 수 있는 모든 형태로 선과 악의 전쟁이 선포되었다. 이러한 사실은 무엇보다도 종교적 · 묵시록적 사고방식이 다시 힘을 얻었다는 것을 의미한다. 아울러 종교적 · 묵시록적 사고가 놀랍게도 국제정치의 무대에도 등장해서 지구 위에서 발생하는 사건에 영향을 끼친다는 사실을 일깨워준다.

물론 그렇다고 〈스타워즈〉와 같은 영화의 제작자와 소비자가 반드시 묵시록에 사로잡혔다는 의미는 아니다. 〈해리포터〉와 '악의 축'은 절대 같은 차원으로 연결되지 않는다.[19] 하지만 선과 악의 전쟁이라는 허구가 문화에 끼치는 힘이 너무 강해서 호그와트 마술학교에까지 영향을 줄 정도라는 사실을 놓쳐서는 안 될 것이다.

묵시록의 폭넓은 영향력은 권위 있는 일간지와 시사잡지도 되풀이해서 '악'이라는 개념을 사용한다는 사실에서도 확인된다. 대표적인 사례 하나만 살펴보자. 2008년 오스트리아에서 요제프 프리츨이라는 사람의 이중적인 삶이 드러났다. 그는 친딸을 24년 동안이나 지하실에 가둬두고 강간을 해서 7명의 아이를 낳게 했다. 평소 냉철한 보도로 정평이 난 시사주간지 《슈피겔》도 이 사건에 '이웃의 악마'라는 제목을 붙였다.[20] 물론 《슈피겔》의 기자가 프리츨의 행동을 '어둠의 세력'과 관련된 것으로 가정했다고 보기는 어렵다. 하지만 그 기자는 그런 전제 없이는 생각할 수 없는 은유를 거리낌 없이 사용했다.

어둠의 세력

펠릭스는 모범생이었다. 나이는 열일곱 살로 좋은 가정환경에서 자랐으며, 책임감이 강하고 이성적인 학생이었다. 길에서 이웃을 만나면 인사도 잘했고 성적도 좋았다. 술을 마시지도, 마약을 투약하지도 않았으며, 어떤 범법행위도 저지르지 않았다. 2007년 1월 13일까지는 모든 것이 정상이었다. 하지만 이날 펠릭스는 친구 토르벤과 함께 아무 관계도 없는 이웃집 부부를 잔인하게 살해했다. 특별한 범행동기를 찾을 수 없어서, 마치 마른하늘에 날벼락이 떨어진 듯했다. 살인 무기는 그의 집 부엌에 있던 식칼이었다. 두 청소년은 학살극을 벌이며 피에 광분한 상태였다. 부검의에 따르면, 살해된 여성한테서만 칼에 찔린 상처가 무려 62군데나 발견되었다.

독일의 주간지《디 차이트》에 따르면, 범행이 일어난 뒤 어린 살인자들의 부모들은 충격에 빠졌다. 그리고 착하고, 사랑스럽고, 평소 봉사활동도 열심히 한 아이들이 완전히 미쳐서, 곧 '정신적 장애가 발생한 상태'에서 살인을 저질렀을 것으로 생각했다고 한다. "어느덧 정신병이나 조현병과 같은 심리학 용어가 펠릭스의 부모에게는 위안을 안겨주었다. 의학서적에 나오는 전문용어가 그들의 친자식들이 불러일으킨 두려움에 뭔가 학문적인 보호막을 둘러주는 느낌이었다. … 그러나 나중에 더 정확한 진실을 알게 되었다. … 베를린의 경험 많은 범죄심리학자 한스루드비히 크뢰버가 펠릭스를 진단했으나, 어떤 정신적 질환도 발견되지 않았다. 그러자 정신적 충격을 받은 펠릭스의 부모는 나락으로 떨어지지 않기 위해 자신들의 가족에 '악'이 찾아왔다는 허구적인 사실을 간절히 믿으려 했다."[21]

심층적이고 감정묘사가 매우 뛰어난《디 차이트》의 기사에서 발췌한 이 짧은 인용문은 우리가 다루는 주제와 관련해 두 가지 측면에서 흥미로운 시각을 보여준다. 첫째, 과학적 개념과 '악'에 대한 인식이 근본적으로 서로 마주 서 있다는 점이다. 곧 과학적 개념은 두려움과 관련해 뭔가 '위안'을 주지만, 만일 과학적 개념이 위안을 주지 못하면 '악'이라는 충격적인 인식만 남는다. 둘째, '악'이 얼마간 독립적인 주체로 인식된다는 점이다. 심지어 '테신 지역에 악은 어떻게 찾아왔을까'라는 《디 차이트》의 기사 제목처럼 악은 가족만이 아니라 지역 전체에 '찾아올' 수도 있다.

'악'이라는 개념을 사용할 때 나타나는 특징을 펠릭스 사례로 간단히 분석해 보자. 먼저 펠릭스의 가족에게는 왜 '정신병'과 '조현병'이라는 과학적 개념이 '위로의 단어'처럼 다가왔을까? 그 이유는 상식적으로 충분히 이해할 수 있다.

펠릭스가 정신병을 앓고 있다면, 고전적인 의미에서 자신의 행위에 책임이 없다. 그러면 이웃집 부부를 살해한 것은 열일곱 살의 펠릭스가 '자유의지로 결정'한 것이 아니라, 비정상적인 뇌 조직 상태가 빚어낸 일이 되기 때문이다. 그러면 두 사람이 저지른 살인은 얼마간 지진과 같은 '비극적 자연재해'나 마찬가지로 되어, 펠릭스의 가족도 '악'과 마주하지 않는다. 매우 끔찍하기는 하지만, 어쨌든 세속적인 차원에서 과학적으로 정의할 수 있는 질병으로 받아들일 수 있기 때문이다.

여기에서는 (2장에서 자세히 살펴볼) 도덕적 악과 자유의지라는 가설 사이에 존재하는 깊은 연관관계가 눈길을 끈다. 그리고 과학적 개념에 '악'을 퇴치하는 기능이 있다는 점도 눈길을 끈다.

실제로 정치가 · 신학자 · 철학자가 되풀이해서 즐겨 사용하는 '악'이라는 개념이 과학의 언어에서는 거의 완벽하게 퇴출당하였다. 《정신

장애 진단과 통계 편람》에서도 타인의 권리를 침해하는 (반사회적 성격 장애와 같은) 수많은 심리적 장애를 설명하면서 '악'이라는 개념은 전혀 쓰지 않는다. 그렇다면 이렇게 과학의 영역에서 '악'이라는 개념이 퇴출당한 현상은 어떻게 설명할 수 있을까? 이에 관해서는 두 가지를 고려할 필요가 있다.

첫째, 실증과학은 순수하게 서술적으로 작업한다. 곧 우리가 사는 세계가 어떻게 이루어졌는지 최대한 정확하게 묘사하려고 노력한다. 사실과 희망을 구분하기 위해 과학자는 세계가 도덕적 · 윤리적 판단에 따라 어떻게 만들어져야 한다는 규범적 표현을 애써 피한다. 과학의 큰 장점은 바로 이러한 인식의 제한에 있다. 이를 저명한 사회학자인 막스 베버는 이렇게 표현했다. "실증과학은 누군가에게 무엇을 해야 한다고 가르칠 수 없다. 무엇을 할 수 있는지만 말해줄 수 있을 뿐이다."[22]

하지만 '악'은 도덕적 가치평가의 기준이다. '악한' 행동을 해서는 안 되기 때문이다. 따라서 '악'이라는 개념은 엄격히 과학적인 설명을 벗어나 존재한다. 곧 '악'을 비과학적이거나 과학의 범주를 벗어난 판단 기준으로 이해해야 한다.

둘째, 과학자는 세상에서 일어나는 모든 현상의 원인을 자연에서 찾는다. 현대 기술 발전으로 종교가 세계를 설명하는 방식보다 과학이 세계를 설명하는 방식이 더 우월하다는 사실이 명확하게 확인되었다. 과학이 종교보다 세계를 더 잘 설명할 수 있는 것은 무엇보다 우주가 '저절로 잘 운행'하고 있으며, 신도 악마도 [작고 추한 마귀인] 고블린도 자연법칙에 간섭하지 않는다는 자연주의의 전제와 밀접한 관련이 있다.[23] 냉철하고 과학적인 관찰방식으로 바라보면 인간은 자연의 진화과정에서 우연히 생겨난 영장류의 한 종에 지나지 않는다. 우리가 지닌 능력은 박쥐나 다른 생명체와 마찬가지로 진화적 선택과정으로만 설명할 수 있다. 그러므로 과학적인 관찰 방법론 안에서는 '악'이 인류 역사에 작용하는 특별한 힘으로 존재할 수 없다.

다른 식으로 표현하자면, 인간의 행위에 가치를 평가하고 의미를 해석하기 위해 끌어들인 '악'이라는 개념은, 그 안에 포함된 '악의 제국은 자연적 원인만으로는 설명되지 않는다'라는 초자연적인 전제 때문에 과학적 인식론의 원칙에 어긋난다. 이런 점에서 '악'은 단지 비과학적인 개념에 그치지 않고, 반과학적인 개념이기도 하다.

이러한 반과학성은 펠릭스의 가족에게 "악이 찾아왔다"라고 쓴《디 차이트》의 기사에서도 볼 수 있다. 도대체 이 문장을 읽고, 구체적으로 무엇을 상상하라는 것일까? '악'이 독립적이고 능동적인 주체가 되어 은밀하게, 예컨대 매우 섬세한 손길로 뇌의 신경망을 바꿔 운명을 조종한다는 것일까? 분명히《디 차이트》의 기자가 형이상학적 가정을 바탕으로 기사를 쓰지는 않았을 것이다.[24] 그렇지만 '악'을 언급한 순간부터 기자는 이미 평소 그녀가 사용해온 명확한 언어와 극명하게 대조되는 종교적 형이상학의 모호한 용어의 늪에 빠졌다.

'악'을 말하는 사람이 이러한 전근대적 언어 양식으로 회귀하는 것이 전혀 놀라운 일이 아니다. '악'을 말하는 것은 초자연적 · 형이상학적 전제와 연결될 수밖에 없기 때문이다. '악'을 오롯이 인간의 내면세계를 묘사하기 위한 의미로만 사용하려는 사람도 결국 종교적 의미로 함축되는 악의 개념에서 헤어나지 못한다. '악'을 말하는 사람은 반드시 종교적 형이상학의 함정에 빠질 수밖에 없다.

그 까닭은 '악'이라는 개념이 생겨난 역사를 살펴보면 이해할 수 있다. (생물학적 진화의 핵심 유산으로) 인류는 어느 시기에나 이로운 것과 해로운 것을 구별했다.[25] 그리고 매우 일찍부터 인간 공동체 안에서 지켜야 하는 매우 복잡한 행동 규범을 만들어 규범에 맞게 행동하는 사람은 존중받았고, 그렇지 않은 사람은 배제되거나 혐오의 대상이 되었다. 하지만 우리가 아는 '선'과 '악'이라는 엄격한 구별은 유일신 종교가 나타나는 과정에서 형성되었다. 꽤 가까운 과거에 생겨난 문화적 발명인 셈이다.

과거의 다신교는 '선'과 '악'을 추상적 차원에서 구분하지 않았으며, 자연과 '일체화하여' 고단한 일상의 삶에 구체적인 도움을 주려 했다. 번개 · 우박 · 비 · 더위 · 가뭄 · 질병 · 건강과 같은 현상을 자연이라는 틀 안에서 설명할 수 없었던 인간은 그런 현상을 초자연적인 힘이 작용해서 나타난 것으로 여겼다. 그래서 번개와 비의 신, 더위와 가뭄의 신, 풍요와 사랑의 신이 생겨났다. 그리고 사람들은 복잡한 종교의식으로 신의 마음을 달랬고, 그렇게 해서 끔찍하게 나쁜 일에서 벗어날 수 있기를 바랐다.

이런 다신교의 신은 절대적으로 선하지도 악하지도 않았으며, 두려움과 후덕함을 함께 갖춘 통일체였다. 힌두교의 많은 신은 지금도 이런 특성이 있다. 유대교에서도 처음에는 신이 여러 가지 의미와 특성이 있어서, 삶의 모든 축복의 원인이자 모든 어려움의 원인이었다.[26] 그러나 선과 악, 천국과 지옥을 유일신적인 의미에서 매우 엄격히 구분한 고대 페르시아의 차라투스트라 신앙의 영향을 받으면서, 야훼는 통일체로서의 성격을 잃었다. 신은 유대교의 묵시록에서 (나중에는 기독교와 이슬람교에서) 점차 '절대적인 선'으로 고정되었다. 역설적으로 바로 그런 이유에서 '절대적인 악'이 존재할 가능성도 생겨났다. 사랑의 신과 등을 맞대고 악마가 출현했다.

브레멘의 종교학자 베른트 쉬퍼의 말처럼 "선한 신을 극단적으로 믿으면서 … 절대적이고 자생적인 악이라는 개념이 생겨날 토양이 되었다."[27] 그렇다면 '절대적이고 자생적인 악'의 특징은 무엇일까? 악을 종교적으로 구성하는 근본적인 특징은 네 가지로 요약된다.[28]

첫째, 악에는 두 가지 특성이 있다. 악은 인간의 영역 안에서만 존재하지 않고, 인간의 영역을 넘어 형이상학적 차원에도 순수한 형태로 존재한다. 그것이 바로 '어둠의 세력'이다. 가톨릭과 개신교 신학에서는 형이상학적 차원에서 순수한 형태로 존재하는 악을 '경이로운 악'이라고 부른다.[29] 경이로운 악, 곧 신비롭게 숨겨진 상태로 실재하는 '근원적 악'이 '인간의 악'을 규정한다. '악 자체'가 '인간의 악'을 구성하기 위한 기준 역할을 한다.

둘째, 선과 악은 절대적 범주로 이해된다. 신을 뜻하는 경이로운 선이 '절대적인 선'을 나타내듯이, 악마를 뜻하는 경이로운 악은 '절대적인 악'이다. '절대적인 선'과 '절대적인 악'이라는 이분법적 세계관에서 가치의 상대성 · 다양성은 배제된다. 이런 특성은 이미 우리의 언어에도 반영되었다. 곧 '선'과 '악'은 늘 단수형으로만 존재한다.

셋째, 악은 무엇보다 '자유의 대가'로 이해된다. (서장의 원죄 증후군에서 살펴보았듯이) 인간적이고 도덕적인 악만이 아니라 경이로운 악도, 신이나 선에 맞서 자유의지에 기초해서 내린 결정과 관련이 있다. 자유의지라는 전제가 없다면, 인간과 천사는 '죄'를 지을 수 없다. 다시 말해 생물학적 필연과 본능을 따르는 동물과 달리, 인간과 천사는 어쩌다 '악한 짓'을 할 수는 있겠지만, 본질에서 '악'할 수는 없다.

넷째, '악'은 자유의지에 기초해서 결정하지 않더라도 '빙의' 형식으로 나타날 수 있다. 빙의가 이루어지면, 한 인간의 이성은 초월자적인

'어둠의 세력'에 지배된다. 그러면 그 사람은 거부할 수 없는 상태에서 '악한 짓'을 저지르게 된다. 교회는 빙의에 대항하는 수단으로 '구마 의식'을 제공한다. 가톨릭교회에서는 지금도 두 가지 방식의 구마의식을 진행한다. 사탄의 영향력을 막기 위한 일종의 범용 보호 의식인 '작은 구마의식'은 세례이다. '큰 구마의식'은 가톨릭의 《교리문답서》에 따르면, "악령을 몰아내고, 악령의 영향에서 해방하는" 의식이다.[30] 이 의식은 심각한 '악령이 빙의'할 때 주교의 공식 허락을 받아 진행한다.

앞에서 설명한 네 가지 기본 특징은 악에 대한 종교적 이해만이 아니라 세속적인 언어 사용도 규정한다. 오늘날 저술 활동을 하는 수잔 나이먼이나[31] 뤼디거 자프란스키[32] 같은 철학자는 '악'을 더는 악마 · 악령의 존재에서 끌어내지 않는다. 하지만 '악 자체'라는 개념만은 놓치지 말아야 한다고 주장한다. 그래서 초월자적인 악은 초자연적인 존재의 형상은 아니더라도, '물질 너머에 존재하는' 철학적 정신의 형태로 계속 남는다. 아울러 당연히 이 '순수 정신'은 절대적인 것으로 남게 되므로 '악'은 계속해서 단수형으로만 존재한다. 마찬가지로 자연법칙에 규정되지 않은 자유의지에 기초한 결정이라는 사고가 현대 과학은 물론이고 철학에서도 충분히 부정되었는데도, 자프란스키가 자신의 책의 핵심 개념으로 본 '자유의 대가'로서 '악'이라는 개념도 그대로 남는다. (이에 관해서는 2장에서 더 자세히 살펴보자.)

빙의와 관련된 사고방식은 비종교적인 영역에서도 살아남아 '악한 행동'에 결정론적인 설명을 완전히 배제하고 싶지 않은 모든 경우에 쓰인다. 하지만 비종교적인 사상가들은 빙의를 더는 악마의 영향이라고 말하지 않는다. 그 대신 병리적인 충동조절장애나 트라우마와 같은 생물학적 · 문화적인 요인에서 문제의 원인을 찾는다. 그러한 요인이 성

범죄자처럼 '특별한 경우'에 자유의지를 사용할 수 있는 인간의 능력을 방해한다고 여긴다.

자유의지론이 '악'이라는 개념에 부여하는 특별한 의미는 비슷한 개념인 '해악'과 비교해보면 잘 알 수 있다. 해악은 '그런 상태가 되면 좋지 않은 것'으로, (극심한 통증이나 두려움과 같은) 모든 형태의 고통과 그것으로 이끄는 (질병 · 재해 · 범죄와 같은) 요인을 가리킨다.[33] 아울러 해악은 흔히 자연적 해악과 도덕적 해악의 두 가지 유형으로 나뉜다.

자연적 해악의 범주에는 질병 · 전염병 · 자연재해처럼 인간의 비도덕적 행동과 직접 관련이 없는 현상이 포함된다. 예컨대 2004년 12월 아시아 8개국에서 23만 명 이상의 목숨을 앗아간 쓰나미, 1931년 140만 명이 사망한 중국의 대홍수, 1918년부터 1920년까지 적어도 2천5백만 명이 죽은 스페인 독감과 같은 것이다.

자연적 해악도 도덕적 해악과 마찬가지로 끔찍한 고통을 낳지만, 우리가 그것을 받아들이는 감정은 다르다. 자연적 해악은 누구에게 책임을 물을 수 없기 때문이다. 그래서 우리는 자연적 해악을 '악'이 아니라 우연히 나타난 운명적 시련으로 받아들인다. 곧 자연적 해악은 "공황 · 두려움 · 당혹감 · 혼란 등을 불러일으키지만, 분노와 복수심을 퍼뜨리지는 않는다."[34]

분노나 복수심과 같은 특별한 감정은 도덕적 해악을 마주할 때 나타난다. 이것은 자연적 원인이 아니라 인간의 잘못된 결정에 책임을 돌릴 수 있기 때문이다. 지진이 우리에게서 아무리 소중한 것을 앗아가더라도, 지진에 화를 내는 행동은 아무런 의미가 없다는 사실을 누구나 안다. 하지만 그리 많은 돈이 들어 있지 않지만, 지갑을 훔친 도둑에게는 도덕적으로 엄청난 분노를 느낀다.

우리가 자연적 해악과 도덕적 해악에 다르게 반응하는 이유는 도둑이 실제로 행동한 것과 다르게 행동할 수 있다고 직관적으로 가정하기 때문이다. 그러나 나중에 도둑이 이미 여러 해 전부터 도벽이라는 정신질환을 앓고 있는 가엾은 노인이라는 이야기를 들으면 우리의 도덕적 분노는 뚜렷이 줄어든다. 도둑이 처한 상황을 알더라도 객관적으로는 금전적 손실이 줄어드는 것도 아니고, 화가 덜 날 이유도 없다. 하지만 주관적으로는 자신을 더는 도덕적 해악의 희생자로 받아들이지 않고, 일종의 자연적 해악, 곧 노인의 질환에서 비롯된 피해로 받아들인다.

그렇다면 악과 해악은 어떤 관련이 있을까? 원래는 도덕적 해악만 '악'과 연관될 수 있을 것이다. 증오 · 잔인함 · 이기심 · 탐욕 · 질투 등과 그것의 결과가 '악'과 연관된 도덕적 해악이다. 그렇지만 가끔은 자연재해나 질병과 같은 자연적 해악도 '악'의 표출로 해석되기도 한다. 그러나 이런 해석은 한 가지 전제 위에서만 가능하다. 곧 그 해악이 궁극적으로 자연적 요소가 아니라, 초자연적이고 능동적인 초월자적인 악에서 비롯되었다고 보는 것이다.

복음주의 기독교는 동남아시아에서 발생한 쓰나미 재앙도 성서에 나오는 대홍수처럼 인간의 타락한 행위에 대한 벌로 해석한다.[35] 2005년 미국 남부 해안에 엄청난 피해를 준 허리케인 '카트리나'도 '신의 정의로운 심판'으로 받아들인다. 그리고 그 이유로 도덕적 해악을 꼽는다. 곧 도덕적으로 타락한 대다수 주민이 악을 숭배하고 방탕한 삶을 살아서 그런 일이 벌어졌다는 것이다. 당연히 복음주의 기독교는 꽤 세력이 약해진 열대성 태풍 '카트리나'가 멕시코만에서 새로운 에너지를 공급받았다는 기상 변수와 같은 자연적 원인은 고려하지 않는다.

현대에 사는 문명인이라면, 분명히 자연현상을 초자연적인 벌이나 신의 심판으로 해석하는 것에 고개를 저을 것이다. 그러나 그런 해석방식을 이미 오래전에 넘어섰다고 자랑스럽게 말하기에 앞서, 여전히 인정되는 자연적 해악과 도덕적 해악의 구분도 매우 비슷한 사고 양식은 아닌지 진지하게 돌아볼 필요가 있다. 도덕의 문제에서는 자연적 현상도 초자연적으로 해석하는 것은 아닐까? 사람들은 도덕적 해악은 자연적 요소만으로는 충분히 설명할 수 없다고 가정한다. 그렇지 않다면 도덕적 해악이라는 범주를 따로 만들 필요가 없다. 그렇지만 도덕적 해악에 자연적 원인이 아닌 어떤 다른 원인이 있을까? 문화, 언어, 생각 등도 어쨌든 자연적 현상이지 않을까?

이러한 주제를 다룬 출판물을 읽어보면, 대부분 저자들이 인간의 정신을 어쨌든 초자연적 현상으로 전제하면서 자신들은 이를 잘 깨닫지 못하고 있다는 사실을 발견하게 된다. 곧 우리 머릿속에 상식으로 되어버린 신화가 뿌리박혀 있고, 사람들이 대부분 이 신화를 암묵적 전제로 삼고 있다. 신화의 내용은 이렇다. 인간은 다른 동물과 완전히 다르며, 자유롭고 이성적이다. 그리고 인간은 자유와 이성을 바탕으로 다른 생명체와 달리 '악'으로 나아갈 수 있다.

많은 사례가 있지만 하나만 살펴보자. 심리학자 테오 파익은 2008년에 펴낸 《우리 안의 악》이라는 책에서 이렇게 썼다. "동물은 '선과 악'과 전혀 상관없이 생명을 유지하려는 타고난 본능과 반응 프로그램에 맞추어 살아간다. 하지만 수백만 년 전 인간으로 진화가 진행되면서, 원래는 생존과 종족 번식을 위해 생겨난 공격성이 다른 생명체에 해를 끼치고, 다른 생명체를 억압하고, 심지어 다른 생명체를 말살하려는 행동양식으로 발전했다. 더는 인간의 지능이 생존을 위해서만 쓰이지 않았다. 생존을 넘어서 사기, 기만, 습격, 약탈, 정복을 위해 쓰였다."[36]

파익의 글에 독자들도 대부분 고개를 끄덕일 것이다. 하지만 이 주장이 사실일까? 다른 생명체에 해를 끼치고, 억압하고, 말살하려는 행동 양식이 정말로 인간의 진화과정에서 처음 생겼을까? 정말로 인간 사회에서만 사기, 기만, 습격, 약탈, 정복과 같은 이른바 도덕적 해악이 나타났고 지금도 그럴까? 조금만 자세히 살펴보면, 인간 사회가 아닌 다른 곳에서도 그런 현상을 볼 수 있지 않을까?

침팬지 전쟁

"1977년 5월 피셔는 카라마강 부근에서 싸우는 소리를 들었고, 곧 처참하게 죽임을 당한 찰리의 시체를 발견했다. … 1977년 중반에 카사켈라 남자 일곱이 … 1.8㎢ 넓이의 카하마의 영역을 침입해서 스니프를 공격했다. 그들은 스니프의 왼쪽 다리가 부러지고, 코와 입, 이마와 등에서 피가 흐르는데도 공격을 멈추지 않았다. … 그리고 세이튼과 셰리는 비명을 지르는 스니프의 다리를 하나씩 잡고 언덕 아래로 끌고 갔다. … 공격자들은 35분 동안이나 스니프를 집단으로 폭행했다. … 그로부터 며칠이 지난 뒤 그 지역에서 강하게 나던 시체 썩는 냄새가 그치자, 카하마 공동체가 더는 존재하지 않는다는 사실이 확실해졌다. 또 그로부터 얼마의 시간이 지나자, 승리한 카사켈라 남자들이 5년 전에는 카하마의 중심지이던 그 지역에서 가족들과 함께 잠을 자고 먹이를 찾아 돌아다니기 시작했다."[37]

얼핏 보아서는 원시림에서 서로 적대하던 원주민 종족 사이에 벌어진 전쟁을 묘사한 것 같다. 하지만 실제로는 탄자니아의 탕가니카호 부근에 살던 카사켈라 침팬지 공동체와 카하마 침팬지 공동체가 여러 해에 걸쳐 벌인 정복 전쟁과 말살 전쟁 장면을 나타낸 것이다.

서로 적대적인 두 집단은 원래 같은 공동체였으나 1960년대 말에 분리되었다. 일부 침팬지는 계속 카사켈라에 살았고, 나머지 침팬지는 남쪽의 카하마로 이주했다. 1970년대에 들어서 두 침팬지 집단의 갈등이 급격히 커졌고, 마침내 체계적인 말살 전쟁으로 이어졌다. 1974년부터 1977년까지 카사켈라 집단과 남쪽의 카하마 집단 사이에 전쟁이 벌어졌고, 마침내 카하마 집단의 모든 수컷이 당혹스러울 정도로 끔찍하게 살해되었다.

제인 구달은 1971년에 출간한 《인간의 그림자》라는 책에서는 침팬지를 일종의 '인간보다 더 나은 인간'처럼 묘사했다. 하지만 1986년에 펴낸 《곰베의 침팬지》에서는 생물학적으로 인간과 가장 가까운 동물인 침팬지도 특정한 상황에서 끔찍한 폭력성을 보일 때가 있다고 인정할 수밖에 없었다. "나는 침팬지에게 총을 주고 사용법을 가르쳐주면, 적을 죽이는 데 총을 사용할 것이라고 생각한다."[38]

런던 대학의 영장류 연구자인 폴커 좀머는 이렇게 요약했다. "야생 침팬지의 영역 활동은 … 침입자를 쫓아내는 데 그치지 않고 침입자에게 상처를 입히고, 침입자의 세력을 약화하며, 심지어 침입자를 말살하는 데 있다. 잠자는 곳, 먹이와 물이 있는 곳을 비롯한 자신의 생활영역을 지키고 되찾는 것만이 아니라, 약한 이웃을 정복하여 자신의 영역을 넓히는 데 목적이 있다. 끝내는 자기 집단의 암컷을 지키는 데 그치지 않고, 이웃 집단의 암컷을 능동적이고 공격적으로 징발까지 한다. … 침팬지 집단 사이의 싸움은 인간이 발명한 것으로 흔히 알려진 '전쟁'과 비슷하다는 사실을 부정할 수 없다. 개별적인 개체 간의 대립이 아니라 집단이 서로 싸우는 것이야말로 전쟁의 특징이지 않은가? … 이웃 침팬지 집단을 효과적으로 말살하는 행위는 우리가 최근의 인류 역사에서 수없이 보아온 대량 학살과 닮지 않았는가? 종교 · 문화적 가치 · 이데올로기 등을 앞세워 벌어진 전쟁도 결국 생활공간과 자원을 확보해서 승자를 생태학적으로 더 강하게 만들지 않았던가?"[39]

어쨌든 "상대방에 위해를 가하고, 강압하고, 심지어 말살을 목적으로 하는" 행동양식은 인간의 진화과정에서 처음 나타났다고 흔히 알려졌으나, 분명히 이러한 가설은 실증적으로 입증되지 못했다. 아울러 지금까지 인간에게서만 볼 수 있다고 여겨진 이른바 사기 · 기만 · 습격 · 약탈 · 정복과 같은 해악도 고등 포유류뿐 아니라 다른 동물 세계에서도 매우 폭넓게 발견된다.

밑들잇과에 속한 전갈파리는 자연에서 일어나는 사기와 기만을 보여주는 좋은 사례이다. 번식기에 수컷은 암컷에게 잘 보여야 한다. 보통은 멋진 예물 없이는 암컷을 차지할 수 없다. 그러나 (곤충을 잡는) 예물을 '합법적'으로 마련하는 것이 수컷에게는 매우 고된 일이다. 그래서 몇몇 수컷은 비용이 적게 드는 방법을 찾아낸다. 어떤 수컷은 암컷으로 변장해서 자신에게 달려드는 수컷을 기다린다. 캐나다 생물학자 에이드리언 포디스는 마치 사기꾼과 같은 수컷 전갈파리의 성변환 행위를 이렇게 묘사했다. "사기꾼 수컷은 교미 준비가 된 암컷이 수컷을 유혹할 때 보이는 전형적인 행동을 한다. 그리고 수컷이 예물을 가지고 날아오면, 곧바로 선물을 빼앗아 도망친다. 그러고는 아마도 모습을 바꾸고 평범한 수컷처럼 행동할 것이다."[40]

어떤 전갈파리는 이보다 더 아름답지 않은 번식전략을 보여준다. 다른 수컷의 예물을 못된 방식으로 빼앗는 '사기꾼 성변환자'만 있는 것이 아니다. '강간범' 전갈파리도 있다.[41] 강간범 전갈파리는 싫다고 거부하는 암컷에게 달려들어 집게 모양의 커다란 성기로 암컷을 꽉 붙잡고, 정자를 집어넣기에 알맞은 교미 자세를 취한다.

이런 강제적인 교미는 자연에서 드문 일이 아니다. 강간 사례는 수많은 종에서 관찰된다. 심지어 콘라트 로렌츠가 한때 특별히 정절을 지키며 오로지 한 배우자와 살아간다고 했던 야생거위한테서도 강간 사례는 관찰된다. 야생거위 못지않게 오랫동안 부부관계를 유지한다고 알려진 백조에게서도 다른 수컷이 강제로 교미하는 현상이 자주 관찰된다. 심지어 강제로 교미하는 과정에서 암컷을 죽이는 예도 있다. 아울러 짝을 짓지 못한 수컷이 성폭력이라는 전략으로 강제로 번식을 시도하는 예도 있지만, "짝이 있는 수컷이 다른 암컷을 강간하려는 충동을 보이는 예도 있다."[42]

온순하고 행동이 굼뜨다고 여겨지는 오랑우탄에게서도 강간의 빈도는 매우 높게 나타난다. 이렇게 생물학적으로 인간의 사촌쯤인 오랑우탄의 '성폭력' 빈도가 높은 이유는 홀로 지내는 성향이 있는 동물이어서 교미할 기회가 매우 적기 때문이다. 흔치 않게 찾아오는 기회에 암컷이 교미를 거부하면, 수컷은 강한 충동을 느낀 나머지 매우 폭력적인 방식으로 성관계를 밀어붙인다.

자세히 관찰하면, 자연에서는 사기 · 기만 · 전쟁 · 정복 · 약탈 · 강간만이 아니라, 우리가 대부분 특별히 잔인하다고 받아들이는 새끼를 죽이는 행위도 자주 발견된다. 전문용어로 '영아살해'라고 불리는 이 행위는 동물 세계에 폭넓게 퍼져 있다. 산악고릴라 무리에서는 태어난 새끼의 3분의 1 정도가 세 살이 되기 전에 죽임을 당한다.[43] 그리고 쇠똥구리, 어류, 양서류, 쥐, 사자, 낙타, 말과 같은 수많은 종에서도 영아살해가 발견된다.[44]

가끔 진짜 잔인한 장면이 목격되기도 한다. 폴커 좀머는 1982년에 새끼를 밴 암컷 침팬지 완텐델을 관찰했다. 완텐델은 자기가 속한 집단의 아홉 마리 수컷과 성관계를 했다. (여러 수컷과 짝을 짓는 것은 침팬지 집단 안에서 매우 일반적인 현상이다.) 완텐델은 세 번째 아이를 낳기 3개월 전에 갑자기 집단에서 사라졌다. 그리고 이 행동이 비극을 불러왔다. 1983년 7월 5일 완텐델은 갓 낳은 새끼와 함께 자기가 속한 집단으로 돌아왔다. 그러자 여러 마리의 수컷 침팬지가 곧바로 달려들어 새끼와 어미를 공격했다. "마침내 가장 서열이 높은 토로기가 웅크리고 있는 어미의 배 아래에서 새끼를 끌어내는 데 성공했다. 그는 새끼 침팬지를 물고 덤불 안으로 달려가 새끼의 몸을 물어뜯기 시작했다. 처음에는 왼쪽 손목을, 그다음에는 얼굴의 일부분을 물어뜯었다. 그가 물어뜯을 때마다 주변에 있던 풀도 함께 씹혔다. 그리고 피로 물든 사육제의 가장 극적인 행사로 그는 다른 암컷 침팬지 와카팔라와 짝짓기를 했다. 마지막으로 토로기는 뇌를 먹기 위해 시체의 머리를 부수었다. 창자를 비롯한 시체의 나머지 부분은 그를 에워싼 채 구걸하듯이 손을 벌리고 있는 못된 백성에게 넘겨주었다. … 완텐델은 잔혹한 사건이 벌어진 장소를 떠났다가 한 달이 지난 뒤에야 다시 모습을 보였다."[45]

탕가니카호 주변에서 아홉 마리의 침팬지 새끼가 모두 완텐델의 아이와 같은 운명을 맞았다. 같은 집단의 구성원이 새끼를 죽이는 현상을 어떻게 설명할 수 있을까? 폴커 좀머는 이렇게 썼다. "분명히 암컷이 임신 기간에 보인 행동이 결정적인 이유가 된 것 같다. 새끼를 낳기 전에 길든 짧든 집단을 떠난 암컷의 새끼만 살해되었다. 몇몇 경우에는 확실히 집단의 영역을 떠난 것이 확인되었다. 그 암컷들은 새끼를 낳기 직전에 다시 돌아왔지만, 아마 '얌전한' 침팬지 암컷이 넘지 말아야 할 금기의 경계가 어디인지 몰랐던 것 같다. 암컷이 잠시 사라졌을 때는 이미 새끼를 밴 상태였으므로 다른 집단에서 다시 새끼를 배어서 돌아올 리는 없다. 그러나 그 집단의 수컷은 다시 돌아온 암컷이 다른 집단의 새끼를 배어서 왔다고 생각하는 단순한 실수를 저질렀다. 그렇다면 영아살해는 외부의 유전자가 집단 안으로 끼어들지 못하게 하는 가장 확실한 조치였을 것이다."[46]

영아살해가 폭넓게 벌어진다는 사실은 동물의 행동이 이른바 종의 보존을 지향한다는 낡은 가설을 부정한다. 콘라트 로렌츠는 유독 이 낡은 가설을 강력히 지지했고, 같은 종끼리의 공격성은 '더 높은 목표'를 지향한다고 주장했다. 베스트셀러인 《악이라 불리는 것》에서 로렌츠는 자기 생각을 이렇게 밝혔다. "같은 종끼리는 저마다 생존할 가능성을 높일 수 있는 방식으로 생활공간이 분배된다. 최고의 엄마, 최고의 아빠가 후세의 축복을 위해 선택된다. 새끼는 보호받는다. … 비록 불행한 우연으로 가끔 영역이나 경쟁을 위한 다툼에서 뿔이 눈을 찌르거나 이빨이 목의 경동맥을 뚫은 예는 있었지만, 우리는 공격성을 보이는 동물이 목표가 같은 종을 죽이는 상황을 전혀 보지 못했다."[47]

지금 우리 앞에 놓인 실증 자료 앞에서 이런 이론은 더는 설 자리가 없다. 첫째, 우리가 보았듯이 새끼는 늘 보호되지 않고 자주 살해된다. 둘째, 경쟁자 사이의 다툼에서 같은 종의 적을 죽이는 것이 목적이 되기도 한다. 이런 사실은 전쟁을 벌인 침팬지뿐 아니라, 유독 짧은 수명 때문에 같은 종의 적을 배려해줄 여유가 전혀 없는 곤충과 거미류에게도 관찰된다.

콘라트 로렌츠가 자연에서 나타나는 '악이라 불리는 것'과 인간에게 나타나는 '진짜 악'을 구분했던 뚜렷한 경계선은 실증자료를 통해서 허물어진다. 오늘날 우리는 오스트리아 출신의 동물행동학자 로렌츠가 생각한 것과 다르게 자연 속의 동물이 신사적으로 행동하지 않는다는 사실을 잘 안다. 아울러 동물의 비신사적 행동을 자연스러운 '종족 보존의 본능'이라고 절대 말할 수 없다. 따라서 호모사피엔스가 문화와 기술 때문에 생물학적으로 유의미한 '같은 종의 살해를 억제하는 본능'에서 벗어났다는 로렌츠의 진단은 틀렸다.

인간의 생각 · 감정 · 행동에는 우리가 진화라고 부르는, 수십억 년 동안 계속 진행된 자연의 변화과정이 뚜렷이 새겨져 있는 것이 진실이다. 인간이 나날이 새로 만들어내는 부당함과 잔인함, 고통과 고난 등은 로렌츠가 추측했듯이, 인간이 생물학적인 행동 조절 양식에서 벗어났기 때문에 생긴 것이 절대 아니다. 오히려 호모사피엔스가 우주의 먼지와도 같은 지구 위에서 살아가는 다른 모든 종과 마찬가지로, 생물학적 법칙인 '자기 이익의 법칙'을 따르면서 나타났다.[48]

우리가 맞서야 할 해악에 관해 더 잘 이해하려는 사람은 (아쉽게도 이따금 잘못 해석되는) 자기 이익의 법칙이라는 생명의 기본원리를 자세히 살펴보아야 한다. 자기 이익은 우리가 안고 있는 모든 문제의 원인이지만, 동시에 의미 있는 해결 전략을 찾기 위해서도 놓쳐서는 안 될 요소이기 때문이다.

자기 이익의 원칙

"커다란 숲 기슭에 어느 가난한 나무꾼이 아내와 두 아이와 함께 살았습니다. … 그는 무척 가난했습니다. … 언젠가 곡물 가격이 크게 오르자, 그들은 나날이 먹을 빵도 살 수 없게 되었습니다. 나무꾼은 밤마다 잠자리에 누워 어떻게 할지 걱정하느라 잠을 이루지 못하고 뒤척였습니다. 그는 한숨을 쉬며 아내에게 말했습니다. '어찌해야 좋을까? 우리도 먹을 것이 없는데, 불쌍한 우리 아이들은 어떻게 먹여 살릴 수 있겠소?' 그러자 아내가 답했습니다. '여보, 내일 아침 일찍 숲속 가장 깊숙한 곳으로 아이들을 데려가도록 해요. 그곳에서 모닥불을 피우고 아이들에게 빵 한 조각씩 나눠준 뒤에 아이들을 그곳에 두고 돌아오도록 해요. 그러면 아이들은 집으로 돌아오는 길을 찾지 못할 거예요.' 두 아이는 너무나 배가 고파서 잠을 이루지 못하다가 의붓엄마가 아빠에게 하는 소리를 들었습니다. 그레텔은 눈물을 흘리며 헨젤에게 말했습니다. '우리에게 기어이 이런 일이 생기는구나.'"[49]

그림 형제의 민담집에 실린 〈헨젤과 그레텔〉 이야기는 이렇게 시작한다. 흥미롭게도 1812년에 나온 초판에는 아이들을 숲속에 버리자고 제안한 사람이 친엄마로 나온다. 나중에 그림 형제의 생각이 바뀐 모양이다. 1819년에 나온 2판에는 친엄마가 의붓엄마로 바뀌었다.

악한 의붓엄마라는 소재는 여러 이야기에서 놀랄 만큼 많이 나온다. 신데렐라도 의붓엄마에게 구박을 받았고, 백설공주는 의붓엄마가 준 독이 든 사과를 먹는다. 〈어린 남매 이야기〉에서는 두 남매가 의붓엄마를 피해 '넓은 세계'로 달아난다. 거기에는 그럴 이유가 있었다. "엄마가 돌아가신 뒤부터 우리에게 좋은 순간은 없었어. 의붓엄마는 매일 우리를 때렸고, 우리가 가까이 다가가면 발로 차서 쫓아버렸지. 우리가 먹을 것이라고는 먹다가 남은 딱딱한 빵조각이 전부였어. 식탁 아래에 있는 강아지가 우리보다 처지가 더 나을 정도야. 개한테는 가끔 좋은 음식을 던져주기라도 했으니까."[50]

이야기에 나오는 의붓엄마에 대한 부정적 이미지는 어디에서 비롯됐을까? 많은 사람이 이 문제에 의문을 품었다. 카를 융에서 시작된 분석심리학파는 악한 의붓엄마 캐릭터를 '부정적 어머니상'이라는 의미로 해석하려고 시도했다. 융의 추종자들은 집단 무의식 안에는 대부분 보호 · 따듯함 · 풍요로움의 이미지와 연관된 '위대한 어머니'도 존재하지만, '파괴적이고 낭비적인 어머니'라는 부정적인 이미지도 함께 존재한다고 보았다. 그리고 그런 이미지가 이야기에서 의붓엄마로 나타난다고 설명했다. 그러나 지그문트 프로이트의 지지자들은 생각이 달랐다. 그들은 의붓엄마라는 이미지 뒤에는 격렬한 오이디푸스적 갈등이 놓여 있다고 생각했다. 딸과 의붓엄마는 특별한 방식으로 아버지의 애정을 얻으려고 경쟁하는데, 이야기에는 이러한 무의식적인 갈등 관계가 문학적으로 표현되었다고 한다. 악한 의붓엄마 이미지에 관해 진화생물학자들이 최근에 제안한 설명은 앞의 설명들과 비교하면 무척 소박하다. 진화생물학자들의 지적에 따르면 '악한 의붓엄마'는 절대 이야기에만 존재하지는 않는 매우 현실적인 현상이다. 실제로 전통사회는 물론 현대사회에 관한 수많은 연구에서도 의붓엄마나 의붓아빠를 둔 아이는 (당연히 개별적으로는 완전히 다른 모습을 보이는 경우도 많지만) 평균적으로 친부모를 둔 아이보다 나쁜 대우를 받는다.[51] 최근 미국 · 캐나다 · 영국에서 진행된 연구에 따르면, 의붓엄마나 의붓아빠를 둔 아이가 부모에게 살해될 확률이 친부모를 둔 아이보다 4배나 높았고, 네 살까지의 연령집단에서는 무려 40배나 높았다. 의붓엄마나 의붓아빠를 둔 아이가 스트레스 호르몬인 코르티졸의 분비도 훨씬 높았고, 더 자주 질병에 걸렸으며 교육 수준도 더 나빴다.

왜 그럴까? 혈연관계가 없는 아이에게는 생물학적으로 직계 후손보다 더 적게 투자한다는 유전자적 자기 이익의 원칙이 더 잘 작동하기 때문이다.[52] "피는 물보다 진하다"라는 속담이 있다. 이 속담을 'C<rB' 라는 학문적 수식으로 바꾸어 나타낼 수 있다.

해밀턴 부등식이라고 불리는 이 공식은 현대 진화생물학의 관점에서 보면, 물리학의 $E=mc^2$ 과 같은 중요한 의미를 지닌다. 알베르트 아인슈타인이 에너지(E)를 중량(m)과 광속(c)의 관계로 규정한 것처럼, 영국의 생물학자 윌리엄 해밀턴은 1964년에 이타적 행위의 비용(C)과 이익을 주고받는 사람 사이의 유전적 근친도(r)에 수혜자의 이익(B)을 곱한 값의 관계를 수학적 공식으로 나타냈다.[53]

해밀턴 부등식은 친족 선택의 이론을 잘 설명해준다. 곧 동물이 유전적 근친도에 따라 서로 얼마나 돕는지를 알려준다. 이에 따르면, 개별 존재는 이타적 행동을 하는 자의 비용이 수혜자의 이익에 이득을 베푸는 자와 수혜자 사이의 유전적 근친도라는[54] 가중치를 곱한 것보다 적을 때, 상대방의 이득을 위해 자신의 것을 포기하며 이타적으로 행동한다.[55] 복잡해 보이지만 실은 무척 간단한 공식이다. 미국의 진화생물학자 스티븐 제이 굴드는 이 공식의 의미를 이렇게 설명했다.

"내 여동생은 유전자의 절반을 나와 공유하고 있다. 다윈의 공식에 따르면, 내 절반이라는 의미이다. 이제 내가 세 명의 여동생과 길을 걸어가고 있다고 가정해보자. 그때 어떤 괴물이 명확한 살해 의지를 보이며 우리에게 다가온다. 내 여동생들은 괴물을 아직 보지 못했다. 이때 내가 선택할 수 있는 행동에는 두 가지가 있다. 나는 목숨을 잃게 되겠지만 욕설을 퍼부으며 괴물에게 달려들거나, 아니면 혼자 도망쳐서 괴물이 내 여동생들을 덮치는 장면을 숨어서 바라보는 것이다. 다윈의 학설을 잘 아는 나는 어떻게 행동해야 할까? 답은 이렇다. 내가 욕을 하면서 괴물에게 달려들면 된다. 그러면 내 생명만 잃고, $1\frac{1}{2}$을 나타내는 세 명의 여동생은 살아남는다. 여동생들이 계속 살아남아서 내 유전자의 150%가 계속 번식하는 것이 더 낫기 때문이다. 얼핏 이타적으로 보이는 내 행동이 유전자적 관점에서 보았을 때는 '이기적'이다. 내 행동이 다음 세대로 전해지는 내 유전자의 총량을 최대화하기 때문이다."[56]

지금까지의 실증적 연구에 따르면, 해밀턴 부등식으로 동물 세계의 이타적 행동을 놀랄 만큼 정확히 예측할 수 있었다. 특히 이 공식은 개미, 꿀벌, 말벌과 같은 사회생활을 하는 막시류 곤충의 행동을 둘러싼 비밀을 푸는 데 큰 도움을 주었다.[57] 과거에는 개미나 꿀벌, 말벌 사회의 암컷 일꾼이 스스로 번식을 포기하고, 어머니가 (곧 여왕이) 다른 자매를 키우도록 돕는 까닭을 설명할 수 없었다.

이 수수께끼의 해답은 막시류 곤충만이 지닌 유전자적 특성에 있었다. 유성생식을 하는 동물은 대부분 아버지와 어머니한테 나누어 받은 두 개의 세포핵 염색체를 지닌 이배체인데, 막시류는 반수 이배체이기 때문이다. 암컷은 다른 곤충과 마찬가지로 수정란에서 부화해서 한 쌍의 염색체를 지니며, 수컷은 무정란에서 부화하기 때문에 어미로부터 받은 하나의 세포핵 염색체만을 지닌 반수체로 태어난다. 이것은 암컷이 수컷 형제와 4분의 1만 유전자적으로 일치하고, 다른 암컷 자매들과는 유전자적으로 4분의 3이 일치함을 뜻한다.[58] 곧 암컷과 수컷 형제의 관계에서 유전적 근친도의 값은 0.25이고, 다른 암컷들과의 관계에서는 유전적 근친도의 값은 0.75이다. 따라서 암컷 일꾼이 자기 자매들을 기르는 것이 (자매들은 평균적으로 4분의 3이나 되는 유전적 공통점을 지녀서, 유전적 근친도의 값은 0.75가 되므로) 스스로 번식하는 것보다 (새끼들은 자기 유전자의 2분의 1만 지니고 태어나므로, 유전적 근친도의 값이 0.5가 되므로) 자신의 유전자를 퍼뜨리는 데 더 많이 이바지하게 된다.[59] 요컨대 암컷 일꾼이 번식을 포기하는 행위가 겉으로는 공동체를 위해 자기를 희생하는 것처럼 보이지만, 더 자세히 들여다보면 유전적으로 자기 이익을 위한 행동인 셈이다. 곧 자신의 유전자가 다음 세대에 더 강하게 이어지게 하려는 이기적 행동이다.

암컷 일꾼의 사회적 활동을 조금 더 자세히 살펴보자. 해밀턴 부등식대로라면 암컷 일꾼은 먹이를 먹이는 행동에서 형제와 자매 사이에 확실한 차이를 보일 것이다. 자매와 4분의 3, 형제와 4분의 1의 유전자적 친족관계에 있기 때문이다. 따라서 자매에게 먹이를 줄 때, 형제에게 먹이를 주는 것보다 이타적 행위에 세 배의 에너지를 쏟아야 한다. 실제로 서로 다른 21개의 개미사회를 연구한 결과 암컷과 수컷 새끼 사이의 몸무게 비율은 모두 3대 1이었다. 유전적 근친도와 정확하게 일치하는 결과였다.

전쟁과 마찬가지로 노예제도도 순수하게 인간만의 발명품이 아닌데, 노예를 부리는 개미사회에서는 흥미롭게도 다른 형태를 보인다. 노예개미는 암컷과 수컷 사이의 몸무게 비율이 1대 1이었다. 이 결과도 해밀턴 부등식의 기대와 일치한다. 붙잡힌 암컷 노예는 수컷 새끼나 암컷 새끼와 어떤 친족관계도 없다. 그래서 그들에게는 먹이를 주는 과정에서 성별을 구분해서 차별할 이유, 다시 말해 암컷 새끼에게 더 많은 먹이를 주려고 노력할 이유가 전혀 없기 때문이다.

여기에서 확실히 해둘 점은, 윌리엄 해밀턴이 주창하고 리처드 도킨스가 《이기적 유전자》라는 책에서 성공적으로 체계화하고 널리 알린 유전자의 자기 이익 원칙이 많은 문화학자와 인문학자가 생각하듯이 황당한 이론이 절대 아니라는 사실이다.[60] 오히려 유전자의 자기 이익 원칙은 수많은 연구로 검증된 과학적 가설이다. 이 가설로 매우 많은 생물학적 현상을 설명할 수 있게 되었다. 그러므로 우리가 세계에 관해 정확한 그림을 그리기를 바란다면, 이 가설을 무시해서는 안 된다.

유전자 중심적인 시각 덕분에 우리는 처음으로 지구에서 수십억 년에 걸쳐 진행된 생명의 진화에 관해 설득력 있는 설명을 얻을 수 있었다. 이 과정은 (뒤에 더 늘어나지만) 3막으로 진행되었다.

제1막은 생명의 탄생이다. 약 40억 년 전에 따듯한 지구의 원시 바다에 최초의 유기 분자가 생겨났다. 특히 생명의 기본 구성요소인 아미노산, 핵산, 지방산이 생겨났다.[61] 물과 잘 결합하지 못하는 소수성 지질 분자가 자신을 에워싼 물 때문에 한곳으로 눌리면서 개별적인 작은 주머니, 곧 초소형 기포가 생겨났다. 그리고 그 안에는 우연히 발생한 생체 분자가 있었다. 이 원형 세포는 대부분 자기 보존 능력이나 재생 능력이 없어서 생겨나자마자 빠르게 파괴되었다. 그러나 몇몇 원시세포는 스스로 복제할 능력이 있는 한 벌의 핵산을 갖추었다. 그리고 (핵산 사슬과 그 내부에 있는 유전정보의 변화로 나타난) 돌연변이와 (주어진 환경 조건에서 다양한 수준의 증식률로 나타난) 선택과정을 거쳐 고세균이라고 불리는 최초의 '진정한' 단세포 생물이 탄생했다. 매우 낮은 단계이지만, 이로부터 유전자의 생존을 둘러싼 경쟁이라는 다윈식의 게임이 시작되었다.

제2막은 다세포 생물의 발생이다. 약 22억 년 전부터 15억 년 전 사이에 '세포 혁명'의 핵심적인 사건이 일어났다.[62] 진핵생물, 곧 막으로 둘러싸인 세포핵과 세포 소기관이 있는 세포의 발생이다. 이는 해조류 · 버섯 · 식물 · 동물과 같은 다세포 생명체가 발생할 기반이 되는 사건이었다. 진핵생물은 제1차 '내부 공생'을 거쳐 생겨났다. 내부 공생은 단세포 생물이 다른 세포를 삼켜 세포 속에 넣은 뒤 자기 세포의 일부로 만들어 공생하는 것을 뜻한다. 약 12억 년 전에 단세포 진핵생물에서 첫 다세포 해조류가 탄생했다. 이 해조류는 광합성으로 원시 바다의 산소 포함량을 올리는 데 이바지했고, 이는 다시 다세포 동물이 발생할 전제조건을 충족했다.

제3막은 성의 발생이다. 6억 년 전에 생명의 진화에 폭넓은 영향을 끼친 또 하나의 핵심적인 사건이 일어났다. 바로 '성의 발생'이었다. 무성생식, 곧 단순 세포분열로 번식하는 생명체는 흔히 유전자적으로 같은 후손을 만들어낸다. 하지만 유성생식은 한 부분은 암컷, 다른 한 부분은 수컷의 형태로 유전물질을 새롭게 조합해 (일란성 쌍둥이는 예외이지만) 유전자적으로 다른 후손을 만들어낸다. 따라서 성은 필연적으로 유전자적 변이성과 연관이 있다. 그래서 성이 발생한 '직후'에 캄브리아기의 진화 대폭발로 나타난 종의 다양성이 폭발적으로 증가했다는 사실도 그리 놀랍지 않다. 4백만 년 사이에 셀 수 없을 정도로 많은 종류의 무척추동물과 어류가 탄생했다. 그리고 얼마 지나지 않아서 원시 바다의 생태계를 벗어난 첫 생명체가 나타났다. 약 4억5천만 년 전에 처음으로 바다 밖에서 식물이 뿌리를 내렸고, 4억1천6백만 년 전에 첫 육지 척추동물이 탄생했다.

진화를 이해하기 위한 가장 중요한 요소는 자연이 보여주는 이러한 드라마가 엄청나게 복잡하지만 매우 단순한 각본, 곧 유전자의 자기 이익 원칙에 따라 진행되었다는 사실을 이해하는 것이다. 리처드 도킨스가 설명했듯이 생물학적 진화의 법칙성이 무엇보다 유전자의 경쟁과 관련이 있다는 사실을 이해해야 한다. 그래야 비로소 생물학적 진화의 법칙성을 추론해낼 수 있다. 실제로 유전자, 곧 디엔에이에 입력된 유전정보가 생물학적 진화의 주연이다. 그것도 제1막에서만이 아니라,

자연 드라마의 제2막과 제3막에서도 마찬가지이다. (뒤에서 다시 자세히 살펴보겠지만) 이런 관점에서 보면, 유기체는 유전자가 미래에 '생존'하기 위한 수단으로만 이바지할 뿐이다.

솔직히 유전자가 존속하기 위해 유기체를 만들어냈다는 이런 생각은 황당하게 들릴 수 있다. 핵산은 당연히 의식이 없고, 아무런 '이해관계'도 없다. 그래서 디엔에이를 구성하는 4대 기본요소인 아데닌 · 티민 · 시토신 · 구아민이 좁은 의미에서 '이기적 목적'을 따를 리 없다. 도킨스와 그의 이론을 지지하는 사람들도 그렇게 주장한 적은 없다. 이기적 유전자라는 비유로 그가 하려고 했던 말은 완전히 다르다. 곧 진화과정에서 계속 전해지는 것은 개체나 집단이 아니라 근본적으로 오직 유전자뿐이라는 사실이다. 무척 오랫동안 외면되었지만, 바로 이것이 생물학적 진화의 핵심이다.

인간이라는 존재를 살펴보자. 생명이 시작되는 순간, 곧 태아가 태어나기 9개월 전에는 하나의 수정된 난세포가 있다. 난세포 안에는 유전정보가 들어 있고, 유전정보를 바탕으로 유기체가 만들어진다. 우리가 죽으면 개별 유기체는 완전히 사라진다. 개체로서 우리는 생물학적으로 아무것도 남지 않는다. 단지 유전정보의 일부분만 살아남아 자녀에게 전해지고, 어쩌면 자녀 다음 세대까지 전해질지도 모른다. 이러한 관점에서 보면, 개체로서 인간이 아니라 유전자가 진화의 실질적인 알파이자 오메가이다. 개체가 죽고, 집단이 파괴되고, 종이 멸종할지라도, 수십억 년 전에 시작된 유전자 복제 게임은 쉼 없이 계속된다.

앞에서 살펴보았듯이, 최초의 유전자 복제는 생물학적 진화의 첫 번째 단계에서 우연히 생겨났다. 유전자는 자신을 스스로 복제했지만, 그 과정에 '번식을 향한 의지' 같은 것은 존재하지 않았다. 그러나 마치 시계처럼 일단 태엽이 감기자 똑같은 과정이 계속해서 쉬지 않고 진행되었다.[63] 성공적으로 번식한 유전자는 살아남았고, 성공적이지 못한 유전자는 경쟁에서 도태되었다. 이 원칙은 지금도 전혀 바뀌지 않았다. 유전자는 수십억 년 전부터 영원히 한결같은 규칙에 따라 똑같은 게임을 언제나 쉬지 않고 계속한다. 따라서 유전자에 기초하여 형성된 유기체에서 엄청난 혁신이 일어나지 않았다면, 진화는 특별히 흥미진진한 과정이 되지는 않았을 것이다.

자기 이익은 내부세계와 외부세계를 경계 짓는 세포막이 생겨나면서 시작되었다. 세포막을 통해 '진정한 자기 이익'을 위한 전제조건이 만들어졌다. '자기 이익'이란 필연적으로 '경계 구분'이 있어야 가능하기 때문이다. 곧 세포막은 몸체의 경계선 안에 있는 자신과 자신이 아닌 것 사이를 구분할 수 있게 했다.

과거든 현재든 유전자는 자신이 성공적인지 아닌지는 전혀 관심이 없다. 그러나 유전자에 의해 만들어진 유기체에 일종의 이익과 고통이라는 원형 의식이 일찍이 생겨났다. 잘 알려진 바처럼, 아메바와 같은 가장 단순한 형태의 생명체도 이익이 되는 것과 중립적인 것, 너무 뜨거운 환경과 같은 해로운 자극을 구별할 수 있다. 그뿐 아니라 해로운 자극은 피하는 반응을 보인다. 이러한 인식 능력과 반응 능력이 진화에 장점으로 작용한다는 사실은 분명하다. 해로운 자극을 피할 수 있는 생명체는 자극에 반응할 수 있는 능력이 없는 생명체보다 훨씬 더 건강하게 자신을 유지하고 번식할 수 있기 때문이다.

이는 유리한 자극과 불리한 자극을 구별할 수 있는 능력이 있는 유전자 조합이 그렇지 못한 유전자 조합보다 선택우위를 차지하게 된다는 뜻이다. 그런 식으로 유전자가 스스로 평안과 고통을 전혀 느끼지 못하더라도 자연도태가 감각의 형성을 장려했다. 이에 대해서 영국의 진화론자 니콜라스 험프레이는 이렇게 말했다. "처음에는 단지 지엽적 자극에 반응할 뿐이었다. 하지만 어쨌든 동물이 말초적 자극에 반응하기 시작했다. 그러고 나서 곧 자극에 예민하게 반응하는 다양한 형태가 나타났다. 감각기관이 다양한 자극을 구별할 수 있게 되었고, 여러 가지 반응 능력이 확장되었다. … 이 정도의 감각과 반응 수준만으로 개체에 영향을 미치는 과정이 큰 의미를 지니게 되었다고 주장할 수는 없다. 그렇지만 이 단계에서 이미 생물 세계의 상태가 변했다. 특정한 사물에 대한 반응이 좋거나 나쁜 것, 먹을 수 있거나 없는 것, '나'한테 의미가 있거나 없는 것으로 분류되었기 때문이다."[64]

이익과 고통을 감각적으로 구분하는 것은 진화의 과정에서 결정적인 발걸음이었다. 이익과 고통의 감각적 구분과 함께 비로소 '의미'가 출현했기 때문이다.

이런 진화의 기본 상황을 알면, 수많은 사람이 해결할 수 없다고 생각하는 의식이 무엇인지를 설명하는 것도 더는 그렇게 무모한 이론적 도전이 아닐 수 있다.[65] 물론 아메바의 원형 의식에서 포유류의 복잡한 감각 체계, 나아가 인간의 자아에 이르기까지는 여전히 머나먼 과정이 남아 있다. 하지만 그래도 모든 증거는 의식의 형성 과정이 지속적인 진화과정과 연관이 있으며, 자세히 관찰하면 의식의 형성 과정을 이해하는 데 (예컨대 뇌조의 교미 행동의 진화과정을 이해하는 것보다 더 큰) 어려움이 없다는 사실을 알려준다. 결국 인간에게도 이익과 고통 사이의 구분이 모든 의미 부여의 기반이 된다고 할 수 있다.

이에 관해서는 뒤에서 다시 살펴보겠으나, 얼핏 역설적인 것처럼 보이는 현상을 먼저 자세히 알아볼 필요가 있다. 이미 언급했듯이, 유전자는 이익과 고통을 인식하지 못한다. 그러나 진화과정의 결과로 구성된 유기체가 무엇을 이익과 고통으로 느낄지를 결정하는 주체는 결국 유전자이다. 이것이 어떻게 하면 가능할까? 매우 간단하다. 특정한 이익과 고통의 감각은 감각의 밑바탕에 있는 유전자 조합이 성공적으로 복제되면서 세대가 지날수록 더욱 강화된다. 그러나 다른 감각은 유전자의 번식률에 부정적으로 작용해서 시기가 이르든 늦든 언젠가는 멸종된다.

간단한 사례를 살펴보자. 유전자 조합 A는 교미 도중에 커다란 쾌락을 만들어내고, 유전자 조합 B는 참기 어려운 고통을 만들어낸다고 가정해보자. 유기체의 이익과 고통 감각에 기초해 어떤 유전자 조합이 더 자주 복제될까? 물어볼 필요도 없이 유전자 조합 A이다. 번식을 위해 노력하는 유기체를 불쾌감으로 '처벌'하는 유전자는 진화의 게임에서 참으로 나쁜 카드를 쥐고 있다. 번식을 방해하는 행동에 '상을 주는' 유전정보도 당연히 같은 운명에 놓이게 된다. 경쟁자에 밀려 무리에서 쫓겨나면서도 긍정적 감각을 느끼는 마조히스트 수컷 사자는 자신의 유전정보를 다음 세대에 전해주기 쉽지 않을 것이다.

요컨대 이기적 유전자나 유전자의 자기 이익이라는 표현은 세상을 이해하는 데 유용하다. 하지만 이 표현에는 이중의 은유적 축약이 담겨 있다는 점을 놓쳐서는 안 된다. 첫째, 유전자는 당연히 이기적일 수 없다. 어떤 이해관계를 가질 수 있는 자아가 없기 때문이다. 둘째, 동물은 무엇이 자신에게 좋은지에 관해 이해관계를 가지고 있지만, 자신이 유전자의 복제 게임을 담당하는 매개체라는 사실을 당연히 알지 못한다.

어떻게 하면 최적의 번식을 이루어낼 수 있을지 복잡한 확률을 계산하는 동물은 없다. 개체 차원에서는 유전적 근친도가 아니라 이익과 고통의 관계가 더 중요하다. 이미 언급했듯이 유전자가 아니라 오직 개체에만 유의미하게 적용할 수 있는 '자기 이익'이라는 말은, '자기 자신을 위해 최선의 결과를 끌어내려는 모든 유기체의 직관적 노력'이라는 뜻이나 다름없다. 곧 자신의 쾌락을 늘리고, 고통을 줄인다. 이렇게 깊숙이 실체를 들여다보면, 쾌락-고통의 경제학이 유전자 프로그램과 연관되어 있다는 사실을 알 수 있다. 궁극적으로 번식 대차대조표에 플러스로 작용할 쾌락-고통을 인식하고 느끼는 것을 장려하는 유전자만이 성공적으로 복제될 수 있다.[66]

개미 왕국의 암컷 일꾼이 유전적 근친도라는 이해관계에 기초해 수컷 형제보다 암컷 자매에 세 배의 에너지를 쏟는다고 해서, 암컷 일꾼이 의식적으로 그런 결정을 한다는 뜻은 아니다.[67] 그런 방식으로 행동하는 암컷 일꾼이 다르게 행동하는 것보다 더 나은 선택을 한 것이라는 의미일 뿐이다. 곧 그렇게 하는 암컷의 유전자가 형제와 자매를 구별하지 않고 똑같이 대하는 암컷 일개미의 유전자보다 더 자주 복제된다는 의미이다. 이렇게 언어적으로 함축된 의미를 정확히 이해해야 유전적 자기 이익 이론에 대한 오해에서 벗어날 수 있다. 하지만 뒤에서 살펴보겠지만, 이것이 '자기 이익 이론'에 대한 유일한 오해는 아니다.

공감적 자기 이익

"너는 이기주의자야!" 어떤 사람에게 이런 꼬리표를 붙인다면, 진화의 기본적인 게임 규칙을 잘 지킨다고 그 사람을 칭찬하려는 의도는 아닐 것이다. 오히려 지나치게 자기만 생각하고, 다른 사람의 욕구를 너무 심하게 무시하는 사람이라는 의미를 나타내는 표현일 것이다. 일상적인 언어 사용에서 우리는 자기 이익을 (곧 이기적 행동을) 이타주의와 (곧 타인을 돕는 행위와) 뚜렷이 대립시킨다. 그러나 자세히 살펴보면, 올바른 대립은 아니다. 자기 이익은 이기적인 행위의 원천이자, 이타적인 행동을 할 원동력이기도 하기 때문이다. 자기 이익의 원칙은 모든 인간 행동의 기본 원리로 윤리적으로 보면 가치중립적이다. 자기 이익의 원칙은 사랑과 증오, 전쟁과 평화, 착취와 연대의 근원이다. 기숙사에서 공동으로 사용하는 냉장고에 들어 있는 동료의 음식을 전부 먹어 치울 때도, 세계평화를 위해 단식을 할 때도, 우리는 이기적이다. 모든 사람이 자신을 가장 먼저 생각한다는 부정할 수 없는 사실이 다른 사람을 배려할 수 없다는 의미는 절대 아니다. 극단적으로 우리는 다른 사람을 위해 자신의 목숨을 내놓을 수도 있다. 왜 그럴까? 특정한 조건에서는 그렇게 하는 것이 개체에 더 큰 이익이기 때문이다. 예컨대 때로는 (인명구조 활동과 같은) 중요하지만 위험한 사명을 마주하고 도망쳤다는 의식을 지닌 채 사는 것이, 죽음의 위험을 무릅쓰는 것보다 훨씬 더 큰 '고통'으로 여겨질 수도 있다.

인간 사회가 아닌 자연에서도 자기 이익은 매우 다양한 형태로 표출된다. 앞서 살펴보았던 영아를 살해하는 침팬지나 사기를 치는 전갈파리처럼 다른 동물의 희생으로 무자비하게 자신의 이익을 관철하는 모습으로만 절대 나타나지 않는다. 앞에서 근친 선택의 의미로 이루어지는 암컷 일개미의 이타적 행동을 살펴보았다. 그러나 자연에서는 오직 근친 관계에 있는 개체만 도움을 받는다고 생각하면 옳지 않다. 사회를 이루어 살아가는 동물은 유전적으로 가까운 친족관계에 있지 않은 동종의 동물에게도 이타적 행동을 보인다.

그렇다면 이타적 행동을 진화론의 입장에서 어떻게 설명할 수 있을까? 여기에서는 해밀턴 법칙이 도움이 되지 않는다. 하지만 더 우아한 다른 설명이 있다. 진화생물학자들은 이를 '호혜적 이타주의'나 '이타적 자기 이익'이라고 부른다. 어떤 의미일까? 장기적 관점에서 개체에는 네가 나에게 한 만큼 나도 너에게 베푼다는 호혜의 원칙에 기초해 협력적으로 행동하는 것이, 다시 말해 자원을 남과 나누는 것이 상대에게서 무자비하게 이익만 얻어내는 것보다 더 이익이 크다는 사실이 밝혀졌다. 언제나 비협조적이고 단기 이익만 추구하는 개체는 집단에서 빠르게 고립되고, 결국에는 남을 도울 준비가 된 다른 동료보다 불리한 처지에 놓이게 된다. 따라서 장기적 관점에서는 친절한 것, 다른 동료를 위해 단기적으로 자신의 이익을 포기하는 것이 더 유리하다. 따라서 세상은 '백지장도 맞들면 낫다'라는 속담처럼, 자기도 언젠가는 어려운 상황에서 똑같은 도움을 얻을 수 있으리라는 '기대'[68] 속에서 이웃에 좋은 도움을 주는 '영리한 이기주의자'로 넘쳐난다.[69]

그렇다면 개체는 양으로 측정할 수 있는 이익이 보장될 때만 이타적으로 행동할까? 사람들은 적어도 인간에게는 '헌신적 도움'과 같은 이타적 행동이 틀림없이 있을 것으로 생각한다. 사실 부유한 산업국에 사는 사람이 매우 가난한 개발도상국 사람을 위해 기부를 할 때, 언젠가 도움을 받을 것을 기대하지는 않는다. 예컨대 홍수가 나서 집 지하실이 물에 잠길 때, 언젠가 도움을 주었던 사하라 남부 사헬 지역 주민에게 도움을 받을 것으로 생각해서 기부하는 사람은 없을 것이다. 그렇다면 왜 많은 사람이 아무 대가도 기대하지 않고, 많은 시간과 돈을 자선사업에 쏟을까? 옆집의 슈베르트 부인은 왜 정기적으로 헌혈을 할까? 빌 게이츠는 왜 수십억 달러를 구호사업에 기부할까? 이런 행동이야말로 가장 헌신적이고, 이타적이고, 고귀하지 않은가?

진화생물학자들은 이런 질문에 회의적이다. '확실한 증거를 발견하지 못한다면, 숭고한 동기를 믿지 말라'는 사회생물학의 좌우명에 따라 그들은 이렇게 지적한다. 특별히 고귀해 보이는 사람은 그의 도움을 경험한 사람에게 직접 보상을 받지 못할 수도 있겠지만, 그가 사는 공동체를 통해 간접적인 보상은 받을 수 있다. 이에 관해 마티아스 울과 에카르트 폴란트는 《허풍쟁이가 삶에서 더 많이 얻는다》라는 유쾌한 진화생물학 책에서 이렇게 말했다. "많이 베푸는 사람은 그의 행동으로 오해할 수 없는 신호를 주변에 보낸다. '나는 좋은 사람이야. 너는 나를 믿어도 돼.' 이런 메시지를 계속해서 믿음직하게 알린다면 주변 사람의 눈에 특별해 보이는 효과를 거둔다. 되풀이해서 보여주는 그의 헌신성 때문에, 사람들은 그를 높이 평가할 것이다. 그는 자신의 사회에서 매력적인 동반자가 된다."[70]

우리도 알듯이, 이타주의로 얻은 사회적 매력은 충분한 보상을 돌려받는다. 개인의 차원에서 좋은 행동은 좋은 기분으로 보상받는 것 이상이다. 유전자 복제라는 측면에서도 그렇다. 사회적으로 매력적인 개인이 번식의 기회를 더 많이 얻을 수 있기 때문이다. '주는 사람이 받는다'라는 말 그대로이다. 이런 점에서 '선행을 하고 그에 관해 떠들라'라는 것은 진화와 관련해서도 의미 있고 검증된 전략이다.

그러나 이것으로 정말로 이타적 행동을 충분히 설명할 수 있을까? 이름이 끝내 알려지지 않은 수많은 선행은 어떻게 설명할 것인가? 특히 명성을 얻는 것과 아무 관련이 없을 뿐 아니라, 오히려 도움을 준 사람이 알려지면 사회적으로 비난을 받거나 심지어 살해될 수도 있어서 남몰래 이루어지는 이타적 행동은 어떻게 설명할 수 있을까?

스티븐 스필버그가 감독을 맡은 〈쉰들러 리스트〉라는 영화로 세계적으로 널리 알려진 오스카르 쉰들러의 사례를 살펴보자. 쉰들러는 원칙도 없이 기회주의적으로 자신의 안락한 삶에만 관심을 두던 인물이었고, 전쟁 덕분에 많은 돈을 번 기업가였다. 그러던 쉰들러가 1940년대에는 무엇 때문에 자신의 모든 재산과 생명까지 잃을 위험을 무릅쓰고 목숨을 잃을 위험에 놓인 수천 명의 유대인 남자와 여자, 아이를 구하려고 나섰을까? 쉰들러는 분명히 '선행을 하고 그에 관해 떠들라'는 격언을 따를 수 없었을 것이다. 그랬다면 그는 죽임을 당할 것이 분명했기 때문이다. 그렇다면 그가 구원 활동을 한 이유는 무엇일까?

오스트레일리아 출신의 작가 토마스 케닐리가[71] 쓴《쉰들러 리스트》에 따르면, 나치 당원이던 오스카르 쉰들러가 나치 정부에 반대하는 행동에 나서게 한 동기는 절대 이데올로기에 있지 않았다.[72] 그보다는 힘없는 유대인에게 저질러진 잔혹한 행위에 경악했기 때문이었다. 달리 말해 쉰들러는 동정심에서 그렇게 행동했다. 이렇게 동정심은 수많은 이타적 행동의 기본 동기이다.

기쁨이나 슬픔에 공감해서 나온 행동은 매우 흥미로운 이기적인 행동 형태이다. 모든 자기 이익의 형태처럼 공감적 자기 이익에서도 '이익과 고통'이 무척 중요하다. 그러나 이 경우에는 타인의 고통을 자신의 고통으로, 타인의 기쁨을 자신의 기쁨으로 인식한다. 쉰들러도 유대인의 고통에 깊게 공감해서, 그들의 고통이 자신의 고통처럼 여겨져 맞서 싸울 수밖에 없게 된 것 같다.

인간의 이런 공감 능력은 대부분 진화의 결과로 이루어진 우리의 뇌 안에 존재하는 거울 뉴런 때문이다.[73] 거울 뉴런은 다른 사람을 관찰할 때 활성화된다. 거울 뉴런은 개인이 인지한 사건에 대해 그 일을 직접 겪을 때 생겨나는 뇌의 생리적 과정을 모방한다. 연구에 따르면, 뇌에서 통증 신호에 반응하는 감지기 구실을 하는 세포는 다른 사람이 못에 찔리는 것을 볼 때도 반응한다.

요컨대 동정은 실제로 느끼는 고통이다. 뇌 생리학으로도 그렇다는 사실이 증명된다. 남의 기쁨을 함께 느끼는 것도 뇌에서 반응하는 양식을 보면, 실제 기쁨을 느끼는 것과 같다.[74] 따라서 위기 상황에 놓여 고통받는 사람을 돕는 것은 인간의 원초적인 이해관계와 관련이 있다. 타인의 고통을 없애서 스스로 고통에서 벗어나고, 다른 사람을 기쁘게 해서 자신을 기쁘게 하기 때문이다. 개인 차원에서 이러한 이타적 행동이 이기적이라는 사실은 쉽게 이해할 수 있다. 우리가 타인의 고통을 보며 스스로 고통을 느끼지 않는다면, 굳이 그 고통을 없애려고 노력할 필요가 없기 때문이다.

다시 말해서, 남을 돕는 사람은 자기 자신을 돕는 것이다. 그렇다고 이러한 사실이 돕는 사람을 비난할 이유가 될 수는 없다. 오스트리아의 진화이론가 프란츠 부케티츠가 지적했듯이 "도움을 받아 구조된 사람의 처지에서는 … 그 구조가 고상한 동기 때문이든, 진화의 선택 때문이든, 아무런 차이도 없기 때문이다."[75]

그렇지만 이런 개인적인 자기 이익의 특별한 형태가 도대체 어떻게 생겨날 수 있었는지 의문은 여전히 남는다. 개인 차원에서 관찰할 수 있는 공감적 자기 이익은 유전자 복제 차원에서 선택 원리와 모순되지 않을까?

구체적으로 당연히 그럴 수 있다. 공감 능력에 기초해 나타난 도움 행위는 때에 따라서는 도움의 전제조건인 유전자 복제의 성공 가능성을 줄일 수도 있다. 그렇지만 인간의 특별한 감정이입 능력과 이를 통해 가능해진 자기 이익 원칙의 확장도 단지 진화적 생존전략의 결과에 지나지 않는다는 사실을 분명히 알아야 한다.

내가 《진화론적 인도주의 선언》이라는 책에서도 이미 언급했듯이, 인류의 진화과정에서 뇌 용량이 꾸준히 늘어난 것은 무엇보다 더 복잡한 뇌를 가진 영장류가 더 높은 '사회적 지성' 덕분에 단순한 뇌를 가진 다른 영장류보다 더 우위에 설 수 있었기 때문이다. 사회집단 안에 존재하는 다층적인 역할을 통찰하며 자신을 위해 활용할 수 있는 능력은 결정적으로 생존에 유리한 장점으로 작용했다. 자기가 속한 공동체 구성원의 욕구에 감정을 이입시킬 수 있는 개인만이 자신의 목표에 도달하기 위해 언제 누구와 협력해야 하는지, 누구를 어렵지 않게 속일 수 있는지, 누구에게 굴복하는 것이 좋은지 알 수 있었다. 진화를 통해 커진 공감 능력은 성공적인 거짓말 · 사기 · 협력 · 음모 등을 위한 전제조건이었고, 그에 대한 반작용이라고 할 수 있는 동정을 (곧 아울러 함께 기뻐할 수 있는 마음을) 동기로 하는 이타적 행동의 기반이 되었다.[76]

인간의 역사에서 나타난 악 · 잔인함 · 착취 등에만 초점을 맞추다 보면, 우리는 일상에서 마주하는 수많은 이타적 도움을 놓치게 된다. 미국의 저술가 알피 콘이 《인간 본성의 밝은 면》이라는 책에서 강조했듯이 정말로 "인간이 가지고 있는 본성에는 밝은 면도 존재한다. 가끔 신문에는 예컨대 어린아이를 구하려고 강물로 뛰어드는 것과 같은 영웅적으로 행동한 사람을 알리는 기사가 실린다. 그러나 우리가 모두 날마다 주변에서 경험하고 실천하는 수십 가지의 소소한 이타적 행동은 의미를 부여받지 못하고 뇌리에서 잊힌다. 내 경험에 따르면, 자동차 바퀴가 빙판 위에서 헛돌고 있을 때 누군가 차를 밀어주려고 멈추어 선다. 아픈 친구 병문안을 가려고 이미 계획된 일정을 뒤죽박죽으로 만들어버리기도 한다. 길을 모르는 사람에게 길을 알려준 뒤에 잘 가고 있는지 잠시 더 지켜보기도 하고, 울고 있는 사람에게 다가가서 도와줄 일이 없는지 묻기도 한다."[77]

자기 이익을 위해 공감할 수 있는 특별한 능력은 확실히 인간의 본성 가운데 가장 마음에 드는 것이기는 하다. 그러나 우리에게 이타적 행동을 하게 하는 이러한 자기 이익의 특수형태에는 뚜렷한 한계가 있다는 사실도 잊으면 안 된다. 그 한계에는 여러 가지 이유가 있다.

먼저 당연한 말이지만, 우리가 고통을 직접 겪는 것과 남의 고통을 바라보는 것 사이에는 엄청난 차이가 있다. 직접 훌리건에게 둘러싸여 몰매를 맞을 때와 그런 광경을 멀리서 바라볼 때 느끼는 감정은 당연히 다르다. (우리의 거울 뉴런은 타인의 고통을 절대 똑같은 비율로 반사하지 않는다.) 일반적으로 우리가 관찰하면서 느끼는 고통과 기쁨은 직접 겪을 때 느끼는 고통과 기쁨보다 적다. 친구가 복권 1등에 당첨되었다면 많이 기뻐해 줄 수 있겠지만, 자신이 직접 당첨되면 그보다 훨씬 더 기쁠 것이다. 철학자 루드비히 마르쿠제는 그 차이를 촌철살인의 해학을 담아 이렇게 표현했다. "고통을 함께 나누는 마음이 기쁨을 나누는 마음보다 더 자주 나타난다. 왜냐고? 우리는 타인의 기쁨보다는 타인의 고통에 더 쉽게 공감할 수 있기 때문이다. 왜냐고? 고통을 나누는 데는 마음만 함께 나누어도 된다는 기쁨이 있지만, 기쁨을 함께하는 데는 마음만 함께 할 수밖에 없다는 고통이 있기 때문이다."[78]

공감적 자기 이익에는 또 다른 한계가 있다. 곧 작은 집단의 관계에서 형성된 공감 능력은 구체적 경험에 좌우되는 경향이 있어서, 추상적 차원으로 확대되기가 무척 어렵다.[79] "매년 수십만 명의 아이가 영양실조로 죽어가지만, 그 아이들은 우리에게 추상적 숫자에 머물기 때문에, 쉽게 우리의 생각에서 밀어낼 수 있다. 그러나 2004년의 쓰나미 피해자의 모습은 텔레비전을 통해 직접 안방으로 밀려들어 왔다. 어디에서나 볼 수 있는 화면을 통해 우리는 그들과 감정적으로 이어졌다. 그래서 마음 깊이 애도하면서 함께 도와야 한다는 마음이 생겨났다."[80]

마지막으로 공감적 자기 이익의 가장 중요한 한계와 그 원인을 고려해야 한다. 공감 능력은 우리의 생물학적 진화에 따른 보편적 유산이기는 하지만, 이데올로기에 의해 쉽게 차단될 수 있다는 점이다. 단지 공격하려는 대상을 향해 매몰차게 '그들은 그런 고통을 받을 만한 짓을 했고', 자세히 들여다보면 '그들은 사람이 아니라 짐승이며', 만일 '선한 사람'이라 하더라도 마음 깊이 혐오해야 하는 온갖 이유를 지닌 사람이라는 인상만 심어주면 된다. '타인'이 이런 식으로 비인격화되면, 비인격화된 타인은 우리가 모두 저항해야 하는 '보편적 불행'으로 바뀐다. 그러면 고통과 기쁨을 함께 나눌 자리에 증오와 혐오가 대신 놓이게 된다. 뒤에서 다시 살펴보겠지만, '악'이라는 개념은 이렇게 사람을 이데올로기적으로 선동하는 데 뛰어난 기능을 한다.

타인은 지옥이다?

다음에 설명하는 미스터 X는 누구일까? 살짝 힌트를 주면, X는 한때 세계에서 가장 유명한 사람이었다. 그가 시대적 문제에 관해 언급하면, 전 세계의 모든 신문과 텔레비전, 라디오 방송국이 그에 관한 논평으로 떠들썩했다. 수백만이 그를 성인처럼 숭배했고, 그의 얼굴이 인쇄된 티셔츠는 지구상의 일부 지역에서 매우 인기가 있었다. 이는 무엇보다 그의 특별한 카리스마 때문이었다. X는 사람을 대할 때 매우 매력적이고, 예의가 바르고, 배려심 깊고, 온화하다고 알려졌다. 그는 호화롭게 살

능력이 있는데도 검소하게 살았으며, 엄청난 돈을 과부와 고아를 위해 기부했다. 전쟁이 일어난 지역에는 최소한의 인간 존엄성을 지킬 수 있도록 생필품을 공급했고, 학생 때부터 이미 자선단체를 만들었다.

미스터 X는 자신의 특별한 이타적 열정이 깊은 종교적 믿음에서 나온다고 말했다. 많은 사람의 주목을 받은 X의 어록에도 그런 말이 나온다. "내가 믿는 종교는 정직함과 … 자비, 명예, 순수함, 경건함의 종교이다. 이웃사랑과 사람 사이의 정의를 구현하기 위한 종교이다. 그리고 모든 사람에게 권리를 부여하고, 억압받고 쫓기는 이들을 보호해주는 종교이다. … 선한 자는 보상받고, 악한 자는 손과 혀, 심장으로 다스리는 종교이다. … 나아가 통합의 종교이다. … 피부색, 성, 언어와 관계없이 모든 인간에게 완전히 평등한 종교이다."[81]

이 사람은 누구일까? 2002년 11월에 자신의 세계관을 이렇게 포근한 단어로 밝힌 이는 누구일까? 달라이 라마나 교황 베네딕투스 16세, 넬슨 만델라나 데즈먼드 투투 대주교라고 생각했다면 모두 틀렸다. 바로 테러 조직 알카에다의 지도자였던 오사마 빈 라덴이다.

민간인을 대상으로 테러를 하도록 명령한 남자가 어떻게 자신의 행동을 자비 · 정의 · 정직이라는 말로 포장할 수 있는지 의문일 것이다. 그렇다면 이런 모든 말이 순전히 헛된 말일 뿐이고, 쓰레기와 같은 냉소적인 정치 선동에 지나지 않을까? 전혀 그렇지는 않다. 오사마 빈 라덴이 거짓말을 했다고 단정하는 것은 그에 대한 올바른 판단이 아니다. 오사마 빈 라덴은 박애주의자로서의 진정성을 지닌 인간이었고, 동시에 잔혹한 살인자이기도 했다. 그는 온화함 · 친절함 · 정의를 내세우면서, 동시에 '이교도'에게 두려움과 공포를 확산시키는 것을 전혀 모순되게 받아들이지 않았다.

역사적으로 이런 이중적인 도덕성을 지닌 사람이 빈 라덴만은 아니다. "타인이 지옥이다." 장폴 사르트르의 희곡《닫힌 문》에 나오는 말이다.[82] 이 짧은 말은[83] 인간의 역사에 자주 나타나고, 자연에서도 꽤 자주 관찰되는 양식을 정확히 묘사했다. 내집단이라고 하는 집단의 내부 구성원에 대한 태도와 외집단이라고 하는 집단 바깥의 존재를 대하는 태도가 엄격히 다른 모습은 거의 어디에서나 발견된다.

러시아 출신의 윤리학자 미하일 쿨리셰르는 이미 1885년에 주목할 만한 '윤리의 이중성'을 밝혀냈다. 과거 유럽 인류학자들의 여행기를 분석한 쿨리셰르는 이런 결론에 도달했다. "지금까지 말한 모든 사실로 원시적인 문화단계에서는 물론이고, 그 이후에도 두 개의 완전히 상반된 윤리체계가 공존한다는 점이 명확해졌다. 첫 번째 윤리체계는 공동체 구성원을 모두 포함하고, 구성원 사이의 관계를 규정한다. 두 번째 윤리체계는 공동체 구성원이 타인을 대하는 행동 방식을 규정한다. 첫 번째 윤리체계는 온화함 · 선함 · 연대 · 사랑 · 평화를 명령하고, 두 번째 윤리체계는 살인 · 약탈 · 증오 · 적대감 등을 명령한다. 첫 번째는 집단 내부 구성원을 대하는 태도이고, 두 번째는 외부인을 대하는 태도이다."[84]

쿨리셰르가 관찰한 윤리의 이중성은 세계 5대 종교와 같은 이른바 고등종교의 '거룩한 경전'에서도 발견된다.《구약성서》에서는 "살인해서는 안 된다",[85] "도둑질해서는 안 된다"[86]라고 했으나, 몇 줄도 지나지 않아서 이러한 고결한 행동양식은 오직 집단 내부에 확고히 소속된 구성원만을 대상으로 한 덕목이라는 사실을 분명히 밝힌다. 곧 공동체 규칙을 어기는 자는 외부인으로 규정해 없애야 한다고 말한다. "너희는 주술쟁이 여자를 살려 두어서는 안 된다. … 주님 말고 다른 신에게 제사를 지내는 자는 처형되어야 한다."[87] 다른 집단을 어떻게 대할지 신은 자신이 선택한 민족에게 이렇게 말한다. "나는 나에 대한 공포를 너희보다 앞서 보내어 너희가 쳐들어가는 모든 민족을 혼란에 빠뜨리고, 너희의 모든 원수가 등을 돌려 달아나게 하겠다. 나는 또 말벌을 너희보다 앞서 보내어 히위족과 가나안족과 히타이트족을 너희 앞에서 몰아내겠다. … 나는 너희가 번성하여 그 땅을 차지할 때까지, 그들을 너희 앞에서 조금씩 조금씩 몰아내겠다."[88]

'적'은 감히 자비를 기대할 수 없다. 이렇게 적혀 있기 때문이다. "너희는 주 하느님께서 너희에게 넘겨주시는 모든 민족을 없애 버려라. 너희는 그들을 동정해서는 안 된다. … 너희는 하늘 아래에서 그들의 이름을 없애 버릴 것이다. 아무도 너희에게 맞서지 못할 것이며, 너희는 마침내 그들을 멸망시킬 것이다."[89]

《구약성서》의 〈이사야서〉를 읽으면, 제인 구달이 묘사한 침팬지 전쟁이 생각나 불편한 느낌마저 든다. "내게 봉헌된 이들에게 나는 명령을 내렸다. 내 분노의 심판을 위하여 나의 용사도, 내 엄위에 환호하는 자도 불러 모았다. … 그러나 발각되는 자마다 찔려 죽고, 붙잡히는 자마다 칼에 맞아 쓰러지리라. 그들의 어린것은 그들 눈앞에서 내동댕이쳐지고, 그들의 집은 약탈당하고, 그들의 아내는 욕을 당하리라."[90]

내집단과 외집단을 구별하는 사고방식은 《신약성서》에서도 두드러지게 나타난다. 《신약성서》에는 '원수를 사랑하라'는 주목할 만한 계율도 눈에 띄지만,[91] 그 계율조차도 되풀이해서 가장 변화무쌍한 색으로 그려지는 '타인', 곧 '악'에 대한 응징을 막지는 못한다. 〈마태오 복음서〉에는 이렇게 적혀 있다. 그날이 오면 "사람의 아들이 자기 천사를 보낼 터인데, 그들은 그의 나라에서 남을 죄짓게 하는 모든 자와 불의를 저지르는 자를 거두어 불구덩이에 던져 버릴 것이다. 그러면 그들은 거기에서 울며 이를 갈 것이다."[92]

《신약성서》는 예수를 따르지 않는 자는 (곧 모든 외부인은) 영원한 지옥의 불로 떨어진다고 계속해서 단호히 말한다. 자세히 살펴보면, 《신약성서》는 《구약성서》가 외부인에게 선고하는 잔혹한 형벌과는 비교할 수 없을 만큼 끔찍한 형벌을 선고한다. 발달심리학자 프란츠 부글레는 《신약성서》의 도덕의식이 지닌 문제를 정확히 이렇게 지적했다. "영원히 지속되는 극단적인 고통을 받을 것이라는 위협이 심리적으로 어떤 의미가 있는지, 종교 교육으로 형성된 모든 익숙함에서 벗어나 명확하게 알 필요가 있다. 이런 식의 위협은 지금까지 알려진 어떠한 고문이나 형벌과 도저히 비교할 수 없다. 시간상으로 무한하기 때문이다."[93]

사도 바울의 〈로마 신자들에게 보낸 서간〉에도 '좋은 신도'와 '악한 외부인' 사이의 경계가 무척 뚜렷이 나타난다. 사도 바울에 따르면, (기독교의) 신을 인정하기를 거부하는 자는 "그들이 하느님을 알아 모시려고 하지 않았기 때문에, 하느님께서는 그들이 분별없는 정신에 빠져 부당한 짓을 하게 내버려 두셨다. 그들은 온갖 불의와 사악과 탐욕과 악의로 가득 차 있고, 시기와 살인과 분쟁과 사기와 악덕으로 그득하다. 그들은 험담꾼이고, 중상꾼이며, 하느님을 미워하는 자고, 불손하고 오만한 자며, 허풍쟁이고 모략꾼이고, 부모에게 순종하지 않는 자며, 우둔하고 신의가 없으며, 비정하고 무자비한 자이다. 이와 같은 짓을 저지르는 자들은 죽어 마땅하다."[94]

《신약성서》에 사형을 집행하라는 직접적인 요구가 상대적으로 자주 등장하지 않는 이유는 초기 기독교도들이 커다란 오류에 빠졌기 때문이다. 그들은 머지않아 '세상의 종말'이 온다고 믿었고, '악'을 심판하는 것도 다가올 '신의 법정'에 맡겨도 된다고 생각했다. 그들이 '곧 세워질 신의 법정'을 어떻게 상상했는지는 성서의 맨 끝에 실린 〈요한 묵시록〉에서 잘 드러난다. 그야말로 숨 막히는 폭력의 향연이다. 나는 세상의 모든 문학작품 중에 '외부인'을 이토록 끝없이 증오하는 작품을 본 적이 없다.

묵시록의 엄청난 흑백논리를 보면, 처음에는 매우 온건했던 기독교 공동체가 곧 나타날 것으로 여긴 신의 심판이 오래도록 오지 않자, 점차 그 사명을 직접 넘겨받아 신을 대신해 지상의 '악'을 심판하려 했던 심정도 이해는 된다. '콘스탄티누스의 전환'으로 이루어진 이러한 '새로운 의식'의 극적인 결과는 종교와 교회 비판자인 카를하인츠 데슈너가 《기독교 범죄의 역사》라는 책에 매우 인상 깊게 묘사해 놓았다.

내집단과 외집단 사이의 엄격한 차별은 《쿠란》에서도 발견된다. 알라는 자신의 계율에 순종하는 자에게만 자비롭고, 온화하며, 선한 모습을 보인다. 다른 이들은 '가까운 심판의 날'에 '영원한 불구덩이'에 처넣고, 지옥에서 '고름'과 '시궁창 물'을 먹인다.[95] 그리고 '끓는 물'을 먹여[96] '내장을 끊고',[97] '철퇴'로 두들기며,[98] 녹인 구리와 타르로 옷을 입힌다.[99] 《쿠란》의 신은 지옥에서 당할 가학적인 약속에 그치지 않고, 현세에서 따라야 할 실질적 행동 지침도 내린다. "너희들이 (전쟁터에서) 이교도를 만나거든 (칼로 그들의) 목을 쳐라! 너희가 그들을 완전히 쳐부수었다면, 나중에 자비를 베풀거나 몸값을 받고 풀어 줄 수 있도록 결박하라."[100]

《쿠란》은 알라가 이교도를 얼마나 증오하는지,[101] 아울러 이교도에게 신의 보복을 실행하는 것이 모든 무슬림의 의무임을 되풀이해서 강조한다. 성전의 의무에서 달아나는 자는 병자, 시각장애인, 장애인, 노인,

여자, 어린아이를 제외하고는[102] 모조리 지옥에 떨어져 가장 가혹한 처벌을 받을 것이라고 한다.[103]

알카에다의 지도자 오사마 빈 라덴의 테러 독트린도 《쿠란》의 이런 도덕적 이중성으로 매우 우아하게 정당화되었다. 그는 자기 생각을 《쿠란》을 인용해 자주 밝혔다.[104] "거룩한 달이 지나면, 이교도를 죽여라. 그들을 만나는 곳에서 공격하고, 포위하고, 어디에서든 그들을 추적하라! 그러나 그들이 개종하고, 기도를 올리고, 구휼 세를 내면, 그들의 길을 가도록 허락하라! 신은 인자하고 용서할 준비가 되어 있다."[105]

이미 말했듯이, 내집단과 외집단의 구성원을 대하는 도덕적 이중성은 절대 '아브라함의 종교', 곧 유대교 · 기독교 · 이슬람교만의 특성은 아니다. 쿨리셰르가 확인했듯이 이러한 도덕적 이중성은 '미개인', 현대의 언어로 바꾸자면, 선주민의 관습과 풍습에서도 발견된다. 이를 어떻게 설명할 수 있을까?

진화론자들은 인간 사회 바깥에 있는 자연에서 발생하는 유사한 현상으로 선주민의 도덕적 이중성을 설명한다. 마리아 부케티츠와 프란츠 부케티츠는 《희망과 환상 사이의 인간성》이라는 책에서 이렇게 밝혔다. "집단 안에서 살아가는 동물은 집단 바깥에 있는 같은 종을 친절하게 대하지 않는다. '외부자'를 처음에는 냄새를 맡아본 뒤 서서히 집단의 일원으로 받아들이거나 곧바로 쫓아버린다. 동물의 폐쇄적인 집단은 '외부 요소'를 받아들이지 않는 비교적 안정된 단위이다. 자신의 집단을 떠난 늑대는 다른 무리에 곧바로 받아들여지지 않는다. 왕국을 이루는 곤충들, 특히 개미와 벌은 자신의 왕국에 속하지 않은 동종의 동물에게 극단적으로 배타적이다. 심지어 집단 간의 갈등에 대비해 병사까지 갖춘다."[106]

집단 간의 갈등을 살펴보자. 우리가 이미 침팬지 전쟁의 사례에서 보았듯이, 집단 내부에서 나타나는 공격성은 집단 간에 나타나는 공격성과는 뚜렷한 차이를 보인다. 제인 구달이 확인한 바에 따르면, 침팬지는 집단 외부의 같은 동족을 동종의 동물이 아니라 먹이로 취급한다.[107] 구달은 이런 관계를 적에 대한 '비침팬지화'라고 표현했다. 이것은 인간이 적을 '비인격화'하는 현상과 매우 유사하다.

이런 관계를 에카르트 볼란트는 이렇게 평가했다. "잘 알려진 것처럼 적을 정신적으로 격리하면, 살해를 꺼리는 성향이 감소한다. 그리고 오직 자기 윤리에 대한 확신에 근거해서 자신은 선하지만 적은 선하지 않다고 확신할 때, 살해를 꺼리는 성향이 감소한다."[108] 이어서 기센 대학의 사회학 교수인 볼란트는 이렇게 결론을 내린다. "도덕의 이중성은 진화의 실수도 유전자의 오류도 아니다. 오히려 단순한 상관관계에서 나오는 필연적인 결과이다. 곧 사회가 협력적일수록, 구성원이 지켜야만 하는 내부 윤리를 통해 통합되는 밀도가 강할수록, 그들은 외부를 향해 더 강력한 투쟁심을 지니고 투쟁에 나설 수 있다. 도덕의 이름으로 적을 만들어 적과 상반된 실용적 설계도를 함께 제시하면, 구성원은 그것을 도덕으로 받아들인다. 그래서 가장 목소리가 큰 도덕주의자들이 되풀이해서 적을 만들어내고, 자신들의 잣대로 정의한 선과 정의를 위해 다른 이들과 투쟁할 것을 호소하는 것이 절대 우연이 아니다. 도덕은 반드시 이중성을 띠고 나타난다. 도덕이야말로 다른 이해관계를 가진 사람들과 벌이는 사회적 충돌에서 가장 유용한 승리전략이기 때문이다. 내부의 윤리적 결속력이 강할수록 집단의 융화력도 강해지고, 외부를 향한 투쟁 능력도 향상된다."[109]

그렇다면 우리는 도덕의 이중성과 외부인 혐오증을 본성으로 지니고 태어날까? 전혀 그렇지 않다! 호모사피엔스에게 진짜 인도주의자가 될 잠재력이 있는지 회의하는 시각에 맞서, 마리아 부케티츠와 프란츠 부케티츠는 이렇게 강조했다. "모든 인간은 외부인과 개인적인 접촉을 하고, 외부인의 문화와 전통을 이해하려 노력함으로써, 외부인과 거리감을 없애는 방법을 배울 수 있다. 그러나 모든 인간은 외부인을 증오하는 방법도 배울 수 있다. 어려서부터 외부인은 열등하며, 자기 나라, 특히 자기 가족이나 친구들에게 경제적인 손해를 끼친다고 확신하도록 가르칠 때 특히 그렇게 된다."[110]

바꿔 말하면, 개인이 '타인'이나 '외부인'을 이익이나 고통으로 받아들이는지 그렇지 않은지는 생물학적으로 진화한 행동양식의 결과만은 아니다. 그것은 문화적인 학습 경험의 문제이기도 하다. 아직 이 책에서는 인간 행동의 핵심 요소인 문화를 고려하지 않았다. 이제는 문화를 이야기할 때가 되었다. 문화의 발전이야말로 진화라는 드라마에서 (제1막의) 생명의 탄생, (제2막의) 다세포 생물의 발생, (제3막의) 성의 발명 다음에 펼쳐질 제4막의 핵심 주제이기 때문이다.

문화적 진화와 악의 밈플렉스*

"먹을 것이 없는 자만이 소외되고 천대받는 자가 아니다. 인류가 이룩한 위대한 재화에 아무런 지분도 갖지 못하는 사람도 마찬가지로 소외되고 천대받는다." 로자 룩셈부르크는 문화를 함께 나누는 것이 지니는 큰 의미를 이렇게 표현했다. 그렇다면 '문화'는 무엇을 뜻할까?

넓은 의미에서 문화란 '사회적으로 전해진 행동양식'이라고 정의할

* 밈플렉스는 'meme complex'를 한 낱말로 합친 것으로, 리처드 도킨스가 서로 연관된 밈의 복합적인 체계를 나타내기 위해 사용한 말이다.

수 있다.[111] 따라서 생물학적으로 타고난, 다시 말해 단지 유전자의 복제를 통해서 전해진 행동양식은 '문화'라고 할 수 없다. 인간으로 범위를 좁혀 살펴본 좁은 의미에서의 문화란 사회적 학습 과정에서 생겨나고 꾸준히 새롭게 나타나는, 어떤 개인들의 집단을 특징짓는 (희망 · 이해관계 · 욕망 · 목표 · 주장과 같은) 욕구, (가치 · 규범 · 생각과 같은) 의견, (사물 · 인물 · 상호관계 · 행위 등에 관한 지식을 뜻하는) 인식, (언어 · 의복 · 음식 · 운송과 통신 수단 · 종교 · 세계관 · 제도 · 예술 · 스포츠와 같은) 생산물 등을 뜻한다.[112]

자연과 마찬가지로 문화도 진화의 과정을 겪는다. 문화적 진화가 이루어지려면 무엇보다도 혁신을 받아들여 자신의 행동을 변화시키고, 전통을 형성해 그것을 다른 주체에게 전할 능력을 지닌 생명체가 존재해야 한다. 나아가 그 생명체가 의도를 지니고, 계획하고, 추상적 기호로 세계를 표현할 '지향성'과 '상징을 구성'하는 능력까지 갖춘다면 문화적 진화의 동력은 무척 강해진다. 상징으로 구성된 문화적 정보가 (부모가 자녀에게 어떻게 하는 것이 예의를 지키는 것인지를 알려주거나, 거꾸로 자녀가 부모에게 요즘 유행하는 것이 무엇인지를 알려주는 것처럼) 개인에서 개인으로 직접 전달되는 데 그치지 않고, 책 · 신문 · 텔레비전 · 라디오 · 인터넷과 같은 매체로 간접적으로 전달될 수도 있기 때문이다.

생물학적 진화와 문화적 진화의 근본적인 차이는 진행 속도에 있다. 생물학적 진화는 느리게, 특히 종이 복잡할수록 더욱 느리게 진행된다. 하지만 문화적 진화는 거의 숨 쉴 겨를도 없이 빠르게 진행된다. 자연에서 진화가 눈에 드러나는 기간은 보통 수천 년이나 수십만 년, 때로는 수백만 년에 이른다. 그러나 문화적 진화의 기간은 몇 년 혹은 몇 달에 불과하다. 이러한 점에서 문화적 진화는 생물학적 진화보다 결정적으로 우월하다. 곧 문화적 진화는 유전자의 재구성, 돌연변이, 선택의 과정을 거치는 생물학적 진화와 비교할 때, 변화된 환경에 훨씬 더 빠른 속도로 적응한다.

호모사피엔스의 문화적 진화가 얼마나 역동적으로 진행되는지는 역사를 간략히 살펴보면 쉽게 이해할 수 있다. 오늘날의 지식에 따르면, 인류는 약 20만 년 전에 탄생했다. 인류는 이 기간에 대부분 시간을, 곧 19만 년 정도를 사냥과 채집을 하며 지냈다.[113] 약 1만 년 전에 비로소 인류는 '신석기 혁명'을 거치며 정착해서 경작을 하고 가축을 사육했다. 이런 환경은 인간에게 더 먼 시기에 대한 예측과 전략적 사고뿐 아니라, 분업과 같은 직업적인 특화를 요구했다.[114] 그리고 수천 년이 지나자 이집트, 중동, 인도, 중국 등에서 고대 문명이 생겨나 폭넓게 발달했다. 고대 문화의 진화과정은 특히 그리스 · 로마와 중국에서 정점에 이르렀다.

로마제국이 멸망한 뒤에 유럽에서는 문화적 진화가 제자리걸음을 했다. (많은 지역에서는 고대 문명보다 문화가 퇴보했다. 문화가 반드시 진보만 하는 것은 아니다.) 그러나 르네상스와 함께 유럽 문화는 다시 진화하기 시작했다. 15세기에 나타난 인쇄술의 발명은 소통의 발전에 결정적인 역할을 했다. 1769년에 제임스 와트가 증기기관을 개발하면서, 인류는 마침내 산업 시대로 들어섰다. 19세기부터는 중요한 기술이 헤아릴 수도 없이 많이 발명되었다. (1825년의) 기차, (1826년의) 사진, (1837년의) 모스 전신, (1876년의) 전화, (1877년의) 축음기, (1879년의) 노면전차, (1885년의) 교류전류, (1886년의) 자동차, (1887년의) 음반, (1888년의) 활동사진, (1896년의) 라디오, (1903년의) 비행기, (1923년의) 텔레비전, (1935년의) 천공카드 컴퓨터, (1941년의) 작동되는 첫 디지털 컴퓨터, (1967년의) 휴대용 전자계산기, (1970년의) 마이크로프로세서, (1972년의) 이메일, (1974년의) 인터넷, (1979년의) 콤팩트디스크, (1980년의) 개인용 컴퓨터, (1991년의) 월드와이드웹 등이 발명되었다.

인터넷의 발달과정을 보면, 기술의 발명이 얼마나 빨리 사회에 도입되어 인간의 일상을 바꿔놓는지를 잘 알 수 있다. 1981년에는 겨우 2백여 대의 컴퓨터가 인터넷에 연결되었다. 하지만 1990년대에 초보자도 쉽게 사용할 수 있는 월드와이드웹이 도입된 뒤에는, 컴퓨터 수가 1990년의 31만3천여 대에서 1995년에는 6백만여 대로 증가했다. 지금은 전 세계의 약 6억 명의 컴퓨터 사용자가 네트워크로 연결되었다. 약 15년 전에야 폭넓게 퍼져가기 시작한 인터넷은 인쇄술의 발명 이후에 나타난 정보통신 분야의 가장 커다란 혁신이라고 할 수 있을 것이다. 지금처럼 폭넓게 정보에 접근할 수 있는 시기는 없었다. 디지털 혁명이 인간의 사고와 행동, 감정에 미치는 영향은 참으로 상상조차 할 수 없을 만큼 강력하다.

현대에 사는 우리는 (특히 산업국가의 국민은) 10만 년 전의 조상과 생물학적으로는 거의 차이가 없지만, 문화적으로는 완전히 다른 세상에서 산다. 사냥과 채집을 하며 사는 사람이 다이어트를 해야겠다는 생각을 전혀 할 수 없듯이, 우리는 앞선 시대의 사람과 전혀 다른 욕망을 지니고 산다. 예컨대 문화적 진화 단계에서도 뒤늦게 발전한 보편적 인권처럼 가치관도 다르며, 셰익스피어는 현재의 문서작성 프로그램의 문제점들에 관해 알지 못했듯이 지식도 완전히 다르다. 아울러 죽음과 삶을 두고 겨루는 검투사의 대결을 보고 현대인은 열광보다는 분노를 느끼듯이 감정도 다르고, 강한 악천후가 닥쳐도 '번개의 신'에게 제물을 바치는 대신 집으로 가서 피뢰침이 잘 작동할 것이라고 믿듯이 행동양식도 다르다.

우리는 문화의 혜택 덕분에 자연의 경계선 바깥으로 벗어났다고 생각할지 모르겠다. 그러나 이는 잘못된 생각이다. 자연과 문화는 서로 불가분의 관계에 있기 때문이다.[115] (예컨대 집파리는 사회적 학습 과정을 통해 배우는 것이 없기 때문에 세대에서 세대로 이어지는 동안 계속해서 변함없이 유리창에 머리를 들이받는다.) 하지만 자연을 벗어난 문화는 없다. 인간이 만들어낸 물질이 아무리 인공적으로 보일지라도, 그것이 정말로 자연법칙을 위배한 것이라면 애당초 존재조차 할 수 없을 것이다.

따라서 자연과 문화를 대립한 개념으로 보는 것은 의미가 없다. 문화인류학자 크리스토프 안트바일러가 말했듯이, "문화는 외피나 껍질 … 무늬목처럼 인간의 특성을 보충해주는 역할을 하는 것이 아니라 완벽히 통합된 인간의 한 부분이다.[116] 아르놀트 겔렌의 말처럼 '인간은 천성적으로 문화적 존재'이다."[117] 문화적 창조 능력과 욕구는 인간에게 장착된 생물학적인 기본 하드웨어이지 절대 추가로 (초자연적으로) 주어진 특별한 능력이 아니다. 상상조차 할 수 없지만, 문화가 없는 인간은 마치 날개 없는 독수리나 목 없는 기린과 같다.

그렇다고 지구에 존재하는 동물 가운데 인간만이 유일하게 문화 능력이 있다는 뜻은 아니다. 다른 종도 (예컨대 특수한 방식의 먹이 획득 방식처럼) 일단 생겨난 혁신을 사회적 학습 과정으로 전달하고, 지역적으로 서로 다른 문화적 전통을 만들기도 한다. 특히 침팬지와 같은 영장류에서도 문화의 다양성이 뚜렷이 확인된다. 침팬지 사회는 놀랄 만큼 다양한 문화적 차이를 보여준다. 그들은 다양한 방식으로 서로 몸을 다듬어준다. 아울러 서로 다른 도구를 사용하고, 사회적으로 교류하는 모습도 보여준다. 예컨대 어떤 침팬지 사회에서는 인사를 할 때 손바닥을 서로 맞대지만, 다른 사회에서는 손목 맞대는 것을 더 선호한다.[118] 그래서 폴커 좀머는 이렇게 말하기도 했다. "인간을 일본 문화권이나 프랑스 문화권으로 분류하는 것과 마찬가지로, 영장류 연구자들은 침팬지를 특정한 행동양식에 따라 동아프리카의 곰베 문화권이나 서아프리카의 타이 문화권 등으로 나눌 수 있다."[119]

침팬지도 인간과 비슷하게 새로운 행동양식을 만들어내고, 그것을 다음 세대로 전달해 문화적 전통을 만들어낼 능력이 있다. 그렇다면 기본적으로 이러한 공통점이 있는데, 왜 인간의 문화가 침팬지의 문화보다 훨씬 더 복합적일까? 생물사학자 토마스 융커에 따르면, 이는 근본적으로 인간이 다른 영장류보다 훨씬 더 잘 모방할 수 있기 때문이다. "침팬지와 어린아이의 학습행동을 비교해보면, 어린아이가 훨씬 더 정확하게 타인의 행동을 따라 한다. 침팬지는 실용적인 목적을 위해 행동을 따라 하지만, 어린아이는 훨씬 덜 효율적이더라도 정확하게 따라 하려고 애쓴다. … 그래서 침팬지는 문화적 정보를 부정확하게 재현하기 때문에, 문화의 누적된 발전이 방해받는 것으로 보인다. 하지만 인간은 타인의 행동을 정확하게 따라 할 수 있는 능력은 물론이고 의지도 지녔다. 추상적 상징과 낱말이 정보를 전달하는 매체로 기능하고 복합적인 문화적 구조물을 만들려면, 정확한 모방이 필요하다."[120]

모방 행동에서 나타난 인간과 침팬지 사이의 작은 생물학적 차이가 결국에는 우리가 오늘날 관찰할 수 있을 만큼 커다란 문화적 차이를 만들어냈다. 인류의 발생 초기에는 차이가 이렇게까지 클 것이라고는 전혀 알 수 없었을 것이다. 최초의 인류는 행동의 측면에서 침팬지나 보노보, 고릴라와 크게 다르지 않았다. 해부학적으로 현생 인류도 처음에는 크게 다르지 않았다. 우리가 이미 보았듯이, 그들도 지금까지의 생존 기간 가운데 95%, 곧 20만 년 가운데 19만 년을 사냥과 채집을 하면서 살았다.

수천 년 전에 문명이 생겨나고 인류의 문화적 진화가 완전히 다른 방향으로 전개된 가장 근본적인 이유는, 그때 비로소 학습 경험을 정확한 방식으로 다음 세대에 전할 수 있는 체계가 만들어졌기 때문이다. 곧 문자와 수학적 숫자 체계의 발명이다. 입 밖으로 나온 말은 허공으로 사라지고, A에게서 B로 전달될 때 내용의 손실이 발생하기도 한다. 그러나 문자는 시간과 공간을 뛰어넘어 언어의 원래 내용을 계속 보존할 수 있게 한다. 수학의 계산을 문자로 기록하는 것도 마찬가지 기능을 한다. 그래서 우리는 지금도 2300년이 훨씬 더 지난 시기에 만들어진 유클리드의《기하학 원론》에서 배울 수 있다.

이렇게 의사전달 매체의 발명은 인간의 역사에서 나타난 핵심적인 문화적 사건이다. 이로써 비로소 문화적 진화 과정은 제대로 탄력을 받을 수 있었다. 왜 그런지는 '문화적 진화'가 무엇을 뜻하는지를 돌아보면 이해할 수 있을 것이다. 요컨대 자연에서의 진화과정은 복제의 작동방식과 관련이 있다. 첫째, 유전(복제)되고, 둘째, 변형되고, 셋째, 선택될 수 있어야 한다. 진화가 진행된 이 세 개의 막에서는 보편적인 복제자가 유전자임을 확인했다. 네 번째 막에서는 새로운 복제자인 밈이 추가된다.

리처드 도킨스는 1976년에 문화적 현상을 설명하기 위해 ('모방하다'라는 뜻의 그리스어 '미메이스타이mimeisthai'라는 말에서 가져온) '밈meme'이라는 개념을 '유전자gene'와 맞대어 사용했다. 이미 말했듯이, 밈은 문화적 정보의 단위이다. 사상 · 작품 · 행동양식뿐 아니라, 직접적인 모방이나 매체를 통해서 다른 사람에게 전달될 힘을 지닌 모든 것을 뜻한다. 다시 말해 밈은 뇌에서 뇌로 전파되어 인간의 생각·가치관·욕구를 '전염'시키는 '정신적 바이러스'라고도 할 수 있다. 이런 관점에서 보았을 때, 매우 큰 성공을 거둔 밈이 많다. 베토벤의 작품, 레오나르도 다 빈치의 〈모나리자〉, 찰리 채플린의 〈모던 타임스〉, 이탈리아의 피자, 〔튀르키예의 둥글납작한 빵인〕 피타, 비키니, 텔레비전 토크쇼, 어버이날의 꽃다발 등이 크게 성공한 밈이다. (베토벤 5번 교향곡의 시작하는 부분은 확실히 모든 시대를 통틀어 가장 성공한 음악적 밈일 것이다.) 우리가 문화라고 부르는 수많은 성공적인 밈이 있지만, 대다수 밈은 그다지 폭넓게 확산하지 못한다. 많은 노래가 대부분 인기를 얻지 못하며, 출판된 책의 99.99%가 베스트셀러가 되지 못한 채 할인매장에 자리를 잡는 것처럼.

유전자와 마찬가지로 밈도 자신의 이해관계를 추구하지는 않으면서도 번식의 성공을 위해 서로 경쟁한다. 예컨대 파스타 조리법은 그것을 기반으로 만들어진 음식이 맛이 있든 없든 전혀 상관치 않는다. 하지만 맛있다면, 아마도 맛이 없던 어젯밤의 다른 조리법보다는 더 자주 복제될 확률이 높다. 다시 말해 밈의 번식 성공을 위한 경쟁에서 '생존'할 가능성이 크다.

밈은 유전자와 마찬가지로 '이기적'이지 않다. 진화의 제4막에서도 자기 이익의 원리는 개체에서만 발견된다. 그러나 문화적으로 영향을 받은 개체가 주관적으로 무엇을 이익이나 고통으로 받아들일지는 복제에 성공한 밈의 영향을 매우 크게 받는다.

음악 취향을 예로 들어보자. 음악 취향은 개인이 성인이 될 때까지 접하는 매체에 크게 영향을 받는다. 내 기억에 어릴 때 부모님 집에서는 거의 라디오를 듣지 못했던 것 같다. 그래서 나는 어렸을 때 어떤 음악이 유행했는지 잘 모른다. 그러나 악보를 매체로 해서 직접 곡을 연주할 기회는 많았다. 더 중요한 것은 우리 집에 카라얀이 지휘한 베토벤 교향곡 음반이 있었다는 사실이다. 이 음반에 기록된 과거의 밈이 머릿속을 차지해서, 나는 이런 음악에 푹 빠졌다. 내 뇌는 어렸을 때부터 교향곡을 좋아하게 짜였으므로, 용돈 대부분을 안톤 브루크너나 구스타프 말러의 작품을 사는 데 썼다. 그리고 이웃에게는 괴로운 일이었겠지만, 축구를 하지 않을 때면 그 음악을 온종일 크게 틀어놓았다.

당시 나는 팝 음악은 전혀 알지 못했다. 그런 내 취향은 같은 반 친구가 자기가 좋아하는 음악을 들려주면서 서서히 바뀌었다.[121] (진정한 음악 애호가는 자신이 좋아하는 음악을 무조건 다른 사람과 공유하고 싶어 한다. 그래서 특정한 음악적 밈은 마치 전염병처럼 전파된다.) 그러나 깊게 새겨진 음악적 밈 때문에 나는 몇몇 종류의 음악은 도저히 벽을 넘을 수 없었다. 금관악기 합주곡은 여전히 마치 말벌에 귀를 쏘이는 듯이 고통스럽게 느껴진다. 밈으로 만들어진 강한 '고통'인 셈이다. 나는 오래된 유행가나 금관악기 합주곡을 주로 방송하는 라디오 프로그램은 조금만 들어도 멀리 달아나고 싶은 생각이 든다. 그래서 신경이 몹시 예민해져 방송을 끝까지 듣지 못한다.

밈의 복제 원리를 돌아보면, 문화적 진화가 왜 문자의 발명으로 (나중에는 인쇄술, 라디오, 텔레비전, 인터넷의 발명으로) 완전히 새로운 단계로 접어들게 되었는지를 이해할 수 있다. 밈은 직접적인 대화로 전파되는 것보다는 당연히 매체를 통해 훨씬 더 잘 확산할 수 있기 때문이다. 베토벤이 5번 교향곡을 19세기 초에 오선지에 적지 않았다면, 내가 150년이 지난 뒤에도 그 음악을 부모님의 전축으로 듣고 푹 빠질 수 없었을 것이다. 마찬가지로 조앤 롤링이 해리 포터 이야기를 침대 밑에서 그녀의 아이들에게만 들려주는 것에 그쳤다면, 해리 포터 밈, 더 정확히 말해 (함께 나타나 복제를 서로 '지원'하는 밈의 복합체인) 밈플렉스는 그다지 넓게 확산하지 못했을 것이다.[122] 해리 포터 밈플렉스는 책 · 잡지 · 영화 등을 통해 전달되었기 때문에 수천만 명에 이르는 어린이와 어른에게 다가가서, 그들의 머릿속에 호그와트의 마술적 밈을 복제할 수 있었다.

해리 포터 밈플렉스의 성공 요인은 무엇보다 판타지 소설, 추리소설, 성장소설, 기숙사 소설과 같은 이전의 많은 밈을 독창적인 방식으로 결합하고 변형했다는 데 있었다. 해리 포터에 열광한 이들이 폭발적으로 등장한 것은 바로 이러한 양식의 혼합으로 주제의 폭을 넓힐 수 있었기 때문이다. 다시 말해 해리 포터 밈플렉스는 폭넓게 뿌리내린 밈을 융합할 수 있었기 때문에 엄청나게 빠른 속도로 문화권에 퍼져갈 수 있었다. 그래서 해리 포터는 대다수 사람에게 성장소설의 전형적인 주제인 '어른 되기'와 추리소설의 전형적인 주제인 어두운 비밀을 둘러싼 수수께끼 풀기와 같은 뭔가 재미와 의미를 가져다준다. 하지만 무엇보다 가장 중요한 요소는 지금까지 성공을 거둔 수많은 판타지 소설에서 전형적으로 등장하던 선과 악의 싸움이다. (이로써 우리는 다시 출발점으로 되돌아왔다.)

여기에서 하나의 의문이 생긴다. '선과 악이 대결하는 밈플렉스'는 왜 판타지 소설에만 머물지 않고 인류의 역사 전체에서 그토록 큰 역할을 할까? 이 밈플렉스는 왜 그토록 자주 복제되어 많은 사람의 뇌를 감염시킬까? 그 답은 매우 간단하다. 선과 악의 도식에 따른 분류가 인류의 문화적 진화에서 다른 모델보다 뚜렷이 선택적 우위에 있기 때문이다. 타인 · 이방인 · 외부인을 악의 화신으로 보는 문화는 지구상의 경쟁에서 편견 없이 외집단을 대하는 문화보다 자신을 더 잘 퍼뜨릴 수 있었다. 곧 자신의 밈이 더 성공적으로 복제될 수 있었다.[123] (유럽 침략자가 아메리카 대륙에서 선주민에게 저지른 살육을 생각해보라.)[124]

'선과 악이' 대결하는 밈플렉스'는 역사에서 효과적인 밈으로 입증되었다. 이 밈플렉스의 선택적 우위는 톱니바퀴처럼 서로 결합하여 나타나는 두 가지 효과에 기초한다. 첫째, 공감적 자기 이익을 내집단 구성원으로만 제한해 집단 내부의 결속력을 강화한다. 둘째, 외집단 구성원에게 느끼는 공감을 방해해서 자기 집단의 이익을 위해 거리낌 없이 그들을 착취하고, 노예로 만들고, 가축처럼 도살할 수 있게 한다. 미국의 진화생물학자인 조지 크리스토퍼 윌리엄스는 이를 이렇게 냉소적으로 말했다. "개인적 투쟁의 무자비함을 비판하면서 집단도덕의 우위를 주장하는 것은 개인적 살인보다는 집단학살을 더 선호한다는 의미일 뿐이다."[125]

이러한 암울한 진단에 꼭 동의할 필요는 없다. '우리와 나머지 세계의 투쟁'이라는 식으로 외부에 적대적인 경계선을 긋는 집단도덕이 존재하지만, 이를 뛰어넘어 결국 '지구촌 세계시민'이라는 다른 밈플렉스가 실현될 가능성도 충분히 있기 때문이다. 그러나 인간에게는 선과 악의 도식적 구분이 생물학적으로 이미 내재하여 있다. 그래서 자기 집단의 구성원과 '이방인'을 구분하는 특성이 문화적으로 더욱 강화될 수 있다는 점을 우리는 놓치지 말아야 한다. 특히 악은 도덕의 이중성이 뿌리를 내리는 데 강력하고 변함없이 사회적인 기능을 지속한다.

이런 점에서 볼 때, 역사에서 이웃을 사랑하는 것과 이방인을 증오하는 것을 모순으로 보지 않는 경우가 많다는 사실도 그리 놀랍지 않다. 흔히 이 두 감정은 "네가 내 형제가 되지 않겠다면, 나는 네 머리통을 부수어버리겠다!"라며 서로 손을 맞잡고 나란히 나아간다. 그래서 과거 마녀와 이교도 사냥이 있었던 것처럼, 오늘날에는 오사마 빈 라덴과 같은 성전 전사가 있다. 이러한 도덕의 이중성에 기초한 '선과 악이 대결하는 밈플렉스'가 어떤 끔찍한 결과를 낳는지는 그리 오래지 않은 독일의 역사를 돌아보면 더 잘 알 수 있다.

너희는 악마의 자식들이다!

"유대인은 참으로 거짓말쟁이이자 피에 굶주린 개떼들이다. … 그러므로 그대는 양심에 거리끼지 않고 성호를 그으며 확신에 찬 목소리로 이렇게 말해도 된다. '여기 살아 있는 악마가 간다!' 이 타락하고 저주받은 민족인 유대인을 어찌해야 좋을까? … 내가 해줄 수 있는 조언은 이렇다. ① 그들의 회당과 학교에 불을 질러라. 그리고 불에 타지 않는 것은 흙으로 덮어서 사람들이 돌 한 조각이나 어떤 흔적도 영원히 볼 수 없게 파묻어버려라. … ② 그들의 집도 똑같이 파괴하고 무너뜨려라. … 그 대신 그들을 집시처럼 한 천막이나 헛간에서 살게 하라. 그래서 그들이 이 땅의 주인이 아님을 알게 하라. … ③ 그들의 기도서와 탈무드를 모두 빼앗아라. … ④ 랍비가 계속 그들을 가르치지 못하게 철저히 금지하라. … ⑤ 유대인에게 자유롭게 통행할 권리와 도로를 사용할 권리를 빼앗아라. … ⑥ 그들의 고리대금업을 금지하고, 그들이 지닌 모든 현금과 금 · 은 등의 귀금속을 빼앗아라. … ⑦ 젊고 건강한 유대인 남녀의 손에 도리깨, 도끼, 곡괭이, 삽, 물레의 북과 물렛가락 등을 쥐여주어 자신이 먹을 것을 직접 땀 흘려 벌게 하라. … 그러나 그들이 우리의 몸과 아내, 아이, 하인, 가축에게 해를 입히고 싶어 한다는 사실을 경계하라. … 그래서 그들이 고리대금으로 우리에게 빼앗아간 것에 앙갚음하고, 그들을 영원히 이 땅에서 몰아내도록 하라. … 그들을 향한 신의 분노가 너무 크므로, 그들을 부드러운 자비심으로 대하면 오직 화만 입을 뿐이고, 엄격하게 대해도 조금 나아질 뿐이기 때문이다. 그러므로 그들을 영원히 사라지게 하라!"[126]

얼핏 보기에는 나치가 발행한 반유대주의 기관지인 《스튀르머》에 실린 공격적인 논설 같지만, 마르틴 루터가 1543년에 쓴 글에서 발췌한 내용이다. 나치가 했던 많은 일을 미리 밝힌 루터의 《유대인과 그들의 거짓말》이라는 글은 나치 시대에 매우 인기가 있었다. 특정한 논리적 근거도 있어서 《스튀르머》의 편집인이던 율리우스 스트라이허는 1946년 4월 29일 뉘른베르크 전범 재판에서도 루터의 이 글을 자신을 변호하는 근거로 제시했다. "나를 고발한 사람들이 이 책을 검토했다면, 마르틴 루터가 지금 내가 앉은 이 피고인석에 대신 앉아야 할 것이다. 《유대인과 그들의 거짓말》에서 마르틴 루터는 유대인이 뱀의 피를 가진 자들이며, 그들의 회당을 불태우고 멸종시켜야 한다고 말했다."[127]

스트라이허는 자신의 변호를 계속할 수 없었다. 재판관들로부터 요지에서 벗어나지 말라는 경고를 받았기 때문이다. 스트라이허가 이야기를 계속할 수 있었다면, 그는 아마도 나치 독일이 유대교 회당을 불태우라는 루터의 '진심 어린 조언'을 실현한 [나치 돌격대와 군중이 유대인 상점과 회당을 대대적으로 공격한] '수정의 밤'이 하필이면 이 종교개혁가의 생일과 같은 날짜에 벌어졌다는 묘한 역사적 우연에 관해서도 지적했을 것이다. 루터파 교회의 튀링겐 주교인 마르틴 자세도 '수정의 밤'을 축하하며 쓴 〈유대인에 대한 마르틴 루터의 글. 저들을 없애라〉라는 글의 서두에서 이렇게 말했다. "루터의 생일인 1938년 11월 10일에 독일에서 유대교 회당이 불탔다. … 이 시각에 독일의 예언자로서 16세기에 유대인의 친구로 시작했다가 그의 양심과 경험, 진실에 따라서 그 시대의 가장 위대한 반유대주의자가 되었던 남자, 자기 민족에게 유대인의 위험을 경고한 바로 그 남자의 목소리가 들렸다고 한다."[128]

스트라이허는 나치에 가담하기 전부터 이미 열혈 반유대주의자였다. 뉘른베르크의 나치당 위원장이던 스트라이허는 뉘른베르크 전범 재판을 받을 때, 히틀러의 《나의 투쟁》에서는 단지 '유대인 문제의 역사적 관계'만 더 잘 이해할 수 있었을 뿐이라고 진술했다. [스트라이허가 1938년에] 《스튀르머》에서 펴낸 《독버섯》이라는 어린이 책에도 유대인이 등장하는데, 유대인을 '인간의 형상을 한 악마'로 여기는 스트라이허의 망상은 나치에 가담하기 훨씬 전 그의 머리에 확고하게 자리를 잡았다. 스트라이허는 유대인이 '악마와 동맹을 맺었고', '다른 모든 민족을 파괴'하기 위해 산다는 말을 단지 선전 · 선동이 아니라 진실로 믿었다.

스트라이허의 망상은 1925년 연설에서도 이미 잘 드러났다. 유대 민족의 말살을 호소하는 파시스트의 선동에서 가장 이른 시기의 것으로 보이는 이 연설에서 그는 이렇게 말했다. "유대인이 우리 민족의 멸망을 원한다는 사실을 명확히 바라보라. … 유대인은 수천 년 동안 다른 민족을 말살했다. … 이제는 우리가 유대인을 말살하는 문을 열자!"[129]

'유대인의 세계정복 음모'라는 황당하지만 매우 효과적인 밈플렉스에 감염된 스트라이허는 자신의 반유대인 선동을 (이해하기는 무척 어렵지만) 일종의 자기방어 행위로 보았다. 그래서 자신을 선동가가 아니라, '악의 대리인'에 맞서는 운명적인 전쟁을 치르는 '계몽가'로 생각했다. 그는 유대인에 맞선 방어 전쟁이 긴급히 필요하다는 근거를 절대 히틀러의 《나의 투쟁》에서만 찾지 않았다. 성서에서도 자주 근거를 찾아 인용했다. 수많은 사례에서 세 가지만 살펴보자.

"나는 경솔하지도 않거니와 재미로 유대인이라는 적과 싸우는 게 아닙니다. 나는 독일의 모든 불행이 오로지 유대인에 의해서 만들어졌다는 인식과 지식을 지녔기 때문입니다. … 유대인은 독일 민족만이 아니라 모든 민족을 지배하려 합니다. … 구약의 신이 유대인에게 지구의 모든 민족을 잡아먹고 노예로 만들어야 한다고 명령한 사실을 모르십니까?"[130] 스트라이허는 다른 곳에서 또 이렇게 호소한다. "여러분은 시각장애인이 되어 유대인의 신을 섬기고 있습니다. 사랑의 신이 아니라 증오의 신을 섬기고 있습니다. 여러분은 왜 유대인에게 '너희는 악마의 자식이다'라고 말한 예수의 말을 듣지 않습니까?"[131]

스트라이허는 〈요한 복음서〉에 나오는, 유대인은 악마의 자식이라는 문구를 즐겨 인용했다. 그는 1935년 7월 22일 [나치 청소년 조직] 히틀러유겐트 단원들 앞에서 이렇게 연설했다. "소년, 소녀들이여! 10여 년 전을 되돌아보라. 커다란 전쟁, 곧 세계대전이 지구의 민족을 휩쓸었다. 그리고 마지막에는 폐허만 남겨 놓았다. 이 끔찍한 전쟁에서 오직 한 민족만이 유일한 승자로 남았다. 예수께서 '너희는 악마의 자식'이라고 말씀하셨던 민족이다. 이 민족은 정신과 육체의 모든 측면에서 독일 민족을 피폐하게 만들었다. 이때 무명이던 아돌프 히틀러가 우리 민족 안에서 일어섰다. 그래서 신성한 전쟁을 외치는 자가 되었다. 그는 민족에게 외친다. 모두 다시 각성하고 일어서서 독일 민족을 악마로부터 지키기 위해, 카인의 낙인을 지고 수백 수천 년 동안 전 지구를 방랑하는 그 민족으로부터 인류를 해방하기 위해, 서로를 도우라고 말이다."[132]

스트라이허가 얼마나 망상의 세계에 깊이 빠졌는지는 1937년 《스튀르머》에 실린 사진 자료로도 확인할 수 있다. 그 사진은 1937년 5월 미국에서 폭발사고를 당한 비행선 힌덴부르크호가 불길에 휩싸인 장면을 보여주었다.* 스트라이허는 그 불길 안에서 유대인의 얼굴을 보았다고 정말로 믿었다. "미국에서 온 첫 번째 전송사진은 우리에게 힌덴부르크호가 폭발한 배경에 유대인이 숨어 있다는 사실을 아주 명백히 보여준다. 자연은 여기에 인간의 형상을 한 악마를 뚜렷하고 확실하게 그려냈다."[133] (이와 비슷한 인식의 왜곡은 2001년 미국의 기독교 근본주의자들에게도 나타났다. 그들은 세계무역센터가 테러 공격을 받은 직후에 생긴 연기 속에서 '악마의 얼굴'을 보았다고 강하게 주장했다.)

스트라이허와 그의 이념적 동지들의 반유대주의 망상을 이해하려면 역사적 배경을 살펴볼 필요가 있다. 유대인 집단학살의 토양이 된 밈은 이미 수백 년에 걸쳐 쌓여 왔기 때문이다. 유대인을 '신을 살해한 자', '악마의 자식', '악의 대리인'으로 보는 허구적 인식은 나치즘이 나타나기 훨씬 전부터 유럽에서 끔찍한 유대인 학살을 일으켰다. 반유대주의 밈플렉스가 성공적으로 한 세대에서 다음 세대로 복제될 수 있었던 결정적인 이유는, 그것을 가장 앞장서서 전달한 매체가 하필이면 역사를 통틀어 가장 널리 전파된 책인 '성서'라는 데 있었다.

《신약성서》에서는 수많은 반유대주의 밈을 발견할 수 있다. 그리고 그것은 수백 년이 넘도록 유대인을 박해하는 근거를 제공했다. 먼저 잘못된 역사적 근거에 뿌리를 둔 '신을 살해한 자'라는 밈을 살펴보자. 예수는 유대인이 아니라 로마인에게 십자가형을 받았으므로, 본디 이탈리아인이 '신을 살해한 민족'으로 역사에 기록되어야 했다. 그러나 로

---

* 독일의 제플린사가 제작한 힌덴부르크(Hindenburg) 호는 길이가 245m나 되는 당시 세계에서 가장 큰 비행선이었다. 객실과 식당, 라운지, 산책 통로 등을 갖춘 이 비행선은 1936년부터 유럽과 미국을 오가는 상업 운항을 시작해서 17차례에 걸쳐 2,700여 명의 승객을 싣고 대서양을 횡단했다. 그러나 1937년 5월 6일 100여 명의 승객과 승무원을 태우고 뉴저지에 도착해 착륙을 준비하다가 폭발로 추락하는 사고가 발생했고, 이 사고로 36명이 사망했다.

마 총독이던 빌라도는 예수를 처형하지 않으려 했으나 유대인들 때문에 어쩔 수 없이 처형했다는 빌라도와 바라바에 관한 이야기가 만들어지면서, 로마인의 죄는 유대인에게 떠넘겨졌다.[134] 그래서 〈마태오 복음서〉에는 예수의 십자가형과 관련해서 역사적으로 끔찍한 결과를 불러온 유대인의 자기 저주가 등장한다. "그 사람의 피에 대한 책임은 우리와 우리 자손이 질 것이오."[135]

〈요한 복음서〉에 나오는 '악마의 자식' 밈은 앞에서도 이미 살펴보았다. 하지만 그 문맥을 다시 더 자세히 살펴볼 필요가 있는데, 유대인에게 되풀이해서 퍼부어지는 두 번째 비난이 담겨 있기 때문이다. 유대인이 살인자이며, 거짓말쟁이라는 비난이다. 〈요한 복음서〉에서 예수는 자신의 말을 믿지 않으려는 유대인에게 이렇게 야단친다. "너희는 너희 아비인 악마에게서 났고, 너희 아비의 욕망대로 하기를 원한다. 그는 처음부터 살인자로서 진리 편에 서 본 적이 없다. 그 안에 진리가 없기 때문이다. 그가 거짓을 말할 때는 본성에서 그렇게 말하는 것이다. 그가 거짓말쟁이며, 거짓의 아비이기 때문이다."[136]

반유대주의 밈플렉스의 1.0버전은 야비한 장사꾼, 곧 돈만 탐하는 배신자라는 밈으로 완성된다. 그것은 하찮은 '은화 30닢' 때문에 배신을 하고 구세주를 팔아넘긴 유다의 형상으로 우리에게 나타난다. (하지만 그 화폐단위는 예수와 유다가 살던 시기에는 이미 약 300년 전부터 쓰이지 않았다.)

단지 우연일 뿐이겠지만, 성서에 등장하는 악역의 이름이 하필이면 유다인 것도 단어의 유사성 때문에 반유대주의 밈플렉스가 더 강화되는 결과를 낳았다. 악마에 씐 영원히 저주받은 유다 이스카리옷이 저절로 유대인과 같게 여겨졌기 때문이다.[137] 이에 관해 종교학자 핀하스 라피데는 《예수의 죽음은 누구 책임인가》라는 책에서 이렇게 말했다. "이스카리옷의 이름이 너무 쉽게 모든 유대인의 상징으로 일반화될 수 있는 이름인 유다가 아니라, 야곱이나 다윗, 요나단이었다면, 수많은 유대인이 기독교도의 손에 고통스럽게 죽임을 당하지 않고 살아남았을지 누가 알겠는가?"[138]

이렇게 유다의 이미지를 통해서 유대인은 악 · 배신 · 탐욕 그 자체가 되었다. 이러한 악마화는 멈추지 않고 정치적으로 계속 이어졌다. 로마의 첫 기독교도 황제이자 '대제'라고 불리는 콘스탄티누스 1세(재위 306~337)는 모든 교회에 보낸 편지에서 유대인을 "사악한 범죄에 찌들었다"라고 표현했다. 아울러 '저주받은 민족'이라고 욕하며 폭넓은 영향력을 지닌 반유대인 법을 선포했다. 카를하인츠 데슈너는 이렇게 썼다. "콘스탄티누스는 어머니와 함께 예루살렘 곳곳에 교회를 세우고, 유대인은 1년에 하루만 그 도시에 머물 수 있게 했다. 그리고 유대인은 기독교인을 노예로 소유하지 못하게 금지해서 결과적으로 유대인을 농업에서 몰아냈다. 기독교인이 유대교로 개종하면, 사형에 처했다. 콘스탄티누스는 트라야누스 황제 때에 제정된 법률을 개정해서 … 기독교도가 유대교로 개종하면, 화형에 처했다. 그는 이 법률을 확대해서 개종한 기독교인을 받아들이거나 유대인이 기독교로 개종하지 못하게 방해하는 유대인 공동체도 똑같이 처벌했다. 콘스탄티누스의 맏아들인 콘스탄티누스 2세는 아버지가 제정한 반유대인 법률을 더 엄격히 집행했다. 그리고 그의 후계자들도 반유대인 정책을 유지했다."[139]

중세에는 고대의 반유대주의 밈플렉스가 2.0버전으로 꾸준히 강화되었다. 사람들은 유대인이 종교의식을 위해 살인을 저지르고, 기독교인을 성적으로 유혹하고, 성체를 훼손하고, 흑사병과 같은 질병을 퍼뜨린다고 생각했다. 아울러 그 영향으로 유대인을 대량 학살하는 일이 되풀이되었다.[140] 거의 비슷한 시기에 유대인을 저주하는 밈이 여러 종류의 시각적 형태로 만들어졌다. 율리우스 스트라이허의 《스튀르머》는 이 그림을 유대인의 종교의식을 위한 살인이라는 허구적 인식과 똑같은 방식으로 활용했다. 핀하스 라피데의 말을 다시 인용하면, "중세 후기에 활동한 화가인 에르하르트 로이비히, 요한 폰 퀼른, 한스 홀바인은 유다를 '고리대금업자 유대인'의 성격이 뚜렷이 드러나게 그렸다. 길고 구부러진 코, 뾰족한 턱, 날카로운 눈빛, 돈에 굶주려 갈고리처럼 세운 손가락 … 유다를 통해 선입견이 만들어졌다. 이러한 사실은 … 유다를 매부리코에 유대인의 뾰족 모자를 쓴 모습으로 표현한 무수히 많은 그림과 조각상, 교회의 벽화 등으로 뒷받침된다."[141]

반유대주의 밈플렉스는 수백 년이 넘도록 활개 치며, 인간의 뇌를 감염시키고, 폭력행위를 부추겼다.[142] 하지만 정신적 바이러스의 가장 끔찍한 3.0버전은 20세기 초에 등장했다. (독일에서는 1920년에, 미국에서도 1920년에 발간되었으나, 1926년 자동차 생산자인 헨리 포드의 자금 지원을 받아 대량으로 출판되었고, 지금도 아랍어를 사용하는 지역에서 치명적인 영향을 끼치는) 반유대주의를 부추기는 끔찍한 문헌이 처음에는 (1903년에서 1905년 사이에) 러시아에서, 나중에는 다른 많은 나라에서 출판되었다. 언어와 편집형태에 따라 40~60쪽 정도의 분량인 이 문헌은 역사상 세계에서 가장 널리 퍼진 소책자로 끔찍한 정치적 재앙을 불러일으켰다. 바로 《시온 장로 의정서》라고 불리는 문헌이다.[143]

이 문헌은 완전히 날조되었다. (이 위작의 원작자가 누구인지는 아직도 밝혀지지 않았다.)[144] 그러나 마치 진짜 유대인 음모조직인 '시온 장로들'의 비밀회의 기록을 모아놓은 듯한 형식을 갖추었다. 꽤 긴 문장과 매우 모호한 표현으로 뒤범벅된 이 문헌은, '유대인'이 세계를 지배하기 위해 사용하는 전략과 낡은 질서를 갈아엎은 뒤에 들어설 유대인 세계 정부의 원칙을 언급했다. 역사학자 볼프강 비페르만은 《악의 대리자》라는 책에서 이 문헌의 내용을 굳이 다시 손볼 필요가 없을 만큼 간결하게 잘 요약해 놓았다.

"첫 장에서는 '유대인'이 어떻게 '세계지배'를 이루려 하는지 그들의 음모를 자세히 적어 놓았다. 유대인은 '강자의 권리'를 주장하기 위해 먼저 '돈의 지배'를 완성하려 한다. 그리고 '대중'의 어리석음과 그들의 '당파성'을 이용해 조건 없고 제한 없는 '테러'를 가해야 한다고 주장한다. 밖으로는 '경제전쟁'을 부추기고, 안으로는 '생필품 가격 폭등'을 조장해, '대중'이 스스로 권력을 쥐려는 의지를 갖도록 선동한다. 이때 '유대인'은 개인과 국가를 상대로 테러 공격도 서슴지 않는다. … 그러나 다가오는 '전복'을 준비하는 데 테러 공격보다 더 효과적인 것은 '비유대인'도 받아들일 수 있는 '자결권'과 '보편적 선거권'과 같은 '자유 이데올로기'라는 '독'을 '기독교 국가'에 퍼뜨리는 것이다. 그렇게 해서 '양 떼'가 정부를 뒤엎으면, '늑대'가 나서서 그들을 잡아먹는다."[145]

《시온 장로 의정서》는 1921년에 이미 가짜로 밝혀졌으나, 제1차 세계대전 이후 더 많은 반유대주의자에게 갈수록 더 크게 영향을 끼쳤다. (안타깝게도 이 문헌은 밈으로서 지금도 여전히 러시아나 이슬람 국가에서 독과 같은 영향을 끼치고 있다!) 아돌프 히틀러도 《나의 투쟁》에서 《시온 장로 의정서》를 언급했다. "유대인의 존재 자체가 얼마나 많은 거짓말로 얼룩져 있는지는 유대인이 그토록 싫어하는 《시온 장로 의정서》를 보면 가장 분명하게 드러난다. 《프랑크푸르터 차이퉁》은 이 문헌이 위조된 것이라고 계속해서 전 세계를 향해 하소연하고 있다. 그러나 그것이야말로 이 문헌이 진본이라는 가장 명백한 증거이다. 이 문헌에는 수많은 유대인이 무의식적으로 행하고 있는 일이 의식적으로 명확히 밝혀져 있다. 바로 이 점이 중요하다. 어떤 유대인의 머리에서 이러한 폭로가 이루어졌는지는 중요하지 않다. 중요한 것은 이 문헌이 섬뜩할 정도로 정확하게 유대 민족의 근본과 행동을 까발리고, 그들의 내적 상관관계와 최종 목표를 들춰냈다는 점이다."[146]

비페르만에 따르면, 히틀러는 "《시온 장로 의정서》를 진짜라고 믿었을 뿐 아니라, 그가 이미 전부터 생각해왔던 주장, 곧 '유대인'이 늘 '세계지배'를 꾀했다는 음모론을 결정적으로 뒷받침하는 증거라고 생각했다."[147] 우리가 앞에서 확인했던 사실을 다시 떠올려보자. '악'의 기본적인 기능은 모든 사실과 증거를 뛰어넘어 일반적인 상관관계를 만들어내는 것이다. 곧 '악'이라는 허구는 온갖 해악을 낳는 복합적인 원인을 오로지 악한 힘의 작용으로 축소한다. 그래서 존재하지도 않는 상관관계를 구성하고, 온갖 종류의 음모론이 자라날 양분을 제공해준다.

우리는 조지 부시가 악이라는 틀로 사담 후세인과 오사마 빈 라덴, 북한의 독재자 김정일 사이에 현실과 전혀 무관한 관계를 만들어내는 것을 보았다. 히틀러한테는 이런 현실 왜곡이 훨씬 더 황당한 형태로 나타났다. 그의 '유대인과 볼셰비키의 세계지배 음모'라는 망상 안에서는 로스차일드 가문과 같은 자본가와 마르크스와 같은 공산주의자가 같은 목적을 가지고 협력한다.* 더 나아가 히틀러는 '유대인의 정신'에 깊숙이 박힌 이른바 '절대적인 악'이라는 묶음으로 모세와 레닌의 관계를 천 년 이상의 시간을 뛰어넘어 구성해낸다.

* 러시아 볼셰비키 지도자들 가운데에는 유대인이 많았다. 레닌은 외조부가 러시아 정교로 개종한 유대인이었고, 트로츠키와 지노비예프도 유대인이었다.

히틀러의 조언자이자 동지였던 디트리히 에카르트가 쓴 《모세에서 레닌까지의 볼셰비즘. 히틀러와 나의 대화》에 따르면, 뒷날 '지도자'가 될 히틀러는 세계지배를 향한 유대인의 움직임이 일찍이 모세에서 시작되어 바울과 스피노자, 하이네와 마르크스, 라살과 로스차일드를 거쳐 레닌의 볼셰비즘과 아인슈타인의 상대성이론에까지 이르렀다고 주장했다.[148] 1924년에 출간된 이 책에서 히틀러는 "유대인이 궁극적으로 나아가려는 곳이 세계지배를 넘어서 세계의 파괴라는 사실을 알아야 유대인을 이해할 수 있다"라고 주장하면서, '유대인의 보이지 않는 영향력' 때문에 세상에 존재하는 모든 중요한 사회적 부정의가 나타난다고 몰아갔다.[149] 아울러 히틀러는 (아마도 볼셰비즘을 가리켜 한 말인 듯한데) "더 웃기는 것은 유대인 자본가에게 착취 받은 노동자가 황당하게도 '유대인의 도움을 받아서' 유대인이 의식적으로 도입한 것을 없애겠다고 나서는 것"이라고 냉소적으로 말했다.[150]

뒤이어 히틀러는 이러한 유대인의 저주에서 영원히 벗어나려면, 유감스럽게도 유대교 회당을 불태우라는 루터의 '충직한 조언'을 실천으로 옮기는 것만으로는 충분치 않다고 말한다. "불태우는 것만으로는 … 정말로 조금밖에 도움이 되지 않는다. 그렇다. 회당과 학교, 경전과 탈무드가 존재하지 않더라도, 유대인의 정신은 계속 존재하고 영향을 끼칠 것이기 때문이다. 유대인의 정신은 태초부터 존재했고, 그 정신을 지니지 않은 유대인은 아무도 없다."[151]

그래서 '유대인' 자체를 없애는 것 말고는 다른 방법이 없다고 주장한다. "유대인은 없어져야 한다. 폭력으로 되지 않으면, 음모라도 써서 그렇게 해야 한다. 강력한 지도력으로 어떤 유대인도 남기지 말아야 한다. … 나는 언젠가 세계의 모든 중요한 민족이 그런 길로 인도될 때가 오리라고 과감히 주장한다. 그러면 놀랍게도 지금처럼 다투지 않고, 서로 존중하고 보살피게 된다는 것을 깨닫게 될 것이다. 영토에 대한 탐욕과 권력투쟁, 의심 등을 부추기는 행위가 끝나기 때문이다. … 사람들 사이의 차별 없는 친교를 선전하는 거짓된 행위도 끝맺을 것이다. 그런 친교가 가능해지려면, 평화를 어지럽히는 유대인이 영원히 없어져야 한다는 전제가 충족되어야 한다."[152]

히틀러의 사고 세계를 지배하는 반유대주의 밈플렉스의 관점에서 보면, '유대인'을 제거하는 것이야말로 평화와 사회정의를 실현하기 위한 결정적인 방법인 것처럼 보인다. '유대인 안에' 뿌리내린 '근원적 악'을 제거하는 것이 히틀러에게는 '선'의 승리를 위한 핵심적인 방법론이다. 그러므로 히틀러는 나중에 사람들이 생각했던 것과는 달리, 절대 자신을 '사탄'으로 보지 않았다.[153] 오히려 자신을 예수의 수난에 나오는 것처럼, '악'에서 인류를 구원하는 사명을 맡은 새로운 구세주로 생각했다. 그의 이런 생각은《나의 투쟁》에서도 뚜렷이 드러난다. "그래서 나는 내가 창조주의 뜻 아래에서 행동하고 있다고 믿는다. 유대인을 막아내는 것으로 나는 신의 위업을 위해 투쟁한다. … 예수가 시작했으나 마치지 못한 과업을 내가 끝낼 것이다."[154]

'예언'을 통해 유대인의 형상을 한 '악'을 퇴치하라는 사명을 자신이 맡게 되었다는 망상은 불행하게도 히틀러 혼자만의 머리에서 맴도는 것에 그치지 않았다. 그것은 나치 국가의 모든 선전 도구를 통해 가장 효과적으로 전파되었다. 여기에서 나치가 저지른 만행의 다양한 원인을 상세히 분석할 수는 없지만, 나치 이데올로기가 (곧 나치 밈플렉스가) 절대 과소평가해서는 안 될 역할을 한 것은 분명하다. 바로 이 밈플렉스가 나치 정권의 책임자와 추종자가 온갖 만행을 저지르면서도 뭔가 옳지 못한 행동을 한다는 생각을 전혀 하지 못하게 했다. 아울러 오늘날 이해하기는 어렵지만, 오히려 스스로 '위대하고, 선하며, 정의로운 일'에 봉사한다고 믿게 했다.

이에 관해 [유대인 학살의 실무책임자인] 아돌프 아이히만의 부대에서 나치 친위대 대위로 복무했던 디터 비슬리체니는 제2차 세계대전이 끝난 뒤에 나치즘의 성공을 비판적으로 되돌아보며 이렇게 지적했다. 나치 이데올로기는 '세상이 선과 악의 세력으로 나뉘어 작동한다는 신화·종교적인 사상'으로 상당 부분 채워져 있다.

"나치 이데올로기에 따르면, '악'은 유대인 자체이고, 그들을 돕는 조직은 예수회를 비롯한 교회와 프리메이슨, 볼셰비즘이다. 이런 주장을 담은 서적이 널리 전파됐고, 국가사회주의 독일 노동자당의 오래된 문헌은 이런 세계관으로 채워졌다. 《시온 장로 의정서》부터 [나치의 반유대주의 이론가인] 알프레트 로젠베르크의 《20세기의 신화》까지 일관되게 나타난 세계관이었다. … 이런 세계관은 논리적이거나 이성적인 근거와는 아무런 관계가 없었다. 오히려 하나의 종파를 이루도록 강제하는 종교와 같았다. 수백만 명이 이런 작품의 영향을 받아서 나치 이데올로기를 사실로 믿었다. 오직 중세의 마녀사냥과 같은 광기 말고는 비교할 수 있는 것이 전혀 없다. 여기에 인종주의자들은 악의 세계에 대항하는 선의 세계나 빛의 세계의 화신으로 금발에 파란 눈을 가진 인간을 만들어냈다. 오직 이들만이 문화를 창조하고 국가를 세울 힘이 있다고 주장했다. 선과 악의 두 세계는 언제나 서로 투쟁한다. 1939년에 히틀러가 시작한 전쟁은 이 두 세력의 마지막 전쟁이었을 뿐이다."[155]

나치 이데올로기의 매력은 유대인을 향한 해묵은 종교적 증오를 당시 독일에서 유행하던 (인종주의나 우생학과 같은) 과학을 사칭한 규범적인 생물학의 사고와 성공적으로 결합했다는 데 있었다. 이러한 결합에 '운명적으로 선택된 독일 민족'이라는 집단 나르시시즘적인 허구가 덧붙여지면서, 제1차 세계대전의 패전과 1920년대 후반의 경제적 어려움 때문에 자존감을 잃은 독일 국민 사이로 파고들어 커다란 영향력을 발휘할 수 있었다.

아울러 '독일이 세상을 근본적으로 치유하리라'라는 허구에 찬 '선민의식'을 '시온 장로의 의정서를 보라'라는 어둡고 위협적인 시나리오와 대비했다. 나아가 '선 자체'를 없애려는 유대인, 공산주의자, 동성애자에 맞선 모든 과격한 조치를 정당화했다. 이런 밈에 감염된 사람은 나치를 위해 활동하면서도, 그것을 '악'을 위한 것이 아니라 '악'에 맞서기 위한 결정이라고 믿었다. 그들은 '유대인과 볼셰비키의 세계정복 음모'를 실천하려는 자들을 알아냈다고 믿었다.[156]

우리는 존재하지도 않는 '악 자체'를 찾아내려고 애쓰지 말아야 한다. 우리는 나치의 범죄를 통해서 '악 자체'가 존재한다는 전제 자체가 나치가 저지른 만행의 밑바탕이 되었다는 사실을 깨달아야 한다. 나치의 선전과 선동에 수없이 많이 쓰인 '악'이라는 이데올로기가 존재하지 않았다면, 나아가 그것이 (유대인과 같은) '이방인'을 폭넓게 인간의 범주에서 배제하도록 이끌지 않았다면, 나치 친위대원은 대부분 학살을 저지를 심리적 무장을 갖추지 못했을 것이다.[157] 그들이 자신의 행동에 전혀 동정심을 느끼지 못한 것은 아니었다. 단지 그들은 악의 위협을 막는 '정의로운 일'을 해야 한다는 생각으로 공감적 자기 이익에 기초한 감정에서 벗어나는 것을 자신의 '의무'로 여겼다.[158]

하인리히 힘러가 1943년 10월 4일 나치 친위대에게 했던 그 유명한 '포즈난 연설'에서도 이런 시각은 분명히 확인된다. "이 이야기는 말로 하기는 쉽습니다. 나치 당원이라면 누구나 '유대 민족은 완전히 사라져야 한다. 그것은 당연하다. 유대인의 말살은 우리 당의 강령에 적혀 있다. 우리는 유대인을 제거할 것이다'라고 말할 것입니다. 하지만 모두 이런 생각도 합니다. 착한 8천만 독일인은 누구나 행실이 바른 유대인 한 명 정도는 알고 지냅니다. 다른 유대인은 전부 나쁜 놈이지만, 이 사람만큼은 좋은 유대인이라고 말할 것입니다. 이렇게 말하는 사람이 있지만, 아무도 똑바로 바라보지 못했고, 아무도 견뎌내지 못했습니다. 여러분도 대부분 100구의 시체가 모여 있다는 것, 500구의 시체, 아니 1,000구의 시체가 누워 있다는 것이 무슨 의미인지 알게 될 것입니다. 인간적 나약함이라는 약점을 제쳐 두고 그것을 견뎌내는 것, 그러면서도 성실한 인간으로 남는 것, 그것이 우리를 강하게 만들었습니다. 이것이야말로 절대 쓰이지 않았고 앞으로도 절대 쓰이지 않을 우리 역사의 영광스러운 한 페이지입니다. … 우리에게는 윤리적 권리가 있습니다. 우리는 우리 민족에 대한 의무가 있습니다. 우리를 죽이려 하는 그 민족을 죽일 의무 말입니다. 그러나 우리는 하나의 모피, 한 개의 시계, 1마르크나 한 개비의 담배, 그 어떤 것으로도 부를 늘릴 권리는 없습니다. 우리는 병균을 말살하려는 것이지, 병균에 감염되어 죽으려는 것이 아니기 때문입니다. … 전체적으로 우리는 이렇게 말할 수 있습니다. 우리는 가장 어려운 과제를 우리 민족에 대한 사랑으로 완수했다. 그러면서도 우리는 우리의 내면에, 우리의 영혼에, 우리의 성격에 어떤 피해도 보지 않았다고 말입니다."[159]

힘러의 연설은 우리의 생물학적 기본 사양인 거울 뉴런으로 장착된 동정 반응을 억누르기 위해 '악'의 화신인 '유대인'이라는 밈이 얼마나 절실히 필요했는지를 보여준다. 오직 '이방인'을 인간의 범주에서 벗어난 악의 꼭두각시라고 볼 때만, 인간의 말살을 윤리적 의무로 여기고 이를 실천으로 옮길 수 있다. 그들을 개인적인 꿈과 희망, 욕구, 고난, 두려움 등을 지닌 전형적인 인간으로 보아서는 안 되기 때문이다.[160]

그래서 우리는 인간의 역사에서 반복적으로 내집단과 외집단 사이의 충돌을 격화시키고, 히틀러가 저지른 유대인 학살에 상당히 이바지한 악의 밈플렉스를 포기해야 하는 이유를 유대인 강제수용소의 비극에서 배워야 한다.

3장에서 더 자세히 살펴보겠지만, '악'이라는 개념에서 벗어나더라도 절대 상대주의나 허무주의로 흐르지는 않는다. 아울러 그러한 개념에서 벗어난다고 나치 독일의 범죄를 적절히 묘사하기 위한 단어가 없어지는 것도 아니다. 이제 우리는 모든 관념적 안개에서 벗어나서 그 사건이 실제로 어땠는지 자세히 들여다보아야 한다. 우리가 인류에게 저질러진 끔찍한 범죄, 특히 관료주의를 통해 철저히 진행된 대량 학살의 원인을 이해하는 데 '악'이라는 신비주의적 개념은 아무런 도움도 되지 않는다. 오히려 우리의 의도와는 달리 '악'이라는 신비주의적 개념은 유대인 학살을 가능케 했던 밈 일부를 되살리게 한다.

선과 악의 평범함

1963년에 철학자 한나 아렌트의 유명한 《예루살렘의 아이히만》이라는 책이 출간되었다. 그녀가 아돌프 아이히만의 재판을 관찰하며 받은 인상을 기록한 이 책은 국제사회에서 오랫동안 꾸준히 논쟁을 불러일으켰다. 특히 '악의 평범함'이라는 표현이 논란을 부추겼다. 아렌트는 악의 평범함이라는 표현으로 유대인 학살에 큰 역할을 맡았던 아이히만의 행위를 평범한 것으로 만들려고 했을까, 아니면 유대인들이 겪어야 했던 가늠할 수 없는 고통을 평범한 것으로 만들려고 했을까?

아렌트는 전혀 그럴 의도가 없었다. 그녀는 '악의 평범함'이라는 표현으로 법정에서 확실히 드러난 범죄자의 평범해 보이는 인성과 그가 저지른 행위의 매우 특별한 엄중함 사이의 틈을 말하려 했을 뿐이다. 아렌트는 아이히만에게서 "아무리 봐도 악마적인 깊이를 느낄 수 없었기"[161] 때문이다. 그녀는 아히이만을 보면서 불편함을 느꼈다. "그도 다른 많은 사람과 비슷했다. 변태적이거나 사디스트적이지 않았고, 다른 많은 사람처럼 놀랍도록 평범했다."[162] 아렌트에 따르면, 아이히만은 "이아고도 맥베스도 아니었다. 리처드 3세와 같은 '악당'이라고 보기에는 더욱 거리가 멀었다. 승진에 도움이 된다면 무슨 짓이든 하려는 매우 특별한 욕망 말고 다른 동기는 전혀 없었다. 그리고 이러한 욕망 자체는 절대 범죄적인 것이 아니다. 그는 분명 윗사람의 자리를 차지하기 위해 그를 살해하지는 않았을 것이다. 일상적인 용어로 표현하자면, 과거의 그는 자신이 벌인 짓에 대해서 전혀 상상도 해본 적이 없을 것이다. … 그가 그 시대의 가장 커다란 범죄자가 된 것은 어리석음과는 의미가 다른 단순한 '생각 없음' 때문이다."[163]

한나 아렌트는 아이히만 사건을 관찰하면서 가장 사악했던 나치 하수인조차도 동기는 대부분 평범하고, 가장 잔인한 범죄를 저지른 몇몇은 개인적으로 전혀 악한처럼 보이지 않는다는 사실을 우리에게 알려주었다. 지금까지 이 책에서 다룬 내용을 보았다면, 그다지 놀랄 만한 일도 아니다. 나치 독재 시대에 사람들은 '절대적인 악'을 선택한 것이 아니라, 지금까지 모든 시대에 걸쳐 작용해왔으며 앞으로 인류라는 종이 멸망할 때까지도 작용할 '자기 이익의 원칙'에 따라서 행동을 한 것

뿐이다. 그들은 주어진 틀 안에서 자기 자신을 위한 최선의 행동을 했다. 곧 승진하기 위해, 사회적 특권을 얻기 위해, 좋은 배우자를 만나기 위해, 가족에게 가장 좋은 자원을 제공하기 위해, 그 밖의 다른 이익을 위해 그렇게 행동했다. 누군가 유대인 강제수용소의 창고지기를 자원했다면, 그곳에서 유대인을 고문할 수 있다는 동기에서 지원했다기보다는, 그런 보직이 전선에 투입되는 것보다는 덜 위험할 것이라는 더 합리적 이유에서 지원했을 것이다. 아렌트가 아이히만의 사례에서 보여준 것처럼, 나치 엘리트의 행위 자체는 진정으로 대량 학살을 원했기 때문이 아니라 소시민적인 출세주의에서 비롯되었다.

아렌트가 이런 분석을 했지만, 앞서 설명한 반유대적 밈플렉스가 사람들의 행동을 규정하는 중요한 역할을 했다는 사실을 절대 부정할 수는 없다. 오늘날 우리는 여러 연구 성과들, 특히 이름트루트 보야크의 연구 덕분에 아렌트가 당시 접할 수 있던 한정된 자료에 근거해 주장했던 것과는 달리, 아이히만이 단지 '대량 학살 행정'의 도구로 쓰인 출세욕 강한 테크노크라트일 뿐 아니라, 나치 신앙체계의 교리를 광신적으로 믿은 열정적인 반유대주의 확신범이었다는 사실을 알게 되었다.[164]

아르헨티나의 은신처에서 네덜란드의 나치 친위대원이던 빌렘 자센과 나눈 63개의 카세트테이프에 담긴 방대한 인터뷰 기록에서, 아이히만은 자신이 절대 "조심스러운 관료"가 아니었으며 "내 피의 자유를 위한 열광적 투사"였다고 말했다. "민족에 도움이 되는 것은 내게 신성한 명령이자 법이었다. 그렇다. … 나는 아무것도 후회하지 않는다. 나는 절대 십자가 아래에 엎드려 속죄하지 않을 것이다. … 나는 그렇게 할 수 없다. 그럴 생각이 전혀 없을 뿐 아니라, 우리가 뭔가 잘못했다고 말하는 것을 내 내면이 격렬히 거부하기 때문이다. 절대 그럴 수는 없다.

나는 당신에게 정말로 솔직하게 말한다. 나치 정부의 통계국장이 말한 대로 우리가 1억30만에 이르는 유대인을 모두 잡아들였다면 … 우리는 1억30만 명의 유대인을 모두 죽였을 것이다. 그러고 나서 나는 만족했을 것이고 이렇게 말했을 것이다. 좋아, 우리가 하나의 적을 박멸했어. … 우리가 현재 인류 가운데 가장 영악한 머리를 가진 종족을 멸종시켰을 때, 우리는 우리의 혈통과 민족, 민족의 자유를 위한 과제를 완수하게 될 것이다. 내가 스트라이허에게도 말하고 누구에게나 늘 했던 말이지만, 우리는 수천 년 동안의 교육으로 우리보다 정신적으로 우월한 적과 싸우고 있기 때문이다. … 소수인 우리는 시대정신을 거스를 수 없었다. 우리는 우리가 할 수 있는 일을 했다. 당신에게 이 말도 꼭 해야겠다. 물론 나도 인간적 동요를 느끼기도 했다. 나도 그런 감정에서 벗어나 있지 않았고, 남들처럼 나약함에 빠지기도 했다. 나는 안다. 어느 곳에선가 예시되었거나 내게 떠올랐던 원칙, 곧 진짜로 완전한 박멸을 완수하지 못한 것에 나도 일말의 책임이 있다는 사실을 나도 안다. … 내가 부족한 인간이어서 진정 더 많이 해낼 수 있고, 더 많이 해내야 했던 지점에서 그러지 못했다."[165]

최근에야 공개된 아이히만의 인터뷰가 아무리 끔찍하고 반인간적이더라도, 그것이 아이히만이라는 인간에 '악마적 깊이'를 만들어주지는 않는다. 오히려 아이히만이 허황한 반유대주의 밈플렉스의 사고 세계에 얼마나 깊이 얽매여 있었는지를 보여줄 뿐이다. 우리가 이미 살펴보았듯이, 이 밈플렉스는 수백, 수천 년 동안 복제되고 변이됐다. 그리고 안타깝게도 (이슬람 세계를 보면) 오늘날까지도 선택되어 살아남았다.

아이히만은 단순한 이유로 '악마적 깊이'를 가질 수 없었다. 악마적 '깊이'가 존재하지 않기 때문이다. 악이란 단지 허구일 뿐이다. '어둠의 세력'은 어느 시기, 어느 장소에도 존재하지 않았다. 만약 있었다면, 그것은 우리 머릿속에 정신적 바이러스로 존재할 것이다. 이제 그 저주를 끝낼 시간이 되었다! 인간의 문화에서만이 아니라 인간 이외의 자연에서도 수없이 많은 잔인함, 고통, 위험이 존재한다. 하지만 그 원인을 '절대적인 악'으로 돌려서는 안 된다. 그것이 자기 이익을 실현하려는 유기체의 일상적 행동 방식일 뿐 아니라, 유기체 내부에서 작용하는 유전자와 밈의 복제기능에 따른 복제의 결과라고 냉정히 인식하기 위해 눈을 뜨도록 하자.

선과 악의 이분법은 현실을 밝히기보다는 현실을 가리는 진부하고 실체가 없는 관념일 뿐이다. 이런 이유 하나만으로도 선과 악의 이분법을 포기하기에 충분하다. 그러나 더 중요한 이유는 '선과 악이 대결하는 밈플렉스'가 인간의 문화사에서 계속해서 인간 집단의 분쟁을 부추기는 구실을 해왔다는 데 있다. 그래서 나는 '전쟁 기술'의 발전에서 '악'의 발명이 적어도 투석기나 화약, 중거리 미사일의 발명 못지않게 중요한 의미가 있다고 주장하고 싶다.

선과 악의 관념은 무척 진부하지만, 영향력만큼은 절대 진부하지 않다. 선과 악이 대결하는 밈플렉스가 사고체계 안에 일단 자리를 잡는 데 성공하면, '위대하고 정의로운 일'을 위해 행해지는 어떤 폭력행위도 잔인하게 여기지 않게 된다. 모든 시기의 가장 끔찍한 범죄자들은 '악마'가 아니었다. 그들은 스스로 '이상주의자'라고 생각했다. 곧 자신이 '절대적 악'과의 전쟁에 나선 '선의 군대'를 대표한다고 여겼다.

리처드 도킨스가 최근 이슬람 테러리스트를 가리켜 사용한 말은 히틀러와 아이히만, 스트라이허에게도 마찬가지로 적용된다.

"2001년 9월 11일의 테러를 일으킨 열아홉 명의 남자를 살인을 저지른 악한 야만인으로 보는 것은 쉬운 일이다. … 그러나 나는 열아홉 명의 남자는 '악'하지 않았다고 말하려 한다. 누군가를 모욕하려는 의도에서 이런 표현을 사용한 것이 아니다. 단지 그들이 믿는 종교의 시각에서 그들은 정의를 창조한 선한 인간이라는 점을 지적하려고 그렇게 말했을 뿐이다. 그들은 알라를 위해 하나의 과업을 실천했고, 알라를 위해 죽음을 선택한 순교자가 되어 천국으로 가는 길에 올라섰다. 이 열아홉 명의 남자와 비슷한 행동을 한 다른 사람들은 못 배우지 않았으며, 어리석지도 않았고, 몇몇은 심지어 공학 석사 학위도 있었다. 그들은 수학, 물리학, 과학적 방법론을 잘 이해했다. 영국에서 자살테러를 계획했던 남자들은 의사였다. 그들의 머릿속에는 해부학, 심리학, 세포학, 화학, 생물학 등에 관한 상세한 지식이 담겨 있었다. 그들은 타인과 자신들의 육체로부터 분리하려 했던 팔과 다리에 관한 해부학적 지식을 정확히 알았다. 그들은 어려운 의사고시에 합격할 정도로 머리가 좋았다. 그러나 그렇게 좋은 머리가 신앙에 납치되었다. 테러리스트가 납치한 여객기와 마찬가지로 말이다. … 2005년 7월 7일 런던에서 일어난 폭탄테러 이후에 영국 언론은 범인들의 이웃과 지인들의 경악에 찬 반응으로 가득 채워졌다. 그들은 친절하고 성실한 젊은 남자들이었다. 그들은 청소년 단체에서 자원봉사도 했으며 크로켓 게임도 즐겼다. … 누구나 즐거이 하룻저녁을 함께 보낼 수 있는 그런 남자들이었다. 그러나 그들이 아무리 친절했다 할지라도 그들의 뇌는 끔찍한 기생충에 사로잡혔다. 종교적 신앙이라는 바이러스에 사로잡혔다. … 전문적인 생물학책에는 숙주를 납치해 자신의 이익을 위해 조작하는 기생충에 관한 사례가 많다. 아쉽게도 인간의 뇌도 그런 방식으로 납치될 수 있는 위험에 허술하게 노출되는 것 같다."[166]

도킨스는 계속해서 "종교야말로 납치의 우두머리"라고 말한다. 그리고 의심의 여지 없이 그의 주장은 옳다. 그러나 그의 주장은 '선과 악이 대결하는 밈플렉스'의 도움으로 이른바 '신성한 공동체'의 '더 높은 이상'을 위해 개인의 생명을 희생하도록 이끄는 모든 이데올로기에 적용된다. 희생자가 미끼를 물면, 다시 말해 '악에 맞서는 선택된 전사'의 집단에 자신이 속한다고 믿게 되면, 쉽게 벗어나지 못한다. 좋지 않은 상황에서는 아이히만과 스트라이혀, 히틀러, 오사마 빈 라덴에게 나타났듯이 스스로 가해자가 된다.

이 부분에서 몇 가지 의문이 생겨난다. 윤리적 성격의 의문도 있고, 인간으로서의 정체성에 관한 의문도 있다. 예컨대 우리는 도덕적으로 자신에게 이렇게 물어보아야 한다. 아돌프 아이히만과 같은 이가 '반유대주의 밈플렉스'의 포로가 되어 나치의 유대인 말살 이데올로기를 거부할 여지가 전혀 없었다면, 그를 '용서'하는 것이 옳을까? 만약 그렇다면 이런 시각이야말로 도덕의 모든 기반을 없애는 것은 아닐까?

더 근본적인 질문도 있다. 인간을 얼마간 생물학적 유전자와 문화적 밈의 꼭두각시로 만들어버리는 시각은 과연 올바를까? 이런 시각은 우리가 지닌 자유에 대한 주관적 인상과 완전히 모순되지 않을까? 우리는 어떤 방향으로 자신의 인생을 살아갈지, 어떤 세계관을 더 선호할지, 어떤 도덕적 가치를 추구할지 자유롭게 선택할 수 있지 않을까? 그리고 우리가 자유롭게 선택할 수 있는 능력이야말로 인간을 존엄하게 하는 바탕이지 않을까? 이것이 우리가 다음 장에서 다루게 될 주요한 질문이다.

02

자유의지에서 벗어나기

어떤 사람이 명확히 주어진 내적 · 외적 환경에서 이리도 저리도 행동할 수 있다면 그는 감방이나 정신병원이 아니라 유리상자 안으로 보내야 한다. 그래서 이제껏 사람이 보았던 것들 가운데 가장 이상하고 이해할 수 없는 모습을 보며 모두 감탄할 수 있게 해야 한다.

– 에두아르트 콜라우슈(1905)[1]

내가 선한 일을 하거나 악한 일을 하든, 아침에는 품행이 선했다가 저녁에는 악하든, 그 원인은 늘 내 피 안에 있다. 피가 나를 유쾌하게도, 진지하게도, 활동적이게도, 만용을 저지르게도 한다. … 내 의지와 존재 전체를 규정한다. … 이 길을 선택할지 저 길을 선택할지도 내 뇌의 뇌수에서 형성되어 내 신경으로 전달되는 생각에 달렸다. 내가 공원에서 왼쪽 길을 선택할지, 오른쪽 길을 선택할지도 뇌에 달렸다. 그런데도 나중에 나는 '자유로운' 선택을 했다고 믿는다. … 그러나 우리의 가장 자유로운 행동도 … 필연적으로 결정되어 있다.

– 라메트리(1750)[2]

자신이 정신의 자유로운 결정에 따라 말하거나, 침묵하거나, 뭔가를 한다고 믿는 사람은 눈을 뜬 채로 꿈을 꾸는 셈이다.

– 바뤼흐 스피노자(1675)[3]

흔들리는 자아 개념

그것은 존은 물론이고 가족들에게도 악몽이었다. 성실한 가장이던 사람이 점점 위험한 아동성도착증 환자로 변해갔다. 존은 자신의 행동이 옳지 않다는 사실을 알았지만 멈추지 못했다. 그는 아동 포르노를 모으기 시작하더니 언젠가부터 아직 사춘기도 되지 않은, 재혼한 아내의 딸에게 노골적으로 접근했다. 아내는 그를 아동 성추행 혐의로 고발했고, 존은 법원의 명령으로 집에서 쫓겨났다. 그리고 유죄 선고를 받아 감옥행을 선택하든지 아니면 행동치료를 선택해야 했다. 그는 치료를 선택했으나, 그곳에서도 충동을 억누르지 못해 병원 직원과 다른 환자를 성추행했다. 그래서 치료병원에서도 쫓겨났고, 이는 그가 피하고 싶었던 감옥으로 가야 한다는 사실을 뜻했다.

한스 마르코비치와 베르너 지퍼가 쓴《범인은 바로 뇌다》라는 책에 따르면, 존은 수감되기 하루 전에 "심한 두통 때문에 병원으로 옮겨졌다. 병원에서 존은 자살 충동과 세 들어 사는 집의 여주인을 강간할지도 모른다는 걱정을 토로했다. 뇌 기능의 균형에 문제가 있다고 의심되자 의사들은 뇌 신경을 검사해 보기로 했다. … 자기공명영상장치를 이용해 검사한 결과 마침내 존의 증상이 밝혀졌다. 존의 머리에는 눈 뒤의 전두엽부터 정수리까지 종양이 퍼져 있었다. 그는 수술을 받았고, 익명이 보장되는 알코올 · 섹스 중독자를 위한 프로그램을 성공적으로 마쳤다. 전문의는 그가 딸에게 더는 위협이 되지 않는다고 판단했고, 그는 수술한 지 7개월 뒤에 가정으로 돌아갈 수 있었다."[4]

그러나 존과 그의 가족에게 벌어진 드라마는 여기에서 완전히 끝나지 않았다. "2001년 존은 다시 남몰래 포르노 잡지를 모으기 시작했다. 두통도 다시 찾아왔다. 자기공명영상장치를 이용한 검사에서 종양이 다시 커졌다는 사실이 밝혀졌다. 존은 다시 수술을 받았으며 그제야 그와 그의 아내, 딸에게 닥친 악몽은 완전히 끝을 맺었다."[5]

존의 이야기는 수많은 사례 가운데 하나일 뿐이다. 학자들은 뇌의 이상과 비정상적 행동 사이에 밀접한 상관관계가 있다는 사실을 뒷받침하는 수많은 증거를 모을 수 있었다. 600여 명의 행동이상자와 400여 명의 통제인원이 실시한 17개의 개별 연구를 모아 평가한 미국의 메타분석에 따르면, 정신질환자 · 범죄자 · 폭력적인 인간에게서는 예외 없이 뇌의 특정한 부위, 특히 전두엽과 측두엽에서 이상이 발견되었다.[6]

하지만 뇌 손상이 꼭 부정적인 결과만 가져오지는 않는다. 이런 사실은 토미 맥휴의 사례가 잘 보여준다.[7] 그는 영국의 건설노동자였는데, 폭력과 마약 때문에 여러 차례 감옥을 드나들었다. 그러다 쉰한 살이 되었을 때 머리 양쪽에서 뇌출혈이 발생했다. 너무 늦지 않게 수술을 해서 그나마 피해를 줄일 수 있었으나, 전두엽 신경세포는 손상을 입었다. 그러나 퇴원해서 집으로 돌아간 맥휴는 전보다 훨씬 감정적으로 균형 잡힌 모습을 보여주었다. 예술적 감성도 풍부해져서 그림을 그리고, 조각을 하고, 시를 쓰기 시작했다. 오늘날 그의 작품은 영국의 대형 미술관에도 전시되었다.

마르코비치와 지퍼에 따르면, "뇌 손상은 범인의 범죄 행위에 '책임'이 있을 뿐 아니라, 거꾸로 범죄자를 더 나은 사람으로 만들 수도 있다. 이는 뇌의 변화로 사람의 성격을 바꿀 수 있다는 사실을 알려준다. 당연한 말이지만, 인간의 육체와 정신은 신경세포의 활동으로 작동된다. 그래서 (교통사고 · 전기자극 · 종양 · 잘못된 본보기와 같은) 어떤 사건이 뇌의 활동 구조에 영향을 끼치면, 생각과 행동도 모두 영향을 받는다."[8]

현대의 뇌 연구는 우리의 직관과는 정반대의 인간상을 그려낸다. 우리는 뇌를 육체의 다른 부분과 똑같이 통제할 수 있다고 생각한다. 그래서 누군가 터무니없는 말을 하면 "정신 차려"라고 말한다. 그러나 자세히 살펴보면 이런 말은 진실을 완전히 거꾸로 뒤집어 놓았다. 뇌는 어떤 방식으로든 '나'에 종속되지 않는다. 오히려 반대로 '나' 자체가 뇌가 구성해낸 결과물이다.

뇌의 특정한 신경회로에 커다란 오류가 발생하면 개인은 '나'라는 정체성을 잃어버린다. 그래서 '외부 세력에 조종된다'라고 느끼거나, 하나의 '나' 대신에 서로 경쟁하는 여러 개의 '자아 정체성'이 만들어지기도 한다. '자아 정체성'이 부분적으로 제한된다는 것도 의학적인 사례로 밝혀졌다. 어떤 사람은 (오른쪽 다리와 같은) 자신의 신체 일부분을 '자기에게 속하지 않은' 것으로 경험한다. 그래서 밤새 누군가가 죽은 사람의 다리를 자기 몸에 붙였다는 망상 때문에 몇몇 환자는 정말 황당한 행동을 하기도 한다. '다른 사람의 다리'를 몸에 붙이고 평생 고통스럽게 살아가느니 스스로 떼어내는 것이 더 낫다고 생각한다.[9]

요컨대 우리를 인간답게 만드는 특성은 모두 뇌 신경의 작용으로 나타난다. 우리가 무엇을 생각하거나 느끼고, 무엇을 사랑하거나 경멸하고, 무엇을 기뻐하거나 슬퍼하고, 무엇을 할 수 있거나 아무리 애를 써도 할 수 없는 것과 같은 거의 모든 것이 뇌 신경 작용으로 나타난다. 스스로 인식하지는 못하지만, 분명히 그것은 모두 우리의 두개골 안에서 이루어지는 뇌 신경의 처리 과정으로 나타난다. 중세 유럽의 역사에 큰 영향을 끼친 육체와 정신, 물질과 영혼의 이원론은 뇌 연구로 이미 극복되었다. 물질적 신진대사를 넘어 존재하는 정신은 없다는 사실이 모든 증거를 통해서 분명히 밝혀졌다. 따라서 이런 결론이 마음에 들지 않더라도, 정해진 뇌 회로의 양식이 없는 사고는 생각조차 할 수 없으며, 뇌 신경으로 전달되지 않은 감정은 느껴질 수 없다는 사실을 받아들여야 한다.

하지만 혼란은 계속된다. 의지가 행동보다 앞선다고 생각하는 순간 우리는 여전히 착각에서 헤어나지 못한다. 연구에 따르면, 우리는 자신이 하려고 하는 것을 무의식적 사고 과정의 기반 위에서 이미 결정하였지만, 마치 그것을 의식적으로 바란 것처럼 생각한다. 학생이 화장실에 가고 싶다고 교사에게 말하겠다고 결정하기 전에, 그의 뇌는 이미 손을 들 준비를 시작한다. 여러분이 파티에서 샴페인 잔을 집거나, 텔레비전 리모컨으로 다른 프로그램으로 바꾸려 할 때도 똑같은 일이 벌어진다. 당신은 어쩌면 바로 그 순간 의식적으로 폴커 판처가 진행하는 〈한밤의 스튜디오〉를 보기로 했을지 모르지만, 실제로 그러한 의사결정의 과정은 수백분의 1초 전에 이미 뇌 신경에서 이루어졌다.

신경생리학자 벤저민 리벳이 1979년 한 연구논문에서 이런 이상한 사실의 증거를 최초로 제시하였다. 그 후 이 논문은 수없이 많이 인용되었다.[10] 리벳은 실험 참가자에게 간단한 손동작을 하고 싶은 느낌이 들면 그 동작을 하고, 그때 앞에 놓인 시계를 보며 자신의 의사결정 시점에 정확히 주의를 기울이라고 지시했다. 그동안 리벳은 뇌 신경의 활동성을 측정했다. 이 실험에서 그는 뇌가 이미 행동을 하기 위한 준비를 마치고 약 0.5초가 지난 뒤에야 (예컨대 손가락을 구부리려는 것과 같은) 의식이 나타난다는 사실을 밝혀냈다. 이 실험으로 육체와 정신의 이원론을 증명하려 했던 리벳은 자신의 실험 결과의 파괴력을 약화하기 위해, '나'는 뇌에 대해 일종의 '거부권'을 지녀서 이미 무의식적으로 시작되는 과정을 멈출 능력이 있다고 주장했다.

그의 이런 주장은 꽤 설득력이 있어 보인다. 예컨대 팬케이크 한 조각을 더 먹으려다가 마지막 순간에 그만두는 것처럼, 누구나 어떤 행위를 하려는 충동을 억누른 경험이 있기 때문이다. 그러나 '나'는 물론이고 행위를 하려는 충동을 포기하게 하는 생각도 당연히 진공상태에 존재하는 것이 아니라, 뇌 신경으로 프로그램이 짜여있다는 사실을 곧바로 지적하지 않을 수 없다. 그리고 이런 뇌 신경 프로그램은 또 다시 수 없이 많은 내적 · 외적 요소, 특히 (1장에서 보았듯이) 유전자와 밈의 복제에 영향을 받는다. 지방과 당분을 너무 많이 섭취하면 건강에 해로울 뿐 아니라 (유행에 민감한 '에스라인 밈'의 관점에서는 최악의 고통인) 뚱뚱해진다고 가르치는 '무척 못된' 영양학적 밈플렉스가 아니라면, 우리의 뇌가 '팬케이크를 향한 의지'를 억누르는 짓을 하지는 않기 때문이다.

리벳의 고전적 실험을 어떻게 봐야 할지 전문가 집단 바깥에서도 폭넓은 논의가 진행되었다. 실험 규칙과 결과의 해석을 정당하게 비판하는 일부 의견도 있었다.[11] 하지만 비판자들이 대부분 리벳의 연구만을 따로 떼어 지나치게 가볍게 다루는 경향을 보였다. 실제로 그의 연구가 정말로 유일한 뇌 연구였다면 그의 실험에서 다른 결론을 끌어낼 수는 없었을 것이다. 하지만 현실은 그렇지 않았다. 리벳의 연구는 뇌 연구의 큰 흐름 안에 이미 포함되었고, 1979년에 시작된 리벳의 첫 연구는 이어서 진행된 많은 연구로 대부분 검증되었다. 결국 전통적인 인간상은 점점 더 흔들리게 되었다.

최근에 뇌 과학이 이룬 인상적인 연구 결과에 대해 대략적인 지식을 갖게 되면 여러 논쟁, 특히 뇌 연구만으로 어떤 결론을 끌어내는 것이 정당한지를 놓고 벌이는 치열한 논쟁에 놀라게 된다. 언론인인 크리스티안 가이어힌데미트는《뇌 연구와 자유의지》라는 책에서 학계의 분위기를 이렇게 정확하게 표현했다. "뇌를 연구하는 학자들이 우리의 머리에 입힌 상처는 매우 깊다. 뇌 연구 분야에서 기존의 인간상을 혁명적으로 바꾸려고 시도하는 상황에 수많은 철학자 · 법률가 · 문학가들이 마치 도전을 받는 것처럼 느끼는 것도 당연해 보인다." 계속해서 가이어는 이렇게 말했다. "뇌 연구자들은 '간결한 결론', 곧 우리의 삶은 그저 환상이라는 결론으로 '판'을 흔들어버렸다. 그들은 이렇게 말한다. '당신이 생각한다는 것은 단지 생각한다고 여기는 것에 지나지 않는다. 실제로는 아무도 생각하지 않는다. 단지 뇌가 뉴런의 게임을 하고 있을 뿐이다. 이때 '나'는 한마디도 간섭할 수 없다. 더 나쁜 것은 '나'라는 생각마저도 마찬가지로 환상일 뿐이다. 환상인 것은 '나'만이 아니다. 내가 살아가면서 세상에서 경험하는 모든 것, 곧 생각 · 느낌 · 의지 · 신앙 · 희망 · 사랑 등도 환상이다."[12]

이처럼 뇌 연구로 새로운 논쟁이 촉발되었다. 특히 지금까지는 고상한 철학적 주제였던 인간의 자유의지를 둘러싼 논쟁이 다시 시작되었다. 볼프 징어, 게르하르트 로트, 한스 마르코비치, 볼프강 프린츠와 같은 저명한 학자들은 자유의지론은 허구라고 단정해 세상에 충격을 주었다. 그들은 사람들이 흔히 생각하듯이, 의식의 기본 기능이 행동을 조정하는 것이 아니라고 주장했다. 오히려 '나'와 주변에 내가 왜 다르게 행동하지 않고 꼭 이렇게 행동하거나 행동했는지 명확한 이유를 제공하는 것을 의식의 기능으로 보았다.

이런 관점은 당연히 인간의 행동양식을 평가하는 가치판단에도 영향을 끼친다. 특히 자유의지가 있을 때 책임능력이 존재하고, 자유의지가 없을 때는 책임능력이 면제된다는 통상의 법 기준이 완전히 기반을 잃게 된다. 실증적으로 검증된 뇌 연구자들의 관점에 따르면 정신적으로 (이른바) 건강한 사람도 사실상 그가 한 행동 말고는 다르게 행동할 수 없기 때문이다.

프랑크푸르트 막스플랑크연구소의 뇌 연구소 소장인 볼프 징어는 이렇게 말했다. "어떤 사람이 맑은 정신에서 잘못을 저지르면 행동에 전적인 책임이 있다고 유죄 선고를 받았다. 그리고 학습된 사회 규칙을 불러내서 의사결정을 진행하는 전두엽에 종양이 있다는 사실이 발견되면 정상이 참작된다. 그러나 뇌 '장애'로 판명되지 않았지만, 뇌 신경에 고장이 있을 때도 똑같은 일이 생길 수 있다. 유전적 요인으로 사회 규칙을 저장하거나 불러오는 뇌 기능에 장애가 생기면, 사회 규칙을 제때 불러오지 못하거나 이를 충분히 인식하지 못할 수 있다. 그뿐 아니라 규범에서 벗어난 규칙을 학습했거나 뇌 회로가 잘못된 경우에도 합리적으로 판단하지 못할 수 있다. 이런 장애 목록은 끝없이 늘릴 수 있으나, 어쨌든 현재 그의 상태가 바로 '그'인 것이 부정되지는 않는다."[13]

징어는 계속해서 이렇게 밝혔다. "이런 인식은 기능이나 구조 문제로 적절하게 행동할 수 없는 망가진 육체 기관을 지니고 성인으로 성장해온 불행한 인간을 대할 때, 더 인간적이고 덜 차별적으로 판단하도록 이끌 것이다. 행동 장애로 문제를 일으키는 사람이 나쁘다거나 악하다고 낙인을 찍으면, 우리의 존재를 이루는 육체 기관이 필연적으로 발달해온 결과를 너무 쉽게 무시해버리는 셈이다."[14]

징어의 동료인 브레멘 뇌 연구소의 게르하르트 로트도 같은 생각이다. "인식하고, 사고하고, 원하는 '나'는 윤리적 의미에서 뇌가 하는 것에 책임이 없다. 뇌가 '불성실한' 방식으로 '나'에게 그러한 환상을 심어주었더라도 그렇다. … 뭔가 옳지 않은 일을 했을 때 우리가 죄책감을 느끼는 이유는 의식하는 '나'가 옳지 않은 일에 책임이 있다는 옳지 않은 가정을 하기 때문이다. … 인간의 행동은 유전적 요소의 산물이자 기본적으로 변연계에 의해 연결되는 학습 과정의 산물이기도 하다. 변연계는 모든 것을 '좋다 · 편안하다'라거나 '나쁘다 · 불편하다'로 평가한다. 그래서 의식하는 '나'가 원하는 바에 따라 행동을 결정하는 것이 아니라, 같거나 비슷한 행위가 긍정적인 결과를 가져왔는지 아닌지 되풀이해야 좋을지 아닐지에 따라 행동을 결정한다."[15]

이러한 발언이 논란을 불러일으킬 수 있다는 사실은 충분히 예견되었다. 특히 자연과학자가 인간의 자유의지를 비판하자, 인문학자는 자신의 학문이 존재해야 할 근거 자체가 위협을 받는다고 여겼다. 그럴 수밖에 없다. 인간의 자유의지야말로 인간을 동물과 구분하고, 특히 자연과학의 방법론으로는 파악할 수 없는 인문과학만의 특별한 연구 대상으로 여겨지지 않았던가? 인간이 자유의지와 결별해서 어떤 사람이 사실상 특정한 순간에 그가 한 행동 말고는 다르게 행동할 수 없었다고 전제한다면, 끔찍하게도 윤리적 가치관이 송두리째 허물어지지는 않을까? 그런 전제 위에서는 살인자에게도 죄의 책임을 물을 수 없게 되지는 않을까? 나아가 아돌프 히틀러마저도 뇌세포의 회로에 잘못 조종된 죄 없는 희생자로 보아야만 하지 않을까? 정말로 그렇게 생각해야 한다면 언젠가 인도주의에 대한 모든 감각을 잃게 되지는 않을까?

프라이부르크 대학에서 문학사를 가르치던 게르하르트 카이저도 논쟁에 참여하며 이런 의문을 정확히 지적했다. "인간에 대한 결정론적 시각이 미치는 파장은 결정론자인 뇌 과학자가 생각하는 것보다 훨씬 더 심각하다. 의지가 없다면 당위도 없다. 근거와 원인에 따른 판단과 행동이 없다면 옳음과 그름도 없다. … 우리는 사회 규범에서 벗어난 사람에게 더 관용적이고 겸손해지는 것이 아니라, 아예 그런 사람이 존재하지 않게 하거나 아니면 우리 모두 그런 사람이 되게 할 것이다."[16]

카이저는 계속해서 이렇게 말했다. "철저한 결정론은 도덕적 원칙을 완전히 훼손할 뿐 아니라, 과학적 판단의 영역을 황당한 결론으로 이끌어갈 것이다. 시행 착오설, 모든 논증 법칙, 모든 지식과 학문, 곧 뇌 연구를 포함한 모든 것이 붕괴하기 때문이다. 결정론이 인정받도록 결정되어 있다면 우리가 그에 반응하는 것도 결정되어 있었을 것이다. 뇌 연구자들은 뇌 연구를 하도록 결정되어 있었다. 그리고 그들은 결정론이 옳다고 생각해서 결정론의 올바름을 주장하는 것이 아니라, 그것이 옳다고 생각하도록 결정되어 있어서 그렇게 주장할 것이다. 세계는 그저 덜컹거리며 돌아가는 기계일 뿐이고, 뇌 연구자는 영원히 캄캄한 어둠을 헤쳐 가는, 곧 인간 이성의 비행을 암흑지대로 이끌어갈 기계에 달린 신호등이 될 것이다."[17]

나는 이러한 지적이 매우 유용하다고 생각한다. (앞으로 살펴보겠지만) 결정론적인 시각과 연결될 수도 있으나, 반드시 결정론에 얽매일 필요가 없다는 문제의 핵심을 정확히 짚어주기 때문이다. 3장에서 나는 인간의 생각 · 감정 · 행동이 당연히 자연법칙에 규정된다는 (결정된다는) 사실을 고려하면서도, 이러한 결론이 이성적 판단을 통해서 진실과 오류 · 윤리적 적절함과 부적절함을 구분할 가능성을 차단하지 않을 해법을 제시할 것이다.

그러나 그에 앞서 뇌 연구의 결과를 두고 격렬하게 진행되는 논쟁의 핵심인 '자유의지' 개념을 조금 더 자세히 살펴볼 필요가 있다.

원하는 것을 할 수 있는 자유

아르투어 쇼펜하우어는 확실히 편한 느낌을 주는 철학자는 아니다. 비관주의 철학의 대가인 쇼펜하우어는 거의 모든 것에 트집을 잡기로 유명했다. 개인적인 대인관계에서도 똑같이 예민하고 거만했으며, 지독한 냉소주의자일 뿐 아니라 정치적으로는 보수적이기까지 했다. 그러나 우리는 개선의 여지가 없는 불만투성이면서 문체도 거칠기 짝이 없던 이 사람이 가장 주목할 만한 통찰력을 보여주었다는 사실에 고마워해야 한다. 그가 다룬 '자유의지'라는 주제 때문이다. 쇼펜하우어는 1839년에 펴낸《인간 의지의 자유에 관하여》라는 책자에서 이 주제를 매우 명확하게 다루어 오늘날에도 여전히 우리의 마음을 사로잡는다. 이른바 인간의 '타고난 성격'처럼 이미 오래전에 잘못된 것으로 밝혀진 치명적인 오류에 기초한 몇 가지 시각이 엿보이기는 하지만.[18]

쇼펜하우어는 일단 '자유'를 '불가피성과 관계가 없는 것', 곧 '종속될 어떤 이유도 없는 것'으로 정의했다.[19] 자유를 이렇게 정의하면 '자유의지'란 '지나간 원인'이 없는 의지, '불가피성이 없는' 의지가 된다. 하지만 철학자 쇼펜하우어는 이러한 자유의지론이 지닌 문제를 명쾌하게 지적했다. 곧 원인으로부터 독립된 (그래서 자유로운) 의지는 자연의 인과법칙에 어긋난다. "자유의지라는 전제 위에서는 인간의 모든 행위가 설명할 수 없는 기적이 된다. 원인이 없는 결과가 나오는 셈이다. 이러한 '무차별한 자유의지'를 감히 이해하려고 하면, 정말로 이성이 멈춰버리는 현상을 겪게 될지도 모른다. 이성은 이를 이해할 어떤 형식도 갖추고 있지 않기 때문이다."[20]

볼프 징어나 게르하르트 로트보다 150년 전의 사람인 쇼펜하우어의 말에 따르면, 고전적인 자유의지론을 옹호하는 사람은 논리적 증명의 영역을 벗어났다. 자유의지론은 생각조차 할 수 없다. 그런데도 왜 자유의지론이 인간의 생각과 행동을 그토록 얽어맬까? 쇼펜하우어는 이렇게 대답했다. "인간은 행동의 자유, 곧 원하는 것을 할 수 있는 자유를 경험하고서 자유의 의미를 의지의 자유, 곧 원하는 것을 마음껏 원할 수 있는 자유로 착각한다."

이를 논증하려고 쇼펜하우어는 어떤 남자를 예로 들었다. 그는 밤마다 골목길에 서서 자신에게 이렇게 말한다. "지금은 저녁 여섯 시이다. 일과를 마쳤다. 나는 이제 산책을 할 수도 있고, 술집에 갈 수도 있다. 탑에 올라가 노을이 지는 풍경을 바라볼 수도 있고, 극장에 갈 수도 있다. 친구를 만나러 갈 수도 있고, 성문 밖의 넓은 세상으로 달려 나가 다시는 돌아오지 않을 수도 있다. 이 모든 것은 내가 결정하기에 달려 있다. 나는 완전한 자유를 가졌다. 하지만 지금 나는 여러 가능성이 있음에도 아무것도 하지 않고 자유의지로 아내가 있는 집으로 간다."[21]

뒤이어 쇼펜하우어는 이렇게 끝맺었다. "이는 마치 물이 이렇게 말하는 것과 같다. '나는 높은 파도를 칠 수 있다. (그렇다! 바다와 폭풍이 있는 곳에서는.) 나는 급류가 되어 아래로 내려갈 수 있다. (그렇다! 거대한 강물 안에서는.) 나는 부글거리는 거품을 내며 아래로 떨어질 수 있다. (그렇다! 폭포 안에서는.) 나는 물줄기가 되어 자유롭게 허공으로 솟구칠 수 있다. (그렇다! 분수 안에서는.) 나는 끓어서 넘쳐흐를 수도 있다. (그렇다! 온도가 100도가 넘으면.) 하지만 나는 이 모든 것을 하지 않고 자유의지로 깨끗한 연못에서 고요하고 맑은 상태로 남아 있겠다.' 물은 특정한 원인이 나타날 때마다 이런 경우에는 이렇게 저런 경우에는 저렇게 오직 한 가지만 할 수 있다. 마찬가지로 무엇이든 할 수 있다고 상상하는 우리도 어떤 주어진 조건을 벗어나서 행동할 수는 없다. 원인이 발생하기 전에는 불가능하다. 물과 마찬가지로 인간도 어떤 환경에 놓이면 그에 걸맞게 행동하게 된다."[22]

그렇다면 무엇이 인간에게 의지를 갖게 하고 의지에 걸맞은 행동을 하게 할까? 쇼펜하우어는 절대 외부의 자극 하나만은 아니라고 말한다. '열기'라는 자극이 (왁스는 부드러워지고, 점토는 단단해지듯이) 물질마다 완전히 다른 반응을 일으키는 것처럼, 똑같은 외부 자극이라도 사람마다 완전히 다른 반응을 불러일으킬 수 있다.[23] 쇼펜하우어에 따르면 그것은 사람이 어떤 내력을 지녔는지, 곧 어떤 성격을 지녔는지에 달렸다. 현대인의 표현으로 옮긴다면, 주어진 순간에 자기 정체성을 결정하는 특정한 뇌 신경 회로가 어떤 상태인지에 달렸다.

쇼펜하우어의 어법에 따르면 이렇다. "나는 내가 원하는 것을 할 수 있다. 원하면 나는 할 수 있다. 가진 모든 것을 가난한 자에게 주고, 자신은 가난하게 될 수 있다. 내가 원한다면! 그러나 나는 그것을 원할 수 없다. 그렇게 하도록 이끄는 동기보다 그에 반대하는 동기가 훨씬 더 무지막지하게 센 힘으로 나를 붙잡기 때문이다. 하지만 내가 다른 성격이라면, 예컨대 마치 성인과 같은 성격이라면, 그것을 원할 수도 있다. 그러나 이때에도 내가 원하는 것과 다르게 할 수는 없을 것이다."[24]

쇼펜하우어의 자유의지에 대한 반론은 특히 '선택 가능의 원칙'이라는 관념을 포함한 그 시대의 철학자가 주장하던 사고방식을 겨냥했다. 철학자 미하엘 파우엔은 자유의지를 위해 구성된 원칙을 이렇게 정의한다. "우리가 어떤 사람의 행동이 자유롭다고 표현하면 보통 그 사람이 주어진 환경에서도 다르게 행동할 수 있다고 가정한다는 뜻이다. 이런 가능성이 존재하지 않는다면 일반적으로 자유롭다고 할 수 없으며, 그 사람의 행동에도 책임을 물을 수 없다고 본다."[25]

그러나 '선택 가능의 원칙'이 지닌 문제는 명확하다. 이 원칙은 세상의 보편적 인과법칙에서 벗어날 것을 요구한다. 양자 차원보다 상위의 물체는 필연적으로 같은 원인에는 같은 결과가 있다는 법칙이 적용되어야 하기 때문이다. 어떻게 A라는 자연인이 같은 조건에서 H라는 시점에 실제로 했던 것과 다르게 행동할 수 있을까?

정확히 같은 조건에서 (같은 외부 자극과 내면의 작업 양식에서) X라는 행동과 Y라는 행동을 할 수 있다면, 그는 지구상의 모든 데이비드 코퍼필드를 전부 합한 것보다 더 위대한 마술사일 것이다. 형법학자 에두아르트 콜라우슈는 이미 100년 전에 이렇게 정리했다. "어떤 사람이 명확히 주어진 내적 · 외적 환경에서 이리도 저리도 행동할 수 있다면, 그는 감방이나 정신병원이 아니라 유리 상자 안으로 보내야 한다. 그래서 이제껏 보지 못한 가장 이상하고 이해할 수 없는 모습을 보며 모두가 감탄할 수 있게 해야 한다."[26]

쇼펜하우어와 콜라우슈의 사례에서도 알 수 있듯이, 선택 가능의 원칙이나 자유의지론의 오류를 증명하기 위해 현대 뇌 연구의 결과나 리벳 실험 같은 것이 꼭 필요하지는 않다. 자유의지론은 뇌 연구의 결과와 모순될 뿐 아니라, 과학적 연구의 원칙과도 대립한다. 이에 관해 뮌헨에 있는 막스플랑크연구소의 인식 · 뇌 신경학 연구책임자인 볼프강 프린츠는 이렇게 지적한다. "인간의 자유의지론은 과학적 사고와 양립할 수 없다. 과학이란 발생하는 모든 사건에는 원인이 있고, 그 원인을 발견할 수 있다는 원칙에서 출발한다. 나는 실증과학을 연구하는 어떤 사람이 자유로운, 곧 비결정론적인 행동이 가능하다고 믿을 수 있다는 사실을 이해할 수 없다."[27]

실제로 자세히 들여다보면, '자유의지'가 사회학이나 심리학 연구에서 중요한 이론적 도구였던 적이 없다는 사실도 확인된다.[28] 이론적 측면에서 큰 차이를 보인 심리분석의 창시자 지그문트 프로이트와 행동주의 심리학의 창시자 버러스 프레더릭 스키너도 한 가지만은 의견이 같았다. 바로 '자유의지'와 같은 이상한 것은 절대 존재할 수 없다는 것이었다. 사회학 분야에서도 상황은 매한가지였다. 사회분석의 위대한 사상가인 카를 마르크스와 막스 베버도 많은 점에서 달랐으나, '자유의지'라는 개념으로 연구를 한 것이 거의 없다는 점만은 서로 같았다.

현재의 실증적 사회과학자들도 그리 다르지 않다. 형제자매의 성향 차이를 주제로 한 연구를 검색하면, 유전적 기질과 환경에서 비롯된 다양한 결정요소의 상관관계가 꼼꼼하게 계산된 수많은 표를 볼 수 있다.[29] 그 표에는 유전자적 소질과 또래 집단의 영향 등은 나오지만 '자유의지'는 없다. 그렇게 중요하다는 개념이 실증적 연구에서는 아예 나오지 않는다. 그래서 볼프강 프린츠의 이런 설명에 동의할 수밖에 없다. "이론적으로 구성된 자유의지는 과학의 범주 안에 있는 심리학에는 존재할 자리가 없다."[30]

따라서 게르하르트 로트, 볼프 징어, 한스 마르코비치, 볼프강 프린츠가 자유의지를 비판했지만, 그들이 지금까지의 과학적 사고의 전통을 뒤집는 것은 절대 아니다. 오히려 경험적 자연과학과 사회과학의 틀 안에서 이미 오래전에 자리를 잡은 인식에 또 하나의 증거를 더했을 뿐이다. 뇌 신경 생물학의 주장을 둘러싼 사회적 소란은 어쩌면 암묵적으로 인정되었으나 거의 인식하지 못했던 사실을 경험적 연구자들의 주장으로 인식하게 되었기 때문인지도 모르겠다. 로트나 징거처럼 프로이트와 스키너, 마르크스와 베버, 다윈과 에른스트 헤켈, 아인슈타인은 물론이고 스피노자와 라메트리, 흄과 쇼펜하우어, 니체에게서도 발견할 수 있는 [자유의지에 관한 비판적] 명제를 대변하는 사람은 절대 외롭게 홀로 서 있지 않다는 점은 분명하다.

꼭 짚어야 할 내용을 살펴보았으니 다시 쇼펜하우어에게 돌아가자. 쇼펜하우어는 자유의지의 문제점을 이렇게 정리했다. "당신은 자신의 의지대로 행동할 수 있다. 그러나 당신의 삶에 주어진 매 순간에 오직 하나의 특정한 것만을 원할 수 있다. 다른 어떤 것도 아닌 오직 하나만을 원할 수 있다."[31] 나는 이 주장을 반박할 어떤 합리적인 논거도 찾지 못했다. 그래서 이 주장이 옳다면, 우리는 이런 사실관계의 결론이 무엇일지 스스로 질문을 해볼 필요가 있다. 곧 쇼펜하우어의 주장이 인류의 문화적 진화가 진행되는 동안 인류가 그토록 쟁취하기 위해 노력한 자유를 조금이라도 제약하는가? 과연 그의 주장이 언론의 자유, 표현의 자유, 예술의 자유, 양심의 자유와 같은 오늘날의 '열린 사회'에서 보장된 시민의 자유나 권리와 모순되는가?

분명히 그렇지 않다. 자유의 개념을 경험적으로 사용할 때, 우리가 생각하는 자유는 언제나 행동의 자유를 뜻하기 때문이다. 자유롭다는 것은 원하는 것을 할 수 있음을 뜻한다. 특정한 시점에서 원하는 것과 다른 것을 원할 수 있다는 의미가 아니다. 자유를 위해 투쟁하는 사람은 행동의 자유를 억압하는 내적 · 외적 강제를 극복하려고 노력한다. 의지의 무인과성이나 외부의 자극과 내부의 뇌 신경 처리양식 때문에 '자유롭다'고 느끼는 사람은 아무도 없다. 다시 말해 특정한 시점에 이런저런 것을 원할 수 있는 자유를 강조하는 자유의지론의 허구 때문에 자유롭다고 생각하지는 않는다.

행동의 자유는 감각으로 경험할 수 있다는 점에서 의지의 자유와 차이가 있다. 갑자기 행동의 자유가 가능해지는 순간에 우리는 보통 행복한 감정을 가장 크게 느낀다. (학교에서 쉬는 시간을 알리는 종이 울릴 때를 생각해보라!) 우리는 행동의 자유를 억압하는 구속은 명확히 느끼지만, 단지 허구일 뿐인 의지의 자유에 대한 제약을 느끼는 감각기관은 지니지 않았다. 우리가 살아가면서 수많은 결정을 내릴 때, 원하기를 원하거나 원하지 않기를 원하지 않은 것 때문에 의지의 자유가 훼손되었다고 생각하는 사람은 아무도 없다.

하지만 행동의 자유는 (어렸을 적에 받았던 외출 금지와 같은) 외부의 분명한 억압뿐 아니라, 내면의 심각한 억압에도 영향을 받는다는 사실을 잊어서는 안 된다. 이와 관련해 학창 시절 알고 지내던 어떤 친구가 생각난다. 그 친구는 외출 금지라는 처벌 때문에 강박장애에 빠져서 너무나 하고 싶었지만 여러 해 사람과 어울리지 못하고, 영화관이나 콘서트홀을 방문할 수 없었다. 나와 그 친구의 차이는 내가 그와는 달리 '의지의 자유'를 가졌다는 데 있지 않았다. 그런 면에서 본다면, 우리는 똑같이 '자유롭지 못한' 상태였다. 우리 모두 삶에 끼친 서로 다른 결정요소에서 벗어날 수 없었기 때문이다. 하지만 나는 그 친구와는 달리 내적인 행동의 자유를 만끽하는 행운은 누릴 수 있었다. 나는 (친구들과 극장에서 만나는 것과 같은) 내가 원하는 것을 할 수 있었지만, 그는 안타깝게도 원하는 것을 거부하는 내적 억압 때문에 그럴 수 없었다.

따라서 우리가 행동의 자유라고 말할 때는 외적인 행동만이 아니라, 내적인 행동도 억압될 수 있다는 사실을 알아야 한다. 보통 우리는 외부에서 관찰할 수 있는 행동 방식을 행동으로 인식한다. 하지만 사람이 집중적으로 어떤 일을 생각할 때도 행동하지 않고 가만히 있는 것은 아니다. 의식적으로 사고하는 행위는 내적 행동이다. 추상적인 내용을 고민할 때 우리는 자신과 대화를 한다. (글을 읽을 때도 그렇다. 각각의 단어를 당신의 내면의 귀에 읽어주지 않으면서 문장을 이해하려 시도해 보라!) 내적인 과정인 생각하기가 말하기와 다른 점은 뇌가 생각한 것을 다른 사람이 들을 수 있게 성대를 통해 소리로 내보내도록 명령하지 않는다는 점뿐이다. 언어적 사고의 과정이 아닐 때도 비슷하다. 능숙한 음악가는 작곡하는 데 꼭 악기가 필요하지 않다. 머릿속 가상의 연주만으로도 충분하기 때문이다. 조각가도 외적으로 행동을 하지 않고 내적인 창조 과정으로 조각상을 구상할 수 있다. 그는 망치를 들기 전에 이미 내면의 눈으로 석재를 하나의 석상으로 깎는다.

이로부터 자유라는 개념을 구분할 수 있다. 우리가 살펴보았듯이, 행동의 자유에는 하나가 아니라 두 가지 차원이 있다. 외적 행동의 자유는 우리가 행동하려는 것을 실행하는 것이 (자유로운 의사 표현을 억압하는 독재체제와 같은) 외부의 강제로 억압받지 않을 때 나타난다. 내적 행동의 자유는 (비이성적인 두려움과 같은) 내적 강제로 우리의 의지를 행동으로 옮기지 못하는 상황이 생기지 않을 때 나타난다.

내적 · 외적 행동의 자유가 함께 있을 때 우리는 진정으로 자유롭다고 할 수 있다. 이것이 우리가 말하는 '자유'이다. 이 개념은 세뇌되는 것이 아니라 감각적으로 경험할 수 있어야 한다. 이보다 더 많은 자유는 필요치 않다. 기대하지도 않는다.

감정이 우리의 행동을 규정하는 방식

나는 어릴 때 밤에 혼자 거실에서 앨프레드 히치콕의 〈새〉라는 영화를 본 적이 있다. 처음 생각한 것과 달리 영화는 다소 무서웠다. 그날 밤 끔찍한 악몽을 꾸었고, 아침에도 나무에 앉은 '사랑스러운 새'가 뭔가 꺼림칙해 보였다. 다행히 다음날부터 두려운 감정이 사라졌다.

하지만 재클린 켈리한테는 나 같은 행운이 없었다. 그녀는 여러 해 동안 심한 조류 공포증에 시달렸다.[32] 재클린은 깃털만 봐도 어찌할 줄 모르며 공황 상태에 빠졌다. 그녀의 공포증은 딸인 안젤리나와 함께 공원에 가서 오리에게 먹이를 주지 못하는 것은 물론이고, 시내에서 장도 제대로 보지 못할 정도로 심했다.

물론 재클린도 새에 대한 두려움이 비합리적이라는 사실을 잘 알았다. 그러나 그런 인식이 두려움을 줄이는 데 도움이 되지 못했다. 심리 치료를 하는 과정에서, 그녀가 어렸을 때 할머니 집에서 새 한 마리가 집 안으로 들어와 날아다니며 난장판을 만드는 모습을 보았고, 그 일이 공포증의 계기가 되었다는 사실이 밝혀졌다. 하지만 심리 치료도 그녀의 두려움을 극복하는 데에는 그다지 도움이 되지 않았다. 그녀는 어린 딸에게 세상을 보여주는 좋은 엄마가 되려고 무척 노력했지만, 집 주변에 새가 날아다닌다는 상상만 해도 그녀를 옥죄는 두려움이 모든 노력을 물거품으로 만들어버렸다.

앞서 설명한 개념으로 표현하자면, 그녀는 내적 행동의 자유에 대한 엄청난 억압에 시달렸다. 새와 마주치는 일은 무조건 피하고 싶다는 강한 내적 압박이 그녀가 꼭 하고 싶은 일, 곧 딸과 보통의 삶을 함께 살아가는 일을 가로막았다. 어린 시절의 트라우마가 재클린의 뇌에 새를 '보편적 고통'으로 받아들이는 반응양식을 심어 놓았다. 깃털이나 새의 사진을 보는 것만으로도 (감정을 담당하는 뇌의 대뇌변연계에 있는 중앙처리기관인) 해마체가 흥분해서 심장박동이 빨라졌고, 얼굴도 불꽃처럼 달아올랐다. 그녀가 온갖 수단을 써서 새와 접촉을 피하려고 한 것은 이익과 고통에 따른 뇌의 반응양식이라는 관점에서는 너무나 당연한 일이었다. 상상일 뿐이지만, 뇌는 그녀가 집 바깥에서 치명적인 위험에 노출되면 큰 소동을 일으켰고, 집 안에서 두더지처럼 숨어 있으면 안전하고 평온한 느낌으로 보상을 해주었다. 그리고 바로 이러한 회피행동이 두려움을 더욱 강화하였고, 두려움이라는 증상에 기초한 뇌의 행동양식을 고정했다. 재클린이 새와 접촉하는 것을 피했기 때문에, 그녀나 그녀의 뇌가 내면에 각인된 상상의 양식과 현실이 얼마나 일치하는지를 경험으로 검증할 수 없었다.

그녀가 이런 두려움의 소용돌이에서 빠져나오기 위해서는 두려움을 일으키는 원인과 직접 마주하는 방법밖에 없었다. 수많은 심리 상담과 최면 치료도 도움이 되지 않자, 마침내 그녀는 공포증 치료 분야의 선구자인 폴 살콥스키스 교수에게 '상황 직면 행동치료'를 받기로 했다.

살콥스키스는 짧게 대화를 나눈 뒤에 작은 깃털을 봉투에서 꺼내 재클린에게서 1m 정도 떨어진 탁자 위에 올려놓았다. 그녀는 소리를 질렀고, 곧 죽을 것처럼 두려움에 떨었다. 그러나 그녀가 생각했던 것과 달리 두려움은 더 커지지 않았고 오히려 점차 줄어들었다. 살콥스키스는 깃털을 서서히 그녀가 견딜 수 있을 만큼 가까이 옮겼다. 이때에도 똑같은 현상이 일어났다. 재클린의 두려움이 갈수록 작아졌다. 그녀의 뇌가 그런 자극에 경고를 보내는 것이 의미 없다는 사실을 경험으로 학습했기 때문이다. 뒤이어 살콥스키스는 그가 '낭만적'이라고 표현한 커다란 깃털을 책상 서랍에서 꺼냈다. 재클린은 큰 깃털에도 점차 적응했다. 상담 치료를 시작한 지 45분이 지나자 전혀 예상하지 못한 일이 일어났다. 그녀가 큰 깃털을 손으로 잡았다.

재클린은 현재 여러 해 동안 그녀를 괴롭힌 증상에서 벗어났다. 그녀의 해마체는 새 그림을 보면서도 더는 특별한 움직임을 보이지 않았다. 마침내 그녀는 엄마와 함께 공원에 가서 오리에게 먹이를 주고 싶다는 딸 안젤리나의 소원을 들어줄 수 있었다.

분명히 살콥스키스의 심리 치료는 재클린이 내적 행동의 자유를 더 크게 키우는 데 도움이 되었다. 겉으로 보면, 그녀는 원하는 것을 더 잘 할 수 있게 되었다. 그러나 이런 사실과 상관없이 그녀의 행동은 과거처럼 여전히 결정되어 있다. 곧 심리 치료를 받기 전에는 이전의 뇌의 반응양식에 따라 새라는 자극에 공포로 반응하도록 결정되어 있었지만, 지금은 변화된 뇌의 반응양식에 따라 필연적으로 여유롭게 반응하도록 결정되어 있을 뿐이다. 새를 보았을 때 그녀의 내면에서 저절로 일어났던 과거의 두려운 반응을 다시 만들어내려고 진지하게 시도해도 이제는 가능하지 않다. 그래서 이렇게 말할 수도 있다. 심리 치료의 성공은 새를 두려워하는 구속에서 더는 두려워하면 안 된다는 구속으로 그녀를 바꾸어놓았다고.

물론 재클린이 비둘기를 두려워하지 않는 지금의 상태를 구속으로 받아들이지는 않을 것이다. 우리는 자신의 의지에 반하는 결정요인만을 강제라고 받아들이기 때문이다. 따라서 고전적 자유의지론이 전제하는 것과 다르게 우리의 자유를 제한하는 것은 행동의 결정요인 그 자체가 아니다. 실제 행동을 제약하고 우리가 원하는 대로 행동하지 못하게 방해하는 요소가 진정한 구속이다. 그리고 우리는 주관적으로도 그것을 구속으로 경험한다.

재클린 켈리의 사례는 흥미롭기도 하지만, 우리를 당황하게 하기도 한다. 행동을 지속해서 변화시키는 데 합리적 사고가 끼치는 영향력이 그다지 크지 않다는 점을 명확하게 보여주기 때문이다. 재클린은 추상적인 인지 차원에서는 자신의 조류 공포증이 비합리적이라는 사실을 알았다. 그런데도 그녀는 내적 압박을 극복할 수 없었다. 그래서 끝내는 대뇌 체계가 그녀에게 조류 공포증이 비합리적이라고 말하고 있는 것과는 달리, 새의 깃털이 자신의 육체와 생명에 위협이 되지 않는다는 사실을 경험해야 했다. 곧 감정적으로 느껴야 했다.

이러한 발견은 서구의 전통 철학이 주장하는 바와 다르게, 감정이 행동 제어에 훨씬 더 중요한 역할을 한다는 현대 뇌 연구의 결과와 놀라울 만큼 일치한다. 특히 뇌 신경학 전문가인 한나 다마지오와 안토니오 다마지오 부부는 프랑스 철학자 르네 데카르트가 한때 합리론 철학의 정수로 표현했던 "나는 생각한다. 고로 존재한다"라는 고전적 문장을 "나는 느낀다. 고로 존재한다"로 점차 바꾸어가는 데 큰 역할을 했다.

학문에서 자주 일어나듯이, 이러한 지식의 발견도 우연히 시작되었다. 안토니오 다마지오는 1970년대에 다른 의사는 물론이고 자신도 오랫동안 이해할 수 없었던 (안토니오가 논문에서 엘리엇이라는 가명으로 부른) 어떤 환자를 만나게 되었다. 엘리엇은 훌륭한 남편이자 아버지였고, 직장에서도 성공을 거두었고, 동료에게도 사랑받는 직장인이었다.[33] 하지만 생명을 위협하던 뇌종양 제거 수술을 받은 뒤 그의 성격은 바뀌었다. 그는 아무렇게나 행동했고, 일하려 하지 않았고, 작은 일에도 전혀 집중하지 못했다. 사생활에서도 계속 문제를 일으켰다. 그래서 엘리엇의 삶은 끊임없이 추락했다. 처음에는 직장을 잃고, 다음에는 재산을 잃었고, 마침내 가족마저 잃었다.

엘리엇은 자신의 삶에서 합리적인 의사결정을 내리지 못하는 것처럼 보였다. 수술로 인지능력이 손상되지 않은 것은 분명했다. 하지만 어떤 결정을 내려야 할 때면 얼간이처럼 행동했다. 바로 이것이 엘리엇을 둘러싼 수수께끼였다. 심리학과 신경학의 모든 시험에서 평균 이상의 성적을 보인 사람이 일상생활에서는 어떻게 그리 바보처럼 행동할까? 기억력이나 도덕적인 딜레마 상황에서 문제를 해결하는 능력이 평균적인 미국인보다 더 우수한 남자가 자신의 삶에서는 왜 그렇게 완벽하게 실패하게 되었을까?

"일반적으로 합리적인 행동을 위한 필요충분조건이라고 생각되는 기능은 잘 작동하고 있었다." 다마지오는《데카르트의 오류》라는 책에서 이렇게 밝혔다. "지식, 집중력, 기억력 등은 손상되지 않았다. 의사 표현에 아무런 문제가 없었고, 복잡한 계산 문제도 잘 풀었고, 추상적 문제에 논리적으로 접근할 줄도 알았다."[34] 그렇다면 엘리엇은 무엇이 잘못된 것일까? 다마지오의 대답이다. "그는 결정 능력이 망가진 것과 함께 감정을 느끼는 능력을 잃어버렸다."[35]

엘리엇에게 삶에서 좋았던 시절과 나빴던 시절을 말해주었지만, 이상하리만큼 감정의 변화를 보이지 않았다. 다마지오에 따르면, 엘리엇의 비극적 인생사를 들었을 때, 의사인 자신이 엘리엇보다 더 힘들어했다고 한다.[36] 엘리엇은 자신의 삶을 평정심과 중립의 세계로 들여보낸 것 같았다. 그는 기쁨도, 슬픔도, 분노도 드러내지 않았다. 지진 피해자나 끔찍한 교통사고 희생자의 사진을 보더라도 나쁜 상황이라는 사실은 알았지만, 그런 인식과 연결되는 감정은 전혀 느끼지 못했다.

어떻게 보면 엘리엇은 마치 (공상과학 드라마 〈스타트렉〉 시리즈에 우주선 엔터프라이즈호의 선원으로 나오는 뾰족한 귀를 지닌 불칸 종족의 남자인) 미스터 스팍이 부활한 것 같았다. 하지만 '무감정' 때문에 위험한 상황에서도 냉정을 유지하고 언제나 논리적으로 정확한 의사결정을 내리는 가상의 미스터 스팍과는 달리, 실존하는 엘리엇은 그럴 능력이 없었다. 이익과 고통을 느끼는 감정이 제한되었기 때문에 어떤 구체적인 상황에서 (지적 능력을 갖춘 자신에게 떠오른) 수많은 행동의 가능성을 앞에 두고 아무런 결정도 하지 못했다. 이렇게 아무 감정도 느끼지 못하는 사람은 아무 결정도 하지 못한다. 현실의 미스터 스팍은 우주왕복선에서 승승장구할 사람이 아니라, 심리 치료를 받아야 할 환자인 셈이다.

감정이 의사결정 과정에서 커다란 역할을 한다는 사실은 뇌 신경학으로 쉽게 증명된다. 이성에 대한 감정의 우위는 뇌가 생리학적으로 그렇게 되어 있기 때문이다. 이에 관해 게르하르트 로트는 이렇게 말했다. "우리의 뇌에서 최종적으로 행동을 직접 결정하는 체계는 대뇌피질의 이성 체계가 아니라 대뇌변연계이다. … 대뇌변연계가 이성적인 대뇌피질계에 앞서 처음과 끝의 발언권을 가진다. 처음 발언권은 욕구와 목표 의식을 생성하게 하고, 끝의 발언권은 이성이 생각해낸 것에 대해 지금 그렇게 행동해야 할지 말지를 결정하게 한다. 곧 이성이 제안하는 모든 행동 사이에서 결정을 내리려면 감정적으로 수용되어야 한다. 따라서 이성이 행동과 대안, 행동의 결과를 합리적으로 비교하고 평가할 수는 있지만, 행동을 끌어내기는 어렵다. 합리적으로 비교하고 평가하는 과정이 아무리 길더라도, 마지막에는 언제나 감정적으로 찬성하는지 아니면 감정적으로 반대하는지의 결정만 남는다."[37]

뇌의 구성원리를 기업에 비유하자면, 찬성인지 반대인지, 이익인지 고통인지를 판단하는 대뇌변연계는 기업의 중요한 결정을 내리는 경영진이라고 할 수 있다. 그리고 합리적 판단을 내리는 대뇌피질계는 중요하고 복잡한 문제가 발생했을 때와 같은 특정한 상황에서 회사 경영진에 조언해주는 자문 기구와 같은 역할을 한다.

회사 경영진이 기능을 상실했다면, 다시 말해 의사결정을 내릴 의지가 전혀 없다면, 엘리엇의 경우처럼 최고의 자문 기구도 아무런 도움이 되지 않는다. 아울러 조류 공포증 환자인 재클린의 경우처럼 회사 경영진, 곧 대뇌변연계가 자문 기구의 조언을 듣지 않고 독자적으로 의사결정을 내릴 때도 문제가 된다. 과도한 감정도 부족한 감정과 마찬가지로 의식적이고 합리적인 행동 조절 능력을 훼손한다.

그러나 재클린의 사례에서 너무 성급히 결론을 끌어내려고 해서는 안 된다. 보통의 경우에는 의식적이고 합리적인 자문 기구의 조언을 듣지 않아도 문제가 되지 않기 때문이다. 오히려 반대이다. 대부분의 의사결정은 무의식적인 방식으로 '회사 경영진'에서 내려지는 것이 훨씬 더 효율적이다. 그렇게 하면 자원을 절약할 수 있기 때문이다. 잘 알려진 것처럼 좋은 조언은 비싸다. 경제 현실에서 활동하는 컨설팅 기업의 활동만이 아니라, 인간의 뇌에서 나타나는 의식의 활동도 마찬가지다.

이미 뇌 자체가 유기체에는 말할 수 없이 '비싼' 기관이다. 뇌는 비슷한 크기의 다른 기관보다 훨씬 더 많은 포도당과 산소가 필요하다. 특히 '의식'에 관한 활동을 하는 연합피질은 유독 많은 자원이 필요하다.[38] 연합피질에서 정보를 처리하는 과정은 우리에게 의식되지 않는 다양한 뇌 활동보다 훨씬 더 많은 에너지를 소모한다. 게르하르트 로트에 따르면, 의식적인 인식 기능이 얼마나 많은 물질대사 작용을 하는지는 "혈당량이 낮거나 산소가 부족하면, 인식 능력이나 집중력이 떨어지고 끝내는 의식마저 잃게 되는 현상을 봐도"[39] 알 수 있다. 의식적 사고 과정에 필요한 높은 비용 때문에 "뇌가 늘 연합피질의 활동을 다른 곳에 위임하려고 하는 것도 그리 놀랍지 않다. 뇌에서 의식이란 되도록 회피하다가 오로지 비상시에만 들어서야 하는 상태인 셈이다."[40]

생각이 자유롭다?

추정에 따르면 우리의 의식 세계로 들어오는 것은 뇌의 전체 활동 가운데 0.1% 미만이다.[41] 뇌 활동의 99.9% 이상은 우리의 의식에서 벗어난다. 그리고 그렇게 하는 것이 옳다. 그때그때 처리해야 할 엄청난 양의 데이터를 의식이 지닌 적은 처리용량으로 처리하게 되면 곧바로 뇌가 고장이 나기 때문이다. 과학 전문 언론인인 바스 카스트는 정보의 양이 뇌로 몰려드는 현상을 컴퓨터 시대에 잘 알려진 ('1비트'를 기본단위로 하는) 2진수 코드로 알기 쉽게 설명했다. "눈은 적어도 초당 1천만 비트를 뇌로 보내고, 피부는 약 1백만 비트를, 귀는 10만 비트, 후각도 10만 비트, 미각은 1천 비트를 보낸다. 이것을 전부 합하면 1초마다 1,100만 비트가 우리의 뇌로 몰려든다. 그나마 이런 추정도 매우 보수적으로 잡은 수치이다."[42]

거대한 데이터의 양에 비해 우리가 의식적 사고행위에 사용하는 처리용량은 "놀랄 만큼 적다"라고 카스트는 지적한다. "이 문장을 읽으면서 당신은 초당 45비트의 정보 이상은 처리하지 않는다. 계산할 때의 처리용량은 12비트로 줄어든다. 우리의 의식적 이성은 최대한 1초에 50비트 정도의 정보량을 처리한다. 이 숫자가 모든 것의 기준은 아니지만, 그래도 우리에게 무의식과 의식 사이에 존재하는 엄청난 용량의 차이를 명확히 보여준다. 프로이트와 다른 심리학자들은 우리의 의식을 빙산에 비유했다. 곧 의식은 빙산의 일각에 지나지 않으며, 정신의 매우 많은 부분을 차지하는 무의식이 수면 아래에 있다. 하지만 이런 비유조차도 의식의 비중을 지나치게 크게 부풀린 것 같다."[43]

의식과 인식의 과정은 말 그대로 '에너지 먹는 하마'일 뿐 아니라, 적은 처리용량 때문에 속도도 매우 느리고 오류도 많다. (의식적 사고 과정에서는 언제나 얼마 안 되는 변수만으로 계산해야 한다.) 그렇다면 유기체는 왜 이런 의식적 사고기관이라는 '사치'를 부릴까?

이 질문은 이익과 고통을 인식하는 감각 안에 의식이 존재하는 이유가 무엇인가라는 질문과 떼어놓고 생각해야 한다. 이 질문에 대해서는 이미 1장에서 감각의 형성과 관련된 선택적 이익을 강조하는 내용의 진화생물학적인 답을 살펴보았다. 아울러 이때 이익과 고통을 인식하는 생명체는 해가 되는 자극을 피해서 자기 생존과 종족 번식의 기회를 향상한다는 사실을 확인했다.

이익과 고통을 그저 의식으로 느끼는 것과 이런저런 것을 이익이나 고통으로 느끼면서 의식적으로 반응하는 것 사이에는 커다란 차이가 있다. 그렇다면 어차피 뇌가 감각을 대부분 인식하지 못한 상태로 처리하는데, 우리는 왜 그토록 많은 생각을 할까? 큰 노력과 에너지가 필요한 의식적 사고 과정을 거쳐 우리가 무엇을 원하는지 스스로 명확하게 하기보다는, 뇌가 그냥 가끔 이익과 고통의 느낌을 받게 하는 것만으로도 충분하지 않을까? 결국에는 모든 과정이 뇌 신경으로 조종되는데, 왜 뇌는 내적 · 외적 행동의 자유로운 창조자인 것처럼 착각하게 하는 '나'를 만들어냈을까?

뇌는 세상에 적절하게 대처하기 위해 가상의 '나'라는 모의실험이 필요했던 것 같다. 마인츠 대학의 뇌 신경 철학 교수인 토마스 메칭어가 주장한 이러한 논리를 이해하려면 약간의 복습이 필요하다.[44] 앞에서 나는 인류의 진화 과정에서 복잡한 뇌가 발생한 이유가 더 큰 사회적 지능을 지니는 장점이 있기 때문이라고 했다. 요컨대 자신의 목표를 이루기 위해 누구와 어떤 방식으로 상호작용을 해야 하는지 더 잘 판단할 수 있기 때문이다. 이런 사회적 지능은 정신의 이론을 전제로 한다. 곧 다른 사람이 어떤 감정과 욕구, 의도와 신념을 지녔는지 대략 짐작할 수 있어야 한다.

좀 더 자세히 살펴보자. A라는 사람이 당신에게 매력적인 제안을 한다고 가정해보자. 예컨대 남해의 바닷가에 있는 멋진 집을 터무니없이 낮은 가격에 팔겠다는 제안이다. 당신이 완전히 순진한 사람이 아니라면, 그러한 제안 뒤에 어떤 목적이 숨어 있지는 않은지 의문이 생길 것이다. A는 그냥 자신의 행운을 당신과 나누려는 착한 사람일까, 아니면 남을 등쳐먹으려는 교활한 인간일까? A가 교활한 인간이라면 다른 사람은 속여도 당신만은 속일 수 없지 않을까? 아니면 당신이야말로 특히 조심해야 하지 않을까? 당신이 언젠가 그에게 피해를 준 적이 있을까? 그래서 교묘한 방식으로 복수하려는 것일까? 아니면 당신이 가진 어떤 것에 질투라도 하는 것일까?

A를 제대로 평가하려면 당신의 뇌는 가상으로 모의실험을 하고 결과를 지켜볼 것이다. 이때 A는 독자적으로 행동하는 가상의 인물로 구성된다. 그러면 당연히 가상의 '나'에 대한 모의실험도 필요해진다. 당신의 뇌는 가상의 현실에서 가상의 역할극을 시연해서, 다양한 시나리오로 이루어진 복잡하고 장기적인 행동계획을 짤 수 있게 해준다.

뇌에서 이루어지는 이런 가상의 모의실험은 개인의 행동에 중요한 역할을 한다. 게르하르트 로트는 이렇게 밝혔다. "가상현실과 가상행위를 만들어낼 능력이 없다면 뇌는 맡은 일을 100% 해내지 못할 것이다. 현실과 가상의 '나'는 뇌가 복합적인 정보를 처리하고, 새롭고 알지 못하는 상황을 극복하고, 장기적 행동계획을 짤 수 있도록 해주는 구조물이다. 우리는 이를 어린아이의 발달과정에서 볼 수 있다. … 예컨대 어린아이는 인지 · 감정 · 집중과 같은 다른 영장류나 포유류에게서도 볼 수 있는 특정한 형태의 의식이 있다. … 그러나 '나'에 대한 자각이 발달해야만 인간은 고도로 유연한 행위자가 될 수 있다."[45]

'나'의 본보기가 네 살밖에 되지 않은 성인은 사회에서 적응하기 어렵다. 그는 집단 안에서 나타나는 복잡한 행동양식을 꿰뚫어 보거나 복잡한 행동양식에 적절하게 반응할 능력이 없기 때문이다. 외부세계에서 어느 정도 제대로 적응해 살아가기 위해서는, 여러 해에 걸쳐 구성된 내면세계의 구조물과 더불어 다양한 인지 · 감정 · 사고 · 기억이 통합된 독립적인 '나'라는 허구를 내면세계의 중심에 쌓아 만드는 것이 필요하다.

단순한 생물학적 성장 과정을 통해서 절대 가상의 '나'가 형성되지는 않는다. 가상의 '나'는 사회적 상호작용을 통해서 형성된다. 곧 사회적 상호작용이 가상의 '나'를 형성하는 중요한 요소이며, 사회적 상호작용을 통해서 "집단 안에서 비로소 '나'라는 개념이 의미를 지니게 된다." 베르너 지퍼와 크리스티안 베버가 《나, 마이크로 코스모스》라는 책에서 한 말이다.[46] 이들은 '나'라는 정체성이 형성되기 위해서는 집단이 중요한 역할을 한다고 지적한다. 실제로 성격심리학과 의식심리학도 우리가 스스로 독립적으로 활동하는 '나'를 느끼는 이유는 다른 사람으로부터 주어지는 특성 때문이라는 사실을 뒷받침한다.[47]

우리가 ("너는 레아고, 나는 엄마야"라며) 아이를 독자적으로 행동하는 주체로 대우하는 말을 해주거나, ("너는 또 무슨 짓을 벌인 거니?"라며) 아이의 행동에 책임을 묻거나, ("참 잘했구나!"라며) 칭찬을 하거나, ("너, 다시 이런 짓을 하면 알지!"라며) 야단을 쳤을 때, 아이는 가상의 '나'를 쌓아 만들어간다. 이런 상호관계로 볼 때, 아이에게 동화를 읽어주거나 영화로 동화를 보여주는 것은 매우 중요하다. 볼프강 프린츠에 따르면, 이런 이야기는 "의지와 행동을 나타내는 단어로 가득 차 있다."[48] 그래서 동화는 특정한 문화의 도덕과 관습, 가치 · 규범의 체계, 신화와 설화 등을 아이의 뇌에 뿌리내리게 한다. 그뿐 아니라 "사람이 무엇이고, 어떻게 기능하고, 그들의 생각이 행동과 어떤 관계가 있는 것인지" 설명해준다.[49] 이러한 문화적 정보는 우리의 뇌 신경 회로에 점차 자리를 잡아서 가상의 '나'를 형성하는 기반이 된다.

자신이 육체의 소유자이자 모든 행동의 독립적 주체라고 상상하는 가상의 '나'는 선천적으로 주어진 것이 아니다. 가상의 '나'는 문화적으로 복제되는 크게 성공한 밈플렉스다. 곧 개인이 성장하는 과정에서 내면화되고 생각 · 행동 · 감정에서 너무나 당연하게 '나'가 실제로 존재한다고 믿을 때까지 세뇌되는 허구적 이야기이다.

영국의 심리학자 수잔 블랙모어는 육체 위에 왕처럼 군림하는 '나'라는 허구를 '궁극의 밈플렉스'라고 표현했다.[50] 이 밈플렉스가 발명되기 전까지 인류는 자신과 세계를 완전히 다른 방식으로 인식했다. 그렇다면 자유롭게 행동하는 '나'라는 밈플렉스는 언제 생겨났을까? 미국의 심리학자 줄리언 제인스는 약 3천 년 전에 생겨났을 것이라는 가설을 제시했다.[51] 오래된 문헌을 살펴보면, '호메로스 시대 이전'의 인류는 외부로부터 조종된다고 느꼈으며, 의사결정을 내려야 할 상황에서는 무엇을 하라고 알려주는 '신의 목소리'를 듣는 것으로 상상했다고 그는 주장했다. 제인스의 주장에 관해 현재까지도 격렬한 논쟁이 벌어지고 있다. 그러나 현대인의 자의식은 인간이라는 종에 그냥 생물학적으로 주어진 형식이 아니라, 문화적 진화 중에서도 비교적 뒤늦게 나타난 인공적인 구조물이라는 사실을 부정하기는 어렵다.

이런 점에서 제인스가 말한 개인의식의 발전과 인간 문화의 발전 사이에 존재하는 유사성은 원칙적으로 옳다고 보아야 한다. 독립된 '나'라는 의식에서는 5만 년 전의 성인이 지금의 7세 아이 수준에도 미치지 못할 것이다. 200년 전에 살았던 사람과 비교해도 지금 우리가 평균적으로 더 복잡한 자아 정체성을 지녔다. 왜 그럴까? 우리가 자신과 다른 사람에 대해 가지는 생각은 심리학자들이 지난 세기에 비로소 새롭게 발전시킨 심리학 밈플렉스에 큰 영향을 받기 때문이다.

무의식 · 조건반사 · 콤플렉스 · 정신적 상처와 같은 개념을 내면의 '나와 세계의 모델'에서 찾아내기 위해 꼭 프로이트나 스키너, 아들러와 같은 심리학자가 될 필요는 없다. 그런 밈과 밈플렉스는 매일같이 사진과 영화, 책과 방송, 신문과 일상적 대화를 통해 우리에게 전달되기 때문이다. 한 편의 텔레비전 연속극에 얼마나 많은 사회과학적 밈플렉스가 흘러나오는지 살펴보는 것도 연구해볼 가치가 있을 것이다. 선정적인 기사를 주로 보도하는 《빌트》에도 그런 밈플렉스가 가득하다. 이를 '지식의 변형 순환'이라고 하는데,[52] 모든 문화영역에 걸쳐 밈의 감염이 끊임없이 진행되는 현상을 말한다. 누구도 밈의 순환에서 벗어날 수 없다. 그래서 지금 우리는 지난 세기의 사람과 전혀 다른 방식으로 세상을 이해하고 경험한다.

당연히 밈으로 바뀐 시각은 우리의 행동에도 영향을 끼친다. 이해를 돕기 위해 하나의 예를 들어보자. 수백 년 동안 부정되어온 것이지만, 여성이 남성과 지적 능력에서 차이가 없다는 사실을 아는 사람은 여성의 대학 입학을 허용하지 않던 과거 교육 분야의 성차별을 더는 받아들이려 하지 않을 것이다.

밈플렉스는 자아의 관념과 행동에 폭넓은 영향을 끼친다. 현대의 여성은 '자녀 · 부엌 · 교회'라는 전통적인 행동양식을 따르거나 남편에게 금전적으로 종속되지 않는다. 그 대신 남녀평등이라는 밈플렉스의 영향을 받아 스스로 삶을 개척하고, 교육 기회를 활용하며, 직장생활을 한다. (이런 변화를 '행동의 자유가 발전한 것'으로 보아야 할지, 다시 매우 현실적이고 새로운 억압에 묶인 것으로 보아야 할지는 일단 논외로 하자.)

우리는 의사결정에 영향을 끼친 밈을 대부분 의식적으로 인지하지 못한다. (광고업계는 이러한 점을 영리하게 이용하고 있다.) 그러나 밈이 의식의 범위 안으로 들어오면, 우리는 그것을 '이유'로 해석한다. 지난 총선 때 왜 A정당을 선택했는지를 물으면, 우리는 A정당이 사회의 정의와 발전을 이루기에 적합한 정당으로 보여서 선택했다고 대답한다. 하지만 투표를 결정할 때, 의식적인 이유와 함께 무의식적인 선호도도 영향을 끼친다는 사실은 이미 어느 정도 밝혀졌다. (어쩌면 A정당의 후보가 다른 정당의 후보보다 그냥 더 친근하게 여겨졌기 때문일지도 모른다.) 우리의 전체 뇌 활동 가운데 99.9%가 우리의 인식과 무관하게 일어나고 있지 않은가? 그렇다고 이유를 의식적으로 인지하는 것이 중요하지 않다는 말은 아니다. 어떤 식으로든 행동에 근본적인 영향을 미치지 않는 이유라면, 뇌가 엄청나게 많은 에너지가 쓰이는 의식적인 근거 찾기와 같은 일을 굳이 하지 않는다는 의미이다.

어느덧 우리는 철학적 논의 중에서 뇌 신경학의 문제에 이르렀다. 보통 철학자는 '원인Ursachen'과 '이유Gründen'를 엄격히 구분하려는 경향이 있다. 이때 철학자는 '원인'을 특정한 결과를 위한 물질적 전제조건으로 이해한다. 정상적으로 작동하는 전자레인지의 전원을 켜는 것은 수프가 끓는 원인이다. '이유'는 행동에 대한 이상적인 전제조건으로 이해한다. 누군가 왜 전자레인지를 켜서 하필 지금 수프를 끓이는지 물으면, 버섯 크림수프를 무척 좋아하는 에르나 아줌마가 곧 집을 방문하는데 그녀를 기쁘게 해주려고 끓인다는 식으로 우리는 어떤 이유를 든다.

원인과 이유의 구분은 얼핏 보면 아무런 문제가 없어 보인다. 그러나 여기에서 한 걸음 더 나아가 이유와 원인이 서로 완전히 다르다고 가정하는 것은 우리가 지금까지 설명해온 모든 주장과 양립할 수 없다. 이른바 '비물질적'인 차원, 곧 순수한 정신적 차원에서 존재하는 이유가 어떻게 (전자레인지를 켜기 위한 팔의 운동과 같은) 물질적 결과를 가져올 수 있단 말인가? 이런 생각 뒤에는 이미 오래전에 잘못된 것으로 밝혀진 육체와 정신 사이의 이분법적 사고가 존재한다.

우리는 단지 '하나'의 논리적인 결론만으로도 이런 (비물질적으로 작용하는 귀신에 대한 믿음과 다르지 않은) 마법 주문 같은 황당한 주장을 논박할 수 있다. 한마디로 정신적인 이유가 어떤 것에 영향을 끼치려면 거기에도 반드시 물질적 원인이 존재해야 한다는 사실이다. 그리고 '이유'를 뭔가 특별한 것으로 만드는 것은 이유와 관련된 뇌신경 양식이 (개인이 인지할 수 없는 뇌 부위가 아니라) 의식 능력이 있는 연합피질 안에 자리 잡고 있기 때문이다.

이제 이 특별함을 우리에게 적용해보자. 생물학적 · 문화적 진화는 왜 어떤 밈은 의식이라는 불빛 안에 나타나게 설계하고, 어떤 밈은 무의식의 그림자 속에 남아 있게 '설계'했을까? 이것에 관한 가장 확실한 추론은 어떤 밈을 의식하는 이유가 가상의 '나'를 보존하는 데 필요하기 때문이다. 독립된 것으로 상상된 '나'는 자기가 무엇을 하는 이유와 함께 다른 행동이 아니라 바로 이렇게 행동하는 이유도 알아야 하기 때문이다.

이런 해석이 옳다는 또 하나의 근거는 이렇다. 곧 뇌가 육체적 반응의 원인을 규명할 수 없는 다급한 상황에서는 이해할 수 없는 행동 방식을 어떤 식으로든 가상의 '나'가 이해할 수 있도록 말도 되지 않는 온갖 이유를 갖다 붙인다는 사실이다. 이런 사실은 특히 의사가 뇌 신경검사를 하면서 환자 뇌의 특정 부위에 전기자극을 가하면 환자가 격렬한 감정적 반응을 보이는 것으로도 증명된다.

예컨대 어떤 환자의 왼쪽 전두엽 특정 부위를 자극하자 환자는 폭소를 쏟아냈다. 다마지오는 이렇게 썼다. "폭소는 정말 진짜였다. 관찰자가 전염성이 있다고 말할 정도로 진짜였다. 웃음은 갑자기 터져 나왔다. 환자에게 우스운 것을 보여주거나 이야기해주지도 않았다. 환자 자신도 웃음을 터뜨릴 만한 생각을 하지 않았다. 그런데도 아무런 동기가 없는 상태에서 진짜 웃음이 터져 나왔다."[53] 흥미로운 점은 환자나 뇌가 반응을 해석한 방법이다. "환자는 자신이 웃은 이유가 자극 때문이 아니라 자극에 집중하고 있었기 때문이라고 말했다. 그뿐 아니라 말 그림을 보여주면 환자는 '그 말은 웃겨요'라고 답했다. 가끔은 연구자가 직접 감정이 담긴 자극제 역할을 해야 했다. 그때 환자는 '오, 여러분은 그냥 너무 웃겨요. … 여러분이 그렇게 모여 있는 모습도 웃겨요.'"[54]

가상의 '나'가 가진 환상을 정당화하기 위해서 환자의 뇌는 기분이 좋은 상태에 가장 그럴듯해 보이는 이유를 갖다 붙였다. 그러나 실제로는 완전히 다른 원인 때문이었다. 곧 환자의 좌측 전두엽에 전기자극을 주어 웃음이 나왔다. 사람들이 환자에게 전화번호부를 읽어주더라도 허리를 굽히며 웃음을 터뜨렸을 것이고, 아마 전화번호부가 너무 웃긴다고 나름 합리적인 이유를 갖다 붙였을 것이다. (여기에서 주목해야 할 점은 환자의 반응이 병적인 원인 때문이 아니었다는 사실이다. 우리가 그 환자와 같은 자극을 받았어도 다르게 행동하지 않았을 것이다.)

이로써 가상의 '나'가 스스로 행동하는 주체로 경험하고 판단하려면 이유가 꼭 필요하다는 훌륭한 논거가 생겼다. 하지만 이것이 유기체가 왜 엄청난 물질대사 비용을 무릅쓰면서까지 의식적인 사고를 통해서 타당한 이유와 해명을 찾느냐에 대한 유일한 설명은 아니다. 곧 의식적인 해명은 가상의 '나'에게 왜 다른 행동이 아니라 그렇게 행동해야만 했는가를 설명하기 위해서만 필요한 것이 아니다. 오히려 이유와 해명의 타당성을 찾는 과정을 거쳐야만 복잡한 행동 변화가 가능하다. 의식을 처리하는 용량이 아무리 적고 느리더라도 뇌의 무의식적 처리 과정과 비교하면 큰 장점이 있다. 의식은 뇌의 정보처리 체계가 아직 만족할 만한 해결책을 발견하지 못한 좁은 범위의 문제를 집중적으로 조사할 수 있게 한다.

이러한 [언어로 나타낼 수 있는] 명시적이고 서술적 의식은 단순한 (홀로는 어떤 작용도 하지 못하는) 부수현상에 그치지 않는다. 의식은 "인지나 운동의 측면에서 어렵고 중요한 문제가 새로 발생해서 이를 해결해야 할 때 투입되는 뇌의 특별한 도구"이다.[55] 게르하르트 로트가 강조했듯이, "어떤 사건이나 과제가 새롭고 중요한 것으로 평가될 때만 우리는 의식적인 생각을 하게 된다. 예컨대 새로운 상황 · 대상 · 사건이 발생하거나, 문장의 새로운 의미를 파악하거나, 새로운 운동 능력을 학습하거나, 새롭고 복잡한 내용을 생각 · 기억하거나, 새롭고 복잡한 문장을 발음하거나, 지식에 관한 기억을 애써 끌어내는 일과 관련이 있다고 파악되면 의식이 투입된다. … 앞의 과정을 계속 연습해서 어느 정도 저절로 힘들지 않게 해낼 수 있으면, 의식과 집중에 들어가는 수고가 사라지고 마침내 의식 그 자체만 남게 된다."[56]

의식적 사고의 과정은 비록 전체 뇌 활동량의 0.1% 미만에 지나지 않지만, 우리의 행동을 조정하는 데에는 필수불가결한 요소이다. 우리는 다양한 행동 가능성을 두고 서로 비교하고, 이런저런 관점을 놓고 논리의 근거를 조사하여, 가장 의미 있다고 생각되는 것을 결정한다. 그리고 당연히 최종적으로 선택하는 것은 사고 과정의 출발점에서 선택한 것과 다른 것이 될 수도 있다.[57]

이제 또 하나의 새로운 질문이 던져진다. 의사결정을 바꿀 수 있는 이런 능력이야말로 앞에서 부정했던 것, 곧 우리가 원하는 것을 다르게 원할 수 있는 능력이 있다는 것을 증명하는 것이 아닐까? 모든 뇌 활동의 0.1%에 불과한 의식의 조명 아래에서 발생하는 사고 과정이 '의지의 자유'라는 개념으로 파악되는, 바로 우리가 원하는 것을 다르게 원할 수 있는 능력 아닐까?

많은 철학자의 주장이 정확하게 이런 방향으로 흘러가고 있는 것 같다. 율리안 니다뤼멜린은 이렇게 밝혔다. "우리가 전제해야 하는 자유는 … 판단의 자유, 곧 이론적이고 실용적인 이유를 판단하는 자유이다. … 우리는 어떤 이가 이유를 판단할 능력이 없는 것 같다는 인상을 받으면, 그에게 책임의 일부나 전부를 면제한다. 그러면 우리는 그가 의사결정의 자유가 있다고 믿지 않는다. 자유롭고 합리적이면서 책임 있는 사람에게는 나쁘다고 여겨지는 행동도 그에게는 나쁘다고 여겨지지 않을 것이다."

이런 생각은 가상의 '나'를 뚜렷이 보여주는 것 같지만, 결국에는 이미 앞에서 지적했듯이, 정신적 이유는 물질적 원인과 다르다고 구분하는 이분법적 오류를 나타낼 뿐이다. 우리는 이런 논리에 두 가지 방법으로 반론을 제기할 수 있다. 첫째, 이유가 어떤 것에 영향을 미친다면 그것은 원인이어야 한다. 둘째, 이유가 우리에게 무엇인가 특별하게 보이는 것은 단지 무의식적인 뇌 활동이 이루어지는 곳과 다른 위치에 있는 연합피질에서 신경망이 작동하기 때문이다. 행동 조종의 맥락에서 의식적 사고 과정의 기능을 생각해보면 관념적으로 모호한 개념인 '이유'에 관해 이렇게 간단히 정의할 수 있다. '이유는 주어진 정보를 기초로 당면한 문제를 해결하기 위해 연합피질에서 의식적 가치평가를 내리게 할 정도로 중요하다고 뇌가 인정하는 밈'이다.

이런 정의에 기초해서 보면 우리는 자유로운, 곧 비인과적인 이유를 전혀 고려할 수 없다는 사실이 더욱 명확해진다. 사고나 사고와 연결된 의지가 '자유롭다'고 생각하는 사람은 우리의 사고 과정이 원칙적으로 가상의 '나'를 벗어난 수많은 요소에 의해 결정된다는 사실을 놓치고 있다. 이런 상관관계 안에서 (다양한 지능적 소질을 지닌 하나의 종으로서는 물론이고 개인으로서도) 생물학적으로 주어진 사고 과정의 한계만이 아니라, 문화적 변수의 영향도 고려해야 한다. 그리고 문화적 진화과정에서는 오직 이미 발달한 밈만이 의식 속에서 처리되고 때에 따라 변형될 수 있다. (그러므로 고대 로마의 폭군이 시행한 정책이 인권을 침해했다고 윤리적 분노를 나타내는 것은 의미가 없다. '보편적 인권이라는 밈플렉스'가 훨씬 더 늦은 시기에 발달했는데, 어떻게 인권 사상이 그 시대에 폭군의 행동을 이끌어줄 수 있었겠는가?)

그러나 밈이 이미 문화적으로 성공리에 복제되어 어떤 개인이 그 밈을 알게 되었다고 하더라도, 곧바로 어떤 의사결정을 내려야 할 때 뇌가 그 정보를 대단히 중요하게 간주해서 무조건 의식 처리 장치로 불러들인다는 말은 아니다. 설사 정보를 불러들인다고 하더라도 그 밈이 어떤 방식으로든 행동에 영향을 끼친다는 의미도 절대 아니다. 하나의 밈은 성장 과정에서 뇌에 저장된 수많은 다른 밈과 경쟁 관계에 있을 뿐이다. 그래서 어쩌면 뇌 신경의 회로가 이전에 겪은 특별한 경험 때문에 다른 밈을 필연적으로 더 선호할지도 모른다.

그래서 세계관이 반유대인 밈플렉스에 심각하게 기울어진 나치주의자들은 파괴적 밈플렉스에 지배되어 보편적 인권의 의미를 생각조차 할 수 없었다. 과거에 나치 권력의 적극적 가해자와 동조자로 활동한 사람 가운데 적어도 몇 사람이라도 생각이 전환되기 위해서는 독일의 치명적인 군사적 패배와 뒤이은 폭넓은 계몽운동과 같은 여러 차례의 결정적인 경험이 필요했다. 그러나 잘 알려져 있듯이 많은 확신범에게는 그런 경험조차 아무 소용이 없었다. 일부 나치 추종자는 반유대인 밈플렉스의 광기에 너무 사로잡힌 나머지 마지막까지 나치의 정치적 신앙체계가 지닌 교조에서 빠져나오지 못했다.

“어떤 머리도 절대 혼자서 생각하지 않는다.” 카를하인츠 데슈너는 개인의 생각이 환경에서 주어진 문화적 지침에 (밈플렉스에) 종속된다는 사실을 하나의 문장으로 적절히 나타냈다.[58] 뇌는 닫힌 시스템이 아니라, 넓게 가지를 뻗은 문화적 연결망의 그물코와 같다. 따라서 우리는 이 연결망에 충분히 문화적으로 뿌리내리지 못한 밈이 사고체계 안으로 들어올 수 있는 접합점을 찾지 못하는 것에 놀랄 필요가 없다. 우리는 기껏해야 다른 사람이 우리보다 먼저 생각한 것을 이어서 생각할 수 있을 뿐이다. 그러나 ‘이어서 생각하기’조차도 자유롭거나, 임의적이거나, 근거 없이 나타나지 않는다. ‘이어서 생각하기’는 오히려 우리 자신과 가상의 ‘나’ 사이에 깔린 뇌 신경 양식과 환경 사이에서 일어나는 상호작용의 필연적 결과로 나타난다. 아울러 상호작용은 고도로 복합적이면서도 결정론적인 카오스 체계 안에서 생겨난다.[59]

우리가 ‘생각은 자유롭다’라는 문장의 정당성을 계속 유지하려 한다면, 이 문장을 생각이 원인이고 그 원인도 또 다른 원인에 의해 생겨났다고 주장하는 고전적인 자유의지 개념으로 이해하기보다는 내적인 행동의 자유를 나타낸 것으로 이해해야 한다. 우리는 무엇을 원하는지 생각하는 데 자유롭다. (재클린의 경우처럼) 강박적 사고에 지배되지 않거나 (노인성 치매처럼) 갈수록 의식적 사고행위를 순조롭게 이어가는 데 필요한 인지능력을 잃어버리지 않는 한 그렇다.

그렇다면 '선택 가능의 원칙'은 어떻게 될까? 우리는 의식적 고찰의 결과를 의사결정에 반영해서 앞서 내렸던 것과는 다른 의사결정을 내릴 수 있다고 확인하지 않았던가? 이런 사실이야말로 자유의지라는 가정을 정당화하지 않는가?

절대 그렇지 않다! 선택 가능의 원칙은 결정을 내리는 바로 그 순간에 다른 결정을 내릴 수 있다고 가정하기 때문이다. 하지만 우리는 그와 반대로 의식적 사고에 근거해 '다른' 시점에 '다른' 결정을 내리게 된다고 확인했다. 때에 따라서 어떤 상황에 대해 생각을 한 '다음'에는 우리의 결정이 이유에 대한 의식적 사고 과정 '이전'과는 완전히 다르게 보이기도 한다. 하지만 의식적으로 사고하는 과정에서 원하는 것을 다르게 생각할 수 있다고 해서 선택 가능의 원칙이 옳은 것으로 증명되지는 않는다. 오히려 반대이다. 의식적 사고 이전의 H_1 시점에 우리는 명확하게 X를 선택했고, 의식적 사고 이후의 H_2 시점에는 Y를 선택했기 때문이다.

좀 더 알기 쉽게 설명하기 위해 A의 매력적인 부동산 거래 제안의 사례를 다시 살펴보자. 당신이 정말로 남해에 호화주택을 소유하는 것이 평소의 소원이었다고 가정해보자. "망설이지 마세요. 그렇지 않으면 다른 사람이 기회를 잡습니다"라며 A는 계속해서 최대한 빨리 그 자리에서 결정하라고 재촉하고, (아이스크림 광고를 보고 그렇게 생각하는 사람도 있을 것이므로) 당신은 그의 제안을 그 자리에서 받아들일 정도로 순진하다고 가정해보자. 이런 전제조건에서 당신에게는 그의 제안을 받아들이겠다고 결정하는 것 말고 다른 길은 없다.

그러나 당신은 지금까지의 인생 경험으로 그렇게 순진하지 않다. 그리고 유명 인사를 비롯해 여러 사람이 비슷한 제안을 받고 사기를 당했다는 소리를 어디에선가 들은 기억이 났다. 그래서 당신은 생각할 시간이 필요하다고 말하고, A와 그의 제안을 조사했고, 다행히 인터넷이 발달한 시대라서 빠르게 A에게 사기를 당한 사람을 찾아낼 수 있었다. A가 제안한 호화주택이 사실은 제대로 된 하수시설이나 물 · 전기가 전혀 공급되지 않는, 그야말로 콘크리트로 된 껍데기라는 사실이 밝혀졌다. 이런 정보를 얻은 뒤라면, 자신의 최선을 바라는 당신은 당연히 그 제안을 거절할 수밖에 없다.

의식적 행동 조정 능력은 자유의지와 전혀 상관이 없다. 우리가 생각, 신념, 의견, 기호, 심지어 목표 의식 등을 위해 노력하는 것은 단지 인간 행동의 자유가 지닌 스펙트럼이 어디까지 넓어질 수 있는지를 보여줄 뿐이다. 우리는 당연히 '담배를 피우려는 의지'나 '회의 중에 끝없는 독백을 내뱉을 의지'를 폐기할 수 있다. 그러나 우리가 그런 의지를 폐기하기 위해서는 이미 우리의 의지를 그쪽으로 유도하는 그에 상응하는 의지가 (상응하는 신경망 양식이) 존재해야 한다. 그리고 이렇게 '자기 의지를 변화시키려는 메타 의지'도 다른 모든 의지와 마찬가지로 결정되어 있다.

우리의 의지를 메타 의지의 힘으로 바꾸는 데 성공한다면, 이는 인지 능력의 커다란 성공이다. 그리고 사람들은 이것을 의심의 여지 없이 내적 행동의 자유에 대한 훌륭한 증거로 받아들일 수 있다. (우리는 우리가 원하는 것, 곧 우리의 의지를 변화시키는 일을 해냈다.) 그러나 우리는 이렇게 행복한 경우에도 여전히 자연의 인과법칙에서 벗어난 '자유'를 지닌 것이 아니라, 특정한 결정요인으로부터 해방된 의지를 갖추게 되었을 뿐이다. 아울러 이 의지도 마찬가지로 상응하는 뇌 신경 양식이나 유전적 자질과 밈의 복제로 간접적으로 형성된 결정요인에 따라 정해졌다.

따라서 자유의지란 현실과 전혀 일치하지 않는 허구이다. 그러나 자유의지라는 특별한 허구가 문화적으로 큰 성공을 거뒀다는 사실은 인정해야 한다. 1장에서 다룬 악의 밈플렉스 못지않을 정도의 성공이었다. 악의 밈플렉스와 자유의지 밈플렉스는 많은 공통점이 있다. 악의 밈플렉스와 마찬가지로 자유의지 밈플렉스도 인류 역사에 끔찍한 상처를 남겼다. 그리고 역설적인 결과도 보여주었다. 선과 악의 허구는 합리성에 기초한 윤리적 결정을 방해하지만, 자유의지라는 허구는 인간의 자유가 누릴 공간을 덮어버린다.

여기에서 말하는 '자유의 역설'은 특히 심리분석가이자 사회철학자인 에리히 프롬이 1940년대 초에 쓴 《자유로부터의 도피》라는 책에 잘 나타나 있다.[60] 자유의 역설이 어떤 의미인지 이해하기 위해 1장에서 선과 악의 진부한 위험을 알리기 위해 증인으로 소환한 남자를 다시 증언대에 세워야 한다. 바로 나치 친위대 대위인 아돌프 아이히만이다.

자유로부터의 도피

예루살렘에 수감되어 있던 아이히만은 두 권의 회고록을 쓰면서 남은 시간을 보냈다. 첫 번째에는 《회고록》이라는 간단한 제목을 붙였고, 훨씬 더 긴 분량의 두 번째에는 《우상》이라는 야심에 찬 제목을 붙였다. 1장에서 언급한 자센의 인터뷰와 함께 이 두 권의 회고록은 (물론 아이히만의 말을 모두 믿을 수는 없지만) 그의 내면세계를 들여다볼 수 있는 좋은 단서이다. 회고록은 '대량 학살의 행정관'이었던 아이히만의 생각과 느낌, 행동을 규정했던 괴이한 밈플렉스를 보여준다. 그가 《회고록》에 쓴 서문은 이런 면에서 매우 명쾌하다. 그래서 조금 자세히 인용해 살펴볼 필요가 있다.

"1945년 5월 8일로부터 15년과 하루가 지난 오늘, 나는 1906년 3월 19일 라인란트의 졸링겐에서 새벽 다섯 시에 인간의 형상을 갖추고 지상의 삶을 시작했을 때부터 더듬어보는 작업을 시작한다. … 요람에 있을 때부터 … 순종은 내게 피할 수 없고, 거부해서도 안 되는 절대적인 덕목이었다. … 나는 내 아버지를 절대적인 권위로 인정했고, 안타깝게도 일찍 돌아가신 어머니에게도 똑같이 순종했다. 선생님과 직장 상사에게도 복종했고, 나중에는 군대 상사에게도 복종했다. 잘 알려진 말처럼, 낙타가 바늘구멍을 통과할 수는 있어도, 내게 주어진 명령에 복종하지 않는 것은 있을 수 없는 일이었다. 1945년 5월 8일로부터 15년이 지난 오늘, 나는 이 사실을 알고 있다. 그리고 나는 이러한 인식을 정확히 1945년 5월 8일 즈음에야 가질 수 있었다. 순종하고 명령 · 지시 · 규정 · 지적 등에 지도받고 이끌려서, 내 창조적 사고행위를 최소한으로 줄여서 살았던 내 삶이 매우 편했다는 인식이다. 1945년 5월 8일에 나는 지도자가 없는 나만의 어려운 삶을 살아야 한다는 사실을 깨달았다. 기준을 정해줄 어떤 곳도 없었고, 명령을 내려주는 어떤 자리도 없었고, 어떤 명쾌한 지시도 받을 수 없었기 때문이다. 간단히 말해서 그때까지는 전혀 알지 못했던 삶이 앞에 놓였다. 그것은 내가 잘살아갈 수 있는 삶이 전혀 아니었다. 세상이 무너진 느낌과 정신적 충격, 망연자실한 감정이 잇달아 지나갔다."[61]

에리히 프롬이 1941년에 사회심리학 연구서이자 가장 중요한 저작인 《자유로부터의 도피》를 출간했을 때, 그는 당연히 아이히만의 회고록을 참고할 수 없었다. (회고록은 그로부터 20년 뒤에 쓰였고, 그로부터 또 40년이 지난 뒤에야 출간되었다.) 그러나 아이히만의 회고록은 프롬이 '권위적 성격의 현상과 나치즘의 심리학'에 관해 자신의 책에서 분석한 내용과 소름이 끼칠 정도로 일치한다.

심리분석가이자 사회철학자인 프롬은 나치즘을 사회경제적 · 정치적으로 정의롭지 않은 체제로 보았을 뿐 아니라, 문화적으로 '자유로부터 도피'하면서 나타난 정신병적인 회피 현상으로 보았다. 프롬이 제기한 핵심 주제는 이런 내용이었다. "현대인은 개인주의 이전 사회의 사슬로부터 해방된 뒤에 … 자신의 지성과 감성, 감각을 완전하게 표현하는 방법을 배우지 못했다. … 그래서 인간은 자유의 부담으로부터 도피해서 새롭게 종속과 굴종에 자신을 떠맡길지, 아니면 인간의 유일성과 개성 위에 세워지는 긍정적 자유를 완전히 실현하기 위해 앞으로 나아갈지 선택해야 하는 갈림길에 서게 되었다."[62]

프롬은, 모든 비판을 허용하면서 적어도 원리에서만큼은 긍정적 자유의 실현으로 나아가고 있는 서구적 민주주의가 한쪽을 대표하는 이념형이고, '권위로부터의 도피'를 보편적 이데올로기로 격상하여 자유를 바라는 요구를 극단적으로 제한하는 나치 독재가 다른 한쪽을 대표하는 이념형이라고 말했다.

권위와 복종이라는 밈플렉스로 자유를 억압하려면 당연히 그에 걸맞게 국민에게 자발적 동기를 유발할 수 있는 구조와 권위적인 지배 모델이 존재해야 한다. 불행하게도 당시 독일에는 이러한 것이 특별한 규모로 존재했다. 이를 에리히 프롬보다 더 잘 알고 있는 사람은 없었다.[63] 그는 심리분석가이자 경험적 사회과학자로서 이미 1920년대 말부터 권위주의의 문제를 깊게 다루어왔기 때문이다. 에리히 프롬은 《자유로부터의 도피》에서 나치가 권력을 잡기도 전에 '권위주의적 성격 이론'을 개발했고, 그 이론으로 오늘날까지도 나치 권력과 다른 전체주의적인 지배 형태를 이해하는 데 도움이 되는 모델을 만들어냈다.

권위주의적 성격은 어떻게 특징을 규정할 수 있을까? 프롬은 가학주의적이고 피학주의적 열망의 기묘한 혼합으로 설명한다. 곧 타인을 굴복시키려 하고 동시에 자신도 지배받으려 하는 열망이라는 것이다. 요컨대 권위주의적 사고의 기본 특성은 권력을 향한 의지만이 아니라, 똑같은 정도의 무력감을 향한 의지가 결합한 것이다. 프롬은 이렇게 썼다. "권위주의의 특성은 인간의 자유를 억압하는 생활 조건을 선호한다. 따라서 운명에 복종하는 것을 좋아한다. '운명'을 어떻게 생각하는지는 사회적 지위에 따라 다르다. 어떤 병사의 '운명'은 그가 기꺼이 복종하는 상사의 기분이나 의지에 달렸다. … 피라미드의 최상위에 있는 사람에게도 상황은 기본적으로 다르지 않다. 차이는 사람들이 복종하는 권력의 크기와 범위에 있을 뿐이고 종속감에서는 다르지 않다."[64]

마지막으로 프롬은 아돌프 히틀러가 《나의 투쟁》에서 쓴 글을 인용하며 이렇게 설명했다. "그가 (곧 히틀러가) 복종하는 상위의 힘은 신과 신의 섭리, 곧 역사나 자연법칙의 필연성이었다. 실제로 그에게는 이 모든 개념이 같은 의미였다. 모두가 어쩔 수 없는 강력한 힘을 상징했다. 그의 자서전은 이런 문장으로 시작한다. '운명이 나를 내가 태어난 이곳 브라우나우로 보낸 것은 정말로 행복한 결정이었다.' … 그에게 제1차 세계대전의 패배는 '마땅히 받아야 할 영원한 징벌자의 처벌'이었다. 다른 종족과 섞이는 민족은 '영원한 신의 의지에 어긋나거나', 아니면 그가 다른 부분에서 언급했듯이 '영원한 창조주의 의지를 거스르는 죄를 짓는 것이다.' 그는 독일의 사명이 '우주의 창조주에 의해' 자신에게 내려졌다고 했다. 하늘은 사람 위에 존재하므로 '개탄스러운 현실에서 사람을 속일 수는 있지만, 하늘은 매수할 수 없는 것이 유일한 행운'이라고 말했다."[65]

프롬에 따르면, 이런 표현은 단순히 대중을 유혹하기 위한 수사적 문구가 아니다. 그것은 그동안 살아온 개인의 역사 속에서 히틀러의 성격에 깊이 뿌리내린 '피가학적 열망'을 드러낸 것이다. 그의 권력을 향한 조건 없는 의지와 "지도자가 명령하면 우리는 따른다!"라는 하급자의 무조건적 복종 요구에 대한 정당화는, 많은 부분 히틀러 자신이 '신의 섭리'라는 더 높은 권력의 의지가 실현되는 것을 돕는 사람이라는 허구에서 비롯되었다. 나치 선전기구가 '유대인의 탈을 쓴 악마'라는 밈플렉스보다 훨씬 더 강하게 전달한 이 이데올로기는 그대로 대중에게 전파되었다. 수백만 독일 국민은 비슷한 성격 구조 때문에 그런 이데올로기에 매력과 흥분을 동시에 느꼈다. 그래서 독일 국민은 "자신이 느낀 것을 말해준 … 그 남자의 열렬한 지지자가 되었다."[66]

그러나 나치의 성공은 이데올로기의 효력 때문만은 아니었다. 정치적 행동을 통해서 자신들의 이데올로기가 약속한 것을 실천으로 옮겼기 때문이었다. "그들은 모든 사람이 복종할 수 있는 윗사람과 자신의 권력을 느낄 수 있도록 해주는 아랫사람이 있는 계급구조를 만들었다. 그들은 이 구조의 정점에 있는 남자, 곧 [당시 히틀러의 호칭인] 지도자 위에 모든 사람이 복종해야 할 권력으로 신의 섭리나 역사, 자연법칙 등을 두었다. 나치 이데올로기와 실천력은 이렇게 국민 일부의 성격 구조로부터 솟구친 욕구를 만족시켰다."[67]

권위주의적 특성이 있는 구조의 형성 조건에 관한 질문에 프롬은 '아이의 자연적 종속'과 특정한 조건에서 나타날 수 있는 몇 가지 결과를 제시했다. "아이가 어리면 당연히 부모에 종속되지만, 아이의 자발성이 부모의 종속성에 반드시 제약받지는 않는다. 그러나 부모가 아이의 자발성과 독립을 위한 노력을 억압하는 사회의 대행자로서 역할을 하기 시작하면, 자라나는 아이는 갈수록 스스로 독립할 수 있는 능력을 잃게 된다. 따라서 아이는 마법의 조력자를 찾게 되고, 때로는 부모를 그런 조력자로 생각하게 된다. 나중에 아이는 그런 느낌을 다른 사람, 예를 들어 선생님이나 남편, 심리치료사 등으로 옮겨간다."[68]

아이히만은 부모에게 절대적으로 복종해야 한다고 배웠고, 이 생각은 뇌 신경에 뿌리를 내렸다. 나중에는 선생님과 군대, 직장 상사에게 무조건 복종해야 한다는 원칙에 종속되었다. 아이히만의 성격이 형성되는 과정은 프롬이 권위주의적 특성을 핵심적으로 묘사한 것과 정확하게 일치한다. 나치 정권의 붕괴 이후에 아이히만이 허전함을 느끼고 완전히 방향 감각을 잃은 것도, 그의 '높은 권위'에 극단적으로 복종하려는 욕구라는 맥락에서 보면 당연하다.

사람들은 아이히만이 예루살렘 전범 재판에서 자신이 저지른 행위의 결과에는 의문을 제기하지 않고 단지 명령만 수행했다고 주장하며, 책임의식이 강한 관료주의자의 역할 뒤에 자신을 숨겼다고 비난했다. 그래서 많은 사람은 그것을 아이히만의 기만적인 법적 전술이라고 믿었다. 곧 아이히만이 자신은 생각할 수 없는 '높은 권위'에 조종되는 로봇으로, 전체 체계의 하찮은 톱니바퀴에 지나지 않았다는 것을 법정에서 보여주려 했다고 믿었다. 그러나 불행하게도 아이히만은 자신의 관점에서 진실을 말했다. 그의 가상의 '나'는 '높은 권위'의 지시에서 벗어나자 전혀 방향을 잡지 못하도록 짜여있었다.

아이히만은 나치의 밈플렉스를 너무 강하게 내면화했다. 그래서 그가 나치 정권의 기능인으로서 원할 수밖에 없었던 것 말고 다른 것은 원할 수 없었다. 따라서 그는 수백만 명의 사람을 확실한 죽음으로 몰아넣는 일을 하면서도 억지로 한다고 느끼지 않았다. 오히려 그 일을 '신성한 의무'로 여겼고, 자발적으로 자신의 능력을 최대한 발휘했다.

그는 희생자에 대한 동정심은 전혀 느끼지 못했다. (그것은 연합피질의 사고 판단에 아무런 역할을 하지 못했다.) 그가 업무상 직접 대면해야 했던 것은 사람이 아니라 그저 숫자였을 뿐이다. 자센과 한 인터뷰에서 밝혔듯이, 상사의 지시를 받아 예외적으로 추상적 숫자 뒤에 있는 현실의 고통을 마주했을 때에야 그는 '인간적 감정'과 '나약함'을 드러냈다.

아이히만은 1942년 민스크에서 있었던 일에 특히 충격을 받았다. 《우상》에서 당시의 상황을 이렇게 설명했다. "내가 탄 차가 처형 장소에 도착했을 때, 큰 방 여러 개가 합쳐진 것만큼 커다란 구덩이에서 병사들이 쉬지 않고 총을 쏘았다. 그들은 기관총을 갈겨 댔다. 구덩이로 다가가니 어린아이를 품에 안은 유대인 여성이 보였다. 나는 손을 뻗어 아이를 꺼내려 했으나, 그 순간 총알이 아이의 머리를 때렸다. 운전기사가 내 가죽 외투에 묻은 작은 뇌의 파편을 닦아주었다. 나는 차에 타고는 '베를린'이라고 기사에게 말했다. 나는 독한 술을 물처럼 마셨다. 나는 술을 마셔야 했다. 나를 마취해야 했다. 그리고 나는 내 아이들에 대해서 생각했다. 당시 내게는 두 명의 아이가 있었다. 아울러 나는 삶이 무의미하다고 생각했다. 나는 안정을 찾을 수 없었다. 일할 의욕도 전혀 나지 않았다. 이런 혼돈 속에서도 여전히 뭔가 믿는다는 것은 말로 표현할 수 없을 만큼 힘들었다."[69]

그 일이 아이히만을 혼란스럽게 만들었을지 모르겠으나, 그렇다고 '의무'를 다하는 것까지 막지는 못했다. 오히려 반대였다. 그는 그런 '나약함'의 순간을 극복하려고 온갖 노력을 기울였다. 그리고 자신에게 주어진 과제를 열정적으로, 나아가 가장 효율적으로 수행하려고 노력했다. 그것이 바로 '신'이 요구한 영웅주의였기 때문이다. 아이히만은 신을 나중에 '우상'으로 인식했다.[70]

아이히만이 민스크의 경험을 겪은 지 몇 개월 뒤에, 에리히 프롬은 권위주의적 성격을 드러내는 현상에 관해 이렇게 정확하게 지적했다. "권위주의적 성격의 용기는 근본적으로 운명이나 개인의 대표 내지는 '지도자'가 지시한 것을 견뎌내는 용기이다. 불평하지 않고 고통받는 것이 개인에게는 최고의 덕목이다. 고통을 끝내거나, 아니면 적어도 줄이려 시도하는 것이 용기가 아닌 셈이다. 운명을 바꾸지 않고 순종하는 것이 권위주의적 성격의 영웅주의가 지니는 특성이다."

아이히만의 사고체계 안에는 개인이 어떤 식으로든 '운명의 강력한 작용'에 맞설 수 있다는 생각이 존재하지 않았다. 스스로 자신 위에 존재하는 힘에 조종되는 톱니바퀴일 뿐이라고 생각하며 운명의 힘에 '맞설' 수 없었다. 《우상》에서 그는 이런 생각을 놀라울 정도로 명쾌하게 표현했다. "엔진이 켜지고 회전축이 연결되면, 톱니바퀴는 돌아야 한다. 타이어의 튜브가 터지든, 타이어가 찢어지든, 타이어의 휠이 완전히 망가지든 상관없이, 자동차 운전자가 다른 의미가 되거나, 아니면 자동차가 지옥에 떨어질 때까지 톱니바퀴는 돌아야 한다. 내가 자신을 이런 톱니바퀴로 비유했듯이, 다른 많은 이들도 톱니바퀴와 같았다. 이런 톱니바퀴는 스스로 떨어져 나올 수 없다. 비록 운전자가 더는 정상이 아니라는 사실을 알게 되더라도 그럴 수 없다."[71]

한나 아렌트가 이미 밝혔듯이, 아이히만은 바보도 교육을 받지 못한 사람도 아니었다. 아이히만은 《우상》에서 "자신의 그림자를 실제 세상으로, 실제 세상을 비현실적인 것으로 생각할 것"이라며,[72] 플라톤의 '동굴의 비유'를 적절히 인용하여 자신이 교육받은 사람임을 증명했다.

아이히만은 법정에서만이 아니라 회고록에서도 나치 정권의 죄를 객관적으로 부각하며, 자신이 나치 정권의 범죄에 참여한 사실을 전혀 부정하지 않았고, 유대인 살해를 "인류 역사에서 가장 중대한 범죄"라고 표현했다.[73] 그러면서도 그는 한 개인으로서 자신의 모든 주관적 죄를 부정하는 데 성공했다. 아이히만의 말을 그대로 옮기면, "나는 당시 독일 정권의 명령으로 행해진 유대인 말살 행위를 저지른 것을 후회하고, 그것이 잘못되었다고 생각한다. 하지만 나는 내 그림자를 벗어날 수 없었다. 나는 단지 나보다 더 강력한 힘과 어쩔 수 없는 운명의 손에 쥐어진 하나의 도구였을 뿐"이다.[74]

바로 이러한 이중성이 아이히만 재판의 관찰자와 회고록의 독자를 가장 크게 분노하게 만든 요인이었다. 아이히만이 자신의 죄를 인정하지 않는 모습이 마치 희생자를 다시 조롱하는 것처럼 여겨졌기 때문이다. 대량 학살에 긴밀히 관여한 자가 이렇게 쉽게 책임을 회피하는 모습을 어떻게 용납할 수 있겠는가?

이제 이 책의 논지와 관련해 하나의 두려운 질문이 던져진다. 아이히만이 옳을 수도 있을까? 우리 모두에게 적용되는 것은 아이히만에게도 똑같이 적용되어야 하지 않을까? 당연히 아이히만도 '육체 위에서 작용하는 정신'을 넘어서지 못하고, 그저 뇌 신경에 뿌리내린 가상의 '나'가 필연적으로 원인을 이루는 여러 요인의 복잡한 연결망으로부터 '그와 다르지 않게' 행동할 수밖에 없지 않았겠는가? 끔찍한 의사결정을 내렸을 때, 그는 자신의 뇌가 앞에 놓인 정보를 근거로 가장 의미 있다고 판단한 것을 실천에 옮겼다. 정확하게 바로 그 순간에, 정확히 그런 결정요인에 기초해서, 그런 결정요인에 복종하고 있던 다른 개인과 마찬가지로, 그가 다르게 행동할 가능성은 전혀 없었다. 그래서 우리는 아이히만이 《우상》에서 던진 수사학적 질문을 무척 진지하게 받아들여야 한다. "시간이 지나면 제삼자는 언제나 쉽게 이야기할 수 있다. 그러나 '자신'이 그런 상황에 있었다면 과연 어떻게 행동했을까?"[75]

이런 질문으로 우리의 사고 지평에는 먹구름이 덮인다. 이런 인식에서 어떤 결론이 나올까? 아이히만이 그가 실제로 했던 것과 달리 행동할 수 없었다면 그는 '무죄'이고 처벌받으면 안 된다는 의미가 아닐까? 우리가 자유의지를 부정한 뒤에는 '죄와 책임'이라는 것도 '선과 악'처럼 내용 없는 개념으로 되어버리는 것을 받아들일 수밖에 없을까?

자유의지론을 부정하면서 생기는 중대한 문제는 이것만이 아니다. 자유의지를 부정한다면 아이히만의 숙명론과 마찬가지로 우리는 세상이라는 기계장치 속에 놓인 의지 없는 톱니바퀴로서 '어쩔 수 없는 운명'에 순종해야만 하느냐는 문제와 맞닥뜨린다. 자유의지에서 벗어나는 것은 권위주의적 특성의 하나인 피가학적으로 복종하려는 열망이 승리하게 하는 결과를 가져오지 않을까? 그리고 에리히 프롬이 말한 '긍정적 자유'라는 선택은 어쩌면 현학적 환상이지 않을까?

우리는 다음 장에서 이런 우려가 전혀 근거 없는 것임을 알게 될 것이다. 숙명론은 자유의지와 결별할 때 도출되는 결론에 가깝기는 하지만, 잘못된 것이다. 자유의지를 부정한다고 해서 절대 저절로 자유로부터의 도피를 시작하지 않는다. 오히려 반대이다. '자유의지라는 망상에서 깨어나는 것은 진정한 자유를 강화하는 데 이바지한다.'

이를 이해하기 위해서는 자유와 결정론, 윤리적 원인과 자연적 원인 사이의 관계를 지금까지보다 더 자세히 살펴보아야 한다. 당신의 뇌에 산소와 포도당을 충분히 공급하라. 다음 장에서는 철학 깊숙한 곳으로 들어가게 될 것이다.

03

잘못된 결론

7월 20일에 나를 없애고, 내 업적을 끝내기 위해 바로 1.5미터 옆에서 터진 폭탄으로 신의 의지가 명백해졌다. 나는 이날 전지전능한 신이 나를 보호한 것에서 내게 주어진 사명의 증거를 본다.

– 아돌프 히틀러(1945)[1]

전지전능한 신은 우주와 인류를 홀로 두지 않았다. 수많은 일이 정부의 바람이나 계획과는 다르게 벌어진다. 이런 사실은 더 높은 힘이 작용하고 있으며, 모든 사건이 그분에 의해 결정되어 있음을 알려준다. … 좋든 싫든 … 신의 의지는 모든 것 위에 있다.

– 아마디네자드가 부시에게 보낸 편지(2006)[2]

내가 탄수화물로 이루어진 복잡하고 전지적인 존재일지도 모르겠다. 그러나 나는 삶의 단순함에서 즐거움을 느낀다. … 그러나 여러분의 짝이 꼭 원한다면 큰 소리가 나게 하고, 사진을 찍어라. 그렇지만 제발 콘돔은 사용하라! 정말이다. 단지 고무 쪼가리가 아니더냐. 너희가 함께 그 짓을 하는 것이 좋은 느낌이 아니기를 내가 원했다면, 나는 그것에 가시나 그와 비슷한 것을 붙여 놓았을 것이다.

– 날아다니는 스파게티 괴물의 복음서(2006)[3]

모든 것이 운명이라고?

끝까지 무죄를 주장하던 사형수는 처형장으로 가며 무슨 생각을 할까? 두려움이나 절망감일까? 아니면 분노나 허탈감일까? 아돌프 아이히만에게 이런 감정을 볼 수 없었다. 한나 아렌트의 말처럼, 그는 "고요하고 의연하게 죽음을 맞이했다. 그는 레드와인 한 병을 요청해서 반을 마셨다. 개신교 목사가 성서를 읽어주려고 하자 그는 거절했다. 앞으로 두 시간밖에 살지 못하는데 '시간을 허비하고 싶지 않다'는 이유였다. 자신은 이미 '죽을 준비가 되어 있다'고도 했다. 감방에서 사형장으로 가는 50m를 그는 등 뒤로 손을 묶인 채 똑바른 자세로 걸어갔다. 교도관이 발을 묶으려 하자 그가 말했다. '그러면 서 있을 수 없다.' 그리고 검은 천으로 된 눈가리개를 건네자 '아니, 필요 없다'라고 했다. 그는 의연한 자세를 유지했다. 완전히 자신을 통제하는 모습이었다. 그렇다. 그는 자신을 잘 다스렸다. 이는 교수형을 당하기 직전에 했던, 아마도 오래 준비했을 것이 분명한 그의 마지막 유언이 잘 보여준다. '여러분, 우리는 어차피 얼마 뒤 다시 보게 될 것이오. 그것이 모든 사람의 운명이지요. 나는 신을 믿으며 살았고, 신을 믿으며 죽습니다.'"[4]

한나 아렌트는 아이히만이 의식적으로 '나치식의 종교용어'를 사용했는데, 유감스럽게도 그 용어가 '기독교와 죽음 이후의 삶에 대한 믿음을 거부하는 의미'와 관련되어 있다는 사실을 간과했다고 지적했다.[5] 그러나 이것은 한나 아렌트가 착각한 것이다. 아이히만은 죽음 이후에 '하나'가 아니라, 영원한 재탄생의 윤회라는 의미에서 '여러 개'의 삶이 있는 종교적 세계관을 조립해냈기 때문이다.

아이히만에게 이런 세계관은 두 가지 중요한 구실을 했다. 첫째, 죽음을 마주한 두려움을 완화했다. 모든 삶이 언제나 다시 다른 '존재'로 들어가는 것이므로 죽음은 아무것도 아니다. 둘째, 조금이나마 남아 있을지 모를 자기 부정을 완전히 없애주었다. 아이히만에 따르면, '우주적 관점'을 지닐 수 있는 '더 높은 전망대'에서 보면 인간의 형상을 한 존재가 사라진다는 것은 아무 의미도 없다.

아이히만이 자신의 회고록 《우상》에서 펼친 '신비주의적인 숙명론'은 두 가지 측면에서 흥미롭다. 첫째, 관료주의적 지시에 따라 행동했다고 주장한 일차원적인 '행정관료형 범죄자'의 거의 주목되지 않던 모습이 드러나기 때문에 역사적으로 흥미롭다. 둘째, 앞 장에서 언급했던 자유의 역설과 관련해 많은 것을 알려준다는 점에서도 흥미롭다. 특히 아이히만의 사례는 숙명론 이데올로기가 실제의 자유를 덮어버리기도 하지만, '해방하는' 구실도 충분히 할 수 있다는 사실을 잘 보여준다.

아이히만이 교수형을 당하기 직전에 했던 마지막 유언은 자신이 신을 믿는다는 것이었다. 하지만 《우상》에서도 밝혔듯이, 그에게는 "신을 인격화할 능력이 없었다." 그는 "전지전능한 천지창조의 힘, 과거에도 존재했고, 현재에도 존재하며, 미래에도 존재할 그런 '신'을 믿었다."[6] 인간인 그는 단지 "신의 의지와 관용에 따라 존재와 탄생의 흐름 속에서 함께 흘러가는 존재"에 지나지 않았다.[7] 아이히만은 우주에서의 한시적인 삶이 시작과 끝이 있다고 생각했다. 그래서 당시에는 아직 그리 많이 알려지지 않았던 빅뱅 이론을 인용하며 그는 이렇게 썼다. 존재의 형태가 '삶'을 품고 있는 한 "영원한 오고 감, 영원한 죽음과 탄생 사이에 머무르며 어떤 경우에도 죽지 않는다."[8]

이런 생각에서 그는 "사람이 '죽음'을 두려워하는 이유가 뭔지" 알지 못했다. "자연이 원하는 모든 인간의 운명이 끔찍할 리 없다. 사물의 자연적 흐름을 관찰해보면, 자연의 계획안에 우리 인간을 배치한 섭리가 운명적으로 무의미와 고통 속에서만 살도록 결정되어 있을 리 없다."[9] 그래서 아이히만은 "삶이 죽음처럼 허무하다는 사르트르의 시각에 공감할"[10] 수 없었다. 삶도 죽음처럼 "더 높은 존재의 전망대에서 보았을 때는 중요하지 않다."[11] 하지만 "확고한 자연법칙에 따라 살아야 하는 생명체의 완성에 관한 생각은 나를 행복하고 즐겁게 해준다."[12]

아이히만은 계속해서 이렇게 썼다. "유기체의 죽음은 생명체가 발전하는 과정에서 생겨나는 자연법칙에 따른 필연이며, 생명체를 완성하는 데 이바지한다. 죽음은 유기체가 새로운 형태로 변형되는 것일 뿐 다른 어떤 것도 아니다. 그런데 무엇을 두려워하고 걱정해야 한단 말인가? 수천 번에 걸친 수천 개의 죽음은 수천 번에 걸친 수천 개의 서로 다른 형태를 띤 생명으로 나를 이끈다. 그것은 끊임없는 놀이이다."[13]

아이히만은 자신이 여러 해에 걸쳐 이룬 새로운 세계상이 평정심과 즐거움을 가져다주었다고 인정했다. "모든 어둠이 사라지고 나는 행복했다. … 그리고 나는 섭리의 흐름 속에서 나의 소임을 깨달았다. 그것은 나를 소소한 일상의 사건에서 거리를 두게 했고, 어제까지 나를 힘들게 했던 모든 것을 없애주었다. 그것은 참된 자유를 가져다주었다. 이렇게 인식하자, 아무도 내게서 내면적인 평정심을 앗아갈 수 없다는 사실을 깨달았다."[14]

아울러 아이히만은 이전까지 자신을 규정했던 '민족적 이기주의'에서는 더는 얻을 것이 없다고 밝혔다.[15] 이는 "새롭게 쌓은 인식의 당연한 결론으로, '내 민족'이라고 불리는 작은 영역을 둘러싼 피 튀기는 싸움은 이제 완전히 무의미해졌기 때문이다. 민족이라는 편협한 사고와 집착은 나를 직접적으로 방해하는 짐이 되었다. 상호 불신과 다른 이 위에 올라서려는 지배욕, 사람을 가치와 계급으로 구분하는 행위 등은 이제 낡은 쓰레기가 되어 버려졌다."[16]

《우상》의 첫 쪽부터 아이히만은 '사건이 일어난 시간의 간격'과 함께 '과거에 옳은 것으로 여긴 많은 것'이 자신에게는 이제 옳지 않은 것이

되었고, 과거에 침해할 수 없는 것으로 여긴 '세계관의 가치'가 갈수록 점점 더 쓰레기가 되어 버려졌다고 밝혔다.[17] 그는 '인류 역사에서 가장 폭력적이었던 죽음의 춤'[18]을 묘사하려 했던 660쪽이 넘는 회고록을 자신이 만든 새롭고 신비한 종교에 대한 '신앙고백'으로 마무리했다. "나는 최상의 질서가 나를 잠깐 동안 인간이라는 존재 형태로 '지명'할 때까지 무려 50억 년을 기다려야 했다. 그 사이 내가 인간의 형태로 존재했던 적이 있었는지는 알 수 없다. 그리고 앞으로 있을 영겁의 시간 동안 다시 '지명'될지도 알 수 없다. … 하지만 내가 확실히 아는 한 가지는, 현재의 생명이 형태를 잃은 뒤에는 무수히 많은 차례에 걸쳐 유기체나 비유기체의 형태를 지닌 '존재'의 한 조각으로 시공을 떠다닐 것이라는 사실이다. … 단지 '제국'이라는 편협한 민족적 틀에 사로잡혀 생각했던 나는 얼마나 어리석었던가. … 즐거움을 느끼고 그것을 나눠주는 것만이 지상에 존재하는 동안 인간이 수행해야 할 진정한 과제이다. 다른 모든 것은 큰 의미가 없다. 헛되고 또 헛되기만 할 뿐이다."[19]

아돌프 아이히만이 삶의 마지막 몇 달 동안 정말로 나치즘의 '우상'과 '민족 이데올로기'에서 벗어났을 수도 있다. 그의 이러한 '새로운 태도'가 재판관이나 세상 사람들이 나중에라도 자신의 처지를 이해해 주기를 바라며 했던 전술적인 행동에 지나지 않은지, 아니면 정말로 자신이 쓴 내용을 믿었는지는 판단하기 어렵다. 하지만 의심스러운 상황에서는 피고인의 편에서 판단하라는 원칙에 따르더라도, 아이히만의 주요한 관점은 여전히 권위주의적 사고에서 벗어나지 못했다는 점을 놓쳐서는 안 된다. 그는 더는 '지도자'의 명령 아래에 있지 않았으나, 그 대신 운명의 '최상의 질서'에 '지명'되었다고 믿었다. '섭리의 흐름'에 맞추어서 해야 할 '역할'이 그에게는 '더 높은 곳', 곧 '존재의 최고 관리

기관'으로부터 '내려온 명령'처럼 여겨졌다. 행동하는 개인으로서 자유롭다는 생각, 곧 어떤 '더 높은 곳에서 내려온 명령'에서 벗어나 자신의 삶을 결정할 수 있다는 생각은 그가 상상할 수 있는 범위 밖에 있었다.

이러한 숙명론적 시각이 아이히만에게 커다란 심리적 안정감을 가져다주고, 그가 평정심을 지닌 채 죽음을 맞이할 수 있게 해준 이유는 무엇일까? 에리히 프롬의 용어를 사용해서 설명하자면, 아이히만은 그와 같은 시각의 도움으로 '자유의 부담'에서 해방될 수 있었기 때문이다. 이를 이해하려면 먼저 자유를 부담으로 느낀다는 것이 무슨 뜻인지를 이해할 수 있어야 할 것이다.

자유의 부담은 분명히 행동의 자유와 아무 관련도 없다. 누구든 심지어 아이히만조차도 원하는 대로 행동할 수 있다는 것을 부담으로 느끼지는 않는다. 부담으로 느끼는 자유는 실제로는 전혀 존재하지 않거나 가상의 밈플렉스 형태로만 효력을 발휘할 수 있는 자유, 곧 의지의 자유뿐이다. 예컨대 자유의지라는 엉뚱한 전제에서 생겨나 개인을 심리적으로 억누르는 도덕적 부담과 같은 것이다. ("마침내 내가 원하는 것을 할 수 있다!"라는 식으로) 행동의 자유가 행복하다고 해석되는 것과 다르게, ("스스로 책임을 지는 개인으로서 내가 잘못된 것을 원하거나, 실패하거나, 다른 사람이 나와 내 무능을 부정적으로 평가하면 어떻게 하지?"라는 식으로) 이른바 외부 요소로부터 독립된 자유의지가 만들어내는 요구사항이 가하는 심리적 압박은 큰 부담이 될 수 있다. 그래서 극단적일 때 인간은 이러한 심리적 부담을 떠안으면서 정글 같은 삶에서 자신만의 길을 찾기보다는 미치광이 독재자의 뒤를 따르기를 선호하기도 한다.

요컨대 자유의지라는 가정, 곧 개인이 자연의 법칙을 뛰어넘을 수 있다는 억지스러운 가정은 의지를 무력감으로 이끌고, 정치 지도자나 신,

운명 등과 같은 더 높은 권위에 자신의 결정에 대한 책임을 떠넘기려는 노력으로 나아가게 한다. 그렇게 하면 자기가 마땅히 책임을 져야 한다는 요구에서 벗어나 실수할 수 있다는 개인의 심리적 부담을 덜 수 있을 뿐 아니라, 자신에 대한 회의감도 줄일 수 있기 때문이다. 그러면 '우리'라는 느낌이 강해져 지배적인 집단 이데올로기를 중심으로 결집할 수 있는 최선의 환경이 조성된다.

따라서 수많은 밈플렉스가 무력감을 향한 의지를 핵심 구성요소로 한다는 사실에 놀랄 필요가 없다. 무조건 복종을 요구하는 것은 "지도자가 명령하면 우리는 따른다!"라는 나치즘과 같은 정치 이데올로기에서만이 아니라, "신의 뜻이 하늘에서와 같이 땅에서도 이루어지이다"라는 기독교나, 낱말 자체가 이미 '복종'이라는 뜻인 이슬람과 같은 전통적인 신앙체계에서도 대부분 발견된다. 그렇다고 보통의 '기독교도'나 '무슬림'의 의지가 모두 복종으로만 향하고 있지는 않다. 계몽된 기독교도와 계몽된 무슬림도 당연히 존재한다. 그러나 계몽적 밈플렉스가 신자 사이에 강하게 뿌리내릴수록 무조건 복종을 요구하는 밈플렉스는 약해진다.

'신의 의지'를 따르는 복종이 기독교 문화에서 어떤 의미인지는 오푸스데이의 설립자인 호세마리아 에스크리바의 글을 보면 알 수 있다. 약식 절차를 거쳐 성인으로 인증된 에스크리바는 자유에서 권위주의로의 도피를 '거룩한 길'이라고 단정했다. 그는 자신의 제자에게 이렇게 조언했다. "왜 그런지, 왜 그런 일을 해야 하는지 묻지 말고, 예술가의 손에 들린 도구처럼 순종하라. 너희에게 좋지 않은 것, 신의 이름에 걸맞지 않은 어떤 과제도 부여되지 않을 것임을 확신하라. … 순종하라. … 그것이야말로 확실한 길이다. 윗사람에게 조건 없는 믿음을 가지고 순종하는 것이 … 거룩한 길이다. 순종은 사도로서 가야 할 … 유일한 길이다. 신의 섭리 안에는 이 길밖에 없다. 순종하라. 그렇지 않으면 떠나야 할 것이다."[20]

과거와 달리, 현재 우리가 사는 세상처럼 태어날 때부터 대부분 사회적인 삶의 행보가 정해지지 않은 시대에는 이러한 순종 이데올로기가 큰 매력을 지니는 것 같다. 이런 이데올로기는 '불확실성의 바다에서 보호받을 수 있는 섬'[21]을 제공하고, 버팀목과 방향을 제시해주며, 수많은 행동 가능성을 감당하지 못하고 자신이 저지를 '실수'를 두려워하는 개인의 부담을 덜어주는 장점이 있기 때문이다.

그러나 계몽적인 자유의 개념에 익숙해진 사람에게는 개인이 더 잘 복종할 수 있기 위해 자신의 자유를 사용한다는 태도가 무척 혼란스럽게 여겨질 것이다. 이렇게 자발적으로 자신을 옭아매는 태도는 오푸스 데이의 구성원에게서만이 아니라,[22] 자유로운 사회에서 스스로 알라를 향한 복종의 표시로 머리에 베일을 쓰는 모습에서도 찾아볼 수 있다. 때로는 상대적으로 진보적으로 보이는 무슬림 여성이 (신이 그렇게 바라는) 남성이 여성을 지배하는 것을 지지하는 태도를 보이기도 한다. 이런 태도는 모순되게 행동하는 개인이 자신은 절대 모순된다고 받아들이지 않는다는 사실을 알아야 이해할 수 있다. 문화적인 이유로 가부장적인 교리에 순종하는 무슬림 여성은 행동의 자유라는 의미에서는 자신이 매우 자유롭다고 느낀다. 어쨌든 그녀는 자신이 원하는 대로 할 수 있기 때문이다.

무슬림 여성의 의지가 순종 밈플렉스에 얽매인다는 사실, 다시 말해 그녀의 행동 자유가 권위주의적 구속이라는 틀 안에서만 나타난다는 사실은 그녀가 느낄 수 있는 주관적 감정의 범위를 벗어난다. 우리가 그녀에게 이슬람의 권위주의적 밈플렉스에 순종하지 못하게 하고, 그 대신 '더 높은 권위'에 종속되지 않은 개인으로서 자유롭고 스스로 책임지는 삶을 살라고 끊임없이 요구한다고 가정해보자. 그러면 그녀는 이를 권위주의적 구속이자 자신의 행동 자유를 심각하게 제약하는 것으로 받아들일 것이다.

자유가 무엇을 의미하는지에 대한 논쟁은 매우 복잡하다. 우리가 생각하는 자유라는 개념과 자유에 대한 느낌은 우리의 뇌를 지배하는 밈플렉스와 관련된 상대적 개념으로만 이해할 수 있기 때문이다. 하지만 이러한 자유의 상대성에서 반드시 도덕적 상대주의가 이끌려 나오는 것은 아니다. 도덕적 상대주의는 '자유'를 완전히 임의적인 개념으로 만들어 전체주의의 악선전에도 이용될 수 있게 한다. 이에 관해서는 뒤에서 더 자세히 살펴볼 것이다. 실제로 계몽주의적인 자유의 개념을 확고히 해야 할 뿐 아니라, 복종으로의 자유를 '자유에 대한 적대적인' 것으로 비판해야 할 정당한 이유가 존재하기 때문이다.

그렇다면 '계몽주의적인 자유의 개념'이란 무엇일까? 계몽주의의 전통에서는 개인의 자유를 매우 다양한 행동 가능성 가운데 개인에게 가장 큰 이익을 가져다주는 것을 자율적으로, 곧 스스로 결정할 수 있는 능력으로 이해한다. 이런 관점에서 자유는 ('부정적 자유'라고 하는) 결정의 자율성을 제한하는 권위에서 벗어나는 것만이 아니라, ('긍정적 자유'라고 하는) 개인으로서 합리적이고 자율적인 의사결정을 내릴 수 있는 것까지 포함한다.[23] 아울러 이러한 긍정적 의미의 자유를 누리려면 세 가지 전제조건이 충족되어야 한다.

첫째, 구체적으로 어떤 상황에서 어떤 다양한 행동 가능성이 존재하는지 알 수 있어야 한다. 이때 행동 가능성의 다양성이 클수록 이성적이고 자유로운 결정을 내릴 기회도 더 커진다. 어차피 하나의 선택만 할 수 있다면, 결정의 자유는 큰 제약을 받게 된다. (이런 의미에서 '현실의 사회주의'에서 있었던 정치선거 행사는 '자유 선거'라고 할 수 없다.)

둘째, 자신에게 가장 의미 있는 대안을 인식할 수 있도록 여러 개의 행동 가능성이 가져올 결과를 저마다 판단할 수 있어야 한다. 문제 해결의 여러 방식은 나와 다른 사람의 다양한 비용 · 효용 · 효과와 연결된다. 이러한 모든 것을 합리적으로 판단할 수 있으려면, 뇌에 필요한 정보가 있어야 할 뿐 아니라, 그 정보를 목적 의식적으로 처리할 수 있어야 한다.

셋째, 선호하는 행동 가능성을 실현할 수단을 지닐 수 있어야 한다. 충분히 연습해야 전문적인 악기 연주자가 될 수 있다는 사실을 아는 것은 좋은 일이다. 하지만 경제적으로 궁핍하거나 주변 환경이 대체로 음악을 혐오하는 분위기라서 악기를 가질 수 없다면, 이러한 지식은 큰 도움이 되지 못한다. (실제로 엄격한 신자인 오사마 빈 라덴은 텔레비전 뉴스가 시작할 때 가족이 '음악의 퇴폐적 영향'을 받지 않게 하려고 소리를 꺼버렸다고 한다.)[24]

이런 관점에서 보았을 때, 숙명론 이데올로기가 우리의 자유를 위협하는 것이 맞을까? 쉽게 이해하기 위해 수천 년 동안 다른 어느 곳보다 숙명론적 밈플렉스가 뚜렷이 지배적이었던 인도 문화를 살펴보자. 인도 사회는 전통적으로 4개의 (산스크리트어로 계급 · 신분 · 피부색을 뜻하는) 바르나로 나뉘어 있다. 계급의 상층부에는 성직자와 학자인 브라만과 전사 · 귀족 · 고위 관리인 크샤트리아가 있다. 그리고 그 아래에 평민 · 상인 · 자작농 · 농부인 바이샤와, 수공업자 · 소작농 · 날품팔이인 수드라가 있다. 사회 피라미드의 맨 밑에는 이른바 불가촉천민이 존재

한다. 이들은 가장 낮은 계층의 사람조차도 '부정'을 타지 않으려고 접촉하지 않는 사람들이다.[25]

계몽주의의 관점에서 보았을 때, 이런 인도의 카스트 제도가 지닌 문제는 인간을 차별하는 계급사회라는 사실에만 있지 않다. 더 큰 문제는 하나의 카스트에서 태어난 개인이 사회적으로 더 높은 카스트로 올라갈 가능성이 전혀 없다는 것이다. 우리가 이해하는 자유와 정의는 사회의 계층이동에 관한 사상과 밀접히 연결되어 있다. 출생에 따라 사회에서의 신분이 결정되는 봉건적 규칙을 극복한 것이야말로 시민사회의 가장 커다란 역사적 업적으로 꼽힌다. 그래서 우리는 우리의 정의감에 너무나 중요한 기회균등의 원칙이 사회에 충분히 뿌리내리지 못했다는 사실을 경험적 연구로 확인하게 되면 무척 크게 분노한다.[26]

하지만 유럽과는 달리 인도에서는 지난 수백 년 동안 사회적 불평등을 낳는 체제가 분노를 불러일으키지 않았다. 이는 무엇보다 숙명론적 밈플렉스 때문이었는데, 특히 인도 종교에 뿌리박힌 '윤회'를 뜻하는 사마라와 '법'을 뜻하는 다르마, '업'을 뜻하는 카르마라는 사상이 큰 영향을 끼쳤다. 힌두교의 교리에 따르면 모든 사람은 저마다 다르마를 지닌다. 자신에게 부여된 카스트에 걸맞은 의무가 있다는 뜻이다. 이런 의무가 어떻게 충족되었는지에 따라 그의 행동은 좋거나 나쁜 카르마로 쌓인다. 그래서 현재나 다음 생의 행동 주체에 영향을 끼친다.

개인이 이런 밈플렉스를 내면화하면, 자신에게 주어진 것으로 여기는 다르마에 따르는 것을 행동의 자유로 받아들인다. 그래서 상위의 카스트가 지닌 특권을 지향하지 않는다. 그런 행동은 나쁜 카르마를 쌓아서 다음 생에서 더 높은 카스트로 태어날 기회를 얻는 데 나쁜 영향을 끼칠 수 있기 때문이다. 현재의 열악한 생활환경도 전생에서 저지른 잘못 때문에 쌓인 카르마의 작용으로 주어진 것으로 받아들인다. 이렇게 여러 차례의 생에 걸쳐 쌓인 '우주의 정의'가 지금 이곳에 존재하는 현실의 부정의에 정당성을 부여하는 구실을 한다.

오늘날 인도 사회는 이런 숙명론적 밈플렉스의 족쇄에서 벗어나려는 노력을 기울이고 있다. 인도가 앞으로 국제사회에서 주된 역할을 맡으려면 이런 밈플렉스가 허락하는 것보다 훨씬 더 큰 경제적 · 문화적 동력이 필요하기 때문이다. 하지만 서구 사회에 사는 우리는 1970년대부터 이러한 사고방식의 영향력이 꾸준히 커지는 현상을 겪고 있다.[27]

신비주의적인 종교 간행물에서 제아무리 이쁘게 꾸며도, 이러한 숙명론적 밈플렉스는 얼핏 보이는 것처럼 그렇게 해가 없지 않다. 이 밈플렉스의 유해성은 정치 현실에 구체적으로 적용될 때 명확히 드러난다. 윤회론을 믿는 수많은 사람은 나치 수용소나 세계 곳곳의 빈곤 지역에 사는 사람의 고통을 전생의 부정한 행위 때문에 생긴 필연적 결과로 본다. 이런 생각은 숙명론 밈플렉스에서는 충분히 논리적이다. 사례가 수없이 많지만, 두 가지만 살펴보자. 신비주의 종교론 작가이자 '전생 치료사'라고 칭하는 트루츠 하르도는 "20세기 초반에 물병자리 시대의 시작에 맞추어 수많은 사람이 업보를 치르기 위해 유대인으로 환생해서 지상의 새로운 삶을 찾아왔다"라고 했다.[28] 나아가 그는 "지상에 있는 개인에게 발생하는 모든 일에는 언제나 의미가 있으며, 그런 차원에서 정당하다"라고도 했다.[29] 이른바 '긍정적 사고'의 효과에 관한 책이 100만 부 이상이나 팔린 베스트셀러 작가이자 유명한 밀교주의자인 에르하르트 프라이타크도 오스트리아방송의 어느 대담 프로그램에서 비슷한 주장을 했다. 그는 나치 강제수용소의 가스실에서 희생된 600만 명의 사람은 전생의 죄업을 갚은 것이며, 나치는 기본적으로 그

들이 '악업'을 벗을 수 있게 도움을 주었을 뿐이라고 말했다.[30]

이런 식의 논리는 아이히만이 《우상》에서 펼친 신비주의적 숙명론보다도 그를 훨씬 더 편안하고 기쁘게 해주었을 것이다. 하지만 감방에 갇혀 있던 아돌프 아이히만도 이렇게까지 멀리 나아가지는 못했다. (어쩌면 아이히만도 속으로는 이렇게 생각했으나, 차마 글로 표현할 용기가 없었던 것은 아닐까? '전지전능한 질서'가 섭리의 흐름 안에 있는 그에게 어떤 '역할'을 부여했다는 표현을 이런 식으로 해석할 수 있을 것이다.)

대량 학살을 주도한 관료를 '영적 탄생의 도우미'로 만들 정도로 뇌를 흐리게 만드는 밈플렉스가 자유와 정의를 지향하는 계몽주의적 이성과 양립할 수 없다는 사실은 분명하다. 계몽주의와 인도주의의 정신을 지닌 사람에게는 이러한 숙명론을 '비윤리적'이라고 거부할 만한 훌륭한 근거가 있다.

그러나 이런 '윤리적 거부'가 반드시 숙명론이 경험적으로 틀렸다는 결론으로 이끌지는 않는다. 우리의 윤리적 지향에 어긋나서 거부했지만, 나중에 '진실'로 밝혀지는 예도 많다. 숙명론도 그런 예에 속할까? 아니면 숙명론을 허구로 증명해줄 철학적 · 과학적 논거가 있을까?

숙명론의 저편

"2001년 9월 10일 저녁에 펠릭스 산체스는 세계무역센터 남쪽 타워에 있는 자신의 사무실을 정리했다. 그날 그는 메릴린치 투자은행에 사표를 냈다. 부모의 나라인 도미니카공화국 사람들에게 투자를 자문하며 돈을 벌기 위해서였다. 독립하겠다는 꿈은 다음날 그의 생명을 구했다. … 정확히 10주 뒤에 그는 고향으로 향했다. 하지만 11월 12일 아침 산토도밍고로 가던 아메리칸항공 587호 비행기는 이륙하자마자 뉴욕의 퀸스 지역에 추락했고, 살아남은 승객은 없었다.

비행기에 탔던 258명 중에는 식당 종업원이던 힐다 마이어도 있었다. 납치당한 두 대의 비행기가 고층빌딩으로 날아들던 9월 11일 오전에 그녀는 세계무역센터 건물 1층의 식당에서 일하고 있었으나, 그날의 지옥에서 도망쳐 나올 수 있었다. 그녀도 산토도밍고로 가던 사고 비행기에서 사망했다. 비행기가 덮친 곳은 소방대원들이 많이 사는 지역이었다. 비행기 잔해가 9월 11일에 구조작업을 벌이다 사망한 이들의 부모가 사는 집 마당 위로 돌진했다."[31]

펠릭스 산체스와 힐다 마이어의 비극적인 이야기는 과학 저술가인 슈테판 클라인이 쓴《우연의 법칙》에 등장한다. 이 이야기는 인기를 끈 공포영화 〈파이널 데스티네이션〉 시리즈를 떠올리게 한다. 이 영화는 '예지력' 때문에 재앙을 피하지만, 죽음이라는 운명이 결정된 사람들은 어떻게든 죽음을 맞이하게 된다는 내용이다. 산체스와 마이어에게도 마찬가지의 운명이 적용되었을까? 그들은 애당초 2001년 뉴욕에서 폭발한 비행기와 연관되어 죽어야 할 운명으로 결정되어 있었을까? 그들은 9월 11일에 이미 죽은 자의 명부에 올라 있었을까? '운명'이 그들을 10주 늦게 찾아왔을 뿐일까?

진짜 그렇게 생각하는 사람도 있다. 그러나 산체스와 마이어가 9월 11일의 테러 공격에서 다행스럽게 살아났지만, 몇 주 뒤에 (뉴욕이라는) 같은 도시에서 (비행기라는) 비교적 비슷한 환경에서 죽음을 맞이한 것은 단순한 우연일 뿐이다. 슈테판 클라인의 말처럼 우연은 근본적으로 '우리의 삶을 결정하는' 힘이지만, 우리는 우연을 그러한 것으로 받아들이기를 무척 어려워한다. 우리의 뇌는 순전히 우연일 뿐인 일련의 사건에 더 깊은 의미를 부여해서 상관관계를 만들어내려는 유혹에 쉽게 빠져들게 설계된 것 같다. 파울 바츨라비크가 말한 '미신에 빠진 쥐'와 별로 다르지 않은 의미에서[32] 우리는 자신의 행동에서 어떤 목적에 순종하고 있다는 의미를 찾으려 한다. 그래서 순전히 우연일 뿐인, 그래서 아무런 의미가 없는 현상을 의미와 목적이라는 범주 안으로 넣으려는 모습을 보인다.

우연은 의미의 범주와 불가피하게 모순된 관계 있다. 그러나 많은 사람이 주장하는 것과 달리 필연과 무조건 모순 관계에 있지는 않다. '우연'은 보통 여러 인과관계가 기대하지도 의도하지도 않은 방식으로 잇달아 나타나는 것을 말한다.[33] 예컨대 당신이 아침에 빵을 사러 가는 길에 기와가 머리 위로 떨어진다면 그것은 매우 유감스러운 우연이다. 그리고 머리와 기와의 고통스러운 만남은 분명히 보편적 인과율에 어긋나지 않는다. 당신이 하필 그때 빵집의 낡은 지붕 아래에 서 있었다는 사실에도, 기와가 그때 지붕에서 떨어졌다는 사실에도, 모두 명확한 원인이 있다. 아울러 당신의 뇌진탕은 원인에 의해 발생했다는 점에서 필연적이다. 하지만 아무도 그럴 의도가 없었거나 예측할 수 없었기 때문에 그것은 우연이기도 하다.

우연한 사건이 예측할 수 없는 성질을 지니는 것은 아침에 벌어진 재난이든 아니면 완전히 다른 사건이든, 모든 사건에는 수백만 가지에 이르는 완전히 다른 작용 요인이 관련되어 있기 때문이다. 미국의 물리학자이자 아인슈타인의 제자인 데이비드 봄은 에이브러햄 링컨 총격 사건을 예로 들어 이를 설명했다.[34] 링컨의 죽음은 [다양한 현상을 기본적인 하나의 원리나 요인으로 설명하려는] 환원주의의 관점에서 보면 존 윌크스 부스의 총에서 나온 총알이 원인이라고 할 수 있다. 하지만 실제로 거기에는 총의 발명을 이끈 모든 요소, 나아가 인간이 손에 총을 쥘 수 있게 한 모든 진화의 힘과 같은 요소도 관련이 있다.

내가 지금 이 순간 정확히 이 낱말을 쓰고 있다는 사소한 사실조차도 시간상으로는 우주의 탄생부터 방금 끝마친 휴식까지 믿기 어려울 만큼이나 복합적인 인과관계의 결과이다. 이러한 인과관계에는 6500만 년 전에 지구에 떨어져 공룡의 멸종과 포유류의 등장에 영향을 끼친 소행성은 물론이고, 로마제국의 멸망과 나폴레옹이나 비스마르크의 통치, 내 인생에서 발생했던 수많은 작은 우연들, 나아가 그런 우연과 절대 떼어놓고 생각할 수 없는 다른 수많은 사람의 삶도 포함되어 있다.

이렇게 우리를 에워싼 결정론적이고 혼란스러운 인과관계의 망은 무척 불안정하다. 그래서 어쩌면 2500년 전에 어떤 그리스 농부가 어느 날 15분 늦게 일어났다면 당신이나 내가 존재하지 못했을 수도 있다. (늦잠을 자는 바람에 그는 아내가 될 여자를 만나지 못했고, 그녀와의 사이에 자녀를 두지 못했고, 수많은 다른 사람들의 삶에 영향을 끼치지도 못했다고 생각해보라.) 이처럼 때에 따라서는 이미 오래전에 잊힌 어떤 사람의 삶에 나타난 아주 미세한 변화만으로도 세계 역사가 크게 바뀔 수 있다. 그 영향으로 히틀러, 스탈린, 간디, 아인슈타인과 같은 사람이 생겨나지 않거나, 이런 이상한 문제에 매달린 미하엘 슈미트잘로몬과 같은 이가 태어나지 않았을 수도 있다.

이런 점에서 앞서 비판했던 카르마에 관한 신앙, 곧 인과관계가 오랜 시간에 걸쳐 전개된다는 믿음은 충분히 나름의 합리적 핵심을 갖추었다. 실제로 밀교 문헌이 나타내듯이 "모든 것은 모든 것과 연관되어 있다." 그러나 그들이 자주 가정하듯이, 세계의 결정론적이고 혼란스러운 인과관계에 어떤 감추어진 의미는 없다. 이 점에서 숙명론자들은 원인과 목적을 혼동하는 목적 원인론의 오류에 빠진다. 어떤 X라는 현상이 앞에 일어난 Y라는 원인 때문에 발생했을 수 있다. 그러나 단지 그런 이유만으로 X가 존재할 수 있기 위해 Y가 앞서 발생했다는 결론을 끌어낼 수는 없다. 앞에서 말한 고대 그리스의 농부를 예로 들어 이런 관계를 더 분명히 살펴보자. 그 농부가 아주 오래전에 적절한 시간에 잠자리에서 일어났기 때문에, 당신이 지금 이 책을 손에 쥐고 있을 가능성은 충분히 있다. 그러나 당신이 지금 이 문장을 읽을 수 있게 하려는 이유에서 그 농부가 2500년 전에 15분 더 자는 것을 포기하지 않았다는 것은 분명하다.

원인과 목적에 대한 목적원인론적 혼동은 폭넓게 퍼져 있다. 신의 창조를 믿는 창조론자들에 따르면, 인간이 존재할 수 있는 이유는 우주의 기본 상수가 처음부터 그렇게 될 수밖에 없게 설계되어 있었기 때문이다. 그들은 (물리학자들이 '우주 상수의 미세조정'이라고 부르는)[35] 이런 사실로부터 인간이 언젠가는 존재할 수밖에 없게 태초부터 지적 설계자에 의해 결정되어 있었다는 사실을 끌어낼 수 있다고 한다. 주관하는 설계자가 계획적으로 시간이 시작되는 순간부터 우리의 모든 존재를 의도했다는 믿음은 목적원인론적 오류의 기반 위에 서 있는 많은 사람에게는 그럴듯해 보이는 것 같다. 그러나 우리가 그동안 우주와 지구에서 나타난 생명체의 진화에 관해 알게 된 지식에 따르면, 그것은 어떤 것과도 비교할 수 없을 만큼 어처구니없는 생각이다.

만약 그렇다면 이런 사실들을 어떻게 설명할 수 있을까? 어떤 전지전능한 창조자가 "먼저 엄청나게 다양한 종류의 공룡을 창조한 다음에, 거대한 소행성을 지구에 떨어지게 해서 공룡을 다시 멸종시켜서, 이른바 최고의 피조물이라고 하는 호모사피엔스사피엔스가 나타날 자리를 마련했단 말인가?"[36] 이런 신이 있다면 그것은 지적 설계자가 아니라 터무니없는 무개념의 정수일 것이다. "어떤 설계가 필요한 그래픽디자인 회사나 자동차 기업, 의류회사나 사람이라 하더라도 조금이라도 이성이 있다면, 이런 식으로 비용에 비해 터무니없는 성과를 내는 설계자를 고용하지는 않을 것"이기 때문이다.[37]

이런 황당한 밈플렉스에 현혹되지 않는다면 우리가 관찰하는 우주는 정확히 "어떤 계획이나 목적, 선과 악이라는 의도가 없이, 단지 맹목적이고 냉정한 무관심이라는 특성"[38]만 지닌다는 사실을 알게 된다. 리처드 도킨스의 말처럼 우연과 필연에 지배되는 우주에서 "어떤 사람은 위기에 놓이고, 어떤 사람은 행운을 얻기도 한다. 그러나 그 배후에서 어떤 의미와 이성, 정의를 찾을 수는 없다."[39] 당신이 복권 1등에 당첨되었거나, 잃어버렸다고 생각한 지갑을 찾았거나, 비행기가 추락했거나, 당신의 자녀가 백혈병에 걸렸다고 해도 그 배후에 어떤 '더 높은 의미를 지닌 의지'는 없다. 진짜 터무니없는 창조자라면 또 모르겠다. 그러나 누가 정신적으로 대단히 미쳤거나 우주의 창조를 단지 하찮은 장난으로 생각하는 신을 진지하게 믿겠는가?

우리가 알고 있는 모든 지식에 따르면, 우주는 미리 정해진 계획이나 더 높은 의지에 따르지 않는다. 우주는 의미에서 자유로운 우연과 필연의 상호작용으로 작동된다. 이런 점에서 우리가 아이히만에게서 보았던 전통적인 숙명론뿐 아니라, 원인과 결과를 혼동해서 '더 높은 의미'를 인식했다고 믿는 모든 숙명론은 오류임이 충분히 확인된다.

그러나 이렇게 오류라고 증명하는 것만으로 우리를 결정짓는 인과관계의 사슬에 옥죄이는 불쾌한 느낌에서 벗어날 수 있을까? 우리가 우연과 필연의 장난감에 지나지 않는다는 대안적 이론도 앞의 이론보다 충격이 덜하지 않다는 사실을 인정해야 한다. 우리는 정말로 시간의 흐름 속에서 미리 설계된 대로 행동할 수밖에 없게 정해져 있는, 복잡하게 이루어진 기계에 지나지 않는 것일까? 만약 그렇다면, 모든 우연과 필연을 계산에 넣을 능력을 지닌 어떤 뛰어난 지적 설계자가 당신이 지금 이 순간 이 문장을 읽게 되리라고 우주가 시작했을 때부터 미리 계산했을 수도 있지 않을까? 이런 가상의 지적 존재가 당신이 정확히 5년 4개월 6시간 35분 25.75초 뒤에 어떤 행동을 할지도 미리 알고 있었을까? 만약 정말로 그렇다면, (자유의지가 존재하지 않는다면) 우리의 미래는 이미 오래전에 확정되었고, 우리는 어차피 아무것도 더는 변화시킬 수 없는 삶을 그냥 살아갈 뿐이지 않을까?

아니다! 이런 또 다른 숙명론도 절대 자유의지에서 벗어날 수 없다![40] 이런 연결 관계를 주장하는 사람은 생명체의 세계와 비생명체의 세계를 가르는 근본적인 차이를 놓친다. 이런 점에서 라메트리가 사용한 '인간 기계'[41]라는 비유는 부작용을 낳았다.[42]

그렇다면 '인간 기계'라는 표현이 왜 잘못됐을까? 그것은 사소한 것처럼 여겨질 수도 있겠으나, 인간은 자유의지라는 가정을 걷어낸 뒤에도 기계가 아니라 생명체이기 때문이다. 생명체는 기계나 바위, 산이나 책상과 같은 비생명체와는 완전히 다른 하나의 원칙으로 구분된다. 바로 자기 이익의 원칙이다. 인간과 기계의 차이는 인간만이 '자유의지'를 가지고 있다는 데 있지 않다. 인간이 어떤 '의지'를 가지고 있다는 그 자체에 있다. 1장에서도 살펴보았듯이, 생명체는 '이해관계'를 지닌다. 그래서 이로운 자극을 찾고 불편한 자극을 피한다. (로봇도 시스템에 해를 끼칠 수 있는 특정한 자극을 피하도록 설계할 수는 있다. 하지만 이러한 전략은 로봇에게 어떤 '의미'도 가져다주지 않는다. 설계된 것이 아니라, 로봇

자신이 욕구와 감정 등의 진정한 이기적 이해관계로 조종되지 않는 한 아무런 의미도 없기 때문이다.)[43]

그렇다면 자기 이익의 원칙은 우주의 시작부터 지금 우리가 어떻게 생각하고 느끼고 행동할지 결정되어 있었다는 숙명론과 무슨 차이가 있을까? 답은 이렇다. 자기 이익의 체계는 자체적으로 예측할 수 없다. 쉽게 이해하기 위해 이런 장면을 상상해보자. 어떤 건물의 3층에 서서 창문 밖으로 몸을 내밀어 건물 앞에 있는 커다란 나무의 가지를 지나쳐 돌을 떨어뜨리려고 한다. 만약 당신이 출발점의 조건을 정확히 안다면 돌이 떨어지는 궤적을 정확히 계산할 수 있을 것이다. 이제 돌이 아니라, 당신이 키우는 고양이를 떨어뜨린다고 상상해보자. (절대 상상만 해야지 실행해보려 해서는 안 된다.) 출발점의 조건을 정확히 안다고 해도, 당신은 고양이가 떨어지는 동안에 어떻게 행동할 것인지는 계산할 수 없다. 돌과 다르게 당신의 고양이는 자신이 놓인 상황에서 최선의 결과를 얻으려고 시도할 것이고, 나뭇가지를 어떻게든 붙잡아 땅바닥에 세게 부딪치는 사태를 피하려 할 것이다. 당신이 이러한 시도를 여러 번 되풀이한다면 그때마다 서로 다른 결과를 얻게 될 것이다. 돌은 정확히 똑같은 조건에서 똑같은 방식으로 떨어지지만, 고양이는 학습을 한다. 그래서 얼마 지나지 않아 당신은 고양이를 건물 3층까지 데려오는 것조차 실패할 것이다.

이러한 사실에서 생명체는 비생명체와 다른 법칙을 따른다는 결론을 끌어낼 수 있다. 생명체를 외부에서 완전히 제어할 수 있는 기계적인 블랙박스 시스템처럼 보는 시각은 명백히 잘못되었다. 모든 생명체는 필연적으로 어떤 상황에서든 자신에게 최선이 되는 결과를 얻으려고 시도한다. 아울러 이와 같은 시도는 비생명체의 세계에서는 전혀 나타날 수 없는 특성, 곧 창의성을 낳는다.

창의성이란 무엇인가? 창의성은 주어진 작용 요소를 다시 조합해서 과거에는 존재하지 않았던 새로운 것을 만들어낼 수 있는 능력을 말한다.[44] 창의성은 존재하는 것을 활용해서 새로운 것을 창조하여 놀랍고 예상하지 못한 것을 만들어낸다. 생명체의 이러한 창조적 특성 때문에, 이론적으로도 원칙적으로도 생명체에 대한 예측은 불가능하다. 따라서 아무리 위대한 우주적 지능이라 할지라도 수백만 년 전에 당시에는 아직 포유류 중에서도 거의 눈에 띄지 않던 하나의 종이 시를 쓰거나, 인공위성으로 통신을 하는 존재로 성장하게 될 것으로 예측할 수 없었을 것이다. 마찬가지로 위대한 지능이 한 살 때의 어린 아돌프 히틀러가 기저귀를 차고 손가락을 빨고 있는 모습을 보았다 해도, 그 아이가 뒷날 수백만에 이르는 사람의 목숨을 빼앗으리라고 예측할 수도 없었을 것이다.

앞에서 말한 이분법적 방법론, 곧 생명체와 비생명체의 이분법으로 육체와 정신을 나누는 낡은 이분법을 대체할 수 있다. 물론 생명체의 영역에도 비생명체의 영역에 적용되는 모든 자연법칙이 적용된다. 다만 생명체 영역에는 자기 이익의 원칙이라는 생명체에게만 적용되는 자연법칙이 추가될 뿐이다. 생명체가 만유인력의 법칙에서 벗어날 수 없듯이, 자기 이익의 원칙이라는 특별한 자연법칙에서도 벗어날 수 없다. 앞서 예를 든 3층에서 떨어지는 고양이에게는 이 두 가지 법칙이 필연적으로 적용되지만, 3층에서 떨어지는 돌에는 만유인력의 법칙만 적용된다.

자기 이익의 원칙이 끝내는 기본적인 물리적 · 화학적 작용으로 밝혀질지 그렇지 않을지는 아직 알 수 없다. 그러나 한 가지만큼은 확실하다. 자기 이익의 원칙이 생겨나면서 우리가 사는 지구의 모든 것이 변했다는 점이다. 왜 그럴까? 이기적인 주체가 창의성을 발휘해야 하는 운명에 놓이게 되면서, 결과적으로 미래가 전혀 세세하게 확정되지 않고 매 순간 계속 새롭게 창조되기 때문이다. 이런 이유에서도 숙명론은 실패할 수밖에 없다. 생명체의 자연법칙이라는 숙명론에 맞서는 강력한 적이 존재하기 때문이다.

여기에서 주의해야 할 점이 있다. 앞에서 말한 생명체의 예측 불가능한 성질을 자유의지론과 혼동하지 말아야 한다. 물론 인간은 어떤 생명체보다 자기를 제어할 수 있는 많은 잠재력을 지니고 있다. 그렇지만 자기 제어의 능력을 아무 근거도 없이 임의로 뭔가 '자유롭게' 할 수 있다는 의미로 해석해서는 안 된다. 자신을 제어하는 '나'는 아무 근거도 없는 임의적인 것이 아니라, 수백만 가지의 원인 요소의 작용으로 이루어진 결과물이기 때문이다. 그뿐 아니라 자기 이익의 원칙에 기초한 자기 제어가 수많은 원인 요소의 연결망 안에 놓이면 개별적 자아는 원인 요소의 단순한 총합 이상이 된다.

요컨대 숙명론은 자유의지에서 벗어날 때 반드시 논리적으로 도달하는 결론이 아니다. 그것은 잘못된 논리적 결론이다. 우리는 자신의 특별한 경험에 근거해서 바랄 수밖에 없는 것만 바랄 수 있다. 이러한 사실은 우리가 자유롭다고 느끼는 중요한 직관, 곧 미래는 열려 있다는 직관과 전혀 모순된 관계에 있지 않다. 오히려 살아 있는 생명체로서, 곧 이익과 고통을 느끼는 존재로서 우리는 매일 창조적 방식으로 문제를 해결해서 사건의 흐름을 꾸준히 새로운 방향으로 이끌어가도록 규정되어 있다.

우리의 의지는 '자유로운' 것이 아니라, 수없이 많은 생물학적 · 문화적 원인 요소에 의해서 규정된다. 이것은 우리가 (아니면 자아를 인식하게 규정하는 우리 뇌의 어떤 부분이) 지금 살아가는 복잡한 세상에서 적응하며 생존하기 위한 전제조건이기도 하다. 이런 원인 요소로부터 분리된다면 우리는 살아갈 수 없다. 우리의 사고와 행동, 느낌을 제어하는 생물학적 · 문화적 프로그램이 없다면 우리는 아무런 의사결정도 할 수 없다. 아울러 진실과 거짓, 윤리적 올바름과 그릇됨 사이에 존재하는 추상적 차이도 구별하지 못한다.

그런데 잠깐! 앞에서 많은 학자가 만일 우리가 자유의지에서 벗어나게 되면 오히려 진실과 거짓, 윤리적 올바름과 그릇됨의 차이가 사라져 버린다고 말하지 않았던가? 얼핏 보기에는 이런 주장이 제법 그럴듯해 보인다. 어쨌든 우리의 사고방식은 우연히 우리의 삶과 마주친 밈플렉스에 크게 영향을 받는다고 보아야 하기 때문이다. 그렇다면 진실과 거짓, 올바름과 그릇됨은 단지 상대적인 (곧 우리에게 주어진 밈플렉스 사이의 관계 안에서만) 의미만 있을 뿐이라는 결론에 도달하지 않을까? 중립적인 시각에서 보았을 때 이러한 가치는 모두 완전히 임의적이지 않을까? 이 책의 주장은 궁극적으로 극단적 상대주의로 흘러서 아이히만과 간디의 차이를 더는 논리적으로 구별할 수 없게 하지 않을까?

그렇지 않다. 뒤에서 살펴보겠지만, '모든 것이 임의적이다'라는 상대주의의 주장은 '모든 것이 운명이다'라고 주장하는 숙명론만큼이나 잘못된 결론이다. 이를 논의하기 전에, 이러한 상대주의가 어떤 결론과 연결되는지를 먼저 살펴볼 필요가 있다. 상대주의의 결과를 사례로 살펴보면, 다시 말해 이슬람 밈플렉스와 계몽적 · 인도주의적 밈플렉스 사이의 대결을 살펴보면, 이 책에서 말하는 자유의 개념을 더 명확히 인식할 수 있기 때문이다.

모든 것이 임의적이다?

미나 아하디는 매우 감동적인 삶의 역정을 보낸 50대 초반의 활동적인 여성이다.[45] 첫인상만으로는 부끄럼을 많이 타는 사람처럼 보이지만, 그녀는 분명히 지금까지 내가 만난 가장 용기 있는 사람이다. 그녀는 이란에서 망명한 뒤 여러 해 동안 헌신적으로 사형제도, 특히 많은 이슬람 국가에서 지금도(!) 여전히 자행되는 돌팔매 처형에 반대하는 투쟁을 벌여왔다. 그녀는 2007년에 세계의 주목을 받는 결정적인 행동을 했다. 2007년 2월 말에 그녀는 터키 출신의 독일 언론인인 아르주 토커와 함께 베를린에 있는 독일연방 회견장에서 전 세계 언론의 카메라와 마이크를 향해 이슬람교를 더는 믿지 않는다고 선언했다. 그리고 기자회견 직전에 설립한 '탈무슬림 중앙위원회'를 소개했다.[46]

어쩌면 그녀들의 행동이 그렇게 크게 주목을 받을 만한 일인가 하는 의문이 생길 수도 있다. 이를 이해하려면 문화적 배경을 미리 알아야 한다. 잘 알려졌듯이, 유럽 문화에는 수백 년에 걸친 치열한 투쟁을 통해서 종교의 자유라는 권리가 자리를 잡았다. 종교의 자유는 행동의 자유처럼 어떤 종교에도 자유롭게 속할 수 있는 권리만이 아니라, 자신이 원한다면 종교로부터 완전히 자유롭게 살 수 있는 권리도 있다는 의미이다. 곧 어려서부터 우연히 부모의 영향을 받은 종교문화에서 벗어날 수 있는 권리이다.[47] 이런 관점에서 미나 아하디의 행동은 너무나 당연했다. 그러나 문제는 이러한 배교 행위가 이슬람교의 전통적인 관점에서는 용납할 수 없는 행동이라는 데 있었다. 심지어 이슬람 교리에 기초한 율법체계인 샤리아에서 그런 행위는 사형시킬 죄에 해당한다.[48]

미나 아하디가 국가에 보장된 '종교의 자유'라는 권리를 사용하자, 그녀는 생명의 위협을 받았다. 실제로 그녀는 종교의 자유와 표현의 자유에 관한 권리를 위해 용기 있게 나서자마자 수많은 살해 위협을 받았다. 이런 분위기는 연방 기자회견장에서 열린 행사에서도 뚜렷이 느낄 수 있었다. 행사장은 위험한 분위기로 가득 차 있었다. 만약 밖에서 소나기가 쏟아져 천둥이 치기라도 하면 그곳에 있던 모든 사람이 본능적으로 바닥에 엎드려 숨을 곳을 찾을 것 같았다.

우리에게 너무나 당연한 것으로 여겨지던 '자유'라는 연약한 식물이 실제로는 얼마나 상처받기 쉽고 보호할 필요가 있는지, 이때만큼 내 의식에 뚜렷이 새겨진 적은 없었다. 한 시간 반에 걸친 미나 아하디의 기자회견은 '의연한 삶'에 대한 감동적인 교훈을 안겨주는 자리였다. 이 행사의 진행을 맡았던 나뿐만 아니라, 그 자리에 참석했던 다른 모든 기자에게도 그러했을 것이다. 이런 사실은 무엇보다 기자회견 막바지에 모든 기자가 중립의 의무가 있는 언론인으로서 평소 해오던 관습과는 달리 박수를 친 것만 보아도 알 수 있다. (어쩌면 이 특별한 기자회견에서 아무런 사고 없이 무사히 살아남았다는 사실이 기뻐서였을지도 모르겠다.)

탈무슬림 중앙위원회가 내건 '우리는 이슬람교를 떠났다'라는 구호는 너무나 위험한 행동이었다. 그들이 의도적으로 이슬람교의 가장 '신성한' 근본원칙을 훼손했기 때문이다. 무슬림을 아버지로 둔 아이는 날 때부터 무슬림이 되도록 정해졌고, 그 원칙은 평생 지켜져야 한다. 이슬람 밈플렉스는 자신의 판단에 따라 세계관을 정할 수 있는 양심의 자유를 개인에게 부여하지 않는다. 어떤 개인이 감히 이러한 자유를 누리려 한다면 전통적인 무슬림의 관점에서는 삶이 잘못된 길로 벗어난 것이다. 모든 사람을 기꺼이 자신들의 종교 공동체에 받아들이지만 아무도 그곳에서 나가지는 못하게 하는 이슬람교의 이러한 일방통행 논리는, 우리의 자유에 대한 본능과 정면으로 부딪치지만 이슬람 밈플렉스의 확산에는 크게 이바지한다.

복제 능력이라는 측면에서 보면 이 밈플렉스는 꽤 영리하게 구성되었다. 예컨대 무슬림 남자에게는 무슬림이 아닌 여성과 결혼하는 것이 허락된다. 그리고 이 부부관계에서 태어난 아이는 자동으로 무슬림이 된다. 그러나 무슬림 여성은 어떤 경우에도 무슬림이 아닌 남자와 결혼할 수 없게 명확히 규정되었다. (이런 부부관계에서 태어난 아이는 무슬림이 저절로 되지 않고, 결국 이슬람 밈플렉스의 확산에 이바지할 수 없다.) 이와 관련해 현재 많은 논쟁이 벌어지고 있는 여성의 〔히잡, 차도르, 부르카 등의〕 베일도 중요한 역할을 한다. 베일은 여성이 남성에게 복종한다는 것을 상징할 뿐 아니라, 무슬림 내부의 결혼 시장에서 여성을 규정하기 위한 훌륭한 도구로 이용되기 때문이다. 베일은 그것을 쓴 여성을 오로지 무슬림 남자만 '소유'할 수 있다는 사실을 알려준다. "결혼 시장에 나온 베일을 쓴 미혼여성은 오직 무슬림 남자에게만 선택받을 수 있다." 이란의 작가 샤도흐트 자반은 이렇게 말했다. "그녀들은 무슬림 남성만을 위해 예약된 상품이다."[49]

이렇게 임의로 선택한 사례에서도 알 수 있듯이, 이슬람 밈플렉스는 거의 완벽하게 고안된 복제 원리를 지녔다. 그러나 어떤 밈플렉스의 확산에 좋은 것이라고 해서, 그것이 그 밈플렉스를 마주하는 개인에게도 꼭 좋다는 의미는 아니다. 그래서 미나 아하디는 이미 여러 해 전부터 이슬람 밈플렉스의 침투와 관련된 위험을 과소평가하지 말라고 경고했다. 유럽의 기독교와 달리 계몽주의의 영향을 받지 못한 이슬람교는 인권 사상과 그 안에 담긴 자유와 평등이라는 가치와 일치하지 않는다고 미나 아하디는 끊임없이 강조한다.

실제로 이슬람 밈플레스와 인도주의 · 계몽주의 밈플렉스 사이에는 무엇보다도 인권 사상을 바라보는 시각에서 엄청난 차이가 존재한다.[50] 계몽적 인도주의는 이성을 통해서 개인에게 자신의 삶을 결정하는 자율적 주체로서 이른바 '진리'라고 하는 주장에 언제나 비판적으로 의문을 품도록 요구한다. 그러나 이슬람교는 개인에게 움마라고 부르는 이슬람 공동체에 복종할 것을 요구한다. 아울러 '신성'하거나 함부로 대하지 말아야 할 것으로 여겨지는《쿠란》의 문구를 무조건 믿으라고 강요한다. 기껏해야《쿠란》의 문구에 대한 해석의 차이 정도만 허용할 뿐, 그것에 대한 진지한 의문이나 비판은 철저히 금지한다. 그리고 이를 어기는 행동은 가혹하게 처벌한다.

이런 모습을 역사적인 관점에서 보면, 이슬람교가 왜 그토록 종교의 자유에 큰 반감을 갖는지 이해할 수 있다. [622년의 헤지라를 원년으로 하는] 이슬람력에 따르면, 지금 우리는 15세기에 살고 있다.[51] 그리고 실제로 종교를 비판하는 것에 대응하는 움마의 행동은 그레고리력으로 15세기에 기독교 공동체가 했던 것과 거의 다르지 않다. 현재의 이슬람 사회가 문화적 진화의 발전에 힘입어 그때와 비교조차 할 수 없는 기술적 잠재력을 손에 쥐고 있다는 점만 다를 뿐이다.

나는 이러한 '비동시성의 동시성'이야말로 오늘날 가장 큰 문제라고 밝힌 적이 있다.[52] 이슬람 성직자가 이끄는 이란 정권의 핵 개발 프로그램에서 볼 수 있듯이, 성숙하지 못한 맹목적 신앙과 매우 발달한 첨단기술이 결합한 '절반의 계몽'은 장기적으로 좋은 결과를 가져올 리 없는 매우 위험한 게임이다. 그러나 위험은 권위주의적이고 역사적으로도 이미 오래전에 도태된 소아병적 세계관을 가진 사람들에게 반과학적 세계관에서는 절대 발전할 수 없는 현대의 첨단기술을 줬다는 것에만 있지 않다. '서구적 자유'를 '퇴폐'와 '신에 대한 경외심 부족'이라며 명확한 표현으로 혐오하는 이들이 너무나 당연하다는 듯이 자신과 다른 사람을 (계몽적 밈플렉스의 관점에서 보면 복종과 똑같은 단어인) '비자유'의 길로 이끌기 위해 현대의 법치국가가 보장하는 모든 자유를 만끽하고 있는데, 이것이 갖는 위험도 절대 과소평가할 수 없다.

개인의 주권을 근본이념으로 하는 현대 민주주의는 법치국가의 자유에 관한 기본적인 합의를 전혀 인정하지 않는 이들을 어떻게 다루어야 하느냐는 곤란한 문제에 맞닥뜨렸다.[53] 자신의 삶을 스스로 결정하려는 여성에게 이른바 '명예살인'을 하겠다고 위협하면서, 자유의 원칙을 말과 행동으로 무시하는 집단에 어떠한 자유를 부여해야 할까? 실행할 권력을 지니면 곧바로 종교의 자유를 폐지하려는 사람들에게도 종교의 자유를 완전히 보장해야 할까?

이런 문제에 관해 공공의 의식을 일깨워준 이들은 미나 아하디, 네즐라 켈렉,[54] 세이란 아테슈,[55] 샤도흐트 자반, 아얀 히르시 알리[56]와 같은 여성 이슬람 비판자들이었다. 이들은 이민자라는 배경을 가지고 있어서 누구도 이들을 '외국인 혐오'를 부추기는 세력이라고 비난할 수 없었다. 이들은 이슬람교에 비판적인 계몽운동을 펼치는 용기 있는 선구자로서 '다문화 사회'의 상처를 뚜렷이 드러냈다. 아울러 현대 법치주의 사회가 큰 착각을 하고 있다는 사실도 밝혔다. 법전에 적혀 있는 것만으로 자유가 실현된다고 여기는 착각이다. 실제로 자유는 사람들이 그 자유를 바랄 때만, 다시 말해서 개인의 자유를 근본 가치로 하는 밈플렉스를 따를 때만 사회적 공간에 존재할 수 있다.

하지만 이슬람 밈플렉스에는 이런 가치가 존재하지 않는다. 특히 독실한 무슬림, 곧 이슬람 밈플렉스에 통제되는 무슬림은 자신의 자유가 복종에 있다는 사실을 인정하는 것 말고는 할 수 있는 일이 없다. 사회의 더 많은 구성원이 이러한 흐름을 따르면 수백 년 동안 힘겹게 쟁취한 자유의 권리도 제한될 것이다. (다행히 아직 서구에 살고 있는 대다수 무슬림은 그렇지 않다. 하지만 최근에 더 많은 이가 종교적 복종을 선호하는 경향이 있다는 사실이 분명히 확인된다.) 벌써 위협적인 퇴보 현상이 나타났다. (예술의 자유를 생각해보라. 어떤 시사 만평가가 이슬람 신앙을 풍자적으로 표현할 수 있겠는가?)[57]

미나 아하디나 네즐라 켈렉은 저술한 책에서 이슬람적인 사고방식과 계몽적 · 인도주의적인 사고방식이 충돌하면서 나타나는 문제를 잘 분석했다. 그녀들은 비판을 이슬람 밈플렉스를 확산하려고 노력하는 로비스트에게만 절대 한정하지 않았다. 그녀들은 서구 사회의 많은 이들이 자신의 가치, 곧 인도주의와 계몽주의의 가치를 단호하게 지키려 하지 않아서 그러한 로비스트의 시도가 너무 손쉽게 먹히도록 허용한다는 점도 분명히 비판한다. 특히 그녀들은 서구 사회가 이슬람교를 상대하면서 인권의 보편성을 앞세우는 데 소홀했다는 점에 비판의 초점을 맞추었다. 서구 사회가 문화적 상대주의라는 태도로 후퇴해서 반자유적 사회의 성장에 잘못된 관용을 베푼다는 것이다.

문화적 상대주의가 무슨 뜻일까? 이 개념은 개인과 개인의 권리를 소속된 집단의 특성으로 규정하려는 사고방식을 말한다. 문화적 상대주의 밈플렉스는 미나 아하디가 지나 포크트와 함께 쓴 《나는 배교도가 되었다》라는 책에서 설명한 법정 판결에도 잘 드러난다.

"2007년 초, 프랑크푸르트 가정법원의 여판사는 어떤 이혼소송 신청을 기각했다. 남편의 협박과 폭력에 시달린 모로코 출신의 아내가 제기한 이혼 신청이었다. 하지만 판사는 그녀가 살던 지역의 문화는 남편에게 여성을 '훈육할 권리'가 있다는 이유로 신청을 기각했다. … 2007년

8월에 이탈리아에서도 유럽 한복판에 사는 딸이 이슬람 관습이 아니라 유럽식으로 행동하면 아버지는 딸에게 폭력을 써도 된다는 판결이 나왔다. 볼로냐에서 사는 파티마는 남자친구와 함께 산책하러 갔다. 이 일로 아버지는 그녀를 외출하지 못하도록 의자에 묶어놓았고, 그녀에게 매질할 때만 의자에서 풀어주었다. 딸은 아버지를 고발했다. 1심과 2심에서 아버지는 유죄판결을 받았지만, 대법원에서는 무슬림이라는 이유로 무죄를 선고했다. 판사는 딸이 자유를 향한 갈망 때문에 스스로 죽을 위험에 처한다면, 가족은 때려서라도 그녀를 자신들의 문화의 범위 안에 머물게 강제할 권리가 있다고 판결했다. 대법원 판결이라 더는 이의를 제기할 수도 없었다. 판결이 있은 뒤부터 이탈리아에서는 딸이 서구화되면서 가족의 압박을 버티지 못해 자살할 위험이 있다고만 밝히면, 무슬림은 다문화 사회를 존중한다는 이유로 대법원의 보호를 받으며 아내와 딸을 때릴 수 있었다."[58]

이런 판결을 보면 문화적 상대주의 밈플렉스가 사회에 얼마나 깊숙이 침투했는지 알 수 있다. 네즐라 켈렉은 당연히 이런 판결에 분노했다. "이슬람 국가에서 동성애자가 돌에 맞아 죽어도 분노하는 사람이 거의 없고, 소녀들이 학교 수업에서 배제되어도 문화적 특성이라고 이해하고, 여섯 살짜리 여자아이가 베일을 쓰도록 강요받거나 여성이 노예처럼 다루어져도 아무도 개입하려 않는다."[59]

인도주의자인 이슬람 비판자들은 '다른 문화적 맥락'의 표현이라고 평가되면, 어떤 부당함도 받아들이는 억압적 관용을 단호히 거부한다. 그들은 문화적 상대주의에 맞서 인권의 보편성을 지키자고 호소한다. 그들의 주장에는 훌륭한 근거가 있다. "인권은 그저 서구 민주국가의 계몽된 시민만을 위한 것이 아니기 때문이다." 네즐라 켈렉은 이렇게 명확히 밝힌다. "인권이나 기본권은 나눌 수 없으며, 문화적으로 상대화할 수 없다. 이러한 권리는 계몽된 사회의 근본이고, 어떤 사회적 상황에서도 지켜져야 한다. 그럴 준비가 되지 않은 사람은 계몽주의에 반대하는 이들의 편을 드는 것이나 마찬가지이다."[60]

계몽적이고 인도주의적인 밈플렉스가 주장하는 자유에 충분히 물든 사람은 그녀의 말에 공감할 것이다. 자유는 계몽주의 밈플렉스의 절대적이고 핵심적인 개념이기 때문이다. 문제는 다른 밈플렉스 자체가 아니라, 그 밈플렉스에서 필연적으로 나오는 결론이다. 모든 폭력을 동원해서라도 자신의 딸을 서구적 자유의 퇴폐적인 영향에서 격리하려는 엄격한 무슬림 아버지의 권위는, 그의 사고체계 안에서는 우리의 자유와 마찬가지로 절대 포기할 수 없는 가치이기 때문이다.

그러면 우리는 계몽적 · 인도주의적 사상을 다른 사상과 대립시킬 정당성을 어디에서 찾을 수 있을까? 설령 그것이 허락을 받지 않고 산책을 한 자신의 딸을 두들겨 패는 것이더라도, 무슬림 아버지는 자신이 영향을 받는 밈플렉스에 근거해서 행동할 권리를 갖지 말아야 할까? 우리도 자신이 영향을 받는 밈플렉스에 근거해 행동할 권리가 있지 않은가? 그렇다면 마음에는 들지 않지만, 문화적 상대주의야말로 가장 중립적이고 공정하며 논리적으로도 필연적인 선택사양이지 않을까?

문화적 상대주의의 오류

상대주의를 논리적으로 끝까지 완성한 철학자가 있다면 바로 파울 파이어아벤트일 것이다. 파이어아벤트는 20세기 철학계의 문제아였다. 그는 오페라 가수나 물리학자가 될 수 있을 만큼 여러 방면에 걸쳐

다재다능했다. 아울러 당돌한 주장은 물론이고, 학자와 전혀 어울리지 않는 종잡을 수 없는 생활방식으로 끊임없이 학계에 혼란을 준 최고의 괴짜였다.[61]

파이어아벤트의 학문은 처음에는 경험적 과학을 모든 지식의 기반이라고 생각하는 논리적 경험주의에서 시작되었다. 경험적 연구로 검증할 수 없는 것은 그에게는 논리적 말장난이나 터무니없는 것으로 보였다. 그 뒤 파이어아벤트는 칼 포퍼의 영향을 받아서, 모든 명제는 합리적 기준으로 검증되어야 시행착오를 거쳐 진실에 가까워진다고 생각하는 비판적 합리주의자가 되었다. 그러나 어느 정도 시간이 지나자 그는 이러한 태도에서도 벗어났다. 태도의 변화에는 단지 이론적 사고만이 아니라, 1960년대 미국 학생운동과 히피 운동의 가장 중요한 거점이었던 버클리 대학에서 강의를 하면서 겪은 경험도 한몫했다.

파이어아벤트의 강의에는 정치적 활동가나 의식의 지평을 넓히려는 중산층만이 아니라, 당시 미국에서 차별받던 사회계층인 멕시코인 · 인디언 · 흑인 등도 포함되었다. 파이어아벤트는 나중에 이렇게 썼다. "이러한 사람들에게 무엇을 어떻게 생각해야 하는지 설명하려 했던 나는 누구였을까? 나는 그들이 많은 문제를 안고 있다는 사실을 알면서도 문제가 무엇인지 전혀 알지 못했다. 나는 그들의 이해관계, 감정, 두려움, 희망이 무엇인지 알지 못했다. 그리고 얼마 지나지 않아 내가 그때까지 강의했던 세련된 논거와 멋진 이야기는 어쩌면 꿈일 뿐이고, '합리주의'라는 무기로 나머지 모든 사람을 후려치는 데 성공한 작은 집단이 지닌 허영심이 투영된 것에 지나지 않는다는 사실이 명확해졌다."[62]

그래서 파이어아벤트는 생각이 바뀌어 합리주의를 보편적 사상으로 올려놓은 것을 치명적 오류로 여겼다. 합리주의, 인권사상, 계몽적 자유 이념 등도 전통의 한 종류일 뿐이라고 생각했다. 왜 하필 이런 전통만 특별한 대우를 받아야 하는가? 이런 전통이 정말로 다른 문화적 사상보다 우월한가? 그렇다면 무엇을 기준으로 그리 평가할 수 있는가?

파이어아벤트는 전통을 진실과 거짓, 선과 악, 합리성과 비합리성으로 판단할 때도 전통에 의존할 수밖에 없다는 사실을 명백히 밝혔다. 이미 고전이 된 《자유로운 인간을 위한 인식》이라는 책에서 파이어아벤트는 이렇게 말했다. "전통은 다른 전통과의 관계를 통해서만, 곧 다른 전통의 참여자로서 관찰하고 그 전통의 가치에 근거해서 평가할 때만, 사람들이 자신들의 전통을 원하는지 원하지 않는지 판단할 수 있다."[63] 그는 이런 주장으로부터 다음과 같은 결론을 끌어냈다. "전통은 좋지도 나쁘지도 않다. 단지 존재할 뿐이다. '객관적 관점', 곧 전통으로부터 독립된 관점은 인본주의적 입장과 반유대주의 사이에 어떤 선택도 하지 않는다."[64]

파이어아벤트는 이것을 정치적 요구와 연동하여 이렇게 주장했다. "배경에 어떤 가치관이 있는지와 관계없이 모든 전통에 똑같은 권리를 부여해야 한다. 나아가 교육과 권력의 중심에 접근할 똑같은 기회도 부여해야 한다."[65] 왜냐하면 "다른 전통의 관점에서 관찰할 때만 그 전통의 장단점을 평가할 수 있다. 자유로운 사회의 기반으로서 어떤 전통을 선택한다면 그것은 횡포이기 때문이다."[66]

파이어아벤트는 이런 태도가 더 큰 자유와 문화적 다양성을 확대할 수 있지만, 모든 비인간적 이론도 아무 제한 없이 허용될 수 있다는 사실도 잘 알았다. 그러나 이를 얼마간 불가피한 '자유의 대가'로 받아들였다. 파이어아벤트는 어떤 전통이 다른 전통을 공격하는 것을 공권력으로 막아야 한다고 주장하면서도, 무슬림 남자들의 '훈육권'과 같은 전통 내부의 폭력 사용은 용인해야 한다고 제안했다. "사람들이 위험한 전쟁 게임에서 서로를 학살하는 데 행복을 느낀다면, 그런 쾌락을 즐기게 내버려 두자."[67]

이런 극단적인 상대주의를 어떻게 평가해야 할까? 내가 이 책에서 주장한 바에 따른다면, 파이어아벤트의 분석에 일단 동의할 수밖에 없다. 당연히 우리가 내리는 판단은 우리에게 각인된 밈플렉스나 전통의 맥락에서만 이해할 수 있다. 미나 아하디가 이슬람 세계에서 나타나는 여성의 베일을 비판할 때, 그녀의 판단은 계몽적이고 인도주의적인 밈플렉스에 근거해 있다. 거꾸로 여성의 베일을 옹호하는 독실한 무슬림은 이슬람의 밈플렉스를 따른다. 그러므로 전통이나 밈플렉스에서 독립된 객관적 가치판단은 원칙적으로 가능하지 않다는 주장은 분명히 옳다.

하지만 그렇다고 모든 전통에 사회적 권력의 중심에 접근할 수 있도록 똑같은 기회를 부여해야 한다는 파이어아벤트의 주장을 따라야 할까? 정말로 우리는 독실한 무슬림이 이른바 훈육권을 실천하거나, 성서에 충실한 기독교인이 학교에서 썩어빠진 진화론을 가르친다는 이유로 자녀의 등교를 막는 행동을 받아들여야만 할까?

그렇지는 않다. 파이어아벤트의 상대주의에는 논리적으로 치명적인 모순이 있다. 어떤 전통이든 절대적으로 유효하다는 주장을 뒷받침하려면, 먼저 자신의 상대주의적 전통이 절대적으로 유효하다는 사실이 전제되어야 한다. "모든 것은 상대적이다"라는 문장은 자세히 살펴보면 ('상대주의는 상대적이다'라는 식으로) 자기 자신에게만 유효함을 주장하는 상대주의적 주장이 아니라, '모든 이'에게 유용함을 주장하는 보편주의적 주장이다. 우리가 파이어아벤트의 분석을 그의 이론에 적용해 보면, 그의 상대주의도 결국에는 수많은 밈플렉스 가운데 특별한 하나의 밈플렉스에 지나지 않는다는 사실을 알 수 있다. 그렇다면 왜 하필이면 이 밈플렉스가 여러 전통의 관계를 규정해야 할까? 이슬람 밈플렉스나 계몽적 · 인도주의적 밈플렉스도 똑같은 권리를 주장할 수 있다. 따라서 논리적으로 보면, 첫인상과는 달리 상대주의가 계몽주의나 인도주의보다 절대 우월한 지위를 차지하지 못한다.

밈플렉스에 근거하지 않은 객관적 판단기준이 존재하지 않으므로, 우리의 전통에 근거하여 다른 전통을 비판할 때는 매우 주의해야 한다는 주장은 당연히 옳다. 그러나 비판을 포기해야 한다는 객관적 근거는 존재하지 않는다. 파이어아벤트는 노년에 접어들면서 스스로 자신의 이론을 철회했다.[68] 자세히 들여다보면, 그의 이론은 인권의 보편성을 주장하는 사상을 반박하는데 데 적합하지 않다. 오히려 그 반대이다. 곧 그의 이론이야말로 인권의 보편성을 주장하는 사상을 강화하는 것이 왜 필요한지를 이해하는 데 도움이 된다.

인권을 중시하는 인도주의 밈플렉스에서 가장 눈에 띄는 점은 어떤 전통에 속해 있는지와 무관하게 모든 개인에게는 인권이 있다고 보는 것이다. 인도주의 밈플렉스는 얼핏 사소해 보이는 것을 가장 우선으로 여긴다. 곧 인간은 기독교도, 무슬림, 불교도, 무신론자, 마르크스주의자, 신자유주의자이기 이전에 특정한 생물학적 종의 일원이라는 점을 가장 우선시한다. 윌리엄 셰익스피어는 이 점을 이미 400년 전에 《베니스의 상인》에 나오는 샤일록의 유명한 독백을 통해 이렇게 나타냈다. "나는 유대인이다. 유대인은 눈이 없는가? 유대인은 손이나 발, 도구, 감각, 취미, 욕망이 없는가? 유대인은 기독교도와 다른 음식을 먹고, 다른 무기로 상처를 입고, 다른 병에 걸리고, 다른 약으로 치료되는가? 그리고 겨울과 여름에 추위와 더위를 타지 않는가? 그대들이 우리를 찌르면 우리는 피를 흘리지 않는가? 우리에게 간지럼을 태우면 우리는 웃지 않는가? 우리에게 독을 먹이면 우리는 죽지 않는가?"[69]

문화적 밈플렉스가 우리를 얼마나 서로 분리할지는 몰라도, 인간이라는 특성은 우리를 서로 연결한다. 우리에게는 모두 숨을 쉬기 위한 깨끗한 공기가 필요하고, 신진대사를 유지하기 위한 음식이 필요하다. 누군가 상처를 입으면 우리는 모두 고통을 느끼고, 오랫동안 바라던 소망이 이루어지면 기쁨을 느낀다. 우리는 모두 웃고, 울고, 사랑하고, 소망하고, 슬퍼한다. 요컨대 우리는 모두 이익과 고통을 안다. 바로 이 때문에 상대주의는 구체적인 삶에서 실패할 수밖에 없다. 어떤 가치와 규범이 인간의 공생을 규정하는지는 절대 임의적이지 않기 때문이다.

"어떤 것이든 가능하다"라는 파이어아벤트의 명제는 컴퓨터 프로그램이라면 적용할 수 있지만, 피와 살로 이루어진 인간에게는 절대 적용할 수 없다. 이익과 고통을 느끼는 존재인 우리에게는 다른 사람에게 발생하는 일도 절대 우리와 무관하지 않다. 마찬가지로 다른 규범을 세우는 것도 우리와 아무 관계가 없지는 않다.

다른 문화적 전통을 빙자하여 자신의 집단 안에서 벌어지는 인권침해를 관대히 대하라는 상대주의의 요구는, 우리가 (독일에서 강제 결혼을 당하고 모든 기본권을 빼앗긴 여성처럼) 인권침해를 당한 사람의 이익과 고통에 신경 쓰지 않는다는 것을 전제로 한다. 상대주의에 기초해 살아간다는 것은 필연적으로 자신의 집단에 대한 공감과 이타적 이기주의를 억눌러야 한다는 뜻이다. 그렇지만 이렇게 내집단과 외집단을 나누는 사고방식이 좋은 결과를 가져온 적이 언제 있었던가? 우리가 1장에서 다루었던 사례를 다시 살펴보면, 내집단과 외집단을 나누는 사고방식에서 비롯된 도덕의 이중성은 오히려 ('악'이 아니라!) 커다란 해악의 뿌리가 되었다.

따라서 계몽적 · 인도주의적 밈플렉스는 인권의 불가침성을 가장 앞에 내세운다. 아울러 (전통이 아니라) 개인을 보호하려 한다. 개인만이 이익과 고통을 느낄 수 있기 때문이다. 전통 · 국가 · 제도는 디엔에이 조각이나 오페라의 아리아와 마찬가지로 '이해관계'를 지니지 않는다.[70] 따라서 종교나 국가 공동체처럼 개인을 초월한 집단이 아니라 개인이 자유나 정의와 같은 가치의 정당성을 부여하고 느껴야 한다.

이런 생각을 우리가 잘 받아들이지 않는 이유는 우리의 뇌가 초기 단계부터 반자유적 밈플렉스에 사로잡혔기 때문이다. 반자유적 밈플렉스는 개인의 이익 · 고통이 사회화된 '신성한 공동체'의 이익 · 고통과 필연적으로 연결된다고 속여왔다. 종교와 국가는 뇌 신경 체계가 없으므로 이익과 고통을 느끼지 못한다. 하지만 종교와 국가는 개인의 뇌 신경 체계와 뇌가 느끼는 이익과 고통을 조작해서, 개인이 집단의 규범에 무조건 복종할 때 개인에게 '자유'가 있는 것처럼 생각하게 만들 힘을 지니고 있다.

이미 살펴보았듯이, 계몽적 · 인도주의적인 시각에서 보면 '복종할 수 있는 자유'는 원래 의미의 자유가 아니다. 오히려 잘못 구성된 세계관의 표현일 뿐이다. 그것은 세상의 사실관계에 들어맞지 않은 잘못된 가정에서 출발한다. 아울러 개인의 이해관계, 특히 자기 집단에 속하지 않는 사람의 이해관계를 충분히 고려하지 않는 행동양식을 나타내도록 충동질한다. 나치주의, 스탈린주의, 이슬람, 기독교 근본주의와 같은 경쟁적 밈플렉스는 계몽적 · 인도주의적인 관점에서 보면 두 가지 이유로 비판받아야 한다. 하나는 비합리적이기 때문이고, 다른 하나는 비윤리적이기 때문이다.

계몽적 · 인도주의적 밈플렉스는 우리가 진실한 주장이나 거짓된 주장, 윤리적으로 정당하거나 정당하지 못한 행동양식 사이에서 합리적인 추론을 통해 합리적인 결정을 할 수 있다는 사실을 전제한다. 그러나 자유의지론과 선악의 구별을 부정할 때도 그것이 가능할까?

이 문제와 관련해 2장에서 인용했던 게르하르트 카이저의 걱정을 되새겨보자. "의지 없이는 당위도 없다. ('원인에 따른'이 아니라) 이유에 따른 판단과 행동 없이는 올바름과 그릇됨도 없다." 이런 주장을 어떻게 반박해야 할까?

원칙적으로는 매우 간단하다. 우리는 논지를 펼쳐오면서 의지는 물론이고, 판단과 행동도 부정하지 않았다. 단지 '자유로운', 곧 원인이 없는 의지와 판단, 행동을 부정했을 뿐이다. 카이저의 주장은 이유가 정말로 원인과 다를 때에만 옳을 수 있다. 그러나 우리가 이미 살펴보았듯이 그것은 오류이다. 이유가 원인이기 때문이다. 이 두 개념은 인지능력이 있는 연합피질의 신경망 회로 양식과 관련이 있으며, 그것의 상태는 당연히 개인의 행동에 영향을 끼친다.

카이저가 제시한 두 번째 논점은 조금 더 까다롭다. 정말로 "결정론이 옳다는 전제조건에서라면 뇌 연구자들은 이미 뇌 연구를 하기로 결정되어 있었고, 그들은 결정론이 옳다고 생각해서 결정론이 옳다고 주장하는 것이 아니라, 옳다고 생각하도록 결정되어 있었기 때문에 그렇다고 주장하는 것일까?" 그리고 뇌 연구자들은 "인간의 이성을 암흑지대로 이끌어가려고 하는 것은 아닐까?"

이 주장은 우리가 상응하는 밈플렉스의 기반 위에서 어떠한 평가를 하도록 결정되어 있다면, 뭔가 완전히 잘못된 것을 옳다고 판단할 수 있다는 점을 지적하려는 의도이다. 인간의 역사를 잠깐만 살펴보더라도 (아니면 인터넷의 타락 현상을 보더라도) 실제로 이러한 일이 있을 수 있다는 것을 부정할 수는 없다. 분명히 사람들에게 신뢰받지 못하면서도 필요하다면 무력을 사용해서라도 지키도록 해야 한다는 이념처럼 황당한 것은 없다. 그러나 그렇다고 진실과 거짓을 구분하기 위한 합리적 기준이 존재하지 않는다고 결론을 내려도 될까?

우리는 여기에서 옥석을 구분하지 못하는 오류를 범해서는 안 된다. 인간을 비합리적인 결론으로 이끄는 비합리적 밈플렉스가 있다는 사실이 모든 밈플렉스가 비합리적이거나, 우리가 합리적 밈플렉스와 비합리적 밈플렉스를 구분할 수 없다는 의미는 아니다. 밈플렉스에 옥석을 구분할 수 있게 하는 두 개의 핵심 보조도구가 있기 때문이다. 바로 논리와 경험이다.

논리와 경험이라는 기준에 따라, 우리는 하나의 명제를 (잠정적으로) '참'이라고 간주할 수 있다. 논리 기준과 경험 기준을 간단히 설명하면 이렇다.

논리 기준 : 명제의 전제가 논리적으로 올바르게 완결되어야 한다.

전제 1 : 돌고래는 고래이다.
전제 2 : 고래는 포유류이다.
논리적 결론 : 돌고래는 포유류이다.

경험 기준 : 명제는 실제 우리가 관찰한 것과 일치해야 한다.

경험적 확인 1 : 우리는 고래에게 포유류의 특성이 있다고 인지한다.
경험적 확인 2 : 돌고래에게는 고래의 모든 특성이 있다.

위 두 가지 기준이 일치할 때, 그 명제는 참이다. 어떤 명제의 논리적 정확성으로만 진실을 규명하는 기준으로 삼는 것은 충분하지 않다. 전제가 경험적으로 거짓이라면, 그런 전제로부터 논리적으로 정확하게 이끌어진 결론도 거짓이다.

> 정확한 경험적 확인 1 : 돌고래는 고래이다.
> 잘못된 경험적 확인 2 : 고래는 어류이다.
> 논리적으로 정확한 결론이지만 경험적으로 거짓인 결론 : 돌고래는 어류이다.[71]

이처럼 논리와 경험을 이용해서 합리적 밈플렉스와 비합리적 밈플렉스를 정확하게 구분할 수 있다. 그러나 비합리적 밈플렉스, 더 정확하게 말하자면 그러한 밈플렉스에 감염된 개인은 당연히 '마력을 잃을 위험성' 때문에 논리와 경험을 통한 검증을 하지 않는다. 비합리적 밈플렉스는 살아남기 위해 비판에서 벗어나려는 전략을 발전시킨다. 이러한 전략에는 두 가지가 있다. 하나는 비판자의 육체와 생명에 위협을 가하는 협박으로 비판을 막는 것이다. 다른 하나는 원래의 밈플렉스 내용을 현학적으로 모호하게 만드는 것이다. 다시 말해 신학자들을 통해서 어떤 임의의 문장으로부터 명확하게 적혀 있는 내용과는 정반대되는 내용으로 해석하게 하는 것이다.

독일에서 칼 포퍼와 함께 비판적 합리주의의 가장 중요한 대변자로 꼽히는 철학자 한스 알베르트는《비판적 이성에 대한 논고》라는 책에서 이러한 비판 면역 전략에 관해 상세히 밝혔다. 아울러 합리적 세계관과 비합리적 세계관을 구분하기 위해서는 '비판적 검증의 원칙'이 얼마나 중요한지를 강조했다. 밈플렉스의 합리성 정도를 판단하기 위해서는 비판적 검증의 원칙이 가장 믿을 만하다는 것이다. 우리는 알베르

트의 경고를 진지하게 받아들여야 하며, 비판을 회피하려는 밈플렉스는 경계해야 한다.[72]

다시 게하르트 카이저의 주장을 살펴보자. 우리는 결정론을 참이라고 생각하는 뇌 연구자들에게 앞에서 말한 원칙적 의심을 굳이 드러내지 않아도 된다. 뇌 연구자들은 비판을 회피하지 않을 뿐 아니라, 오히려 고도의 비판적 사고를 해야 하는 밈플렉스의 영향을 받는다. 뇌 연구자들은 논리와 경험이라는 강력한 기준을 학문적 작업의 핵심 기준으로 삼기 때문이다. 따라서 뇌 연구자들이 결정론을 참이라고 생각한다면, 임의의 밈플렉스가 아니라 우리의 경험에 기초해 명제의 참과 거짓을 구분할 수 있는 가장 적합한 밈플렉스를 통해서 그렇게 생각한 것이다. 물론 뇌 연구자들도 판단할 때 오류에 빠질 수 있다. 그러나 그들에게는 오류를 확인할 수 있는 논리와 경험이라는 합리적 수단이 있다. 따라서 '이성의 영원한 야간주행'이라고는 말할 수 없다.

그리고 '영원한 야간주행'은 우리의 원초적 이해관계와도 대립한다. 논리와 경험은 우리의 진화과정에서 문제를 해결하는 데 유용한 수단으로 충분히 증명되었기 때문이다. 주어진 목적을 이루는 데 가장 알맞은 수단을 찾는 이성의 역할에 관해서는 가장 경건한 종교 신자들도 인정한다. 논리와 경험의 관점에서는 후진적인 세계관이지만, 종교 신자들도 밈의 확산을 위해 오직 논리와 경험의 기반 위에서만 생겨나는 최신의 과학과 기술을 활용한다. 하지만 종교 신자들은 종교의 전통이 지닌 기본요소, 곧 기도나 '성인'의 기적, '전지전능한 신'의 사랑 가득한 간섭과 같은 종교적 관념에서 절대 벗어나지 않는다. 그들은 한편에서는 냉철한 논리와 경험적 연구의 열매를 누리면서, 다른 한편에서는 논리와 경험의 원칙을 자신들의 세계관 안에서 몰아내려고 애쓴다.

불행하게도 그것이 모순이라는 사실을 인식하는 사람은 거의 없다. 모순을 인식하게 하는 경험이 강제되지 않기 때문이다. '2+2=22'와 같은 잘못된 가정 위에 세워진 다리는 필연적으로 무너지지만, 놀랍게도 말도 안 되는 사상 위에 세워진 세계관은 잘 무너지지 않는다. 그래서 현대의 인공위성 전화와 슈퍼컴퓨터를 보유한 국가가 동성애자를 '신의 이름'으로 교수형에 처하며, '가정을 파괴한 여성'을 돌로 내리쳐서 죽여야 한다는 원시적 광기에 지배되는 사태가 벌어진다.

우리는 국가의 손으로 저질러지는 이러한 살인을 문화적 특수성이라고 관대하게 받아들일 것이 아니라, 인권의 보편성이라는 기반 위에서 범죄로 선포해야 한다는 사실을 이미 살펴보았다. 그렇다면 이러한 주장은 우리가 1장에서 살펴본 선과 악에서 벗어나는 것과 모순되지 않을까? 선과 악의 저편에서는 절대적으로 임의성이 지배적이지 않을까? 심지어 강자의 법이 정의가 아닐까?

이렇게 생각하는 사람은 내 주장을 완전히 잘못 이해했다. 선과 악을 구분하는 도덕적 밈플렉스에서 벗어나더라도 절대 윤리적 원칙에서 벗어나지 않는다. 오히려 반대이다. 우리는 전통적인 선과 악의 도덕주의에서 벗어남으로써 윤리적으로 알맞은 방식으로 행동할 전제조건을 만들어낼 수 있다. 도덕주의는 윤리의 기반이 아니라, 오히려 우리가 윤리적 요구를 내세우는 것을 방해하기 때문이다.

이러한 주장이 역설처럼 들릴 것이다. 일상적인 언어에서는 (심지어 철학자마저도) '윤리Ethik'와 '도덕Moral'이라는 개념이 동의어처럼 쓰이기 때문이다.[73] 그러나 윤리와 도덕을 동의어처럼 사용하면, 윤리와 도덕이라는 서로 다른 행동 규범을 증명하기 위한 서로 다른 이론이 있다는 사실을 덮어버린다. 윤리와 도덕을 뚜렷이 구분하면 두 개념의 차이를 더욱 명확히 인식하는 데 도움이 된다. 사실 우리의 언어 감성에는 이미 윤리와 도덕 사이에 섬세한 경계선이 그어져 있다. (국회에서 '윤리위원회'가 아니라 '도덕위원회'가 소집된다고 상상해보라. 뭔가 찜찜한 느낌이 들지 않겠는가?)

나는 도덕과 윤리의 차이를 이미 《진화론적 인도주의 선언》이라는 책에서 다루었다.[74] 나는 그 책에서 지적한 구별이 매우 중요하다고 생각한다. 그래서 여기에서 다시 기본적인 세 가지 관점을 되풀이해서 밝히려 한다.

첫째, 도덕은 ('페터는 선하고, 파울은 악하다'라는 식으로) 이미 주어진 형이상학적 판단기준에 따른 한 인간의 주관적 가치판단이다. 하지만 윤리는 ('페터는 참여자 모두의 이해관계를 고려했고 공정하게 행동했다. 그러나 파울의 행동은 매우 불공정했다'라는 식으로) 상호 주관적으로 합의한 게임 규칙에 기초한 행위의 객관적 적절성과 관련된 개념이다.

우리가 윤리적으로 논쟁을 하면 이해관계의 갈등에 관해 모든 참여자에게 공정한 해결 방법을 찾으려 시도한다. 그것을 보장하기 위해 우리는 서로 다른 처지를 이해하는 것은 물론이고, 무엇 때문에 갈등이 발생하는지 정확히 알려고 노력한다. 나아가 우리는 잘못된 상황에서 나타나는 이해관계의 충돌을 해소할 수 있는 창의적이고 새로운 해결책을 찾기 위해서 서로 유연해진다.

그러나 도덕 원리는 바로 이러한 유연성을 허용하지 않는다. 도덕 원리는 개인 간에 자유롭게 협상할 수 있는 게임 규칙이 아니라, 초역사적인 정당성을 요구하는 종교에 의해 각인된 밈플렉스이기 때문이다. 게다가 종교가 형이상학적으로 구성한 '선'과 '악'이라는 도덕적 개념은 모호하기 짝이 없다. 그래서 모든 집단은 적을 비난하고 자신을 정당화하기 위해 모호한 도덕 개념을 끝없이 임의로 적용할 수 있다.

도덕적 논쟁은 이해관계가 서로 갈등할 때, 유연하고 창조적인 방식으로 해결책을 찾게 하기보다는 권위적으로 주어진 교조에 얽매이게 하는 단점이 있다. 아울러 개인이나 집단이 피하는 부분을 적에게 투영시켜 잔인한 방법으로 적을 제거하려 한다. 그래서 적을 비인간화하고, 희생양으로 학대하도록 유도한다. 나아가 경직된 흑백논리에 근거해 어떤 사소한 갈등조차도 크게 확대할 수 있는 형이상학적 비합리주의로 우리를 빠뜨린다. 요컨대 윤리적 논쟁은 이해관계에 갈등이 생길 때 공정한 해결책을 편견 없이 찾음으로써 논의를 객관화하지만, 도덕적 논쟁은 때때로 비합리적 입장을 더욱 고정되게 한다.[75]

둘째, 도덕적 논쟁은 개인의 책임능력 여부를 따지기 때문에 필연적으로 자유의지론, 곧 한 개인은 정확히 똑같은 조건에서 실제로 내린 결정과 다르게 결정할 수도 있었다는 가정 위에서 논의를 출발한다. 그러나 (자연주의의) 윤리적 논쟁은 원칙적으로 오직 잠재적이거나 이미 실현된 행위의 객관적 책임만 물으며, 행위자의 주관적 책임에는 관여하지 않는다. 그래서 문제가 있는 (자유의지에 관한) 가정은 포기한다. 히틀러나 스탈린, 콘스탄티누스 대제, 교황 인노켄티우스 3세를 윤리적으로 단죄할 때 그들이 '자유의지'로 자신이 저지른 참혹한 행위를 결정했다고 가정할 필요가 없다. 아울러 ("히틀러, 스탈린과 같은 이들은 주어진 조건에서 자신이 했던 행동과 다르게 행동할 수 없었다"라는 식으로) 범인을 도덕적으로 용서하더라도, 범죄 행위가 윤리적으로 정당화되지는 않는다.

셋째, 윤리적 논쟁은 이해관계에 갈등이 생기면 공정하게 해결하는 것을 목적으로 삼는다. 따라서 적어도 두 사람 이상 서로 이해관계가 충돌할 때 윤리적 논쟁이 의미가 있다. 누구도 자신에게 비윤리적으로 행동할 수 없고, 자신과 굳이 윤리적 논쟁을 할 이유가 없다. 그러나 도덕주의자는 각인된 밈플렉스의 기반 위에서 자신에게도 죄를 지을 수 있으며, 아무에게 해를 끼치지 않아도 어떤 특정한 행동 방식을 근본적으로 비도덕적이라고 주장한다. 윤리적 논쟁과 도덕적 논쟁의 이러한 차이는 인간의 자결권에 관해 매우 다른 결론에 이르게 한다. 가장 명확한 차이는 성과 관련된 영역에서 분명하게 나타난다. 공정과 불공정을 판단기준으로 한 윤리적 관점에서는 타인에게 해가 되지 않는다면, 어떤 사람이 동성애자인지 성적 취향이 무엇인지 전혀 중요하지 않다. 그러나 선과 악을 판단기준으로 한 도덕적 관점에서는 타인에게 전혀 해가 되지 않더라도 그러한 행위를 절대적으로 '혐오스러운' 것으로 규정한다. 그래서 도덕주의자가 권력을 쥐면 그런 행위를 엄격히 금지한다. 오늘날 맹목적 도덕주의자가 권력을 장악한 나라에서 아무 까닭 없이 동성애자가 처형되는 것이 아니다.

이에 관해서는 2부에서 다시 다룰 것이다. 여기에서는 선과 악에서 벗어나는 것이 윤리적 원칙을 포기하는 것이 아니라, 강화한다는 사실을 증명하는 것으로도 충분하다. 윤리적으로 행동한다는 것은 맹목적으로 도덕적 계율이나 금기를 따르는 것이 아니다. 우리의 결정이 어떤 긍정적 · 부정적 결과를 빚을지 거듭 새롭게 평가해야 하는 것을 뜻한다. 그러려면 우리는 맞은편에 서 있는 상대를 '악의 표상'으로 보려는 유혹에서 벗어나야 한다.

사람들이 저지른 행위가 아무리 끔찍하더라도, 아무도 '자유롭지' 않다는 사실을 깨달아야 한다. 어떤 사람도 상응하는 원인이 없다면 '악'을 저지르는 결정을 하지는 않았을 것이라는 사실을 받아들여야 한다.

아이히만도 자신에게 각인된 밈플렉스에 따라 주어진 환경에서 대량 학살에 참여할 것을 결정할 수밖에 없었다. 마찬가지로 자신에게는 너무나 '서구적'으로 보이는 딸을 죽을 때까지 때린 무슬림 아버지도 정확히 바로 그 순간 그 조건에서는 달리 행동할 대안이 없었다. 그런 행동을 저지른 사람들은 '악'한 것이 아니라, 비인간적인 밈플렉스의 포로들이다. 곧 비인간적 밈플렉스가 그들의 뇌에 영향을 끼쳐서 개인의 자유와 사회적 정의라는 가치에 적절한 의미를 부여할 수 없게 했다.

역사상 가장 잔혹한 범죄자라 하더라도, 자연법칙의 효력에서 벗어나 자신이 저지른 행위와 다른 행동을 할 수 없었다는 의미에서는 죄가 없다. 하지만 이런 사실을 인정한다고 해서, 잔혹한 범죄자의 행위를 어떤 방식으로든 너그럽게 받아들이거나 긍정적으로 여기야 한다는 것은 절대 아니다. 이미 살펴보았듯이, 인권의 보편성을 믿을 확고한 이유가 존재한다. 인도주의적인 밈플렉스의 영향을 받는 사람은 어떤 문화에 바탕을 두고 있든 인권침해를 절대 용납하지 않을 것이다.

무죄 패러다임

우리는 아담과 이브에게 두 번째 선악과를 먹게 했다. 첫 번째 선악과를 먹었을 때 그들은 선과 악, 죄와 속죄의 밈플렉스에 복종했다. 하지만 이제 그들은 이러한 도덕적 개념의 헛됨을 인식하고, '무죄 상태'로 돌아왔다. 이 책의 머리말에서 언급한 원죄 증후군은 이제 극복되었다. 이 증후군의 두 가지 기본 원리, 곧 '자유의지'와 '선과 악'이 있던 자리가 '무죄 패러다임'이 내세운 두 가지 명제로 대체되었기 때문이다. 이 두 가지 명제는 이렇게 요약된다.

첫째, 자유의지는 착각이다. 다른 생명체와 마찬가지로 인간도 자연법칙을 뛰어넘을 능력을 지니지 않았다. 따라서 정확히 똑같은 조건에서 실제로 결정했던 것과 다르게 결정할 수 있는 사람은 아무도 없다. '선택 가능의 원칙'은 폐기되어야 한다.

둘째, 선과 악은 현실에서는 적용될 수 없는 도덕적 허구이다. 세상에서 친절함 · 자비 · 사랑은 물론이고, 착취 · 증오 · 잔혹함을 볼 수 있다는 것은 부정할 수 없는 사실이다. 하지만 그것은 모두 진화론적으로도 설명할 수 있는 현상이고, 선 · 악과 같은 형이상학적인 허구로 원인을 돌릴 만한 근거는 없다. 이런 허구가 문화적으로 성공을 거둔 것은 그것이 기본적으로 집단의 안정화, 곧 '외부인'과 경계를 짓는 데 매우 알맞은 도구이기 때문이다. 하지만 이제 우리는 구시대적인 선과 악의 이원론에 계속 얽매이지 말아야 할 문화적 발전단계에 이르렀다. 도덕주의를 폐기하고, 이해관계의 갈등을 공정하고 실용적으로 해결책을 찾는 합리적이고 세속적인 윤리로 그 자리를 채워야 한다.

원죄 증후군의 두 가지 기본 원리에서 벗어나면, 원죄 증후군에서 비롯되어 실제의 삶에 영향을 끼친 결과, 곧 도덕적 죄와 속죄의 원칙도 낡은 것이 되어버린다. 어떤 사람이 구체적 상황에서 오직 자신의 유전적 특성과 삶의 경험에 기초해 바라야 하는 것을 바랄 수밖에 없다면, 그의 의사결정에 도덕적 방식으로 ('착한 아이, 나쁜 아이' 하는 식으로) 책임을 물리는 것은 아무 의미가 없기 때문이다. 그렇다고 우리가 '책임의 원칙'을 포기해야 하는 것은 아니다. 다만 우리는 어떤 행동에 대한 객관적 책임을 묻는 의미 있는 질문과 환상에 갇힌 원죄 콤플렉스에 기초해 행위자의 주관적 책임을 묻는 것을 혼동하지 말아야 한다. 이미 밝혔듯이, "선과 악은 물론이고 원인이 없는 결정도 없다"라며 행위자를 도덕적 용서한다고 해서 ("선과 악의 저편에서는 모든 것이 허락된다"는 식으로) 행위를 윤리적으로 정당화해야 한다는 의미는 절대 아니다.

우리가 이미 살펴보았듯이, 인권사상은 우연과 필연으로 지배되는 모든 세계에 예외 없이 유지될 수 있다. 아울러 자유의지론을 거부하면, 우리에게 너무나 소중한 가치를 지닌 진정한 자유가 사라지는 것은 아닐지 두려워하지 않아도 된다. 우리가 의미 있는 방식으로 이 개념을 사용한다면 자유는 언제나 행동의 자유를 의미하기 때문이다. 우리는 하려는 것을 내적 · 외적 강제로 방해받지 않으면 자유롭다고 느낀다. 하지만 우리가 하려는 의지 자체가 수많은 요소에 의해 결정되어 있고, 수많은 전체 요소를 우리가 인식할 수도 없다.

우리의 의지가 원인에 의해 제약된다는 사실과 집단에 맞서 개인의 자결권을 강조하는 계몽적이고 인도주의적인 자유의 개념이 서로 모순되지 않는다는 점은 이미 확인했다. 개인의 자결권은 원인 요소에 의해서만 제약되지 않기 때문이다. 더 결정적인 것은 제한하는 원인 요소가 무엇이냐는 점이다.

계몽적이고 인도주의적인 밈플렉스는 삶에 대한 주권자가 자신임을 스스로 인식하게 한다. 하지만 종교적 · 윤리적 · 정치적 집단의 규범에 노예처럼 복종하게 하는 밈플렉스도 있다. 이런 경우에는 자유롭지 못한 방식으로 행동의 자유가 나타난다. 곧 자신의 의지를 복종을 위해서 실천에 옮길 때만 '자유'를 느낀다.

우리는 에리히 프롬의 《자유로부터의 도피》에서 자유의 이념으로 사회화된 개인에게도 복종을 향한 무기력한 의지가 매력적으로 받아들여질 수 있다는 사실을 살펴보았다. '더 높은 권위'에 절대적으로 복종하는 사람은 자율권을 가진 개인으로서 스스로 자신의 운명을 결정해야 한다는 요구를 회피한다. '자유로부터 해방'을 원하는 이유는 무엇보다 실패에 대한 두려움 때문이다. 사람들은 잘못된 결정에 대해 잘못을 인정하기보다는 다른 사람에게 책임을 떠넘기려 한다. (우리의 '증인' 아돌프 아이히만을 보라. 그는 처음에는 나치 정권의 명령체계, 나중에는 '운명의 전지전능한 질서' 탓으로 돌렸다.)

복종을 원하는 이들이 도피하려고 하는 자유의 굴레는 자유의지라는 허구에 의해 잘못 씌워진 가상의 굴레일 뿐이다. 곧 사람들은 사건 발생 당시로 돌아가서 전제조건이 똑같이 주어진다면 실제와 다른 선택을 할 수 있다는, 자유의지에서 비롯된 비현실적인 가정을 받아들이고 그 상황에서 이렇게 또는 저렇게 행동했어야 한다고 스스로 자신을 비난한다. 바로 자유의지에서 비롯된 비현실적인 가정이 사람들에게 심리적으로 지나치게 큰 압박을 주어 (개인의 자율권이라는) 진정한 의미의 자유로부터 도피하고 싶게 만든다.

이러한 자유의 역설을 거꾸로 생각해도 될까? 내 생각에는 그렇다. 우리가 논리와 경험에 기초한 연구 결과를 진지하게 받아들여서 자유의지론을 포기하면, 자유를 향한 용기가 더 커질 것이다. 선택할 가능성이 존재한다는 이론은 단지 망상일 뿐이라는 사실을 알면, 실패에 대한 두려움이 줄고 복종을 원하는 방향으로 도피하려는 심리적 압박도 줄어든다. 과거에 주어진 조건에서 그렇게 행동할 수밖에 없었기 때문에 그렇게 행동했다는 사실을 아는 사람은 과거의 잘못된 결정을 반성하고 미래에는 다르게 행동하기 위해 노력할 것이다. 하지만 과거의 결정으로 자신을 비난하지는 않을 것이다. 필연적이었던 과거의 결과로 자신을 괴롭히는 것은 아무런 의미도 없기 때문이다.

이러한 인식에서 자기를 용서하는 힘이 생겨난다. 이 힘은 집단의 압력에 저항하고, 권위주의에 의문을 제기하고, 삶의 정글 속에서 자신의 길을 개척하는 능력을 향상한다. 나아가 자신을 용서할 줄 아는 사람은 다른 사람도 용서할 수 있고, 주변 사람과 평온한 관계를 만들어갈 수 있다. 이러한 새로운 시각의 장점은 사회적 차원에서 더욱 두드러지게 나타난다. 자신과 타인을 용서하는 법을 배운 사람은 망상에 지나지 않는 '악'과 '악의 사도'에 맞서는 보복 전쟁으로 끌어들이기 쉽지 않기 때문이다.

하인리히 폰 클라이스트는 《인형극에 대하여》에서 우리가 다시 '선악과'를 먹는다면 '무죄 상태'로 되돌아가게 되리라고 추측했다.[76] 그의 생각은 옳은 것 같다. 그렇다고 클라이스트의 결론처럼 자발적으로 우리 자신을 '세계 역사의 마지막 장'으로 몰아가지는 않겠지만, 적어도 무죄 패러다임으로 역사의 다음 장을 시작할 수는 있을 것이다. 이 '새로운 장'이 바로 2부의 주제이다.

2부. 새로운 존재의 가벼움

04

초연한 나

인간의 참된 가치는 무엇보다 얼마만큼 어떤 의미로 '나'로부터 해방되었는가에 달려 있다.

– 알베르트 아인슈타인[1]

우리가 '나'라고 나타내는 것을 구성하는 요소는 찾을 수 없을 뿐 아니라, 그것을 진지하게 찾기 시작하는 순간에 사라져버린다.

– 샘 해리스(2007)[2]

문제는 자아를 치유하는 것이 아니라, 자아라는 병에서 치유되는 것이다. 관건은 '나'를 구원하는 것이 아니라, '나'에서 해방되는 것이다. 모든 자아는 종속되어 있다. 늘 그렇다. 종속성이 더는 존재하지 않으면 자아도 더는 존재하지 않는다. 철학을 탐구하는 것은 벗어나는 방법을 배우는 것이다.

– 앙드레 콩트스퐁빌(2008)[3]

스스로 용서하는 방법

"네 탓이 아니야!" 심리학자 숀 매과이어가 자신의 환자 눈을 쳐다보며 한 말이다. 윌 헌팅은 까다로운 환자였다. 숀에게 오기 전에 이미 다섯 명의 심리학자가 그를 포기했다. 윌은 가장 똑똑하다는 대학교수도 풀지 못하는 문제를 마치 장난처럼 풀어버리는 특별한 재능을 지닌 수학 천재였다. 하지만 그토록 뛰어난 재능을 타고났으나, 삶을 어떻게 살아야 하는지는 전혀 알지 못했다. 그는 어렸을 때 심한 학대를 받았다. 그래서 다른 사람과 관계를 맺는 데 어려움을 겪었다. 어렸을 때의 세 친구만 예외였다. 윌은 사회의 밑바닥 출신인 세 친구와 함께 거리를 떠돌아다니며 술에 취해 끊임없이 폭력 사건을 저질렀다.

숀이 윌을 만났을 때, 윌은 이미 전과 기록부를 가득 채울 정도로 전력이 화려했다. 그는 심한 상해 사건을 저질러 수감되어야 했다. 하지만 천재성을 우연히 발견한 수학 교수가 힘을 써 주었고, 법원은 심리치료를 권고했다. 그러나 지능이 심리학자보다 월등히 높았기 때문에 치료는 쉽지 않았다. 그는 심리치료사의 이론과 전략, 요령을 훤히 꿰고 있었다. 윌은 의사에게 마음을 열지 않고, 그들의 약점을 들추어내는 것을 재미로 삼았다. 그래서 누구든 일단 그와 상담을 하면 곧바로 손을 들었다.

하지만 숀 매과이어는 달랐다. 윌은 그에게도 적대적으로 대했으나, 그는 물러서지 않았다. 서서히 환자의 신뢰를 얻으려고 노력했다. 하지만 윌은 개인적인 문제만큼은 마음을 열지 않았다. 그런 상태는 숀이 이런 말로 윌의 마음을 둘러싼 담장을 허물어뜨릴 때까지 계속되었다. "네 탓이 아니야!"

처음 그 말을 했을 때는 윌에게 큰 인상을 주지 못했다. 그는 그저 차갑게 "나도 알아"라고 대답했을 뿐이다. 그러나 윌의 말이 진심이었을까? 윌이 그렇게 공격적으로 다른 사람에게 마음을 닫고 재능을 낭비한 것이 진짜로 자기 탓이 아니라는 사실을 이해했을까? 숀은 그 말을 되풀이했다. "네 탓이 아니야!" 윌도 혼란스러운 마음으로 대답했다. "그래, 나도 알아!" "아니, 너는 이해하지 못하고 있어. 네 탓이 아니라고!" 숀이 그렇게 말했을 때 윌은 불안해하며 대답했다. "아니, 내 탓이 맞아!” 그러나 숀은 물러서지 않았다. “네 탓이 아니야!” 윌은 화가 났다. 그리고 그 불편한 상황에서 벗어나려 했다. 하지만 숀은 허락하지 않았다. 그는 윌의 정면에 서서 말했다. “네 탓이 아니야.” 계속 되풀이해서 말했다. “네 탓이 아니야! 네 탓이 아니야!”

그때까지 윌이 자신을 보호하기 위해 바깥 세계를 향해 둘러싼 담장이 허물어지는 순간이었다. 여러 해에 걸쳐 내면에 쌓여온 모든 아픔과 원망, 절망이 드러났다. 윌은 숀의 품에 안겨 마치 그때까지 한 번도 울어본 적이 없는 사람처럼 큰소리를 내며 울었다. 그 순간 자신은 물론 다른 사람과의 관계도 달라졌다. 윌은 세상에 마음을 열고, 과거를 극복하고, 마침내 스스로 삶을 움켜쥘 결정적인 발걸음을 내디뎠다.

어디서 본 장면인지 기억이 났을지 모르겠다. 맷 데이먼과 벤 애플렉, 로빈 윌리엄스가 주연을 맡은 〈굿 윌 헌팅〉이라는 영화의 장면이다. 주인공을 맡은 맷 데이먼과 벤 애플렉이 쓴 각본은 등장인물에 대한 섬세한 묘사와 지적인 대사 덕분에 (오스카와 골든글러브를 비롯한) 여러 곳에서 상을 받았다. 특히 앞에 묘사한 영화의 핵심 장면은 많은 관객에게 감동을 주었다. 그러나 (로빈 윌리엄스가 역을 맡은) 숀 매과이어가 (맷 데이먼이 역을 맡은) 윌 헌팅의 심리적 장벽을 허물어뜨리는 순간은 관객의 감정을 자극하는 영화의 한 장면에 그치지 않는다. 그것은 존재에 관한 의미심장한 진실을 담고 있다. 지금 우리의 상황은 우리 탓이 아니라는 진실이다.

현재의 우리가 선천적인 특성과 경험에 기초해 존재할 수밖에 없는 이유는 이미 1부에서 살펴보았다. 그렇다면 이런 인식은 우리의 자아 체험에 어떤 결과를 가져올까? 가상의 인물인 윌 헌팅과 우리의 관계를 더 자세히 살펴보자. 윌과 숀의 상호작용이 왜 우리에게 그렇게 현실감 있게 느껴졌을까? ('네 탓이 아니야'라는) 적절한 순간에 튀어나온 세 낱말이 한 사람의 생각과 감정, 행동을 극적으로 변화하게 한다는 사실을 우리가 받아들인다는 것 자체가 뭔가 이상하지 않은가?

숀의 무죄 진언을 들었을 때, 윌의 반응을 이해할 수 있는 이유는 우리 자신과 관련이 있다. 우리의 내면 깊숙한 곳에도 용서받고 싶은 욕구가 있기 때문이다. 잘 알고 있듯이, 수많은 종교 밈플렉스가 이런 점을 파고들어 신도들에게 '죄의 용서'를 미끼로 던진다. (가톨릭 밈플렉스는 그것을 고해성사와 면죄라는 전례의 형식으로 특별히 세련되게 구성해 놓았다.) 그러나 '죄의 용서'를 구원 행위로 격상시키기 위해 꼭 종교의 형식을 띨 필요는 없다. 숀의 무죄 진언은 윌 헌팅턴을 매우 세속적인 방식으로 구원했다. 윌은 관계를 이루는 능력이 부족한 것을 자신의 책임으로 돌리는 부담에서 벗어났다. 양부모가 학대한 이유가 자신에게 있지 않다는 사실을 받아들였다. 그래서 가장 커다란 두려움, 곧 자신이 다른 사람과 관계를 이룰 만한 상대가 되지 못해서 여자친구인 스카일라에게 거부당할지도 모른다는 두려움에서 점차 벗어날 수 있었다.

하지만 "네 탓이 아니야"라는 숀의 말은 자신이 알지 못할 운명의 커다란 톱니바퀴에 맞물린 하나의 작은 바퀴일 뿐이므로 운명에 그냥 휘둘려도 된다는 뜻이 아니었다. 오히려 숀은 윌에게 자신의 삶을 적극적으로 움켜쥐라고 요구했다. 나아가 그러기 위한 전제조건으로 그도 다른 사람과 마찬가지로 실수를 저지르는 보통의 인간임을 받아들여야 한다는 사실을 알려주었을 뿐이다. 이런 점에서 "네 탓이 아니야!"라는 말은 운명론에 얽매인 수동적인 태도가 아니라, 주인의식을 더 크게 가지라는 진언이었다. 자신의 그림자에서 벗어날 수 없다는 것을 아는 사람은 바로 그런 이유에서 절대 지금의 자리에 그대로 머물러 있으려 하지 않는다. 마찬가지로 현재의 자신을 그 자체로 용서할 수 있는 사람만이 자신을 효과적으로 변화시키는 데 필요한 내면의 초연함을 유지할 수 있다.

더 쉽게 이해하기 위해 자유의지를 믿는 사람의 처지가 되어보자. 자유의지론의 극단적인 옹호자는 자신을 어떻게 생각할까? 아마 이럴 것이다. 내가 이룬 것이 궁극적으로 나와 내 자유의지에 달렸다면 내가 했거나 내가 하는 모든 것에 책임은 전적으로 나에게 있다. 뭔가 이루어냈다면 그것은 오직 그것을 해낸 내 능력 때문이다. 이러한 책임의 원칙을 다른 사람에게도 똑같이 적용하면 나보다 더 많이 이룬 사람은 나보다 더 행복할 뿐 아니라, 더 훌륭한 사람이다. 하지만 나보다 적게 이룬 사람은 패배자이고, 그는 끝내 내가 자유의지의 힘으로 이룬 것에 미치지 못할 것이다.

다른 사람과 비교해서 부정적인 결과가 나오면 ("나는 얼마나 나쁜 애 · 선수 · 작가 · 학생 · 선생님인가! 나는 얼마나 한심한 벌레이고, 패배자이고, 존재감이라고는 조금도 없는 자인가!"라는 식으로) 열등감 · 모멸감 · 죄책감 · 고통의 감정이 한꺼번에 몰려온다. 거꾸로 내 쪽으로 평가가 긍정적으로 나오면 ("내가 해낸 것을 봐라! 너희의 하찮은 성과와 비교해 봐라! 내가 자신을 낮추어 너희와 같은 패배자와 말을 나눠주는 것만으로도 고마워해야 할 것이다!"라는 식으로) 자부심에 가득 차서 거만하고 불손하게 상대방을 내려다본다. 그들도 더 많은 것을 바랐다면 더 많은 것을 이룰 수 있었을 것이기 때문이다.

하지만 자신의 성과를 (죄책감을 느끼도록) 부정적으로 평가하든 (자부심이 넘치도록) 긍정적으로 평가하든, 지속해서 자유의지에 대한 믿음은 개인의 성장 가능성을 가로막는다. 시야를 자신에게만 고정하게 해서 주변 관계에서 자기중심적인 착시현상에 빠뜨리기 때문이다. 처참한 열등감에서 벗어나기 위해 자신의 약점을 스스로 속이려 하고, 심지어 경력마저 꾸미려 한다. 나아가 이런 시도가 실패하면 심한 무력감과 자기 연민에 빠져든다. 이런 조건에서는 매우 제한적으로만 자신을 비판적으로 분석할 수 있다.

자유의지론에 얽매이지 않는다면 이런 모습이 어떻게 바뀔까? 내가 이룬 것이 내 유전적 특성과 우연히 마주한 외부 환경의 산물이라는 전제에서 출발하면 결과는 완전히 달라진다. 내가 특별한 방식으로 뭔가 해내더라도 거만할 이유가 전혀 없다. 성과는 이룰 수 없는 것을 이루어낸 내 능력이 아니라, 매우 복잡한 요소의 연결망 때문이라는 사실을 알기 때문이다. 똑같은 이유로 다른 사람과 비교했을 때 부정적인 결과가 나오더라도 열등감 · 모멸감 · 죄책감 · 고통의 감정을 느낄 필요도 없다. 삶의 특정한 순간에 자신을 규정한 맥락에서 벗어나서, 다시 말해 '나'를 만들고 규정한 요인을 넘어선 것은 해낼 수 없다는 사실을 알기 때문이다.

바로 이런 이유에서 알베르트 아인슈타인은 자유의지론에서 벗어나면 자신과 다른 사람을 더는 '지나칠 정도로 진지하게' 받아들이지 않을 수 있게 될 것이라고 했다. 실제로 자부심에 가득 찬 모습으로 자신의 성과를 자랑스러워하다가도 뭔가 다른 기준에서 실패라도 하면 곧바로 심각하게 괴로워하는 인간만의 이상한 특성, 곧 신성하다고 할 만큼 진지하게 드러내는 자아 집착은 자유의지론에서 벗어난 뒤에 바라보면 매우 이상하게 보일 뿐이다. 예컨대 외모에 대한 자부심으로 가득한 '나'라는 존재도 (디엔에이의 4대 기본 염기인) 아데닌 · 티민 · 구아닌 · 시토신의 우연한 조합으로 형성되었다는 사실을 안다면 어떻게 자랑스러워할 수 있을까? 내가 박사학위가 있고, 책을 쓴다는 것을 어떻게 자랑스러워할 수 있을까? 내 박사학위도 불가능한 것을 가능하게 한 게 아니라, 내가 절대 영향을 미칠 수 없는 수많은 요인으로 만들어진 결과일 뿐이다.

이 모든 것을 충분히 마음에 깊이 새긴 사람은 세상을 다른 눈으로 바라볼 것이다. 그리고 말로는 표현할 수 없는 존재의 가벼움을 느끼며, 내면의 깊은 고요를 경험할 것이다. 아직 이런 경험을 하지 못했다면 죄책감과 자만심, 실패에 대한 두려움, 다른 사람 앞에서 망신을 당할지도 모른다는 초조함이 더는 없다는 것이 무엇을 뜻하는지 한번 상상해보라.

몇 해 전까지는 내게도 이런 '자아 체험'의 형태는 매우 낯설었다. 필요하다고 생각한 영역에서 뭔가 잘할 수 없다는 점이 밝혀질 때마다 늘 창피했다. 나는 내성적인 인간형은 분명히 아닌데도, 창피를 당할까 봐 막연히 두려워하면서 창의성에 끊임없이 제동이 걸렸다. 하지만 지금은 다르다. 어느 영역에서 '좋지 않은 결과'를 보이더라도, 나는 대부분 여유롭고 유쾌하게 반응한다. 인터뷰에서 말을 잘하지 못하거나, 토론회에서 결정적인 순간에 낱말의 의미가 생각나지 않아 "슈미트잘로몬 박사님, 그런 개념 정도는 알아야 하는 것 아닙니까!"라는 말을 들어도 그렇다. 사진이나 텔레비전에서 내 머리카락이 갈수록 성겨지고, 이중턱이 갈수록 두터워져도, 나는 더는 마음을 쓰지 않는다. 그런 일은 오히려 내게 미소를 짓게 한다. '내 탓이 아니다'라는 것을 잘 알기 때문이다. 바로 지금 이 순간 내가 지금보다 더 낫고, 더 영리하고, 더 이성적이고, 더 말을 잘하고, 더 매력적일 수는 없다. 내 삶의 역사에 기초해 지금 이 상태일 수밖에 없는데, 왜 내가 스스로 유죄판결을 내려야 한단 말인가?

물론 과거의 사고방식에 다시 빠져서 내면이 경직되는 순간이 여전히 존재한다. 그러나 보통 자신을 높게 평가하거나 비난하는 모든 특성이 얼마나 우연한 것인지 곧바로 다시 인식한다. 이러한 인식은 진정으로 여유로운 자기 성찰의 길로 이끌어준다. 내가 최근 몇 년 사이에 나 자신과 관련된 근본적 원리를 배운 게 있다면, 자신과 평화조약을 맺으려는 사람은 자신을 너무 진지하게 받아들여서는 안 된다는 것이다. 그리고 자세히 살펴보면 그럴 이유도 전혀 없다. 결국 우리가 그렇게 필사적으로 집착하고, 그렇게 무지막지하게 중요하게 여기는 '나'라는 것도, 기껏해야 우리의 두개골 안에 있는 양배추 모양의 기관이 유전자와 밈플렉스의 복제 프로그램에 기초해 연출한 가상의 각본에 지나지 않기 때문이다. 이렇게 뇌의 신경회로가 만든 가공물을 정말로 '신성하다고 할 만큼 진지하게' 대해야 할까? 분명히 그렇지 않을 것이다.

우리 내부에 자리 잡은 자신을 과대평가하려는 욕구를 극복하고, 〔우주의 근본 원인인〕 부동의 동자*로서 자연법칙을 극복할 수 있다는 지나친 요구에서 벗어나, 우리 자신에게 여유를 주자. 우리는 신의 의지로 만들어진 '최고의 피조물'이 아니라, 자연의 한 부분일 뿐이다. 그러므로 우리는 주어진 조건에서 지금의 모습과 다르게 존재할 수 없다. 곧 우리가 자신이나 다른 사람에게 해를 끼친 행동을 한 것 때문에 자신을 도덕적으로 비난한다면, 그것은 잘못된 전제 위에서 생각하기 때문이다. 다시 말해 주어진 조건에서는 그렇게 할 수밖에 없었기 때문에 그렇게 행동했다는 사실을 아는 사람은 자신에게 '도덕적인 죄가 있다'라

* '부동의 동자(ho ou kinoúmenon kineî)'는 아리스토텔레스가 사용한 개념으로, 자신은 움직이지 않으면서 다른 존재를 일정한 법칙에 따라 운동하게 하는 존재, 곧 우주 운동의 제1원인을 뜻한다.

고 받아들일 수 없다. (앞서 살펴보았듯이, 도덕적인 죄의 개념은 오류로 밝혀진 '선택 가능의 원칙'을 전제로 하기 때문이다. 이미 한 것과 다르게 행동할 수 없다면 도덕적인 책임도 없다.)

그러나 우리 문화에서는 죄책감이 매우 중시된다. 그래서 어떤 피의자가 법정에서 자신의 행동을 '진심으로 뉘우치면' 대부분 형량을 낮춰준다. 그렇다면 이런 제도도 비합리적일까? 그런 문제의식에는 몇 가지 근거도 있다. 뉘우치는 사람과는 달리, 자신이 저지른 죄를 분별할 능력이 없는 사람은 자신의 행동을 바꿀 이유도 없다. 그리고 반사회적 인격장애가 있는 사람은 어떤 끔찍한 범죄를 저지르더라도 죄책감을 느끼지 못한다. 그렇다면 이 책의 주장을 받아들여서 죄책감을 체계적으로 지우면 뭔가 매우 가치가 있는 것을 잃지는 않을까?

우리는 죄책감과 후회 사이의 차이, 나아가 윤리적 · 법률적 의미에서의 '객관적' 죄와 도덕적 의미에서의 '주관적' 죄 사이의 차이를 구분할 필요가 있다. A가 탐욕 때문에 계획적으로 살인을 저질렀다면 그는 객관적인 죄를 저지른 책임이 있다. 평화적으로 사회에서 함께 살도록 하는 법률이라는 기본 규칙을 어겼기 때문이다. 이러한 객관적 책임은 A가 범행 순간에 살인을 저지르는 것 말고는 다른 행동을 할 수 없었으므로 도덕적 의미의 책임이 없다는 사실과는 아무 관계도 없다.

내가 '무죄'라고 하는 것은 순전히 도덕적인 의미에서만 그렇다. 도덕적인 죄는 있을 수 없다. 그런 죄가 성립할 전제조건을 누구도 충족할 수 없기 때문이다. 객관적 · 윤리적 · 법률적 의미에서의 죄는 (더 정확히 말해 객관적 책임은) 당연히 존재한다. 우리는 6장에서 이러한 구별이 법체계에서 어떤 의미가 있는지 자세히 살펴볼 것이다.

이제 개인의 내면 차원에서 중요한 죄책감과 후회의 차이를 살펴보

자. 두 가지 감정은 같은 뿌리에서 나온다. 잘못된 행동으로 누군가에게 해를 입혔을 때, 우리는 죄책감이나 후회의 감정을 느낀다. 그러나 두 가지의 감정적 반응에는 차이가 있다. 도덕적 죄책감은 잘못된 행동 때문에 나쁜 사람이라고 자신을 도덕적으로 판단하게 한다. 후회는 잘못된 행동을 뉘우치며 '앞으로는 잘못을 바로잡고, 피해를 보상하고, 똑같은 잘못을 하지 않을 길'[4]을 찾지만, 자신을 도덕적으로 비난하게 하지는 않는다. 이러한 구별이 빚어내는 결과를 심리학자 도리스 볼프는 이렇게 설명했다. "죄책감은 우리를 괴롭히고, 위축되게 하고, 우리의 모든 에너지를 소진하게 한다. 그러나 후회의 감정은 우리를 적극적으로 나서게 하고, 우리의 자존감을 그대로 유지한다."[5]

죄책감과 후회의 차이는 3장에서 다룬 도덕과 윤리의 구분과도 관계가 있다. 죄책감은 도덕적 감정이다. 우리가 죄책감을 느낄 때는 행동이 객관적으로 적절했는지 공정했는지가 핵심이 아니다. 자신의 문제가 더 중요하게 드러나고, 선과 악이라는 형이상학적 평가 기준에 따라 가치판단이 내려진다. 이때 우리는 잘못된 행위를 저지른 순간과 다르게 행동했을 수도 있다고 믿으며, 자신을 치명적으로 과대평가하는 오류에 빠진다. 이런 평가는 ("나라는 인간은 얼마나 끔찍한 존재인가!"라는 식의) 도덕적인 자기혐오를 끌어낸다. 그러면 개인은 부정적 감정의 소용돌이에 휘말리고, 역설적으로 적절하지 못한 행동이 더욱 강화되는 결과를 빚기도 한다. 자신의 음주에 죄책감을 느끼면서도, 오히려 고통스러운 음주 죄책감에서 벗어나기 위해 곧바로 다시 술병을 쥐는 알코올중독자를 생각해보라. 아니면 몸무게 때문에 자신에게 저주해대면서도, 그러한 죄책감을 보상받기 위해 초콜릿과 생크림 케이크, 감자칩 등을 계속 먹어대는 폭식증 환자를 생각해보라.

윤리적 후회는 자신을 이렇게 평가절하하는 것에서 벗어나게 한다. 잘못된 행위를 했을 때 다른 선택을 할 수 없었다는 사실을 정확히 알면, 우리는 죄책감을 느끼는 것이 아니라 후회를 할 수 있다. 그래서 우리는 맑은 머리를 유지하고 언제, 어디서, 어떻게 잘못된 행동을 했는지 돌아볼 수 있다. 자신의 악함을 저주하고 비난하는 것이 아니라, 자신 때문에 발생한 손해를 어떻게 보상할지, 아니면 비슷한 행위를 앞으로는 어떻게 피할 수 있을지에 생각을 집중할 수 있다.

나도 살면서 겪은 몇 가지 후회하는 일이 있다. 내가 더 잘 활용할 기회를 놓치거나 불필요하게 다른 사람에게 상처를 입힌 일도 있다. 몇 가지 일은 아예 없던 일로 되돌리고 싶다. 하지만 그것은 가능하지 않다. 내가 할 수 있는 일은 이런 것뿐이다. 내가 계속 발전하여 미래에는 기회를 더 잘 활용하고, 남에게 상처를 주는 행동을 하지 않을 수 있다. 내 과거가 변화될 수는 없지만, 미래에는 좀 더 영리하고, 이성적이며, 이해심 많고, 사랑 가득한 사람이 되도록 노력할 수 있다. 이렇게 후회의 감정은 개인의 발전을 위한 중요한 계기가 되지만, 죄책감은 걸림돌이 된다.

죄책감이 심리적 성장을 장려하기보다는 방해한다는 사실은 심신 의학의 선구자인 프란츠 알렉산더가 이미 1960년대에 명쾌하게 설명했다. 그는 《심리분석의 범위》라는 책에 이렇게 썼다. "심신 의학적으로 나타나는 역동적 현상에서 죄책감과 열등감만큼 지속적이고 핵심적인 역할을 하는 감정적 반응은 거의 없다고 해도 절대 지나치지 않다."[6]

죄책감은 중독, 우울증, 정신 신체성 장애 등을 일으키는 근본적인 원인이다. 극단적 경우에는 사람을 자살로까지 내몬다. 이런 조건에서 이루어진 자살은 '자유의지에 의한 죽음'이 아니라, 비이성적인 밈플렉스에 감염된 개인이 막다른 골목에서 저지르는 절망적인 강박 행위이다. 죄책감은 자신에게 선전포고하는 것이므로 심리의 건강한 발전에 꼭 필요한 내면의 평화를 모조리 파괴한다. 죄책감은 지금 그대로의 자신을 받아들이는 것을 방해할 뿐 아니라, 앞으로 될 수 있는 상태로 나아가는 것도 가로막는다. 내면의 만족감만이 아니라, 현재의 자신을 넘어 성장할 수 있는 잠재력도 파괴한다. 그러나 이런 성장 능력이야말로 (미국 독립선언서의 서문에 나오는 말 그대로) 우리가 모두 선천적으로 추구하는 소중한 가치인 '행복'을 이루기 위한 전제조건이다.

행복이란 무엇인가

원래는 이브가 더 바랄 것 없이 행복했을 것으로 생각하는 것이 옳다. 그녀는 낙원에서 살았지 않은가! 먹고 마실 것이 언제나 충분했고, 야생동물을 두려워할 필요도 없었다. 인간을 소외시키는 노동을 할 필요도 없었고, 노후를 걱정할 필요도 없었다. 그런데 왜 그녀는 금지된 열매 하나 때문에 모든 안락함을 위험에 빠뜨렸을까?

이브가 세련된 광고 문구에 농락되었다고 할 수도 있을 것이다. 모든 역사를 통틀어 가장 교묘한 광고 문구였다. "선과 악을 알게 하는 나무의 열매를 따 먹어라. 그러면 너는 신처럼 될 것이다!" 요즘 텔레비전에 나오는 ("이 크림을 써 보세요. 그러면 당신은 75%나 더 빛이 나고, 매력이 넘치고, 성공하는 사람이 될 것입니다." 아니면 "이 자동차를 타면 당신을 부자와 미인들이 모인 클럽으로 데려가겠습니다"라는 식의) 광고는 이브를 유혹에 빠뜨린 것에 비하면 형편없는 짝퉁일 뿐이다.

"너희는 신처럼 될 것이다!" 누가 이를 거절할 수 있겠는가? 이브도 거절할 수 없었다. 그리고 우리도 거절할 수 없을 것이다. 우리 모두도 너무나 기꺼이 광고의 약속에 넘어가기 때문이다. 왜 그럴까? 광고가 인간 행동의 결정적인 동력인 '존재 확장의 욕구'를 자극하는 데 늘 성공하기 때문이다.

'자기 이익의 원칙'에서 발생하는 존재를 확장하려는 욕구는 존재를 보존하려는 욕구 다음으로 중요한 기본적인 욕구이다.[7] 존재 자체가 위협을 당하면 우리는 당연히 가장 먼저 자신을 지키려고 애쓴다. 예컨대 도시에 홍수가 나면 피신하고, 일자리가 위험에 빠지면 회사에서 더 열심히 일한다. 존재의 보존은 매우 폭넓은 개념이다. 거기에는 단지 우리의 생물학적 존재만이 아니라, 삶에서 소중하다고 생각되는 다양한 관계와 어떤 대상을 지키는 것도 포함된다. 그러나 소중한 것을 보존하기 위한 욕구가 틀림없이 인간 행동의 결정적인 동력이지만, '안전한 존재'가 '충만한 존재'는 절대 아니다.

여러분의 삶이 바로 이 순간에서 '고정'된다고 상상해보라. 당신과 당신이 아는 모든 사람이 영원히 살고, (당신의 생명, 사랑, 친구, 자산과 같은) 어떤 것도 잃을까 두려워할 필요도 없다. 당신에게 소중한 모든 것을 영원히 지닐 수 있다. 그러나 그 대신 새로운 것은 무엇도 더 얻지 못한다. 현재 당신의 존재는 완벽히 보존되지만, 당신이 날마다 겪는 것은 손실도, 수익도, 부침도 없는 똑같은 일상의 반복뿐이다. 이렇게 영원한 안전이 보장된 세상에서 당신은 오래 행복할 수 있을까? 그럴 리 없을 것이다. 왜 그럴까? 행복이란 반드시 존재의 확장 · 상승과 밀접하게 연관되기 때문이다. 미국의 의사이자 심리학자인 알렉산더 로웬도 행복이라는 감정의 기본 특성을 이렇게 표현했다. "행복은 성장의 자각이다."[8]

이브가 선악과를 따 먹었을 때 그녀는 주어진 상황에서 자신이 할 수 있는 가장 이성적인 행동을 했다. 그녀는 자신을 넘어서서 성장할 기회를 활용했다. 낙원의 모든 안락함을 잃을 위험이 있다 해도, 그 기회는 위험을 무릅쓸 가치가 있었다. 어떤 위험도 어떤 성장의 가능성도 없는 낙원에서의 삶이 무슨 의미가 있었겠는가? 아르헨티나의 독일 이민자 출신 여성작가인 에스테 빌라는 여러 해 전에 펴낸 멋진 책에서 재치 있고 유쾌한 방식으로 천국에서의 삶의 질을 파헤쳤다.[9] 그녀가 책에서 밝힌 깊이 있는 평가에 나는 그냥 동의할 수밖에 없다. "장기적으로 이런 영원한 삶은 도저히 견딜 수 없다!" 우리는 천국에서 오래 버티지 못할 것이다. 그리고 낙원의 끔찍한 단조로움에서 벗어날 수 있도록 제발 죽게 해달라고 전지전능한 창조주에게 무릎 꿇고 사정할 것이다.

"좋은 날이 계속되는 것만큼 견디기 어려운 것도 없다." 괴테도 사용했던 오래된 속담이다. 요즘의 청소년 문화에도 똑같은 진실을 더 짧게 나타낸 말이 있다. "위험이 없으면, 재미도 없다." 프로이트도 "갈망하던 쾌락이 이루어진 상황이 지속되면, 오직 미지근한 편안함이라는 감정만 생겨날 뿐"이라고 주장했다. 그에 따르면, 우리는 "굴곡이 많은 상황은 강렬히 즐길 수 있으나, 지속되는 상황은 아주 조금만 즐길 수 있게 짜여 있다."[10] 아울러 "사람들이 문명화된 삶에서 불편함을 느끼는 이유는 한 조각의 안전을 한 조각의 행복해질 가능성과 맞바꾸었기 때문이다." 바로 이것이 현대 문명에서 인간이 지닌 딜레마이다.[11]

우리가 프로이트의 욕구 이론에 꼭 동의할 필요는 없다. 그러나 심리학의 창시자인 프로이트가 주장한 안전과 행복감의 변증법은 문제의 핵심을 꿰뚫었다. 실제로 우리는 이미 존재의 보존을 넘어서는 경험을 할 때만 강렬한 행복감을 느낀다. 우리가 물질적 · 비물질적 욕망의 대상을 당연하다고 여기는 정도만큼 그 대상을 얻는 것에서 나오는 쾌락의 정도도 줄어든다. 그렇다고 우리가 배우자나 스테레오 스피커, 일자리와 같은 '대상'을 더는 소중히 여기지 않는다는 의미는 아니다. 이러한 대상의 존재는 우리가 안락한 감정을 강하게 느낄 수 있게 해준다. 다만 우리가 그것을 '정복'한 순간에 느낀 강렬한 흥분상태를 더는 저절로 느끼지 못할 뿐이다. 바로 이것이 인간의 행복이 빨리 사라지고, 경험 많은 행복 탐구자도 자신이 찾은 행복을 밀폐 용기에 담아 오래 보관하는 데 성공하지 못하는 심리적 이유이다. 행복은 아쉽게도 줄어드는 데 걸리는 시간이 무척 짧다.

이러한 사실은 우리가 왜 자신을 불행하게 만들기 위해 그토록 많은 사고를 저지르는지를 알려준다. 파울 바츨라비크는 《불행으로 가는 안내서》라는 책에서 이와 같은 현상을 재치 있게 표현했다.[12] 현대 사회에서 평균적인 행복을 추구하는 우리가 마주한 핵심 문제는, 살아가는 데 필요한 모든 것을 소유한 상황에서 어떻게 해야 기본적으로 성장의 과정을 (곧 행복을) 경험할 수 있느냐는 것이다. 더는 성장의 가능성이 눈앞에 보이지 않는 순간, 다시 말해 갖고 싶은 사물과 특성을 획득할 수 없을 때 우리는 어떻게 할까? 그런 위기 상황에 마주하면 우리는 한 단계 낮은 경험 수준으로 되돌아가서 원래의 출발점에 다시 도달할 때까지 다시 즐겁게 성장할 기회를 만들려는 경향이 있다.

이러한 역설적인 행복 추구 경향을 쉽게 설명해주는 오래된 농담이 있다. "존은 왜 매주 토요일 오후에 망치로 자신의 엄지를 찧을까? 답은 고통이 약해지는 느낌이 너무 좋기 때문이다." 이런 엽기적인 농담이 더는 웃음을 불러오지 못하더라도 밑바탕에 놓인 심리학적 인식은 충분히 주목할 만하다. "고통이 약해지는 느낌이 너무나 좋기 때문이다"라는 문장은 예컨대 연인들에게서 흔히 볼 수 있는, 무엇 때문에 시작되었는지도 알 수 없는, 갑작스럽고 소소한 다툼에 관해서도 설명해준다. 놀라운 점은 그러한 '사랑싸움'이 사랑을 (특히 성적 관계에서) 때때로 더 깊고 더 행복하게 해주는 작용을 한다는 사실이다. 이러한 사랑싸움에는 대개 충분한 이유와 자극이 없다. 어쩌면 자극의 부재가 충분한 자극이라고도 할 수 있다. 여기에서 우리는 앞에서 인용한 농담과 같은 역설적 논리를 만난다. 나중에 조화를 만끽하기 위해 부조화를 만들어낸다는 논리이다. 우리는 부활절에 배불리 먹으려고 4주 동안 금식을 한다. 그래서 우리는 불행 속에서가 아니라, 불행을 통해서 행복을 느낀다.

확실히 우리는 우울증에 걸릴 만큼 끔찍이 정체된 느낌을 견뎌내기보다는 자신에게 고통을 주는 것을 더 선호하는 것 같다. 산업사회에서 우울증이 국민적 질병으로 된 이유도 안전하고 폭넓게 제도화된 관계에서 더는 극단적 상황, 곧 생존 문제와 직결되는 진정한 이익과 고통을 충분히 경험하지 못하기 때문이라고 추정해볼 수 있다. 현실에서 우리가 이러한 극단적 상황을 일상에서 더는 겪을 수 없게 되면, 그러한 상황을 놀이의 방식으로라도 다시 만들어내려고 갖은 애를 쓴다. 영광스러운 승리와 치명적 패배를 가르는 전쟁 형태를 모방한 스포츠, 뇌신경에 죽음의 공포를 경험하게 하는 번지점프와 같은 극한의 육체적 경험, 영화와 소설, 대중매체의 영상 형태로 느낄 수 있는 모험을 체험하는 활동을 생각해보라. (이런 점에서 공포영화가 일상의 두려움을 잃어버린 사회에서 호황을 누리는 것도 절대 우연은 아니다.)

이러한 극단적 상황을 인위적으로 경험하는 것에 반대할 이유는 없다. 오히려 다행스럽게도 그것은 일상에서는 찾을 수 없는 강력한 자극을 제공해서 '문명사회에서의 불편한 느낌'을 극복하는 데 도움을 준다. (미친 사람만이 우울증을 치료할 목적으로 과거의 생존 전쟁으로 돌아가고 싶을 것이다.) 하지만 그렇다고 사람들이 가끔 고무 밧줄에 매달려 높은 곳에서 떨어지거나, 이틀에 한 번씩 잘 만들어진 액션 모험영화를 보는 것만으로 행복해질 수 있다고 생각해서는 안 된다. 그런 것보다 훨씬 더 좋은 전략이 있다.

최근에는 긍정심리학에 대한 많은 경험적 연구가 진행되고 있다. 긍정심리학은 성공적인 행복 추구자와 덜 성공적인 행복 추구자를 구별한다.[13] 학술지《오늘의 심리학》의 편집장인 심리학자 하이코 에른스트는 현재의 연구 수준을 개관한 논문에서 일련의 연구 결과로 특별히 행복을 가져다준다고 밝혀진 세 가지 생활방식을 제시했다. 첫째, 쾌락주의적 삶으로, "쾌락을 방해하는 요소에서 벗어나면서 동시에 편안하고 쾌락적인 것을 누리는 행복"이다. 둘째, 의미 있는 삶으로, "특별히 깊은 삶의 의미와 더 높은 차원에 봉사하며 스스로 덕목과 강인한 품성을 추구하면서 얻는 행복"이다. 셋째, 적극적인 삶으로, "자신의 능력과 이해관계를 완벽히 추구하여 얻는 행복이다. 예컨대 직장에 열정을 쏟거나 예술이나 문화 활동에 몰입하는 것과 같은 것으로 기본적으로 오래된 개념인 '자기 계발'과 같은 의미이다."[14] 하이코 에른스트에 따르면 이 세 가지 생활방식은 "저마다 행복을 가져다줄 수 있지만, 세 가지 방식을 결합한 형태를 추구할 때 행복을 가장 잘 추구할 수 있다. 이런 의미에서 '충만한 삶'을 실천하는 사람이 최상의 만족과 행복을 느낄 수 있다."[15]

그런데 행복해지는 것이 정말로 그렇게 간단할까? 행복하고 만족스러운 삶을 살아가기 위해서는 단지 앞의 세 가지, 곧 모든 감각을 통한

향락과 개인을 넘어서 더 높은 차원에 봉사하는 삶, 자신이 가진 재능과 능력을 최대한 활용하는 것만 충족하면 행복해질까? 그렇다. 원칙적으로 보면 정말로 그렇게 간단하다. 그러나 한 가지 문제가 있다. 모든 사람이 자신의 삶에서 이를 실천으로 옮길 능력을 똑같은 수준으로 부여받은 것은 아니라는 점이다.

유전적 자질이 이러한 문제의 일부 원인일 수도 있다. 예컨대 일란성·이란성 쌍둥이를 비교한 집단유전학 연구를 통해서 만족과 행복을 경험하는 능력에 개인마다 차이가 있을 뿐 아니라, 그러한 차이가 적어도 일부는 선천적으로 타고난다는 사실이 증명되었다.[16] 그렇다고 우리가 모든 것을 유전자 탓으로 돌리는 유전적 숙명론을 따라야 한다는 의미는 아니다.[17] 물론 그런 인상을 강하게 풍기는 몇몇 학자가 있다. 유전적 차이 때문에 어떤 사람은 긍정적 감정을 느끼기 어렵고, 어떤 사람은 긍정적인 감정을 느끼기 쉽다는 말은 맞다. 그러나 이러한 차이는 삶의 과정에서 상응하는 학습경험에 따라 충분히 극복할 수 있다.[18] 일만 미터 장거리 달리기에서는 몇 번 트랙에서 출발하는가보다는 달리기 과정을 어떻게 운용하는지가 훨씬 더 중요하다. 그리고 달리기 과정의 운용 능력은 세포 속 디엔에이 배열보다 그동안 해온 선수의 훈련에 훨씬 더 많은 영향을 받는다.

지난날 주로 분자생물학자의 연구에 직·간접적으로 영향을 받아 등장한 '유전자가 우리의 운명을 결정한다'라는 '디엔에이 미신'은 잘못된 생각으로 밝혀졌다.[19] 특히 [디엔에이 서열의 변화 없이도 유전자의 양식이나 활성이 변화하고, 이를 다음 세대로 유전시키는] 후성 유전자 프로그램에 관한 연구, 곧 유전자 체계 가운데 어떤 부분은 선택해서 읽어내고, 어떤 부분은 그렇게 하지 않는지를 결정하는 '유전자 스위치'에 관한 연구가 디엔에이 미신의 오류를 밝혀내는 데 중요한 역할을 했다. (쉽게 설명하면, 유전자 체계 자체만으로는 거의 의미가 없는 알파벳의 집합처럼 생각하면 된다. 어떤 단어, 곧 알파벳 집합에서 어떤 의미 있는 단어가 만들어지는가가 결정적으로 중요한데, 유기체에서 이런 기능을 맡는 것이 후성 유전자 프로그램이다.)

후성유전학은 아직 걸음마 단계에 지나지 않는다. 하지만 오늘날 우리는 유전자가 유기체를 조정하기도 하지만, 거꾸로 생활공간의 경험에 기초해 조정되기도 한다는 사실을 안다. 만약 그렇지 않다면 진화과정에서 우리의 복잡한 뇌는 형성되지 않았을 것이다. 우리의 뇌는 환경의 영향에 매우 민감하게 반응하고, 유기체가 특수한 환경에 필요로 하는 유전자 정보를 디엔에이 배열에서 읽어내도록 작동한다.

유전자의 영향력을 부정하는 것과 마찬가지로, 생물학적 특성이 일반적으로 우리에게 허락하는 자유의 공간이 얼마나 넓은지를 무시하는 것도 잘못이다. (그래서 스티븐 제이 굴드는 그런 관계를 '유전자 결정론'이 아니라, '생물학적 잠재력'이라는 용어로 나타냈다.)[20] 유전적 요인의 차이는 다양한 악기에 비유할 수 있다. 어떤 사람은 처음부터 조율이 잘못된 가정용 피아노를, 어떤 사람은 고급 그랜드피아노를 소유할 수 있다. (아쉽게도 이런 자연의 근본적 불공평은 유전적 요인을 변형하지 않는 한 바뀌지 않는다. 하지만 유전적 요인을 변형시키는 것은 엄청난 기회와 함께 위험도 가져온다.) 그러나 어떤 악기를 가졌는지보다 어떻게 악기를 연주하는지가 중요하다. 그리고 당연히 가정용 피아노로 재즈를 능숙하게 연주하는 것이 최고급 스타인웨이 피아노로 동요를 서툴게 연주하는 것보다 훨씬 낫다.

유전적 요인이라는 건반을 어떻게 두드릴 수 있는가는 삶에서 겪는 경험에 달려 있다. 여기에서 우리는 두 번째 커다란 불공평을 발견한다. 문화의 불공평이다. 이것은 유전적 요인의 불공평한 배열보다는 조금 더 쉽게 변화될 수 있다. 어떤 아이는 자신의 잠재력을 장려하기는커녕 알아보려고도 하지 않는, 계몽적 · 인도주의적 의미에서 안정적이고 성숙한 인격을 형성하는 데 필요한 존중과 사랑을 받지 못하는 환경에서 태어난다. 그리고 안타깝게도 유치원이나 학교와 같은 사회기관도 대부분 가족 때문에 발생하는 불이익을 상쇄할 능력을 지니지 못한 경우가 많다. 심지어 사회의 교육기관이 차별을 더욱 강화하는 구실을 하기도 한다. 이런 과정은 직업 세계에서도 비극적인 방식으로 지속된다. 많은 사람이 소외된 환경에서 일한다. 그들에게는 '재능과 능력을 최대한 발휘해서 자아를 실현하라'라는 구호가 씁쓸한 조롱으로밖에 들리지 않는다.

그러나 출발점이 전혀 최상의 상황이 아니었지만, 삶에 결정적 변화를 가져오는 데 성공한 사람도 있다. 가끔은 생각을 극단적으로 뒤바꿔놓는 심각한 삶의 위기가 성공의 원인이 되기도 한다. 그러나 아이들이 성공적이고 행복한 삶에 필요한 기본 기술을 배우기 위해 꼭 험한 일을 겪어야 할까? 그런 기술은 학교에서 배우는 것이 가장 좋다. (2007년에 함부르크의 어느 고등학교는 선택과목으로 '행복학'을 개설했다. 이 시도는 매우 긍정적인 결과를 낳았다.)[21]

어쨌든 우리가 행복한 존재가 될 수 있게 도와주는 핵심 기술을 배우는 것은 전혀 어렵지 않다. 그렇다면 이제 행복학에서 성공을 약속한다고 특별히 밝혀진 세 가지 생활방식을 살펴보자.

성장의 자각

쾌락주의적이고, 의미가 있으며, 적극적인 삶을 사는 사람이 평균 이상으로 행복하다는 사실을 확인했다. 그렇다면 이 세 가지 생활방식은 정확히 어떤 모습일까? 쾌락주의적 생활방식부터 알아보자.

'쾌락주의'라는 개념은 그리스어의 (즐거움 · 쾌락을 뜻하는) '헤도네 hedone'라는 말에서 비롯되었다. 그 개념이 그리스어에서 온 것이 우연은 아니다. 아리스티포스와 테오도로스, 에피쿠로스와 같은 고대 그리스 철학자가 합리적으로 쾌락을 추구하고 불행을 영리하게 회피하는 삶을 성공적인 삶으로 보는 사상을 발전시켰기 때문이다. 삶의 의미를 묻는 말에 쾌락주의의 대답은 이렇다. 의미를 찾는 사람은 무엇보다 먼저 자신의 감각에서 의미를 찾아야 한다. 의미는 감각에서 깨어나기 때문이다. 에피쿠로스는 이렇게 말했다. "맛의 즐거움, 사랑의 즐거움, 듣는 즐거움, 아름다운 모습을 보고 생겨나는 즐거운 감정을 모두 배제한다면, 선을 어떻게 받아들일 수 있을까."[22]

쾌락주의는 생물학적 진화의 매우 이른 단계에서 발전한 기본적인 이익과 고통의 감정을 중시한다. (이 부분은 1장을 참조하라.) 이런 점에서 사람들이 쾌락주의를 당연하게 받아들일 것으로 생각할 수 있다. 하지만 전혀 그렇지 않다. 수백 년 동안 세속적 쾌락을 추구하는 쾌락주의는 죄악이자 악마적인 유혹의 표현이라는 비난을 받았고, 종교집단에서도 '에피쿠로스파'라는 말은 지독한 욕설처럼 자리를 잡았다. 나아가 기독교 밈플렉스에서는 세속의 쾌락을 멀리하고, 세상의 고통을 감내하며 속죄하는 삶을 사는 것이 도덕적인 본보기로 여겨졌다.

쾌락에 적대적이어야 신의 뜻에 부합한다는 이상한 밈플렉스는 무수히 많은 신학 문헌과 설교를 통해 퍼져갔다. 현대의 관점에서 보면, 거의 정신병리학적인 특성을 드러낸 현상이다. 교황 인노켄티우스 3세(재위 1198~1216)는 〔교황이 되기 전에 금욕주의에 관해 쓴〕《인간 상태의 비참함에 대하여》라는 소책자에서 세상에서 겪는 고통이 신을 향해 나아가는 길이라고 밝혔다. 아울러 오푸스데이의 설립자이자 20세기 한복판에 성인으로 선포된 호세마리아 에스크리바는 가톨릭교회의 커다란 박수를 받으며 이렇게 선언했다. "그대들이 놓치지 않게, 이 땅 위에 존재하는 진정한 보물을 알려주겠습니다. 굶주림과 목마름, 더위와 추위, 고통과 치욕, 가난과 외로움, 배신과 비방, 감방이 바로 진정한 보물입니다."[23]

틀림없이 쾌락주의적 삶을 부정하는 밈을 극복한 사람만이 쾌락주의적 삶을 살아갈 수 있을 것이다. 하지만 지금도 놀랄 만큼 많은 사람이 특정한 방식으로 뭔가 즐겼을 때 죄책감을 느낀다. 쾌락을 즐기는 과정이 다른 사람의 이해관계를 침해하지 않더라도 그렇다. 이는 쾌락 자체를 해로운 것으로 여기거나, 특정한 쾌락을 죄악이라고 비난하는 도덕적 밈 때문이다. (이에 관해서는 3장에서 설명한 도덕과 윤리의 차이를 생각해보라.) 이에 해당하는 가장 알기 쉬운 사례는 '자위행위'에 죄책감을 느끼는 병적인 증상이다. 정말로 아무에게도 해를 끼치지 않는 자위행위에 강한 죄책감을 느끼는 증상인데, 때로는 죄책감이 너무 강해서 스스로 목숨을 끊는 일도 발생한다.[24]

분명히 세상에서 가장 간단한 일, 곧 쾌락을 쾌락으로, 고통을 고통으로 느끼는 일이 현실에서는 그리 간단하지만은 않다. 에피쿠로스의 사상은 바로 이런 사실에 주목한다. 삶의 기술에 관한 철학인 에피쿠로스의 사상은 어떻게 해야 삶에서 최고의 선인 쾌락을 얻고 최고의 악인 고통을 피할 수 있을지를 밝히려 한다. 쾌락주의의 이러한 목표는 종교의 관점에서 비도덕적이라고 비난을 받을 뿐 아니라, 비종교적인 철학자에게도 자제력 없는 이기주의와 맹목적인 쾌락 추구를 옹호하는 철학이라고 비난을 받았다. 그러나 진실을 살펴보면 고대의 철학자 에피쿠로스는 그러한 비난과는 정반대의 사상을 가르쳤다.

인간을 사회적 존재로 이해한 에피쿠로스는 이렇게 말했다. "정의로운 인간은 영혼의 평화를 즐기고, 정의롭지 못한 인간은 불화로 가득 차 있다."[25] 에피쿠로스는 정의를 미리 규정된 공허한 덕목이 아니라, (매우 현대적으로) "효용이 눈앞에 드러나는 협의, 곧 서로 피해를 주지 않는 실질적 협정"[26]으로 이해했다. 그래서 에피쿠로스는 우정을 이상적인 가치에서 매우 높게 평가했다. "삶에 행복을 가져다주는 가장 현명하고 중요한 덕목은 무엇보다 친구를 만드는 능력이다."[27] 공감을 이루어야 참된 우정을 맺을 수 있는데, 철학적으로 학습해야 하는 것은 바로 공감의 특성이다. "현자는 자신이 고문당할 때보다 친구가 고문당하는 모습을 지켜볼 때 더 큰 고통을 느낀다."[28] 에피쿠로스는 이러한 공감에서 그에 걸맞은 행동이 나온다는 사실을 조금도 의심하지 않았다. "친구의 고통은 우리를 비탄에 빠뜨리는 데 그치지 않고, 그에게 도움을 주기 위해 나서게 한다."[29]

에피쿠로스의 쾌락주의를 극단적 이기주의로 이해해서는 안 된다. 무조건 쾌락 추구만을 목적으로 삼는다고 이해해서도 안 된다. (그의 쾌락주의는 오히려 1장에서 설명한 이타적 이기주의에 가깝다.) 에피쿠로스는 모든 수단을 써서 쾌락을 체험하라고 절대 가르치지 않았다. 오히려 쾌락의 결과를 신중하게 이성적으로 생각하라고 가르쳤다. 그는 이렇게 말했다. "쾌락에서 그 자체가 악인 것은 없다. 그러나 특정한 쾌락은 그보다 몇 배나 더 큰 고통을 불러오기도 한다."[30] 그러므로 자신의 욕망을 향해 늘 이런 질문을 던져야 한다. "내 욕망이 충족되면 내게 어떤 일이 일어나는가? 충족되지 않았을 때는 어떤 일이 일어나는가?"[31]

쾌락주의적인 생활방식이 극심한 낭비벽으로 이어질 것이라는 선입견도 있다. 하지만 에피쿠로스는 자신의 철학 한가운데에 '자기만족'이라는 덕목을 두었다. 자기만족이야말로 인간이 누릴 수 있는 '가장 큰 부유함'이다.[32] "지푸라기 위에 누워도 즐거운 마음을 갖는 것이, 황금 침대 위에 눕고 식탁 위에 가득 놓인 음식을 먹으면서도 영혼의 자유를 갖지 못하는 것보다 훨씬 낫기 때문이다."[33] 그러나 에피쿠로스는 이런 주장이 금욕주의를 요구하는 것으로 이해되기를 바라지 않았다. 그래서 서둘러 뒤에 이렇게 덧붙였다. 자기만족을 높게 평가하는 것은 절대 "소박하고 값싼 음식만 먹으라고 말하기 위해서가 아니다. 어려운 시기에도 소박하고 값싼 음식으로 만족할 수 있는 능력을 갖추어야 한다는 뜻이다."[34] 에피쿠로스에 따르면, 소박함의 가치를 모르는 사람은 풍족함도 진정으로 즐길 수 없다. 그래서 그는 주어진 아름다운 모든 것에 감사할 줄 알아야 하고, 좋은 것을 당연하게 받아들이거나 업신여겨서는 안 된다고 우리를 깨우쳐준다. "자신이 경험한 좋은 것을 더는 기억하지 못하는 사람은 그날로 노인이 되어버린다."[35]

여기에서 우리는 보통은 연결하기 어려운 (그럴 만한 근거도 충분히 있어 보이는)[36] 고대 쾌락주의 철학과 불교가 놀라울 정도로 유사하다는 사실을 발견한다. 에피쿠로스와 석가모니는 전혀 다른 세계관에서 출발했다. 에피쿠로스는 현대 철학과 같은 인상을 주는 원자론적 · 유물론적 세계관을 지녔으나, 석가모니는 '환생의 윤회'를 믿었다. 하지만 그들의 실용적인 사상에서는 몇 가지 놀라운 공통점이 드러난다. 에피쿠로스와 석가모니는 모두 '영혼의 평화'를 위한 길을 열고, 악이라는 관념을 피하고, 쾌락과 공감을 강조했다. 아울러 금욕주의와 사치를 모두 거부했으며, 삶의 기술에서 마음챙김*에 큰 의미를 부여했다.

마음챙김은 온전히 지금 바로 이곳에 있음을, 나아가 지금 이 순간의 자신과 주변의 모든 것을 완전한 의식 속에서 체험하는 것을 뜻한다. 곧 마음챙김은 자기가 있는 바로 그곳에 자기 자신이 있음을 뜻한다. 이 개념은 선불교에 전해지는 잘 알려진 이야기로 쉽게 이해할 수 있다. 제자가 큰스님에게 도를 알기 위해 어떤 수련을 하느냐고 물었다. 큰스님은 "나는 배가 고프면 먹고, 피곤하면 잔다"라고 대답했다. 그러자 제자가 물었다. "그것은 사람들이 모두 다 하는 것이지 않습니까?" 큰스님이 답했다. "그렇지 않다. 사람은 대부분 먹을 때 먹지 않고, 다른 생각을 한다. 그래서 먹는 데 집중하지 못하고, 방해를 받는다."[37]

마음챙김은 행복을 느끼는 데 매우 중요하다. 감각의 느낌에 집중할 수 있기 때문이다. 우리가 고요히 관조하며 음식을 먹으면, 훌륭한 식사가 주는 다양한 미각의 차이를 훨씬 더 분명히 느낄 수 있다. 곧 마음챙김은 단순한 음식 섭취로도 감각을 진정으로 느낄 수 있게 한다. 그래서 우리를 무아의 상태에 빠지게 하고, 삶이 큰 기쁨으로 채워지는 경험을 누릴 수 있게 한다. 같은 방식으로 다른 감각의 느낌도 강화할 수 있다. 고요히 관조하면 음악을 더욱 강렬하게 즐길 수 있고, 촉감 · 색감 · 냄새도 더 강하게 경험해볼 수 있다. 이런 점에서 행복이란 삶의 풍족함을 고요히 관조하여 의식하는 것이고, 불행은 풍족함을 권태로움으로 경험하는 것이다.

마음챙김을 수행한다는 것은 곧 우리가 너무나 무감각해져서 이미

* 독일어로 'Achtsamkeit'라고 하는데 '주의 · 신중'의 의미로 사용되며, 영어로는 'Mindfulness'에 해당한다. 이 말은 불교에서 참선의 방법을 나타낼 때 사용하는 지관(止觀)이나 정념(正念)과 유사한 의미를 나타낸다. 곧 1970년대 이후 임상심리학에서 우울증과 같은 다양한 심리적 상태를 겪는 사람들을 위한 치료 프로그램에서 쓰이는, 평안함과 안정감을 위해 내면에 주의를 기울이는 심리적 과정을 뜻한다.

가지고 있는 것의 가치를 더는 높이 평가하지 못하는 상태가 되지 않도록 하는 일이다. 이런 점에서 마음챙김을 수행하는 것은 앞서 말한 이익과 고통의 변증법에 대한 최고의 해독제이다. 내면에 주의를 기울이는 사람은 자신이 이미 알고 있는 것에 대해서도 언제나 새롭게 즐거워할 수 있기 때문이다. 일상적인 것도 주의를 기울여 자세히 살펴보면 그렇게 일상적이지만은 않다. 그래서 오래된 것에서도 새로운 것이 주는 자극을 발견할 수 있게 해서 새롭고 극단적인 자극에 집착하는 것에서 벗어날 수 있도록 우리를 이끌어준다.

이제 행복을 추구하는 두 번째 전략을 다룰 때가 되었다. 의미 있는 삶은 오직 자신의 존재를 넘어서는 어떤 것에 의미를 두는 경우에만 가능하다. 우리가 의미를 얻으려면 삶을 고립시켜 바라보지 않고, 세계와 관계 속에서 보아야 한다. 의미는 관계를 뜻하기 때문이다. 철학자 빌헬름 슈미트는 이렇게 말했다. "사람들이 서로 맺고 있고 서로를 강하게 이어주는 모든 관계는 분명히 '의미'로 채워진다. 사람들이 저마다의 행동을 서로 조율하지 않고 아무런 상관관계도 존재하지 않는 형태로 행동한다면, 그것은 의미가 없는 것으로 여겨질 것이다. 아무 관계도 없거나 잘못된 관계를 만들어내는 생각은 '터무니없는' 것으로 받아들여진다. 이렇듯 무엇이든 관계가 없으면, 의미도 찾을 수 없다."[38]

우리는 이미 3장에서 우연과 필연을 다루면서 의미를 둘러싼 문제를 살펴보았다. 펠릭스 산체스와 힐다 메이어는 9·11 테러 공격에서 살아남았으나, 하필이면 뉴욕에서 추락한 비행기 사고 때문에 죽었다. 이 사건은 우연한, 곧 의미 없는 사건의 연속일 뿐이지만, 우리의 뇌는 그렇게 우연히 발생한 사건에 상관관계를 만들어내려는 유혹에 쉽게 빠져든다. 아울러 우리는 우연과 필연으로 규정된 우주의 흐름에서 어떤

'심오한 의미'를 해석하려는 성향을 지니고 있다. 하지만 우리가 우주에 관해 아는 바에 따르면, 그런 의미는 객관적으로 존재하지 않는다.

나는《진화론적 인도주의 선언》에서 이렇게 밝혔다. "오늘날 비판적이며 과학적인 교육을 받은 사람들에게 호모사피엔스는 더는 신의 선의로 훌륭하게 만들어진 최고의 피조물이 아니다. 호모사피엔스는 의도되지 않은 존재이고, 우주적 차원에서 보면 아무런 의미도 없는 무의미하며 한시적인 주변 현상일 뿐이다." (7장에서 다시 밝히듯이, 어떤 합리적 반론이 가능할지는 모르겠으나) 이런 진단이 옳다면 당연히 아무런 의미도 지니지 않는 우주에서 어떻게 의미 있는 삶을 살아갈 수 있는지 의문이 생겨난다.

이런 의문에 대답하기는 매우 쉽다. 여기에서 말하는 의미 있는 삶의 문제는 (아마도 거의 확실하게 존재하지 않을) 커다란 의미 그 자체나, 영국의 작가 더글러스 애덤스가 조롱하듯이 말한 '생명과 우주, 그 밖의 것'에 관한 것이 아니기 때문이다.[39] 그것은 우리를 위한 훨씬 소박한 의미와 관련된 문제이다. 곧 은하수의 변두리에 자리 잡은 작은 행성에 살아가면서 문화를 지닌 원숭이인 우리가 삶에서 중요하다고 생각하는 관계의 문제이다.[40]

따라서 우리는 의미 그 자체를 찾을 수 없다는 사실에서 최선의 결과를 얻어내면 된다. 실제로 존재의 세계를 자세히 들여다보면, 인간은 의미를 지니지 않는 우주의 우연한 주변 현상에 불과할 뿐임을 알 수 있다. 그렇다고 이런 사실에 전혀 실망할 필요는 없다. 존재의 형이상학적인 무의미성을 인정할 때, 우리는 비로소 개인적으로 의미를 부여할 자유로운 공간을 지닐 수 있기 때문이다. 다시 말해 삶 그 자체를 넘어서는 의미가 존재하지 않는다는 사실을 인정한 뒤에야 비로소 우리는 삶에 의미를 부여해서 자신을 넘어서는 기쁨을 누릴 수 있다.

이렇듯 자발적으로 의미를 구성할 때는 내가 우주에서 이익과 고통을 느끼는 유일한 존재가 아니라는 인식이 반드시 전제되어야 한다. 자신의 이익과 고통을 우려하는 마음을 타인의 이익과 고통으로까지 넓혀야 우리는 다른 사람과 관계를 형성하고, 의미를 경험할 수 있다. 그 관계는 순전히 개인적일 수도 있다. 흔히 부모는 자녀가 고통보다는 이익을 더 많이 경험하기를 원한다. 그렇게 되면 분명히 좋을 것이다. 하지만 오직 자기 자녀를 배려하는 것에만 의미를 둔다면 많은 위험에 맞닥뜨릴 수 있다. 예컨대 자녀가 집을 떠나 자신의 길을 가게 되는 순간부터 심각한 위기를 겪을 수도 있다.

그러므로 삶의 의미를 개인의 주변에서만 찾는 사람은 나와 내 주변을 넘어서는 일에 책임감을 느끼는 사람보다 덜 행복한 경향이 있다는 행복학의 결론이 그리 놀랍지 않다. 이미 1장에서 확인했듯이 이타주의는 수지맞는 장사이다. 하지만 그것으로 모든 문제가 해결되지는 않는다. 의미 있는 삶에서 느끼는 행복은 어떤 '더 커다란 일'에 전념하는 것과 아무 관련이 없는 것처럼 보이기 때문이다. 노숙자를 돕거나, 위기에 빠진 가족을 돕거나, 암에 걸린 아이들에게 웃음을 선물하거나, 더 나은 교육, 더 정의로운 경제, 더 좋은 자연을 위해 애쓰는 일은 누구나 주관적으로 의미 있다고 생각한다. 하지만 어떤 개인은 나치주의나 종교적 망상에 이바지하는 일에 참여하는 것에서 자신의 충족감을 찾기도 한다.

마음에 들지 않을 수도 있지만, 히틀러 · 아이히만 · 스탈린 · 호메이니 · [9.11 테러를 일으킨] 모하메드 아타와 같은 사람도 그들의 주관적 입장에서는 '의미 있는 삶'을 살았다고 해석할 수 있다. 그들의 행동이 계몽적 · 인도주의적 관점에서는 인간에 적대적인 광기였을 뿐인데도 말이다. 어쨌든 히틀러와 같은 사람은 행복할 수 없다고 말하는 '인간주의적 심리학자들'의 생각은 단지 착한 희망에 지나지 않는다. 히틀러는 행복을 위한 세 가지 전략 가운데 두 가지를 마음 깊이 새겼다. 그는 아무리 인간에게 적대적이고 황당한 것이라도 '더 높은 과업'을 수행하고, 수사학적 재능을 발휘하여 끔찍한 파멸을 초래하더라도 자신의 재능을 펼치기 위해 적극적인 삶을 살았다. (히틀러의 삶에 관한 자료를 살펴보면, 그가 쾌락주의적이었을 가능성은 크지 않아 보인다.)

여기에서 우리는 행복이나 만족스러운 삶이라는 아름다운 느낌을 절대 무조건 신뢰해서는 안 된다는 교훈을 얻을 수 있다. 어떤 '행복'은 다른 사람의 '불행'을 통해 얻어진다. 그리고 어떤 '의미'는 자세히 들여다보면 터무니없는 '무의미'로 밝혀지기도 한다. 행복과 의미의 충족이 정말로 사랑과 생명을 존중하고, 세계의 진정한 상관관계를 깊게 이해하는 것으로 연결되었다면, 인류의 역사는 분명히 현실과는 전혀 다르게 흘러갔을 것이다.

요컨대 부자유 상태에서도 행동의 자유가 나타날 수 있는 것처럼, 의미도 때로는 무의미 상태에서 나타나기도 한다. 그래서 가끔은 무의미와 의미를 구별하기 쉽지 않지만, 다행히 우리는 적어도 둘의 차이를 구별하기 위해 어떤 도구를 사용해야 하는지는 안다. '논리'와 '경험'이다. 무의미를 삶의 의미로 떠받드는 일이 없기를 바라는 사람은 다양하게 제시되는 의미가 논리적이고 경험적으로 적합한지 검증해 보아야 한다.

확실히 이런 비판적 검증은 매우 번거로울 수 있다. 수많은 정보를 수집해서 처리해야 하거나, 그동안 선호해온 관점을 버려야 하는 때도 있을 수 있기 때문이다. 하지만 다행스럽게도 이런 노력은 대부분 단순히 목적을 위한 수단에 그치지 않고, 노력 자체가 강한 행복의 감정을 불러일으키는 선물이 되기도 한다. 이것이 바로 이제 우리가 다룰 행복을 위한 세 번째 전략인 '적극적인 삶'의 비밀이다.

적극적인 삶을 산다는 것은 계속해서 새로운 도전 앞에 자신을 세우는 것이다. 그러나 능력에 가장 알맞게 주어진 과제, 곧 능력과 비교해 너무 무겁지도 너무 가볍지도 않은 그런 과제를 해결했을 때 우리는 행복의 감정을 얻을 수 있다.

저명한 사회심리학자 미하이 칙센트미하이는 이렇게 밝혔다. "테니스 경기에서 … 두 사람의 실력이 서로 맞지 않으면 재미가 없다. 실력이 낮은 선수는 불안할 것이고, 실력이 좋은 선수는 지루할 것이다. 다른 활동에도 똑같은 원리가 적용된다. 평소에 듣던 것보다 너무 단순한 음악은 지루하게 느껴질 것이고, 너무 복잡한 음악은 소화하기 힘들 것이다."[41] 칙센트미하이가 수천 명과 면담을 해서 알아낸 바에 따르면, 도전과제가 사람의 능력과 균형을 이룰 때, 다시 말해 "지루함과 불안함 사이의 경계에 있을 때 즐거운 기분이 생겨난다."[42]

도전과제와 능력이 이상적으로 균형을 이루고, 행위자가 자신의 활동을 스스로 결정한다고 느낄 때, 곧 내적 · 외적 행동의 자유라는 의미에서 자유를 느낄 때 이른바 몰입을 경험할 수 있다. 그러면 내면적인 조화를 이룬 듯한 행복한 느낌이 들며, "생각, 의도, 감정, 모든 감각이 … 같은 목표를 향한다."[43] 몰입을 경험할 때의 특징은 행위 안에서 자아가 완전히 사라진다는 것이다. 몰입의 순간에는 생각과 느낌이 '나'가 아니라 행위 그 자체를 중심으로 움직인다.

개인적으로 나는 피아노 앞에 앉아서 연주할 때, 특히 즉흥연주를 할 때 이런 경험을 자주 겪는다. 아주 짧은 시간 안에 나 자신의 자아를 인식하지 못하게 된다. 많은 음악가가 느낀 감정이 일상의 자아의식을 대신해서 자리를 차지한다. 곧 내가 아니라 뭔가 내 안에 있는 어떤 것이 연주를 하는 듯한 느낌이다. 멜로디, 하모니, 리듬, 분절법 등이 어디에서 오는지 알지 못한다. 그냥 갑자기 그렇게 연주가 된다. 그 순간에는 시간과 공간에 대한 느낌이 완전히 사라진다. 심지어 놀랍도록 오래 그런 상태가 유지되기도 한다. 오후에 피아노 앞에 앉았다 다음 날 아침이 되어서야 연주를 끝내는 때도 있었다. 그럴 때는 어떤 약속이 있거나 급하게 처리해야 할 일이 있어도 전혀 중요하지 않았다. 나와 내 주변의 모든 일을 그냥 잊어버렸다.

칙센트미하이는 이런 종류의 보고서를 여러 해 수집했다. 몰입의 감정을 느끼게 한 예는 무척 다양했다. 달리거나, 암벽등반을 하거나, 춤을 추다가 몰입에 빠진 사람도 있었다. 곡을 연주하거나, 그림을 그리거나, 책을 읽다가, 아니면 명상을 하거나 체스를 두다가 몰입 상태에 빠진 사람도 있었다. 그러나 몰입 상태에 들게 된 조건이나 경험은 대부분 비슷했다. 몰입 상태에서는 아무리 어려운 일이라도 저절로 쉽게 되는 것처럼 보인다. 하지만 실제로는 특별한 노력이 필요하다. 칙센트미하이에 따르면, 몰입 상태를 경험하기 위해서는 "힘든 육체적 노력이나 매우 집중적인 정신적 활동이 필요하다."[44] 아울러 능숙함과 노력이 없이는 불가능하다. 집중력이 떨어지면, 몰입의 경험도 없어진다.

몰입은 온 힘을 기울이는 것, 곧 어떤 과제를 이루려고 자신의 한계를 넘어서려는 노력이 없이는 거의 경험할 수 없다. 그래서 갈수록 능동적인 생산자가 아니라 수동적인 소비자의 역할로 사람들을 사회화하는 문화는 심각한 문제를 낳는다. 심지어 칙센트미하이는 현대 사회에서 우울증이 증가하는 주된 원인을 여기에서 찾기도 한다. "직접 악기를 연주하는 대신에 우리는 억만장자가 된 스타가 녹음한 음악을 듣는다. 직접 미술작품을 만드는 대신에 우리는 최근 경매에서 최고가의 기록을 새로 세운 그림을 보면서 감탄한다. 우리는 자신의 확신에 따라 스스로 행동하는 위험을 무릅쓰지 않고, 마치 자기가 모험을 하는 척 연기하는 배우를 보는 데 매일 많은 시간을 보낸다. … 이런 대리 경험을 통해서 시간의 공허감을 잠시는 채울 수는 있다. 그러나 대리 경험은 진정한 도전에 쏟는 집중력에 비하면 아무것도 아니다. 능력을 쏟아부은 결과로 얻는 몰입 경험은 사람을 성장으로 이끌지만, 수동적인 여흥으로는 아무것도 얻지 못한다. … 대중여가, 대중문화는 물론이고 높은 수준의 문화라 할지라도 사람들이 단지 수동적이고 외적인 이유로 참여한다면 그것은 정신의 기생충일 뿐이다. … 그것은 참여의 대가로 진정한 힘을 되돌려주는 것이 아니라, 심리적 에너지를 흡수해버린다. 그래서 우리는 전보다 더 지치고 낙담하게 된다."[45]

확실히 에리히 케스트너의 유명한 말이 맞는 것 같다. 윤리 영역에서도 그렇듯이, 몰입 경험이 주는 긍정적 감정을 위해서도 "직접 하는 것보다 더 좋은 것은 없다." 너무 편안해서, 아니면 실패할 것이 너무나 두려워서 도전에 나서지 않는 사람은 스스로 성장할 기회를 차버리는 것이다. 나아가 '성장의 자각'과 함께 얻을 수 있는 행복을 포기하는 것이다.[46]

여기에서 자유의지와 결별할 때 생겨나는 긍정적인 힘을 찾아볼 수 있다. 진정으로 자유의지론에서 벗어나면 실패를 두려워하는 마음을 상당히 줄일 수 있다. 그리고 실패를 두려워하지 않고 도전하는 사람은 자신이 지닌 잠재력을 모두 끌어내서 뭔가 이룰 준비가 되어 있다.

자유의 역설은 여기에서도 긍정적인 면을 보여준다. 나는 자유의지론에서 벗어난 사람은 (그러면서 숙명론이나 상대주의의 결론에 빠져들지 않은 사람은) 삶을 살아가면서 더 큰 자유를 얻게 될 것이라고 감히 주장한다. 자유의지론에서 벗어난 사람은 자유의지라는 (니체의 말을 빌리면) '고문 도구',[47] 그리고 그와 연관된 자존감이라는 문제로 자신을 괴롭힐 필요가 없다. 그래서 평균적인 사람보다 독립성 · 독창성 · 유연성을 더 많이 지니고, 전통에 얽매이지 않고, 문제를 해결하기 위해 창의적인 방법을 선택할 용기도 지닌다.

알베르트 아인슈타인이 적절한 사례이다. 그가 한 수많은 말에서도 드러나듯이, 그는 자유의지를 거부하면서 얻은 자유의 공간을 의식적으로 활용했던 사람이다.[48] 그런 면에서 앞에서 언급한 효과를 '아인슈타인 효과'라고 부를 수도 있을 것이다. 창의적이고 전통에 얽매이지 않은 사고를 지닌 다른 사람들도 자유의지를 철저히 배격했다. 인류 역사에서 가장 위대한 발명가인 토머스 에디슨도 상대성이론의 창시자인 아인슈타인만큼이나 자유의지를 믿지 않았다.

이것이 그저 우연일까? 아니면 자유의지에 대한 거부와 창의성 사이에 정말로 어떤 상관관계가 존재하는 것일까? 아쉽게도 아직은 이 질문을 경험적으로 검증할 수는 없다. 자유의지론을 인정하거나 부정하는 것이 실제 삶에 어떤 영향을 끼치는지를 다룬 연구가 거의 없기 때문이다.[49] 그러나 이 문제를 과학적으로 충분히 검증할 수 있다. 바로 여기에 심리학의 기초 연구를 위해 남겨진, 지금까지 거의 경작되지 않은 비옥한 대지가 놓여 있다.[50]

아직은 연구 결과가 부족하다. 그래서 자유의지론을 거부하면서 상대주의와 숙명론에 빠지지 않는 것이 행복을 방해하기보다는 장려한다는 명제를 뒷받침하는 경험적 자료는 제시할 수 없다. 논리적 타당성만 근거로 제시할 수 있을 뿐이다. 이에 관해 여기에서는 세 가지만 짚고 넘어가자.

첫째, 자유의지에서 벗어난 뒤에는 쾌락주의적 삶이 쉬워진다. 육체적 감각을 누리는 것이 더는 죄책감으로 가로막히지 않기 때문이다. 둘째, 의미 있는 삶을 위한 계획이 지원된다. 죄와 속죄라는 이데올로기에서 벗어난 사람은 자신의 삶을 '더 높은 목적'을 위해 던질 수 있기 때문이다. (그래서 오직 '무의미한 의미 충족'만이 문제가 된다. 논리적 · 경험적으로 오류에 빠져 있거나, 비인간적이거나, 내집단 · 외집단 사고에 기초한 의미들이다.) 셋째, 적극적인 삶을 살 기회가 커진다. 실패의 두려움이 적은 사람은 성장을 장려하는 도전에 나설 준비를 하고, 성장을 위해 도전하는 과정에서 몰입 상태를 경험할 수 있기 때문이다.

원죄 증후군을 극복해서 얻을 수 있는 장점은 여기에 그치지 않는다. 어쩌면 가장 놀라운 효과는 과학의 분석적이고 합리적인 사고방식과 연결하기 어려운 영성과 신비주의의 영역에 있을 것이다. 이제 과학과 신비주의는 서로 배척하지 않는다. 오히려 두 개념은 하나의 통일체로 된다.

합리적 신비주의

1995년 3월 23일은 어쩌면 내 인생에서 가장 이상한 날이었다. 화창한 봄날에 어떤 특별한 일이 일어나리라는 조짐은 어디에도 없었다. 나는 평소와 똑같이 아침에 버스를 타고 대학에 가서 작은 내 사무실에 있는 컴퓨터 앞에 앉아 일주일 전부터 작업하고 있던 철학 논문을 끝마쳤다. 13년이나 지난 일이고 내 기억력이 그리 좋은 편은 아니지만, 당시 있었던 일은 놀랍게 정확히 기억난다. 나는 끝마친 논문을 프린터로 출력해 훑어보면서 연필로 수정할 문구를 옆에 적어 넣었다. 그리고 나는 논문을 읽으며 사무실을 나와서 건물 계단을 내려갔고, 출입구를 지나 교정에 도착했다.

그 순간 말로 설명하기 어려운 일이 일어났다. 한순간에 세상이 변한 것 같았다. 교정에 서 있는 나를 둘러싼 색상이 어느 때보다 선명히 빛났고, 그때까지는 거의 느끼지 못했던 식물의 향기를 강하게 느꼈다. 더 이상한 것은 이렇게 강한 외적 감각과 함께 커다란 내적 고요도 찾아왔다는 점이다. 나는 그러한 감정에 완전히 압도되었다. 그래서 집으로 가는 버스를 타겠다는 원래의 계획을 포기하고 교정의 벤치에 앉았다. 다른 행동을 할 수 없었다. 내가 얼마나 오래 그곳에 앉아 있었는지, 얼마나 오래 꼼짝하지 않고 교정에서 일어나는 일을 바라보았는지는 모르겠다. 그 순간에는 시간은 물론이고 나 자신도 지각할 수 없었기 때문이다. 내 안에서 '세상과 뒤섞이는 물아일체의 감정'이 확장되어 주체와 바깥 세계의 경계조차 인식하지 못하는 상태가 되었다. 나와 바깥 세계의 경계가 완전히 사라진 것처럼 느껴졌다. 나는 '세계와 하나'가 되었고, 특별한 방식으로 '몰입'의 상태가 되었으며, 공허하면서도 완전히 꽉 찬 듯한 느낌을 받았다.

대부분 이러한 '자아의 상실'이 불안하게 느껴졌을 것으로 생각하겠지만, 오히려 반대였다. 나는 조화의 감정과 평정심이 충만한 느낌을 받았다. 자아가 증발해버린 바로 그 순간 말고는 그 일이 있기 전이나 그 이후에도 '나 자신의 한가운데'나 '순수한 나 자신'으로 있은 적은 없었다. 아쉽게도 그때의 경험을 이런 신비주의 냄새가 물씬 풍기는 형태로밖에 표현하지 못하겠다.

정신이 서서히 제자리로 돌아오자 나는 벤치에서 일어나 버스를 타러 갔다. 그러나 여전히 나는 평소와 같은 상태로 완전히 돌아오지 못했다. 황홀경에 빠져 묘한 미소를 지으며 버스를 기다리는 내 모습을 본 몇몇 사람은 저 교수가 약물을 복용했다고 생각했을 것이다. 물론 잘못된 생각이지만 말이다. 황홀경에서 빠져나오지 못해 승객이 가득 찬 버스에서도 갑자기 바보처럼 "여러분, 사랑해요!"라고 소리치며 사람들을 껴안고 싶은 충동이 들었다. 하지만 다행히 이성적인 자아가 되돌아와서 마지막 순간에 간신히 억누를 수 있었다. 그래서 내 명예를 영원히 실추시킬 만한 행동을 하지는 않았다.

집에 도착할 무렵에는 일상의 의식으로 돌아왔다. 그러나 내가 겪은 일이 점차 무서워졌다. 도저히 이해할 수 없었다. 그래서 일단은 교정에서 겪은 일을 다른 사람에게 말하지 않았다. 어차피 말로 설명하기 어려웠고, '미친 신비주의자'라는 소리를 듣고 싶지도 않았다. 나는 한스 페스탈로치의 '뉴에이지의 온순한 우둔함'을 언제나 날카로운 말로 비판해왔고, 지금도 마찬가지이다.* 그런 내가 하필이면 신비주의 잡지에서나 찾아볼 법한 경험을 밝혀야 한다니, 절대 그럴 수는 없다고 생각했다.

내가 그때 종교나 신비주의의 영향을 조금이라도 받았다면, 1995년 봄의 특별한 사건을 틀림없이 '신비 체험'이나 '깨달음', '득도' 등으로 해석했을 것이다. 그러나 나는 자타가 공인하는 합리주의자이자 종교 비판자로서 그러한 형이상학적 해석에 우호적이지 않았고, 지금도 그렇다. 당연히 나는 내 경험이 종교적인 설명이 아니라, 신체 내부의 어

* '온순한 우둔함Die sanfte Verblödung'은 스위스의 사회비평가인 한스 페스탈로치가 1985년에 출간한 책의 이름이다.

떤 원인과 관련이 있다고 확신했다. 내 육체의 신진대사 과정과 뇌신경의 활동이 그런 경험을 불러왔다는 점을 조금도 의심하지 않았다. 하지만 나는 무엇이 그러한 뇌신경 활동을 불러왔는지 정말로 궁금했다.

누군가 학교 식당에서 내 음식에 향정신성 약물을 넣었을 가능성은 거의 없었다. 그래서 그런 식의 단순한 해석은 배제했다. 아울러 나는 환각을 일으킬 만큼 특별히 심리적으로 스트레스를 받을 만한 상황에 있지도 않았다. 내 경험을 유일하게 합리적으로 설명해 줄 수 있는 실마리는 논문의 완성과 관련이 있을 것으로 추측했다. 철학 논문을 훌륭하게 완성해서 칙센트미하이가 말했던 차원의 보상으로 뇌가 그렇게 특별한 선물을 주었을까?

이런 가설에 들어맞는 점도 있다. 내 경험에는 칙센트미하이와 그의 지지자들이 몰입 상태의 특징이라고 밝힌 여러 특징이 고스란히 나타났기 때문이다. 감각이 강해지고, 시간을 지각하지 못하고, 환상적인 내면의 조화를 느끼고, 바깥 세계와 경계가 사라지는 느낌과 같은 것이다. 그러나 내 경험을 '일반적인' 몰입 경험으로 받아들일 수 없게 하는 요소도 있다. 무엇보다 내 경험은 심리학 문헌에 나오거나, 내가 다른 경로로 알게 된 몰입 경험보다 훨씬 더 강렬했다. 피아노 연주에서 내가 겪은 '일반적인' 몰입 경험과 교정에서 겪은 극단적인 몰입 경험 사이에는 큰 차이가 있었다. 마치 베토벤 교향곡을 작은 트랜지스터라디오와 최고급 음향기기로 듣는 것만큼이나 큰 차이가 있었다.

내 경험이 칙센트미하이의 이론과 일치하지 않았던 또 한 가지는 그런 경험을 하게 만든 근본 원인이었다. 그의 연구에 따르면, 몰입 경험을 불러오는 도전 과제의 종류는 무엇이든 상관없다. 과제를 스스로 정하되 과제는 해결할 사람의 능력에 어느 정도 맞아야 한다는 것만이 중요하다. 그런데 왜 하필이면 첫 논문도 아니었고, 가장 힘든 논문도 아니었고, 최고의 작품도 아닌, 일상적인 논문을 끝마쳤을 때 나에게 그렇게 강렬한 몰입의 경험이 생겨났을까? 이 논문에 비해 더 많은 시간과 노력이 들어간 논문도 있었고, 더 쉽게 쓰인 논문도 있었다. 더 독창적인 아이디어와 더 훌륭한 문장으로 된 논문도 있었다. 그런 것에 비하면 이 논문은 딱딱한 느낌을 주는 논문이었다. 그런데도 왜 하필이면 이 논문의 완성이 그토록 극적인 몰입 경험을 불러왔는지 칙센트미하이의 이론으로는 설명할 수 없었다.

그러나 막연히 짐작만 하던 것이 오랜 숙고 끝에 확신으로 바뀌었다. 내가 겪은 극적인 몰입 경험은 내가 스스로 결정한 임의의 과제, 그것도 내 능력에 걸맞은 과제를 해결해서 나타난 것이 아니었다. 오히려 논문의 내용과 깊은 관련이 있었다.[51] 그 논문은 어떤 점에서는 나중에 실제로 내가 교정에서 겪을 일을 미리 이론적으로 정리한 글이나 마찬가지였기 때문이다.

그 논문은 어떤 내용이었을까? 근본적으로 이 책과 다르지 않다.[52] 당시 완성한 논문은 이른바 자율적으로 행동한다고 여기는 자아를 해체하는 내용이었다. 해체의 과정에서 논리적 오류가 조금 있기는 했으나, 논문 끝부분에 나 자신을 명시적으로 끌어들여 논증에 사용한 것이 내 안에 있던 일종의 '정신적 바이러스'를 깨우는 계기가 되었던 것 같다. 내가 대학 교정으로 나가는 문을 밀어젖힌 순간, 현대의 지식에 따르면 '당당한 자아'는 직관적으로 '자연법칙 위에 존재'하는데, 그 바이러스는 현대의 지식과는 달리 내 안에 있는 '당당한 자아'라는 프로그램을 먹통으로 만들어버렸다. 그래서 그때까지 순전히 인지적인 차원으로만 알던 '당당한 자아'가 자연의 일부라는 사실을 처음으로 완전하게 느꼈다.

논문을 쓰는 동안에는 내가 냉철하면서도 이성적이고 분석적인 방식, 곧 매우 서양적인 논증 방식을 사용하고서도 끝내 몇몇 동양철학과 명확히 유사한 결론에 도달했다는 사실을 깨닫지 못했다. 하지만 대학 교정에서 비판적 합리주의자로서의 기본적 태도와 걸맞지 않은 경험을 하고 난 뒤에 그런 관계를 더는 모른 척할 수 없었다. 합리성과 동양철학은 내가 전에 믿었던 것만큼 그렇게 먼 곳에 있지 않았던 것일까?

그 뒤 나는 힌두교와 불교와 같은 동양철학에 관한 많은 책을 탐독했다. 내가 동양철학 책에서 찾아낸 놀라운 사실은, 동양철학이 내가 완전히 다른 방법론을 써서 찾아낸 사실과 꽤 일치한다는 점이었다. 뇌 연구를 통해서 우리의 의식적 사고행위가 의식적인 뇌 신경의 작동에서 생겨나지 않는다는 사실이 발견되기 훨씬 오래전부터 선불교[53]나 [불이일원론을 주창한] 아드바이타 힌두교[54]와 같은 동양의 철학과 종교는 '우리'가 생각하는 것이 아니라, '우리 안'에 있는 뭔가 다른 것이 생각한다는 사실을 이미 알았다. 아울러 전체로부터 독립된 것으로 이해되는 자아를 환상이라고 밝히고, 그러한 환상에서 비롯된 주체와 객체의 구분을 착각으로 보았다. 나아가 독립된 자아라는 환상을 철저히 배격해 전체 세상에서 나를 소외시키는 것을 지양했으며, '정신의 평화'를 찾으려 노력했다. 종교 전통에서 '깨달음'이라는 표현은 기본적으로 극적인 몰입 경험과 다르지 않았다. 그리고 그러한 경험은 동양 종교에서 말하는 자아로부터의 해방을 통해 나타난다.

독립된 자아라는 환상을 폭로하고, 주체와 객체라는 잘못된 구별을 제거하며, 심리적 압박을 가져다주는 자아에 집착하는 것을 극복하는 것이 나에게는 뭔가 '동양의 지혜'로 여겨졌다. 자아로부터 해방되어 특별한 몰입을 경험하게 되면 개인과 세상의 관계가 근본적으로 변화한다. 무엇보다 개인은 훨씬 더 여유로워진다.

자신을 벗어던질 수 있는 사람은 훨씬 여유로운 자신을 만들어갈 수 있다. 여유로움은 벗어던지는 것이고, 깨달음은 세상과 구분된 '나'라는 허구에서 벗어날 수 있는 능력과 밀접하게 관련되어 있기 때문이다.[55] 마이스터 에카르트는 이런 사실을 잘 알았다. 덕분에 '초연'이라는 아름다운 단어가 생겨났다. 기독교 신비주의자였던 그의 사상은 놀라울 정도로 동양 신비주의와 일치하는 점이 많았다.[56]

초연한 사람은 죄와 속죄, 선과 악처럼 독성이 강한 밈플렉스에서 벗어난 사람이다. 그런 사람은 자신의 성과를 자랑스러워하지 않으며, 자신의 모자람에 절망하지 않는다. 모두 있는 그대로 자신일 수밖에 없음을 알기 때문이다.

이러한 초연함의 밑바탕에는 '나'에 속하는 모든 성질이 궁극적으로 전체의 맥락 안에서만 이해할 수 있다는 인식이 놓여 있다. 개별적인 '나'가 태어나기 훨씬 전부터 작용해온 무수히 많은 결정요인에서 동떨어진 '나'는 존재하지 않는다. 우리가 살아가는 과정에서 받아들인 밈플렉스를 '나'한테서 떼어놓으면 '나'는 본디 아무런 내용도 지니지 않았다는 사실을 깨닫게 된다. 내면 깊은 곳에서 우리는 신을 믿지도 부정하지도 않으며, 교양이 있지도 없지도 않고, 아름답지도 추하지도 않고, 선하지도 악하지도 않다. 우리는 그냥 우리일 뿐이다.

마치 양파와 같다. 내가 '나'를 벗기면, 곧 특별한 자아를 구성한 밈플렉스의 껍질을 한 꺼풀 두 꺼풀 벗기다 보면, 마침내 내게는, 다시 말해 가상으로 연출된 내 자아에는 아무것도 남지 않는다. (이것이 모든 명상의 목적인데) 이러한 생산적인 공허를 경험하면 자기 존재의 근원을 느낄 수 있다. 이 근원에는 자기 것, 개인적인 것은 전혀 존재하지 않는다. 단지 특정되지 않고, 특정할 수 없는 어떤 것, 우리가 모두 지구상에 존재하는 다른 모든 생명체와 함께 지닌 것, 곧 생명 그 자체만 존재할 뿐이다.

우리는 모두 수십억 년이나 된 '생명의 불씨'를 품었다. 그 불씨는 지구 위에서 생명의 계주가 시작된 뒤로 한 번도 꺼지지 않았다. 이러한 거대한 차원의 계주를 인식하면 과학적 세계관이 모든 종교적 창조 신화보다 깊은 신비주의적인 요소를 포함한다는 사실을 발견한다. 유기체가 얼마나 많은 세대에 걸쳐 소중한 생명을 전달해왔는지 상상해보라. 태초의 바다에서 원시 수프의 원시 유기체로 시작되어, 태초의 어류 · 양서류 · 포유류 · 유인원을 거치고, 더 나아가 수없이 많은 세대에 걸쳐 사람과로 분류되는 영장류인 인원류와 인간, 마침내 지금의 당신에게까지 이른 생명의 계주를 상상해보라. 우리는 모두 같은 원시 수프에서 나왔으므로 서로 친족관계에 있는 것은 물론이고, 더 나아가 실제로 우리는 하나이다. 우리가 모두 40억 년이 된 똑같은 '생명의 근원'을 몸 안에 품었기 때문이다.

"나는 살려는 의지를 지닌 생명 한복판에서 역시 살려는 의지를 지닌 하나의 생명이다." 알베르트 슈바이처가 놀랄 만큼 명료하게 표현한 말이다.[57] 이 문장의 윤리적 함의를 뒤에서 다시 다룰 것이다. 여기에서는 슈바이처의 말 안에 담긴 개인에 관한 의미가 중요하다. '나'와 전체 사이에 존재하는 근본적 연관성에 대한 경험, 곧 때때로 '영성'이라는 개념으로 표현되는 경험의 의미를 알아야 한다.[58]

이 '영성'이라는 개념은 한때 크게 유행했다. 심지어 단호한 무신론자였던 미국의 종교비판자 샘 해리스나 프랑스 철학자 앙드레 콩트스

퐁빌도 영적으로 보이려 노력했다. 나는 그들의 의도는 이해하지만, 그 개념을 이해하는 데에는 어려움을 겪었다. (라틴어에서 '정신 · 숨결'을 뜻하는 '스피리투스spiritus'라는 말에서 비롯된) '영성'은 낱말부터 이미 육체와 정신이 이분법적으로 분리될 수 있고, 정신이 육체보다 우위를 차지하며, 그 정신의 도움으로 최종적인, 곧 인간의 인지능력을 넘어서는 ('신'이나 '의미 그 자체'와 같은) 진실을 인지할 수 있다는 의미를 담고 있다. 그러나 그런 것은 자연주의 세계관, 곧 '자연 자체로' 운행하는 우주에는 존재할 수 없다. 그래서 나는 '영성'이라는 말보다는 '합리적 신비주의'라는 표현을 더 좋아한다.

물론 '합리적 신비주의'도 그리 간단한 개념이 아니라는 점은 인정한다. 처음 들었을 때, 개념 자체가 모순된 것처럼 여겨질 수도 있을 것이다. 뭔가 은밀한 의미를 지닌 '신비주의'라는 말은 '합리성'이라는 말과는 잘 어울리지 않는다. 우리가 합리적으로 이해할 수 있는 것은 신비스럽지 않고, 신비스러운 것은 합리적으로 이해할 수 없기 때문이다. 그렇다면 이러한 전제에 기초해 만들어진 복합어인 '합리적 신비주의'란 도대체 무슨 뜻일까?

'합리적 신비주의'는 합리성과 신비성이 같은 순간에 나타난다는 의미가 아니다. 그 둘이 서로 조화로운 관계에 있다는 것을 강조하기 위한 개념이다. 신비주의적 경험을 하면서 합리적으로 평가를 한다면 당연히 경험 자체가 무산될 것이다. 그렇다고 우리가 그 경험을 나중에 합리적으로 평가할 수 없다는 의미는 아니다. 내가 대학 교정에서 겪은 경험이 보여주듯이, 신비주의적 경험이 합리적 사고를 통해 생겨날 수도 있다. 이런 사실들에 기초해 이렇게 정의할 수 있겠다. '합리적 신비주의'는 합리적인, 다시 말해서 논리적 · 경험적 검증을 거친 밈플렉스로 촉발된 모든 종류의 신비주의적 경험이거나, 적어도 나중에 그러한 밈플렉스와 조화를 이룰 수 있는 신비주의적 경험이다.

모든 신비주의적 경험이 이런 조건에 반드시 부합하지는 않는다. 어떤 '영적 경험'은 매우 비합리적인 밈플렉스와 연관되기 때문이다. 강렬한 신비주의적 경험이 저절로 더 나은 인식과 사랑의 힘을 키워준다는 생각은 인간적이고 친절한 사람만이 '참된 행복'을 느낄 수 있다는 생각만큼이나 신앙적인 희망일 뿐이다. 사람들은 대개 분홍빛 색안경을 쓰고 영적 분야를 관찰한다. 하지만 색안경을 벗으면 모하메드 아타와 같은 사람도 신비주의적 경험을 했거나 한다는 사실을 마주하게 된다. 9월 11일의 테러리스트들도 자신들을 넘어서 강렬하게 '전체와 연결되는 감정'을 느끼지 않았다면 자신들의 목숨을 희생하지 않았을 것이다. 그들이 자신들과 수많은 다른 사람을 살해한 이유는 영적으로 충분하지 못해서가 아니라, 비합리적이고 비인간적인 밈플렉스에 크게 기울어진 영성을 느꼈기 때문이다.

요컨대 우리는 신비주의적 경험도 합리적 기준에 기초해 판단할 수밖에 없다. 우리는 자신에게 물어보아야 한다. 그러한 경험 뒤에는 세상을 바라보는 어떤 사고가 놓여 있는가? 무엇보다 그러한 경험은 개인과 주변에 어떤 영향을 끼치는가?

세상 전체와 연결되는 신비주의적 경험에서 나타나는 모든 초연함도 이런 관점에서 평가되어야 한다. 초연함이 두려움을 극복하는 데 도움이 되고, 삶의 질과 행동의 자유에 적지 않게 이득이 된다는 것은 분명하다. 그러나 두려움으로부터의 자유가 엄청난 냉혹함으로 나아갈 수도 있다. 모하메드 아타의 사례를 생각해보라. 아울러 초연함에는 우리가 불편한 일을 더 잘 견딜 수 있게 해준다는 이로운 측면과 함께 정반대의 측면도 있다. 어떤 어려움도 어떻게든 견뎌낼 수 있게 하는 초연함이라는 능력이 때에 따라서는 인간을 완전히 무감각하게 만들기도 한다. 그래서 우리가 현실에 실제로 존재하는 해악을 없애기 위한 활동을 할 수 없게 가로막을 위험도 있다.

불교 교리에서는 이러한 초연함의 부작용을 약화하기 위해 자아를 향한 집착을 지양하는 공이라는 개념 옆에 공감 수행을 함께 둔다. 달라이라마에 따르면, 불교의 모든 교리는 '공과 공감의 일체화'라는 핵심 사상으로 요약된다. 그래서 불교의 행복 공식은 '공 + 공감 = 행복'이다.[59] 기본적으로 전혀 비합리적이지 않은 교리이다. 이타적 이기주의의 수련은 모하메드 아타와 같은 자의 초연한 잔혹함을 치료하는 최고의 해독제일 뿐 아니라, (1장에서도 보았듯이) 윤리적으로 적절한 행동을 위한 최고의 전제조건이기 때문이다.

그러나 불교 정치권력도 윤리적 관점에서는 특별히 모범적이지 않았다는 사실을 절대 간과해서는 안 된다. 특히 달라이라마로 대표되는 티베트는 인권 상황이 재앙과도 같은 상태였다. 절대 중국이 점령한 뒤부터 그렇게 된 것이 아니라, 그 전부터 끔찍한 상황이었다.[60]

이러한 사회적 부조리의 가장 큰 원인은 불교 밈플렉스 자체에 있다. 석가모니가 삶을 '고통'으로 파악했으며, 그의 가르침은 구조를 변화시켜 적극적으로 행복을 추구하기보다는 적절한 심리적 기법으로 주관적 고통을 회피하는 것을 목적으로 했다는 점이 특히 치명적이었다. 이러한 가르침을 따르면, 당연히 현실의 삶을 개선하려는 개인의 적극적 활동이 크게 위축된다. 게다가 석가모니는 환생의 윤회라는 밈플렉스를 유지했고, 이것은 다시 현세에서의 삶의 가치를 축소하고 냉담한 태도를 강화하였다. (후세가 있다고 믿는 사람은 현세의 삶에 나타나는 해악을 더 쉽게 용인할 수 있다. "다음 생에서는 어쩌면 모든 것이 더 좋아질 거야!"라고 믿기 때문이다.)

이렇게 존재를 체념하게 되면 다시 이타적 이기주의의 폭넓은 포기로 이어진다. 스스로 거의 모든 것을 체념할 수 있는 사람은 다른 사람도 마찬가지로 거의 모든 것을 체념할 수 있다고 생각하기 때문이다. 그런데 왜 현재의 관계와 구조를 바꾸어야 하는가? 간단히 자아를 차단하면 근본적인 문제가 모두 해결되지 않는가! 약간 극단적으로 말해 불교의 해결책은 이렇게 요약된다.

불교 교리의 약점이 드러나는 바로 이 부분에서 서양의 사고방식이 지닌 강점이 두드러진다. '동양의 지혜'에 대해 이야기할 수 있다면 '서양의 지혜'에 대해서도 이야기할 수 있을 것이다. 서양의 지혜는 개인의 자결권을 일관되게 지향한다. 동양의 지혜가 선불교와 아드바이타 힌두교의 형태로 구현되었다면, 서양의 지혜는 계몽주의와 인도주의 밈플렉스에서 핵심적인 모습이 발견된다. 우리가 이미 3장에서 살펴보았듯이, 서양의 지혜의 핵심은 개인의 자율성과 모든 자유의 권리가 계몽주의와 인도주의 밈플렉스를 기초로 정의된다는 점이다. 이념 지향적인 서양의 관점에서 개인은 불확실한 운명 속에서 맡은 소임을 하는 무기력한 도구나, 커다란 집단 안에 존재하는 의미 없는 톱니바퀴로 존재하지 않는다. 온전히 자신만을 위해 존재한다. '개인은 자신만의 작은 우주의 정당한 중심점'이다.

계몽적 · 인도주의적 밈플렉스의 관점에서는 무엇보다 개인의 생명이 가장 중요하다. 개인의 생명은 잠시의 시간이 지나면 사라져버려 다시는 복원할 수 없기 때문이다. 우리의 삶은 오직 한 번뿐인 경기와 같다. 천국이라는 연장전도 없고, 내세라는 재경기도 없다. 이러한 냉철한 인식에서 쾌락주의자들은 수천 년 전에 이미 ('현재를 즐겨라'라는 뜻의) '카르페 디엠Carpe diem'이라는 멋진 말을 만들어냈다. 우리에게 주어진 짧은 시간을 자신만이 아니라, 다른 사람을 위해서도 최대한 즐거움으로 채우라는 의미이다.

이때 즐거움은 단순히 고통의 부재나, 심지어 고통을 초연한 마음으로 견뎌내는 것이 아니다. 독실한 불교도처럼 (아니면 금욕주의자처럼) 열정이 고통만 만들어낼 뿐이라고 생각한다면 착각이다. 열정이 있어야 비로소 삶에 조미료가 뿌려진다. 그러므로 우리는 해악을 내면의 초연함으로 견뎌내야 한다는 생각에 절대 만족해서는 안 된다. 오히려 우리는 되도록 삶을 즐기고, 해악을 적극적으로 제거하기 위해 온갖 노력을 기울여야 한다. 이것이 서양의 지혜가 주는 가르침이다.

이러한 서양적 사고와 관련된 이타적 이기주의는 필연적으로 특별한 사회적 동력을 발전시킨다. 불교의 선이 잔잔한 파도가 이는 조용한 바다라면, 계몽적 · 인도주의적 밈플렉스는 넓은 바다에서 불어오는 폭풍우라고 비유할 수 있다. 인간해방이라는 범선이 어떤 조건에서 더 빠르게 전진할 수 있을지는 명백하다. 그러나 불교의 무풍지대와는 달리, 계몽이라는 질풍노도에는 배가 난파할 위험이 언제나 도사리고 있다.

동양의 지혜와 서양의 지혜에 관한 지금까지의 설명으로 양측이 화해할 수 없이 마주 서 있다는 인상을 주었을지 모르겠다. 그러나 그러한 인상은 착각이다. 실제로는 동양과 서양의 지혜가 서로 멋지게 조합될 수 있다. 자아를 향한 집착을 지양하는 것이 자결권을 철저히 지향하는 것을 방해하지 않는다. 우리는 초연함을 기르면서도 동시에 생활환경을 개선하기 위해 열정적으로 활동할 수 있다. 나는 그 두 가지가 이상적 조합이라고 생각한다. 불교적인 인내심과 계몽주의적인 개선의지를 결합하면 이상적으로 '불타오르는 인내'[61]라는 단어에 가장 잘 어울릴 만한 행동을 불러올 수 있기 때문이다. 초연한 마음과 세상에 대한 열정이 결합된 태도를 지니게 되면, 강한 인내심으로 심각한 패배를 견뎌낼 수 있고 열정도 식지 않는다.

불타오르는 인내심을 지닌 사람은 인생의 멋진 순간을 즐기고, 도전을 받아들이며, 자신의 목표에 이를 때까지 계속 활동할 수 있다. 아울러 불타오르는 인내심은 삶이 자신의 끔찍한 면을 보여주거나, 모든 노력이 실패하고, 고통 · 질병 · 죽음에 맞닥뜨리더라도 절망하지 않도록 도와준다. 이러한 순간에 우리는 동양의 지혜에서 많은 도움을 얻을 수 있다. 피할 수 없는 삶의 비극을 초연함으로 마주할 수 있게 해주기 때문이다. 그러나 서양의 지혜는 원칙적으로 변화할 수 있는 비극을 변화할 수 없는 것으로 바라보거나, 심지어 삶 자체를 비극으로 바라보는 실수에서 우리를 보호해준다. 동양과 서양의 지혜가 결합되었을 때의 핵심적인 태도는 한마디로 이렇게 나타낼 수 있을 것이다. 피할 수 없는 해악은 견뎌내는 법을 배우자. 그러나 우리가 제거할 수 있는 해악은 절대 외면하지 말자.

이것을 자아에 적용하면 이런 의미가 된다. 우리의 있는 그대로의 모습을 받아들이는 법을 배우자. 동시에 우리가 최선이라고 생각하는 모습이 될 수 있게 노력하자. 합리적 신비주의는 그 과정에서 큰 도움이 될 수 있다. 명철함을 계몽과, 초연함을 열정과, 자아로부터의 해방을 자기 결정과 결합해주기 때문이다. 무엇보다 우리의 심리적 에너지를 실제 변화할 수 있는 것에 집중할 수 있도록 도와주기 때문이다.

바로 이것이 내가 1990년대 중반에 겪은 몰입 경험의 결과였다. 그리고 그 결과는 오랫동안 지속되었다. 나는 실수는 물론이고 인생의 고통을 대하는 데에도 더 초연해졌다. 그렇지만 내 열정이 식지는 않았다. 오히려 반대였다. 마치 그전까지는 보이지 않게 제한되어 있던 장치가 풀리고 새로운 눈을 얻은 것 같았다. 과거에는 내 자아를 안정시키고 외부로부터의 공격을 방어하는 데 쓰였던 심리적 에너지가 직접 내 연구에 긍정적으로 쓰였다. 그래서 작업 능력도 뚜렷이 높아졌다. 아울러 내가 자신의 능력을 착각하는 미신에서 벗어날수록 다른 시각에서 생각해낸 일을 해낼 수 있는 능력이 향상됐다. 이 책의 주장이 옳다면 이는 나 혼자한테만 해당하는 일이 아니다. 무죄 밈플렉스를 만나는 행운을 얻은 모든 사람도 맛보게 될 역설적 현상이다.

05

느슨해진 관계

학문적 논쟁을 하면 지식이 낮은 사람이 배우는 만큼 더 많은 이득을 본다.

– 에피쿠로스[1]

내 방 벽에는 일본의 목제 예술품이 걸려 있다.
금색 칠을 한 악마의 가면이다.
나는 측은한 마음으로 그것을 본다.
두드러진 이마의 힘줄을 보면 알 수 있다.
악하기가 얼마나 힘든지를.

– 베르톨트 브레히트(1942)[2]

용서하지 않는 것으로 범죄자에게 상처를 입힐 수는 없다. 그렇지만 용서하는 것으로 자신을 해방시킬 수는 있다.

– 에버릿 워딩턴(2001)[3]

잘못을 인정하는 기술

"내가 당신에게 고마워해야 할지, 아니면 당신을 영원히 저주해야 할지 모르겠습니다." 내 앞에 서 있던 젊은 남자는 얼핏 보기에도 무척 흥분한 상태였다. 그는 나만 들을 수 있는 작은 목소리로 이어서 말했다. "살면서 처음으로 진지하게 내 신앙에 회의가 들었습니다. 이것이 이성적인지 사탄이 장난을 치는 것인지 알 수 없습니다."

이런 식의 말투는 보통 독일 대학의 강의실에서는 들을 수 없다. 끝나고 그 청년이 나를 찾아왔던 토론회도 보통의 대학 행사는 아니었다. 나는 개신교 성향의 대학생 집단의 초대를 받아들이는 모험을 감행했다. 그들은 영향력 있는 미국의 창조론자 윌리엄 레인 크레이그와 신의 존재라는 주제를 놓고 토론해 달라고 자타공인의 무신론자인 나를 초대했다. 크레이그와 진행한 토론은 무척 흥미로웠다. 그 토론은 시종일관 신학과 자연주의의 논리 전개 방식의 차이를 분명히 보여주었다.[4] 그러나 토론 뒤에 이어진 청중과 진행한 공개토론이 훨씬 더 흥미로웠다. 청중의 절반 정도는 개신교 신자였다.

개신교 학생 한 명은 나와 같은 '믿음이 없는 자'를 초대해서 '사악한 논리'를 퍼뜨리게 하는 행위가 그 자체로 이미 무거운 '죄악'이 아니냐고 물어서 토론회를 주최한 이들을 난처하게 만들었다. 뒤셀도르프에서 나와 토론한 뒤, 옥스퍼드와 케임브리지에서도 또 다른 토론 계획이 잡혀 있는 크레이그는 그 질문에 명쾌하게 "예"라고 대답하려 하지 않았다. 하지만 '신의 자비를 거부'하면 '영원한 저주'를 받게 될 것이라고 기독교적 관점에서 나를 지적했다.

토론회가 끝난 뒤에 남몰래 내게 다가온 그 학생의 어려움을 이해하려면 이런 분위기를 알아 두어야 한다. 그는 어려서부터 사탄은 신을 향한 확고한 믿음을 흔들기 위해 교묘한 논리로 의심을 심어주는 커다란 적이라고 배웠다. 따라서 신앙의 진실에 비판적으로 문제를 제기하는 것이 그에게는 계몽주의적 미덕이 아니라, '악의 전형'처럼 보였다. 불쌍한 청년은 정말로 불편하게 의자에 앉아 있었다. 그는 확실한 믿음의 길에서 벗어나 죽은 뒤에 영원한 지옥의 고통이라는 벌을 받을까 두려워했다. 그러나 어린아이다운 천진함으로 어렸을 때부터 믿고 자라

왔던 믿음을 계속 가져가기에는 이미 너무나 많은 것을 알았다.

그런 난처한 처지에 빠진 학생에게 내가 무슨 말을 해줄 수 있었을까? 나는 하나의 비유를 들어 설명하려 했다. "당신이 내일 카리브해로 가는 비행기를 탄다고 상상해보세요. 당신은 두 항공사 가운데 한 명을 고를 수 있습니다. 한 항공사는 꾸준히 외부의 회사로부터 안전점검을 받습니다. 비행기의 모든 부품이 확실하게 점검되고, 고장이 난 부품은 새 부품으로 교체됩니다. 하지만 다른 항공사는 회사 비행기에 대한 비판적 점검을 온갖 방법을 써서 가로막습니다. 그 회사는 안전점검원을 악한 파괴자이며, 그들이 회사에 존재하는 것만으로도 안전한 항공사라는 믿음을 흔들어 놓는다고 주장합니다. 자기네 회사의 비행기는 언제나 안전하게 비행을 해왔고, 승객과 비행사가 진심으로 비행기의 능력을 믿는다면 앞으로도 아무 문제 없이 비행하게 될 것이라고 주장합니다. 당신이라면 어떤 항공사에 당신의 생명을 믿고 맡기겠습니까?"

그 학생이 대답했다. "당연히 첫 번째 항공사이지요! 두 번째 항공사의 비행기는 최상의 상태가 아닐 테니까요." "바로 그렇습니다." 내가 말했다. "항공사에 적용되는 원칙은 세계관을 공유하는 공동체에도 적용될 것입니다. 어떤 세계관을 믿을 수 있는지 없는지 판단할 수 있는 최선의 지표는 비판에 대응하는 방식입니다. 비판에 저주를 퍼붓는 사람은 뭔가 숨길 것이 있는 사람일 게 뻔하니까요."

한스 알베르트는 이런 생각을 《비판적 이성에 관한 논고》라는 책에서 매우 적절하게 표현했다. (그래서 나는 그 학생에게 이 책을 읽어보라고 권했다.) "어떤 문제를 해결하기 위해 존재하는 조직 가운데 무조건 처음부터 비판에서 예외가 되어야 하는 곳은 없다. 심지어 비판에서 예외를 요구하는 조직은 그들이 문제를 해결할 가능성이 거의 없거나, 비판을 버틸 수 없어서 그렇게 하는 경우가 적지 않다고 생각해도 된다. 비판으로부터의 예외라는 요구를 강하게 주장할수록 그런 주장 뒤에는 오류가 폭로될 것에 대한 두려움, 다시 말해 진실에 대한 두려움이 있다고 의심하는 것은 타당하다."[5]

내 말이 그 젊은이가 갈등을 해결하는 데 도움이 되었는지는 모르겠다. 비판적 합리주의에 기초한 알베르트의 논거가 아무리 논리적으로 명확하더라도 어떤 밈플렉스에서 벗어날 때 받는 심리적 압박은 절대 작지 않기 때문이다. 이런 사실은 2006년 2월에 일어난 어떤 사건으로도 분명해졌다. 하이델베르크에서 한스 알베르트의 여든세 번째 생일을 축하하고 있을 때였다. 그 행사를 계기로 우리는 그가 오래 살기를 바라며 축배만 들었던 것이 아니었다. 한목소리로 '비판적 검증의 원칙'에 대한 찬가를 부르고 있었다.[6] 하지만 그때 이슬람 국가들에서는 일간지 《윌란스 포스텐》에 실린 무함마드 풍자화 때문에 덴마크 국기가 불타고 있었다. 비판이라는 선물이 비판적 합리주의자들에게는 환영을 받지만, 어디서나 환영을 받는 것은 아니라는 사실이 분명해졌다.

정말로 아무런 악의도 없이 《윌란스 포스텐》에 실은 12점의 그림이 불러온 결과는 끔찍했다. '무함마드 위기'라고 불리는 이 사건으로 2006년 2월에만 139명이 죽었고, 823명이 다쳤다.* 여파도 오래 계속되었다. 무함마드가 폭탄을 터번처럼 머리에 두른 그림을 그린 덴마크 만화가 쿠르트 베스테르고르는 〔2021년 사망할 때까지〕 무장한 무슬림의 공격을 피하려고 경찰의 밀착 경호를 받으며 계속 이사를 해야 했

* 덴마크 일간지 《윌란스 포스텐》은 2005년 9월 무함마드를 소재로 한 만평을 실었다. 그러자 이슬람 국가들에서는 거센 항의 시위와 덴마크 제품 불매운동이 벌어졌다. 신문사는 여러 차례 테러 위협을 받았고, 리비아, 사우디아라비아, 시리아 정부는 덴마크 주재 대사를 철수시켰다.

다. 2006년 6월에는 빈 라덴의 테러 조직인 알카에다가 이슬라마바드에 있는 덴마크 대사관을 공격해 6명이 죽었다. 테러리스트들은 테러의 이유로《윌란스 포스텐》에 실린 무함마드의 그림을 지목했다.

극단적인 무슬림은 자신의 '종교적 감정'이 참담하게 상처 입은 것에 대한 보복으로 이러한 폭력행위를 정당화한다. 이슬람 세계의 정치인은 대부분 공개적으로는 폭력과 거리를 두지만, 자신의 목적을 이루기 위해 (이슬람주의자들이 의도적으로 연출한) 이른바 '밑으로부터의 압박'을 매우 노련하게 활용한다. 예컨대 그들은 2007년 3월 무함마드 풍자화를 둘러싸고 벌어진 분쟁과 관련해서 '종교 모독을 금지하는 결의안'을 유엔 인권위원회에서 통과시키는 데 성공했다. 이 결의안의 열매는 특히 2008년 6월에 나타났다. 영국의 역사학자 데이비드 리트먼은 이슬람 율법인 샤리아를 따르는 나라에서 저지르는 여성 할례와 돌팔매 처형, 강제 결혼을 유엔 인권위원회에서 의제로 삼으려 했다. 하지만 곧바로 이슬람 위원의 야유를 받으며 가로막혔다. 루마니아 출신의 위원장 도루 코스테아는 결국 리트먼의 시도에 "특정 종교를 향한 어떠한 비판이나 평가도 자제해 달라고 요청하고, 인권위원회는 샤리아와 관련된 어떤 것도 의제로 받아들이지 않겠다"라는 결정으로 답했다.[7]

그래서 오늘날 유엔에서는 종교에 뿌리를 둔 인권침해를 거의 비판할 수가 없다. 그러한 비판은 곧바로 '종교 모독'이라는 반론에 부닥치기 때문이다. 이것은 이슬람 정치인에게는 중요한 승리이지만, 그들은 이에 만족하지 않는다. 그들이 밝힌 목표는 이슬람 교리에 기초한 〈카이로 인권선언〉을 보편적 인권으로 격상시키는 것이다. 이것은 샤리아의 규범에 복종하라는 내용을 핵심으로 하는 반인권적인 내용을 담고 있어서, 그들이 목적을 이룬다면 그것은 인권사상의 종말을 뜻한다.*
샤리아와 일치하는 발언만 용인된다면 표현의 자유에 관한 권리가 무슨 의미가 있겠는가? 배교자와 동성애자에 대한 국가의 살해가 '인권 차원의 인간의 자비로운 행위'로 해석되는데 생명에 관한 권리가 무슨 의미가 있겠는가? 날이 갈수록 개인이 아니라 권위주의적 정권과 신앙 체계를 보호하는 데 악용되는 유엔 인권위원회의 참담한 행보는 우리에게 많은 상념을 안겨준다.

기본권, 특히 자유로운 표현의 권리를 억압하는 데 무함마드의 풍자화를 둘러싼 분쟁이 활용되리라는 것은 갈등이 최고조에 이르렀던 2006년 2월에도 이미 분명히 드러났다. 당시 나는 조르다노 브루노 재단의 이름으로 '표현과 예술, 언론의 자유를 지키기 위한 성명서'를 써 달라는 부탁을 받았다.[8]

이 성명서가 대중매체로부터 꽤 반향을 얻으면서 나는 2006년 2월의 격동적인 날에 '종교를 비판해도 되는가?'라는 주제로 자주 인터뷰를 해야 했다. 나는 성명서에서 종교적 주장만 비판으로부터 예외가 되어야 하는 어떤 합리적인 근거도 존재하지 않는다는 사실을 강조했다. (모든 종교적 교리가 흔히 그렇듯이) 자신의 발언에 진리로서의 권위를 유독 강하게 요구하는 교리는 특히 비판이 필요하다. "지금 나는 X가 진리라고 가정한다. 하지만 당연히 내가 잘못된 것일 수 있다. 어쩌면 내일이라도 당장 더 나은 논거가 발견되어, X가 아니라 Y가 진리라는 사실이 밝혀질 수도 있을 것이다"라고 하면서 누군가 단지 겸손하게 진

---

* 카이로 인권선언(Cairo Declaration on Human Rights)은 이슬람 협력기구(OIC)가 1990년 8월 5일 이집트 카이로에서 발표한 인권 선언문으로, 무슬림 공동체의 종교적 자결권을 강조해서 세계인권선언과 충돌하는 내용이 담겨 있다. 예컨대 모든 내용이 이슬람 율법인 샤리아의 제약을 받으며, 그에 대한 해석과 부연 설명도 샤리아를 기준으로 이루어져야 한다고 명시되어 있다.

리를 주장한 경우라면 X가 실제로 진리가 아닐 때 비판적 태도는 의미가 있다. 하지만 "신, 하늘과 땅의 창조주께서 X가 진실이라고 계시하셨다. 그러므로 모든 사람은 그것을 믿어야 한다. 오늘만이 아니라 내일은 물론이고, 영원히 그래야 한다. 이 신성한 진실을 부정하는 자는 저주받을 것이다!"라는 식으로 누군가 무조건 진리를 주장한다면, 비판적 태도가 훨씬 더 절실히 필요하다.

안타깝게도 비판이 가장 절실히 필요한 곳이 비판을 버틸 능력이 가장 부족하다. 이런 사실은 무함마드 풍자화를 둘러싼 분쟁에서도 분명히 드러났다. 자신의 눈앞에서 어떤 여성이 땅속에 파묻히고 돌팔매에 맞는 광경을 보면서도 부드러운 미소로 반응하던 남자들이 예언자를 풍자하는 하찮은 만평을 보고는 고통에 겨워 몸부림쳤다. (다시 강조하건대, 이 남자들은 '악'하지 않다. 단지 허무맹랑하고 인간 혐오적인 밈플렉스 때문에 엽기적인 반응을 하도록 짜였을 뿐이다.) 여기에서 문제는 단지 돌팔매 처형에서 만족감을 느끼는 근본주의자만이 아니라, 신앙을 가진 이들에게 자신들이 믿는 '신앙의 진실'과 필연적으로 연관된 비판적 질문을 던져서 고통을 주어도 좋은가 하는 것이다. 다시 말해서 풍자적으로 표현되었든 그렇지 않든, 비판으로 종교적 감성에 상처를 주는 행위는 정당할까?

자유로운 관점, 곧 계몽적이고 인도주의적인 밈플렉스 관점에서는 이런 질문에 오직 하나의 대답만 할 수 있다. 더 계몽적이고 더 인도주의적인 관점을 실현하는 데 필요하다면 당연히 정당하다고 말이다. 어떤 집단이 환상에서 깨어나 불편함을 느낄 수 있다는 이유만으로 인간이 계몽을 포기한다면 그것은 배려를 잘못 이해한 것이다. 궁극적인 계몽의 역할은 전통으로 굳어진 사고의 벽을 부수는 것이고, 지지를 받아오던 선입견에 의문을 던지는 것이기 때문이다.

그렇다면 종교는 선입견을 계몽주의가 해부하는 것에 왜 그렇게 곧바로 상처를 받을까? 이는 계몽주의자가 유독 거칠고 난폭하게 비판하기 때문이 아니다. 많은 신앙인이 자신의 종교적 감성에 관해서는 상처를 무척 쉽게 받기 때문이다. 종교적인 사람들의 감성은 (가장 적절히 표현해서) 평균 이상으로 '유리 몸 증후군'을 보인다. 아주 조금 날카로운 말에도 종교적 감성은 이미 골절상을 입도록 짜여 있다.

자세히 살펴보면 계몽주의 사상이 있으면서 종교가 없는 사람들이야말로 오히려 감성에 상처받을 이유가 훨씬 더 많다. 그들이 살아가는 방식에 종교가 퍼부어대는 수많은 공격을 돌아보라. 《성서》와 《쿠란》이 그들에게 가하는 위협에 비하면 계몽적 만평가가 종교적 믿음을 풍자한 사소한 농담은 아무것도 아니지 않을까? (그런 터무니없는 것을 어떻게 그렇게 진지하게 받아들일 수 있느냐는 식의) 불확실한 신앙을 향한 계몽주의적 야유와 (그 죄 때문에 영원히 지옥의 불로 태워지게 될 것이라는 식의) '신성한 경전'에서 끊임없이 되풀이되는 지옥에서의 영원한 고통이라는 위협 가운데 어느 쪽이 더 인간을 혐오할까? 비종교인이 말과 행동의 모든 측면에서 현실에서 감당해야 하는 객관적 자극의 정도가 종교인이 불만을 털어놓는 것보다 훨씬 더 크다. 그런데도 그들은 종교 지도자에게 신체적 위협을 가하지 않고, 분노해 항의하지도 않고, 출판물 검열을 요구하지도 않는다. 이렇게 비종교인과 종교인이 비판을 민감하게 받아들이는 정도의 차이는 매우 크다.[9] 그 까닭은 무엇일까?

이런 차이의 원인은 무엇보다 종교 밈플렉스, 특히 기독교와 이슬람교 밈플렉스가 '생존'을 위해 구성한 특별한 복제 원리에 있는 것 같다. 종교 밈플렉스는 스스로를 신성한 것, 침해할 수 없는 것으로 정의한다. 아울러 종교 교육과 선교 등으로 대량으로 복제되어야 한다는 요구를 받는 신앙교리라는 밈에는 무슨 일이 있어도 절대 신앙교리를 변경해서는 안 된다는 엄격한 지시도 함께 담겨 있다. 《신약성서》의 맨 끝에 적힌 내용이 괜히 있는 것이 아니다. "누구든지 여기에 무엇을 보태면, 하느님께서 이 책에 기록된 재앙을 그에게 보태실 것입니다. 또 누구든지 이 예언의 책에 기록된 말씀 가운데에서 무엇을 빼면, 하느님께서 이 책에 기록된 생명 나무와 거룩한 도성에서 얻을 그의 몫을 빼 버리실 것입니다."[10]

이렇게 변경을 엄격히 금지하고 있는데도 종교적 밈을 복제하는 과정에서 같은 종교 안에서 다양한 종파가 형성되는 방식으로 원본과 차이는 계속 커진다. 그러면 같은 뿌리에서 비롯되었으나 밈의 몇몇 세부적인 부분에서 차이가 있는 집단 사이에서 오랜 세월에 걸쳐 이어진 가톨릭과 개신교의 다툼이나 이슬람 수니파와 시아파 사이의 다툼과 같은 심각한 사회적 갈등이 발생한다.

그러나 신성한 밈플렉스 자체에 의문이 제기될 때, 다시 말해 침해되어서는 안 될 것이 실제로 심각히 침해될 때는 특히 문제가 더 커진다. 이러한 근본적 비판은 신자에게 때때로 신성함의 존립 자체를 위협하는 것으로 받아들여지면서 호전적인 반응을 불러일으킨다. 오늘날 이슬람 근본주의자는 〔이슬람 세계의 여성 인권을 비판한〕 타슬리마 나스린과 아얀 히르시 알리, 〔국제적인 탈무슬림 운동을 이끄는〕 미나 아하디, 〔이슬람교를 모독한 작품을 썼다고 비난을 받은 인도 출신의 작가인〕 살만 루시디, 〔파키스탄 출신의 세속주의적 쿠란 연구자인〕 이븐 와라크와 같은 비판자들을 죽이겠다고 위협한다. 하지만 기독교도 이단으로 몰려 처형된 이탈리아의 조르다노 브루노의 경우에서도 드러나듯이, 계몽주의의 제약을 받기 전까지는 이러한 이슬람 근본주의자와 마찬가지로 호전적으로 행동했다는 사실을 잊어서는 안 된다.

종교적 밈플렉스 안에서 그런 호전적 반응을 충분히 읽어낼 수 있다. 스스로 신이 계시한 절대적 진리의 편에 속한다고 생각하면, 진리에 대한 모든 비판을 신의 적, 곧 악마나 악마의 부하인 '어둠의 군대'에서 나온 것으로 생각할 수밖에 없다. 그러므로 매우 원초적인, 다시 말해 계몽주의 사고로 가다듬어지지 않은 종교에서는 비판을 절대 세계에 대한 인식을 개선하기 위한 생산적인 것으로 받아들이지 않는다. 오히려 '악 자체'로 받아들이는 태도를 보이기 일쑤이다.

계몽적이고 인도주의적인 밈플렉스에서는 완전히 다른 행동이 나타난다. 물론 이 밈플렉스도 (계몽의 과정도 '내면의 세계에 대한 선교'의 일종이라고 할 수 있으므로) 분명히 복제되고 싶어 한다. 그러나 어떤 경우에도 스스로 신성하다거나 침해되어서는 안 된다고 정의하지 않는다. 계몽적이고 인도주의적인 밈플렉스가 신성불가침에 빠지지 않도록 막아주는 인식론적 차원에서의 논리와 경험, 윤리적 차원에서의 개인의 자기 결정권을 지향하는 것과 같은 특정한 핵심 구성 요소가 분명히 존재한다. 그뿐 아니라 계몽적이고 인도주의적인 밈플렉스는 변화하는 생명의 패러다임에 맞추어 늘 새롭게 적응할 수 있도록 [누구나 자유롭게 확인 · 수정 · 배포할 수 있는] 오픈소스 방식으로 구성되어 있다.

계몽주의와 인도주의의 핵심적인 특성이 있다면 그것은 바로 특성이 늘 바뀐다는 점이다. 인도주의에 신성한 교리는 없고, 계몽주의에도 영원한 진리는 없다. 세계와 그에 대한 우리의 인식은 늘 끊임없이 바뀌게 마련이다. 그러므로 계몽적이고 인도주의적인 밈플렉스가 작동하려면 비판의 원칙을 지키는 것이 무엇보다 중요하다. 세상에 대한 가정은 언제든지 잘못될 수 있고, 그러한 잘못은 비판적인 검증으로만 찾아낼 수 있기 때문이다. 비판은 우리를 좁은 사고의 틀에서 벗어날 수 있게 해주고, 우리가 놓친 상호관계를 바라볼 수 있는 시각을 열어준다.

그래서 칼 포퍼나 한스 알베르트와 같은 많은 이가 (오류를 체계적으로 찾아내기 위한) 반증의 원리를 인식의 발전을 위한 왕도라고 말했다. 양심적인 학자라면 다른 학자가 오류를 쉽게 찾아낼 수 있게 자신의 이론을 최대한 명료하고 자세히 밝혀야 한다. 어차피 학자는 자신의 이론을 증명하는 데 들이는 시간보다 오류를 찾아내는 데 더 많은 시간을 들여야 하기 때문이다.

그러나 이런 요구는 말하기는 쉽지만 실천으로 옮기기는 쉽지 않다. 개인이 반증 원리를 마음에 새기려면 우리 문화에서는 거의 학습되지 않는 (심지어 종교적 차원에서는 때때로 저주의 대상이 되기도 하는) 덕목을 갖추어야 한다. 곧 자신의 오류를 공개적으로 비판하는 것을 단지 선물로서만이 아니라 소득으로 여기는 태도가 필요하다.

누군가 공개적으로 당신의 생각이 오류임을 밝혀낸다면 그것을 소득이라고 받아들일 수 있을까? 실제로 그런 대범함을 가진 사람이 있다. 리처드 도킨스는 언젠가 자신이 옥스퍼드 대학의 학생일 때 겪은, 기억에 남는 일을 이야기했다. "미국에서 온 어떤 교환교수가 크게 존경받는 동물학연구소 소장이 지지하고 우리가 모두 배우면서 자랐던 이론을 명백한 근거를 제시하며 틀렸다고 했다. 강의가 끝나자 노교수는 자리에서 일어나 미국인 교수에게 큰 호감을 드러내며 악수를 청했다. 그러면서 명료하고 감동에 겨운 목소리로 이렇게 말했다. '존경하는 교수님, 고맙습니다. 나는 15년 동안이나 잘못 생각했습니다.' 우리는 손바닥이 뜨거워질 때까지 박수를 쳤다."[11]

독자들은 어떻게 느꼈을지 모르겠지만, 나는 노교수의 말을 인간이 생각할 수 있는 가장 아름답고 존엄한 것으로 느꼈다. 이 말은 무척 깊은 인간의 성숙도는 물론이고, 계몽주의적 사고가 지닌 모든 장점을 보여준다. 도킨스가 말한 옥스퍼드 연구소의 소장이 자신이 지지했던 이론과 결별하면서 보여준 모습과 비슷하게 자신의 종교 교리와 결별하는 종교 지도자의 모습을 상상이나 할 수 있을까? 거의 가능하지 않을 것이다. 종교 공동체는 더 낫고 더 확실한 논거를 중요시하는 계몽주의자의 토론 모임이 아니기 때문이다. 교황은 신도 앞에 서서 마리아의 동정과 죽은 자의 부활, 파티마의 기적을 언급하면서 "이런, 우리가 착각하고 있었나 봐!"라고 말할 수 없다. (분명히 모든 종교에 존재하는) 침해되어서는 안 된다는 절대 진리에서 출발하는 사람은 현명하고 합리적인 사고가 아니라, 심각한 사고의 오류와 비인간적인 도덕관으로 영원히 고정된다.

하지만 아무리 계몽적으로 생각하는 사람이라도 자신의 오류를 다른 사람 앞에서 인정하기란 그리 쉽지 않다. 비판적 검증의 원칙을 존중하고, 의식적으로 오류를 찾아내는 것으로만 인식의 발전을 이루어낼 수 있다는 사실을 아는 사람도 그렇다. 에피쿠로스는 학문 토론에서는 지는 사람이 오히려 새로운 것을 배울 수 있어서 더 많은 성과를 거둔다고 말했다. 하지만 이러한 말을 오롯이 생각으로만 동의하는 것과 실제로 어떤 상황에서 그렇게 받아들이는 것은 완전히 다른 문제이다.

우리는 대부분 자신의 오류가 공개적으로 밝혀지는 것을, 오류에서 벗어나는 기쁨을 얻는 것보다 더 두려워한다. 왜 그럴까? 그것은 자유의지를 믿는 것과 관련이 있다. 자유의지가 있다고 가정하는 사람은 자신의 약점을 인정하기가 쉽지 않다. 약점을 자신이 '자유롭게', 다시 말해 아무런 강제 없이 만들어냈고, 부끄럽게도 혼자서 약점에 대한 책임을 짊어져야 한다고 생각하기 때문이다. 이런 관점에서 보면, 비판적 태도는 존재를 직접 위협하거나 위험에 빠뜨리는 것이다. 오류가 밝혀지는 것을 두려워하는 사람은 언제 어디에서나 긴장을 하고 조심스럽게 행동해야 한다. 그래서 어떤 대화에서든 비판처럼 들리면 최고의 경계 태세로 들어선다.

본디 토론은 발전을 목적으로 한다. 그러나 자유의지를 인정한다는 전제 위에서 이루어지는 토론은 주제의 핵심 논거를 제시하는 것이 아니라, 상대의 가장 약한 부분을 향해 퍼부어대는 융단폭격처럼 나타나기도 한다. 그러한 논쟁은 상대에게 사고의 편협함에서 벗어날 수 있는 선물을 나눠주기 위한 것이 아니다. 자신에게 날아오는 불편한 비판에서 자신을 방어하기 위해 상대에게 무기를 들이대는 것과 같다.

하지만 거꾸로 무죄 패러다임에서 출발해 어쩔 수 없이 어떤 오류에 빠졌다는 사실을 안다면 훨씬 더 여유롭게 토론할 수 있다. 사고의 오류 말고는 잃을 것이 없지 않은가. 그리고 오류는 내일보다는 오늘 떠나보내는 게 낫다. 자신을 끔찍하게 중요하게 여기지 않는 법을 배운 뒤에는 내게 의문을 던지는 논거를 선입견 없이 대할 수 있게 된다. 그러면 대화도 상대를 교화하는 기회가 아니라, 오히려 서로 옳다고 믿었던 것을 넘어서는 더 나은 해결책을 함께 찾기 위한 것이 될 것이다.

이런 관점에 선다면 완전히 상반된 입장에서 출발한 토론 상대라 해도 존재를 위협하는 것으로 받아들이지 않게 된다. 오히려 비판이라는 선물을 가져다주어 세계를 더 확실히 인식할 수 있게 도움을 주는 존재로 받아들이게 된다. 물론 (선물로 받은 늙은 말이라도, 입 안을 살펴서 이상이 없는지 알아보아야 하는 법이므로) 그렇다고 언제나 그 선물을 받아들여야만 하는 것은 아니다. 하지만 적어도 상대의 논거가 그에게서 나왔다는 이유만으로, 나아가 (어떤 상황이든 상관없이) 내 대뇌피질에 자리잡은 밈과 정면으로 배치된다는 이유만으로 거부하지는 않게 될 것이다. 그보다는 그가 말한 것을 곰곰이 생각해보게 될 것이다. 곧 내 안에서 작동하는 밈플렉스를 새롭게 들어오는 밈의 도움을 받아 비판적으로 검증하게 될 것이다.

대화의 양쪽이 서로를 가르치려 하지 않고 배우려 할 때, 그 대화는 생산적으로 된다. 그러려면 최대한 핵심을 찾아 명쾌하게 비판을 나타낼 수 있는 용기와 능력을 키워야 한다. 상대가 상처를 받을 것이 두려워 비판을 완전히 드러내지 않는다면 그것은 잘못된 배려이다. 그것은 뭔가 새로운 것을 배울 기회를 크게 줄인다. 그러므로 앞에서 말한 감성의 '유리 몸 증후군'을 벗어나는 것이 무척 중요하다. 비판을 받을 때마다 끔찍한 고통에 시달리며 자신에게 비판이라는 멋진 선물을 주려는 용기를 가진 멋진 사람들에게 깊은 원망을 품어서, 주변 사람에게 자신의 세계관이 천연기념물처럼 보호받기를 원하는 사람은 스스로 지성이 정체되는 것을 조장하는 것이나 다름없다.

한스 알베르트는 '비판주의', 곧 비판적 사고를 철저히 옹호한다는 것은 '존재를 위협하지 않는 추상적 사고'에 머무는 것이 아니라 비판주의가 진정한 '삶의 방식'이 되어야 하는 것이라고 지적했다.[12] 나는 이 말에 동의한다. 그러나 내가 잘못 이해하는 것이 아니라면 무죄 패러다임이야말로 우리가 실제로 일상에서 '비판적인 삶의 방식'을 실천으로 옮기기 위한 전제이다. 오류가 드러나더라도 자신을 비난하지 않을 때 비로소 우리는 다른 사람 앞에서 약점을 인정할 수 있기 때문이다. 다른 사람에게 '폭로되는' 것을 두려워하는 마음을 버릴 때 우리는 편견 없이 오류를 인정할 수 있다. 나아가 다른 사람의 논거가 옳다면 그것을 받아들이고 배울 능력도 기를 수 있다.

무죄 패러다임은 여유로운 '나'만이 아니라, 여유로운 '관계'까지 만들어낸다. 자신의 오류를 받아들일 수 있는 사람은 다른 사람의 오류도 받아들이는 힘도 지니게 되기 때문이다. 그렇다면 이제 그 힘이 어디까지 갈 수 있는지 살펴보자.

서로에 대한 용서를 배워야 하는 이유

1996년 새해 첫날 아침에 에버릿 워딩턴은 동생인 마이크에게 당황스러운 전화를 받았다. 어머니가 12월 31일 저녁에 끔찍하게 살해되었다는 소식이었다. 그녀의 주검은 다음 날 아침에 마이크가 발견했다. 집 안의 벽은 피범벅이 되었고, 그녀는 피가 흥건히 고인 바닥 위에 쓰러져 있었다. 청소년들이 그 노인을 쇠몽둥이와 야구방망이로 때리고, 와인병으로 욕을 보인 후 집을 마구 때려 부순 것이 분명했다.

1996년 새해 첫날과 그 이후, 에버릿 워딩턴의 상태가 어떠했을지 충분히 상상될 것이다. 당연히 사랑하는 어머니를 잃었다는 슬픔과 함께 어머니가 삶의 마지막 순간에 겪었을 끔찍한 고통이 떠올라 견디기 힘들었다. 이러한 공감은 어머니에게 그토록 잔인한 짓을 저지른 범인들을 향한 분노의 감정으로 이어졌다. 짐작하건대 복수의 감정이 생겨났을 것이다.

많은 사람이 이런 끔찍한 경험을 평생 극복하지 못한다. 특히 이 사건처럼 범인을 못 잡아 책임을 묻지 못할 때, 사람들은 운명을 원망하면서 정의감에 상처를 입은 것 때문에도 계속 고통스러워한다. 그러나 에버럿 워딩턴은 보통의 범죄 피해자와는 달랐다. 버지니아 주립대학의 심리학 교수이던 그는 1990년대 초부터 보복과 용서의 심리 작용을 집중적으로 연구했다. 보복의 감정은 심리적 건강만이 아니라 육체적 건강도 손상하지만, 용서는 정신적 상처를 이겨낼 수 있는 가장 효과적인 수단임을 그만큼 잘 아는 사람은 없었다.

그래서 워딩턴은 끔찍한 상황에서도 최선의 결과를 얻기 위해 어머니를 살해한 범인을 용서하는 작업을 수행하기로 했다. 매우 힘들고 고통스러운 과정이었으나, 몇 주의 시간이 흐른 뒤 그는 정말로 그 일을 해냈다. 그는 어머니를 살해한 범인들에게 더는 어떠한 분노나 원망, 복수심도 느끼지 않았다. 워딩턴은 그때까지 자신을 괴롭히던 고통과 상심이 사라진 것을 보고, 자신이 범인들을 용서했다는 사실을 알았다.

워딩턴은 자신이 한 치유의 과정을 《용서에 이르는 다섯 단계》라는 책으로 썼다.[13] 여기에서 그는 자신의 방법론을 쉽게 이해할 수 있도록 '리치REACH'라는 개념을 사용했다. '손을 내밀다'라는 뜻을 가진 이 단어의 각각의 글자는 저마다 용서의 과정을 상징하는 낱말을 나타낸다.

첫 글자는 '기억Recall'을 뜻한다. 이 첫 단계는 고통스러운 경험을 최대한 객관적으로 기억 안에서 불러내는 일이다. 정확히 언제, 무슨 일이, 어떻게 발생했나? 기억을 마음속에만 담아 두면서 자기 연민에 빠지거나, 범인을 윤리적으로 악하다고 낙인찍는 행동에서 벗어나는 것이 중요하다. 그렇게 하기보다는 마치 경찰이 사건 조서에 기록하듯이 발생한 일을 냉정하게 묘사하려고 노력해야 한다.

두 번째 글자는 '공감Empathy'을 뜻한다. 여기가 아마도 가장 어려운 단계일 것이다. 범행을 범인의 관점에서 바라보아야 하기 때문이다. 무엇이 그런 짓을 하게 했나? 그때 범인은 무엇을 느꼈나? 그가 처한 상황을 감당하지 못한 상태는 아니었나? 이전에 어떤 일을 경험했기에 그렇게 행동할 수밖에 없었을까? (이에 관해서는 '2개의 의자 기법'이 도움이 되는 것으로 알려졌다. 처음에는 희생자의 처지를 상징하는 A의자에 앉는다. 이때가 생각나는 대로 범인에게 온갖 비난을 쏟아부을 기회이다. 뒤이어 B의자에 앉아 범인의 역할을 하면서, 왜 그런 행동을 했는지 범인의 처지에서 설명을 시도한다.)

세 번째 글자는 '이타주의Altruism'를 뜻한다. 이 단계에서는 의식적으로 범인에게 용서라는 선물을 준다. 이 단계는 깊게 자리 잡은 보복을 향한 열망을 실제로 극복할 것을 요구한다. 그래야 진짜로 용서할 수 있고, 용서와 함께 밀려오는 해방감을 경험할 수 있다.

네 번째 글자는 '약속Commit'을 뜻한다. 용서라는 선물에 계약과 비슷한 구속력을 부여하는 단계이다. 미국의 저명한 심리학자 마틴 셀리그먼에 따르면 "워딩턴의 심리 치료 집단에서는 참가자가 '용서 증명서'를 작성하고, 범인에게 용서의 편지를 쓰고, 자신이 한 일을 시로 쓰거나 노래로 만들거나 가까운 친구에게 설명해주었다."[14]

마지막 글자는 '지속Hold'을 뜻한다. 셀리그먼에 따르면, 이 마지막 단계는 용서 경험의 지속성이라는 측면에서 특히 중요하다. 범죄에 대한 기억이 다시 떠오를 가능성이 크기 때문이다. 그래서 워딩턴은 (용서 증명서처럼) 용서의 과정에서 만든 문서를 다시 살펴보거나, 필요한 때에는 모든 과정을 처음부터 다시 반복해야 한다고 밝혔다.

마틴 셀리그먼도 인정했듯이, 이러한 용서의 다섯 단계는 얼핏 '목사의 설교'처럼 보인다. 하지만 이 방법의 성과는 지금까지 수많은 연구를 통해서 과학적으로 입증되었다. "지금까지 가장 규모가 크고 잘 이루어진 연구는 스탠퍼드 대학의 칼 토레센이 진행한 연구였다. 그의 지도로 연구자들은 259명의 성인을 임의로 두 집단으로 나눴다. 그들은 저마다 9시간 동안 용서를 위한 워크숍에 참여하거나 영향을 평가하는 진단을 받았다. 용서를 위한 워크숍에 참석한 집단에 더 적은 분노, 더 적은 스트레스, 훨씬 더 많은 낙관주의, 더 나은 건강, 더 많은 용서라는 결과가 나왔다."[15]

최근 미국에서는 용서에 관한 연구가 활발해졌다.[16] 경험적 연구의 결과는 명확하다. 용서할 수 있는 사람은 남을 용서하는 데 어려움을 겪는 사람보다 평균적으로 부정적 스트레스를 더 적게 받고, 면역체계도 더 잘 유지한다. 정신적 상처도 더 생산적으로 극복하고, 심장질환 계통의 병도 거의 앓지 않으며, 더 오래 살고, 대체로 편안한 감정을 지닌다. 요컨대 다른 사람을 용서할 줄 아는 사람은 자신에게도 좋은 일을 하는 셈이다. 이런 결과는 우리가 1장에서 확인했던 이타적 이기주의, 곧 남을 돕는 사람은 먼저 자신을 돕는 것이라는 원칙과 정확하게 일치한다.

그러나 용서가 육체와 심리의 건강에 그렇게 지속해서 영향을 끼친다면[17] 왜 (적어도 서유럽에서는) 사회적 주제로 떠오르지 않을까? 이 책을 쓰기 위해 조사를 하면서 나는 이 주제에 관한 거의 모든 중요한 연구는 북아메리카에서 이루어졌으며, 독일어를 사용하는 지역에서는 학문적으로 거의 받아들여지지 않는다는 사실을 확인했다.[18] 왜 그럴까? '용서'라는 개념이 너무 종교적 색채가 강해서 세속화된 유럽 학자가 이 주제를 연구하는 것은 종교적 성향이 강한 북아메리카의 학자보다 쉽지 않기 때문일 것이다. (이 분야에 관한 많은 연구가 종교적 성향이 강한 존 템플턴 재단의 재정 지원을 받아 이루어졌고, 지금도 그렇게 진행된다는 사실도 흥미롭다.)[19]

하지만 용서 전략이 매우 성공적으로 종교 밈플렉스에 흡수되었다는 사실이 오로지 종교적 맥락에서만 용서가 이루어질 수 있거나 긍정적 효과를 나타낼 수 있음을 뜻하지는 않는다. 이러한 사실은 오하이오의 볼링그린 주립대학 심리학 교수인 케네스 파가먼트의 연구로 증명되었다.[20] 파가먼트는 과거에 입은 상처를 극복하는 데 어려움을 겪는 여성을 세 집단으로 나누었다. 첫 번째 집단은 종교적 논리에 기초해 진행되는 용서 훈련을 받았고, 두 번째 집단은 (종교적 논리의 도움 없이) 순수하게 세속적 기반 위에서 진행되는 훈련을 받았다. 세 번째 집단은 표준집단의 역할을 맡아 용서하기 훈련을 받지 않았다. 연구 결과는 다음과 같았다. 앞의 두 집단에 속한 여성은 표준집단에 견주어 똑같은 정도로 신뢰성 있는 진전을 보였고, 훈련을 받은 뒤 훨씬 나아진 느낌을 받았다. 용서 훈련에 종교적 논리가 포함되어 있는지 아닌지는 치유의 과정에서 아무런 영향도 끼치지 않았다.

그러므로 용서를 오롯이 종교적 개념으로 이해해서는 안 된다. 용서가 치유하는 힘은 신을 믿느냐 믿지 않느냐와 무관하게 효력이 있다. 과거에 당한 부당함에 고통을 받도록 옥죄는 사슬에서 벗어나 해방된 느낌을 만끽하려면 용서가 꼭 종교적일 필요는 없다. 용서하는 사람은 과거와 단절하고, 온 힘을 다해 현재와 미래로 나아갈 준비가 된 사람이다. 그리고 용서는 용서하는 사람만이 아니라, 주변의 모든 사람에게 도움을 준다. 따라서 훌륭하게 용서할 수 있는 사람이 용서의 능력을 키우지 못한 사람보다 대체로 안정되고 행복한 연인관계와 우정을 유지할 수 있다는 사실도 놀랍지 않다.

생일을 한번 잊어버렸다고 평생 불평하는 사람도 있다. 배우자가 바람을 피웠다고 여러 해 앙갚음을 하는 사람도 있다. 다른 형제나 자매에게 더 많은 사랑과 관심을 주었다고 부모를 용서하지 못하고 원망하는 사람도 있다. 그러나 훨씬 더 심각한 일을 용서하는 힘을 지닌 사람도 있다. 비엘 가족이 보인 놀라운 사례는 용서의 힘이 얼마나 넓은 범위까지 미칠 수 있는지를 극단적으로 보여준다.[21]

에이미 비엘은 정치적 행동을 활발히 펼치던 캘리포니아 출신의 대학생이었다. 그녀는 인종차별에 반대하는 운동을 지원하기 위해 1990년대 초에 남아프리카공화국으로 갔다. 하지만 불행하게도 그녀는 케이프타운의 빈민가를 방문했다가 소요를 일으킨 군중에 둘러싸였다. 그리고 흥분한 군중에게 '백인 압제자 계층을 대표하는 사람'으로 오인되어 폭행을 당해 목숨을 잃었다. 4명의 젊은 남자가 에이미 비엘을 살해한 혐의로 붙잡혀 장기 징역형을 받았다.

넬슨 만델라가 1996년에 진실과 화해 위원회를 설치하자, 에이미 비엘 사건도 사면위원회에서 다루어졌다. 에이미의 부모인 린다와 피터는 남아프리카공화국으로 가서 자신들의 딸을 죽인 범인들의 석방을 지지했다. 피터 비엘은 위원회에서 이렇게 말했다. "에이미는 여러분의 진실과 화해의 과정을 매우 반가워했을 것입니다. 우리는 그것에 대한 존경과 참된 우정을 전하기 위해 오늘 아침 이곳에 왔습니다. 우리는 대화를 나눌 기회도 없이 스러진 열정적인 생명을 기리기 위해 이 자리에 있습니다. 이번 심리가 끝나면, 우리는 모두 힘을 모아서 함께 나아가야 합니다."[22]

비엘 부부는 캘리포니아의 좋은 직장을 그만두고 케이프타운에서 에이미 비엘 재단을 설립했다. 그리고 청소년에게 다양한 교육과 여가활동의 기회를 제공하며, 그들이 더 나은 삶을 시작할 수 있게 도왔다. 이것만으로도 이미 매우 놀랍다. 하지만 이 이야기에서 정말로 숨 막힐

정도로 놀라운 사실은 에이미를 살해한 두 젊은이가 현재 이 재단에서 주요 활동가로 일한다는 점이다. 비엘 부부가 딸을 살해한 이들과 화해하는 과정은 그들을 단순히 용서하는 데 그치지 않았다. 여러 해에 걸쳐 그들과 함께 지내며 가까워져서, 은토베코 페니와 이지 노페멜라가 린다 비엘을 '엄마'라고 부르는 정도까지 나아갔다.[23]

자녀를 둔 사람은 자기 아들이나 딸을 잃는 것보다 더 끔찍한 비극은 없다는 사실을 잘 안다. 하물며 에이미의 경우처럼 길에서 돌에 맞고 칼에 찔리는 잔인한 방식으로 그런 일이 일어난다면, 더 고통스러울 것이다. 린다와 피터 비엘의 믿기 어려운 용서의 참된 가치를 조금이라도 적절히 인정하려면 이런 상황도 알아야 한다. 하지만 그들은 길고 고통스러운 과정이었으나, 놀라운 방식으로 끔찍한 상황으로부터 최선을 만들어내는 데 성공했다. 그들은 딸을 죽인 이에게 손을 내밀어 범인과 그들의 가족에게까지 도움을 주었다. 열정을 가지고 에이미 비엘 재단에서 오랜 기간 일하고 있는 은토베코 페니와 이지 노페멜라와 함께, 그들은 남아프리카공화국에 존재하는 폭력의 소용돌이를 막아내는 데 이바지했다.

비엘 부부는 어떻게 자신들의 딸을 살해한 범인을 용서할 힘을 키울 수 있었을까? 부부는 이런 질문을 받을 때면 종교적인 이유가 아니라 정치적인 이유를 댔다. 그들은 딸이 품었던 인권사상에 의무감을 느꼈다. 그리고 넬슨 만델라가 26년의 수감생활을 겪은 뒤에도 보복이 아니라 화해의 길로 갔던 것도 그들에게 힘을 주었다. 그러나 결정적인 것은 그들이 끔찍한 일을 저지른 사람들과 대화를 나눌 기회가 있었다는 점이다. 그들은 딸을 죽음에 이르게 한 여러 원인을 알게 되었다. 그래서 은토베코 페니와 이지 노페멜라가 빈민촌에서 지낸 특수한 삶의 경험을 이해하고, 이를 배경으로 마침내 에이미 비엘이 그토록 비극적인 방식으로 살해된 1993년 8월 25일에 범인들이 그렇게 행동할 수밖에 없었다는 사실을 인식했다. 행동의 배경을 이해한 것이 비엘 부부에게 용서할 힘을 가져다주었다.

이런 사실은 용서의 기술을 발전시키는 데 무죄 패러다임이 얼마나 도움이 되는지를 잘 보여준다. 왜 그럴까? 범인이 자유의지로 결정할 수 있다는 가정에서 출발하면 모든 악행이 더 악해지기 때문이다. 객관적인 원인도 없이 우리에게 사기를 치고, 상처를 입히고, 심지어 자녀를 빼앗아간 행위를 '자유의지'로 결정한 범죄자를 어떻게 용서할 수 있겠는가? 범인의 행동을 낳은 다양한 결정요소를 고려하고, 그 범인도 마찬가지로 역사의 희생양이라는 사실을 인식할 때만 우리는 죄와 속죄, 보복이라는 악순환의 고리를 끊어낼 수 있다.

이것이 바로 알베르트 아인슈타인이 자유의지를 거부하는 것이 "힘든 삶에 시달리는 과정에서" 나타나는 "위로와 관용의 마르지 않는 샘"이 될 수 있다고 생각한 이유이다. "나는 인간이다. 인간에 관한 그 어떤 것도 내게 무관하지 않다Homo sum, humani nihil a me alienum puto"라는 오래된 라틴어 문장은 무죄 패러다임이 지니는 효과를 가장 잘 알려준다.

나는 지금 존재하는 자아가 형성되기까지 얼마나 통제할 수 없는 많은 요소가 개입했는지를 잘 안다. 아울러 다른 조건이었다면, 어머니가 세상 밖으로 나오게 해준 그 아이가 완전히 다른 사람이 될 수도 있었다는 사실도 잘 안다. 유전자 배열에 조금만 변화가 생겼어도, 출산할 때 산소가 조금만 부족했더라도, 지금 책을 쓰는 것이 아니라 장애인 재활공장에서 볼펜을 조립하고 있었을 수 있다. 다른 집안 환경에서 태어났거나 다른 또래 집단과 어울렸다면 중범죄자가 되어 감옥에 갇혀 있을 수도 있다. 백인 정부가 인종분리정책을 추진하던 남아프리카공화국의 흑인 빈민촌에서 자랐다면 어쩌면 나도 에이미 비엘을 살해하는 데 동참했을 수 있고, 20세기 초에 독일의 민족주의자 집안에서 태어났다면 잔혹한 나치 범죄자로 성장했을 수도 있다.

자신을 '선한 사람'이라고 생각하며, 위에서 내려다보듯 '악한 범죄자'에게 도덕적 혐오감을 드러내는 것은 멍청한 자기 정당화의 표현일 뿐이다. 자신이라면 절대 은토베코 페니와 이지 노페멜라처럼 무고한 사람을 죽이는 짓을 저지르지는 않았을 것이라고 확신에 차서 주장하는 사람은, 1993년 흑인 빈민촌의 조건이었다면 현재의 자신이 되지 못했을 것이라는 사실을 잊고 있다. 이러한 관계를 꿰뚫어 보아야 비로소 도덕적인 자기만족에서 벗어날 수 있다. 아울러 이것이야말로 용서의 기술을 실천할 수 있는 최선의 전제조건이다.

어쨌든 분명한 것은 누군가의 행동에 대해 그가 한 것과는 애당초 다르게 행동할 수도 있었다고 생각하는 (선택 가능의 원칙이라는) 도덕적 허구에서 벗어난 사람이 용서도 쉽게 한다는 사실이다. 왜 그럴까? 그런 전제 위에서는 자신이 입은 피해를 도덕적 해악이 아니라, 자연적 해악의 표현으로 받아들일 수 있다. 그래서 앞서 1장에서도 보았듯이, 훨씬 더 원망을 적게 하기 때문이다.

사랑하는 이의 죽음은 언제나 끔찍한 경험이다. 그러나 그 죽음의 원인을 질병이나 자연재해와 같은 자연의 인과관계로 보는 것과 전통적 관점에서 살인을 바라보는 것처럼 자유의지에 기초한 결정으로 보는 것 사이에는 큰 차이가 있다. 자유의지라는 허구를 지양하고, 어떤 사람에 대한 살인을 (범죄의 순간에 나타난 범인의 뇌 신경회로의 움직임과 같은) 자연적인 결정요인으로 설명한다면, 그 살인은 얼마간 자연적 인과

관계라는 지위를 얻게 된다. 그렇게 한다고 해서 사랑하는 이를 잃은 고통이 줄어들지는 않겠지만, 도덕적 분노라는 독 때문에 고통이 더 강해지는 것만큼은 막을 수 있다.

그런데 '자유의지로 선택할 수 있다'는 이론에 반대하는 논리가 옳다면 그로부터 비롯된 법체계도 영향을 받아 바뀌어야 하지 않을까? 범죄의 순간에 전혀 다르게 결정할 수 없었던 사람을 처벌하는 것은 과연 정당할까? 이와 같은 질문에 답을 하려면 무죄 패러다임이 가져올 사회적 결과를 살펴볼 필요가 있다.

06

여유로운 사회

시민사회가 해체되더라도 감옥에 남은 마지막 살인자까지 교수형를 집행해야 한다. 모든 이가 자신의 행위에 알맞게 대우를 받고, 피로 쌓은 죄악을 국민이 덮어쓰지 않으려면 그렇게 해야 한다.

– 이마누엘 칸트(1797)[1]

어떤 범죄자의 변호사에게 사건과 범죄자의 과거에 대한 지식이 매우 폭넓게 있다고 하자. 그러면 변호사가 잇달아 제시하는 이른바 정상참작의 근거로 범죄자의 모든 죄가 사면되어야 한다.

– 프리드리히 니체(1886)[2]

복수한다고 정의가 구현되지는 않는다. 복수는 정의가 아니다. … 아무리 학력이 높더라도 미개한 사람일수록, 나아가 무지하고 가르치기 어려운 사람일수록, 개별적인 이유와 배경을 깊게 이해하지도 않고, 목을 매달라고 목소리만 높인다.

– 카를하인츠 데슈너(2004)[3]

보복은 정당하지 않다

“학생이던 라스콜니코프는 거지처럼 가난했고, 부랑자처럼 되어갔다. 그는 초라한 다락방에서 살았다. 최근 그의 상황은 더 나빠졌다. 약간의 수입을 가져다주던 개인교습 일이 끊기는 바람에 오랫동안 방세도 내지 못했고, 먹을 것도 떨어졌다. 처분할 수 있는 모든 물건은 이미 전당포 여주인에게 맡긴 상태였다. 집에서는 놀라움과 굴욕감을 안겨 주는 소식이 들려왔다. 여동생이 단지 공부를 계속하고 나중에 일자리를 얻기 위해 청혼을 받아들였다는 소식이었다. … 그 순간 라스콜니코프는 전당포 여주인이 쌓아둔 어마어마한 돈이 떠올랐다. 그는 어떤 술집에서 누군가 큰소리로 떠드는 소리를 들었다. 혐오스런 노파를 없애고, 그녀의 돈을 빼앗아 훨씬 가치 있는 사람이 더 나은 삶을 살 수 있게 하는 것이 뭐가 나쁘냐는 말이었다. 그 말이 그의 마음에서 자라나기 시작했다. 그는 오래전부터 뭐든 해도 되는 특별한 사람이 있다는 생각에 빠져 있었기 때문이다. 심지어 그는 그 주제에 관한 글을 발표한 적도 있었다. 그는 그 노파가 어느 날 저녁 집에 홀로 있을 것이라는 사실을 알게 되었다. 이 모든 일들이 합해져 마침내 그가 그곳으로 가서 범행을 저지르는 결과를 낳았다."[4]

스위스의 철학자 페터 비에리는 도스토예프스키의 장편소설《죄와 벌》을 이렇게 짧게 요약했다. 비에리는 자유의지 논쟁에서 자기 생각을 분명히 밝히려고《자유의 솜씨》라는 책에서 문학작품의 등장인물인 라스콜니코프를 활용했다.[5] 비에리의 책에서 절정을 이루는 부분은 라스콜니코프와 판사 사이에 오간 대화를 재구성한 장면이다. 도스토예프스키의 묘사와는 반대로 라스콜니코프는 자신을 변호하기 위해 의지의 제약성이라는 논지를 펼친다. 그리고 그가 내세운 논거는 판사를 곤혹스럽게 한다. 비에리의 책에서 살인자 라스콜니코프는 자유의지론에 맞서는 논리를 매우 능숙하게 펼치며, 이를 바탕으로 니체와 마찬가지로 "모든 죄가 사면되어야 한다"라고 주장한다.

라스콜니코프는 변론에서 이렇게 말한다. "아무도 특정한 시점에서 자신이 실제로 행한 것과 다르게 결정할 수 없습니다. 어떤 특정한 생각이 의지를 낳는 데 결정적인 역할을 하느냐 그렇지 않느냐는 그 이전의 역사에서 미리 결정되어 있었습니다. 내 생각과 느낌, 기억과 상상의 역사가 그렇게 행동할 수밖에 없게 했습니다. 요컨대 돈에 관한 생각이 내 의지를 결정했습니다. … 나는 그렇게 결정할 수밖에 없었습니다. 나는 달리 어찌할 수 없었습니다. … 다르게 결정할 능력이 없었는데, 어떻게 행동에 책임을 물을 수 있습니까?"[6]

판사는 이런 주장에 쉽게 반박할 수 없었다. 물론 라스콜니코프는 도끼로 전당포 여주인을 살해할 때, 최면에 걸렸거나 외부의 억압을 받던 상태가 아니었다. 그러므로 행동의 자유가 있었다고 올바르게 지적할 수 있었다. 살해는 의식적으로 계획되었고, 라스콜니코프도 자신의 행동이 법에 어긋난 것임을 알았다. 그러나 라스콜니코프가 전당포 여주인을 살해한 어떤 행위를 할 수 있었다는 사실이 그가 그 순간에 다르게 행동할 수 있었다는 의미는 아니다.

라스콜니코프와 판사 두 사람 모두 생각의 저편에 있는 생각을 통제할 자율적 감독권을 지니지 않았다. 그래서 철학 교육을 받은 피고인은 논리를 더 날카롭게 밀어붙여 자신을 판사와 동등한 위치로 올려 놓았다. "나는 당시에 했던 행동과 다르게 생각할 수 없었습니다. 다른 생각이 아닌, 바로 그 생각이 떠오른 것은 어쩔 수 없는 일이었습니다. 이는 판사님도 마찬가지입니다. 판사님이 언제나 규칙만 생각하는 것도 그냥 그렇게 주어진 것일 뿐입니다. 그러니 착각하면 안 됩니다. 판사님은 생각의 흐름이 그 위 판사석으로 흘러가는 행운을 잡았고, 나는 생각의 흐름이 이 아래 피고석으로 흘러가는 불운에 빠졌을 뿐입니다. 그러므로 실제 행동이 어떻게 나타났든지 내게 책임을 묻는 것은 공정하지 않습니다."[7]

판사는 다르게 행동할 수 있었다는 전제 위에서 책임능력을 따지는 논리로는 더는 앞으로 나아갈 수 없었다. 그렇다면 판사는 철학적으로 일관된 논리를 좇아서 끝내 살인자를 그냥 풀어줄 수밖에 없었을까?

그렇지는 않다. 모든 윤리적 토론에서와 마찬가지로 법정에서도 최종적으로 중요한 것은 행위의 기원이 아니라, 행위의 내용이기 때문이다. 그래서 판사는 철학적 심리를 끝내고, 법의 이름으로 이렇게 판결했다. "우리는 … 다른 사람과 다른 사람의 욕구를 배려하기를 바란다. … 그러므로 우리는 누군가가 그대처럼 무분별하게 행동하는 것을 용납하지 않는다. 설령 그 무분별한 행동에 불가피한 역사와 사정이 있었다고 해도 마찬가지이다. 그러므로 나는 지금 법정 경위에게 당신을 가두라고 지시한다."[8]

정리하면 이렇다. 중요한 것은 라스콜니코프의 객관적 책임, 곧 전당포 여주인을 살해한 그의 행위이다. 그가 '다르게 행동할 수 없었다'라는 것은, 다시 말해 그의 주관적인 도덕적 무죄는 이러한 객관적 책임을 상쇄할 수 없다.

얼핏 모순되어 보이는 이러한 논리를 이해하는 데 이런 비유가 도움이 될지 모르겠다. 원칙적으로 형법 법전은 식당 메뉴판에 빗대어 생각해볼 수 있다. 음식 X에 비용 X_1이 든다면, 형법에서는 범죄 Y에 비용 Y_1을 지불해야 한다. 메뉴판에서 내가 가장 비싼 음식을 선택했다면 나는 그 비용을 치러야 한다. 내가 캐비아 · 랍스터 · 송로버섯 같은 것을 병적으로 좋아하는 것도 절대 '자유로운 선택'이 아니라, 수많은 생물학적 · 문화적 결정요인으로 강제된 결과이다. 하지만 이것이 음식값을 내지 않는 행동을 정당화하지는 못한다. 살인에 대한 비용도 마찬가지이다. 나쁜 또래집단 때문이라거나, 여러 세대에 걸쳐 특별한 분노

발작 성향이 있다는 가족력에 대한 전문가 판정도 처벌을 벗어나는 데 도움이 되지 않는다. 식당 주인이나 국가는 모두 내가 음식 X를 선택했거나 Y라는 행동으로 형법을 위반했다는 객관적 사실만을 중요하게 여긴다. 따라서 우리는 법적 처벌과 같은 특정한 행동에 대한 비용을 징수하기 위해 자유의지를 가정할 필요가 없다. 자유의지와 연관된 엄격한 도덕적 의미에서의 책임능력도 전혀 가정할 필요가 없다.

그런데 자유의지론에서 벗어나도 처벌을 할 수 있다면, 그것은 자유의지론에 기초한 형벌체계와 무엇이 다를까? 이것은 세 가지 측면에서 살펴보아야 한다. 첫째는 처벌의 기능이고, 둘째는 범인을 대하는 태도이며, 셋째는 범죄 예방의 의미이다.

먼저 처벌의 기능부터 살펴보자. 자유의지와 책임능력 이론에서 벗어난 법체계에서 처벌은 오롯이 기술적 기능만 한다. 처벌은 사회와 사회의 법규를 수호하는 수단이다. 처벌은 사회를 보호하기 위해 두 가지 측면에서 이바지한다. 먼저 처벌은 앞으로도 엄청난 피해를 줄 수 있는 위험한 범인을 사회에서 격리한다. 아울러 처벌 위협, 다시 말해 바람직하지 못한 행위는 대가를 치른다는 인식만으로도 그런 행동이 사회에서 잘 나타나지 않게 한다. 왜 그럴까? 처벌이 (절도와 같은) 어떤 행동에 대해 개인이 마땅히 치러야 할 비용을 증가시킴으로써 그런 행동이 매력을 잃게 되기 때문이다.

그러나 자유의지와 도덕적 책임능력이라는 밈플렉스에 기초한 법체계에서는 처벌이 이러한 기술적 기능을 넘어서 보복과 속죄 욕구를 만족시키는 기능도 한다. 이런 시각에서 처벌은 '범죄자에게 보복할 수 있는' 기회로 여겨진다.

범죄자가 '자유의지'로 '악'을 선택한다는 허구가 보복 욕구와 얼마나 긴밀히 연결되어 있는지는 미국의 사형제 찬성론자들이 뚜렷이 보여준다.[9] 도덕적 엄숙주의자들은 범죄자의 인생사를 고려한 정상참작을 혐오한다. 그들은 범죄자를 용서하지 않고, 용서하려고도 하지 않는다. 게다가 그들의 증오심은 범죄자만을 대상으로 하지 않는다. 증오심은 그들이 요구하는 '신성한' 보복에 문제를 제기하는 (사형제도에 반대하는 활동가나 비엘 부부처럼 자신의 딸을 살해한 자들을 용서하는 신성모독을 행한 자들과 같은) '저주받을 자유주의자'에게까지 향한다. (한쪽에서는 사형제도에 찬성하면서 다른 한쪽에서는 낙태를 냉혹한 살인으로 보는 곡예에 성공한 미국의 사형제 찬성론자들이야말로 악마와 자유의지 밈플렉스가 어떻게 집단적 광기와 연결되어 있는지를 알아보기 위한 가장 알맞은 연구대상이다.)

미국의 사형제도 찬성 운동이 종교적 우파로부터 상당 부분 인력이 동원되고 있지만, 도덕적 관점의 처벌 원칙이 종교적 우파만의 전유물은 아니다. 이 장의 첫머리에 인용한 문구에서도 나타나듯이, 계몽사상의 가장 중요한 철학자 가운데 하나인 이마누엘 칸트도 보복 논리에서 벗어나지 못했다. 그리고 불행하게도 그는 19~20세기 형법의 발전에도 매우 큰 영향을 끼쳤다.

칸트를 매우 높게 평가했던 아르투어 쇼펜하우어도 칸트의 형벌 이론만큼은 "보복을 위한 보복일 뿐, 완전히 뒤집히고 근거 없는 관점"으로 여겼다. 쇼펜하우어는 보복 지향적 형법과 윤리적 형법 사이의 차이를 이렇게 설명했다. "법의 유일한 목적은 타인의 권리를 침해하지 못하게 위협하는 것이다. 부당한 행위로부터 모두를 보호하기 위해 사람들은 국가로 통합되었기 때문이다. … 따라서 법과 법의 집행, 곧 처벌은 근본적으로 과거가 아닌 미래를 지향한다. 이것이 처벌과 보복을 나눈다. 보복의 동기는 이미 벌어진 일, 다시 말해 과거의 행위이다. 미래를 향한 목적 없이 단지 과거의 부당함에 고통을 주어 죗값을 치르게 하는 행위는 보복이다. 여기에는 문제를 일으킨 타인의 고통을 바라보며, 자신이 당한 고통에 대한 위안을 얻으려는 목적 말고는 아무것도 없다. 이것은 윤리적으로 정당화할 수 없는 악의이자 잔인함이다."[10]

쇼펜하우어 이후 수십여 년 뒤에는 오스트리아의 영향력 있는 형법 개혁자 프란츠 폰 리스트가 칸트와 헤겔의 보복주의 이론으로 기울어진 지배적인 형법 철학을 극복하려고 노력했다. 그는 형의 집행은 보복을 위해서가 아니라, 무엇보다 사회의 법규범이나 사회의 안전, 범죄자의 교화, 다음 범죄의 예방을 위해 이루어져야 한다고 주장했다. 스승인 리스트의 이론을 이어받은 구스타프 라트브루흐도 제1차 세계대전이 끝난 뒤, 형법을 철저히 인본주의와 현대화의 방향으로 나아가게 하려고 애썼다. 이러한 개혁운동이 이루어지면서 1920년대에는 도덕적 죄와 보복의 관점이 점차 퇴색하고, 범죄자의 재사회화 사상이 힘을 얻었다. 그러나 나치주의자들이 권력을 장악하면서 라트브루흐도 대학교수 자리에서 쫓겨났고, 독일에서는 이런 변화가 멈추었다.

나치주의자들은 도덕적 죄와 (이 이론과 연결된 범죄자의 자유의지라는 가정과 함께) 속죄와 보복의 이론을 다시 법 해석의 한복판에 놓았다. 이는 [나치 시대에 정권 보호를 위해 설립된 최고사법기관인] 민족재판소의 수장이던 롤란트 프라이슬러가 밝힌 나치 형법 설계의 근거에서도 잘 드러난다. "국가사회주의(나치즘)가 그러하듯이, 삶에 대해 영웅적 태도를 지닌 이념은 자유의지에 의문을 제기하지 않는다. 국가사회주의는 '나는 다르게 행동할 수 없었다'라는 말을 믿지 않는다. 반대로 삶의 모든 상황에서 '나는 해야 하고, 하려고 하고, 할 수 있다! 죄는 속죄를 요구한다!'라고 외친다. 속죄를 요구하는 것은 독일인에게는 민족의 역사만큼이나 오랜 전통이다. … 우리의 전통적인 정서에서 죄와 속죄는 절대 풀리지 않는 사슬과 같다."[11]

나치 정권이 몰락한 뒤에 다시 1920년대의 개혁운동을 따라 법 해석이 이루어졌으나, 이어받은 죄와 속죄 개념을 법조문에서 몰아내는 데에는 소홀했다. 1970년대에 헤센의 주 법무장관이던 프리츠 바우어는 이런 잘못에 주의를 기울일 것을 촉구했다. 그는 지금도 읽어볼 가치가 있는 여러 편의 출판물에서 자유의지론과 그것과 연결된 죄와 보복에 관한 사상에서 철저히 벗어나자고 호소했다.[12] 그러나 인도주의 정신과 경험과학이 이루어낸 결과를 존중하는 것에 바탕을 두고 제시된 바우어의 호소는 당시 법조계의 지배적인 의견이 되지는 못했다.

최근 들어 뇌 연구와 자유의지 논쟁이 불붙으면서 이 주제에 관심이 다시 높아졌다.[13] 법철학자 라인하르트 메르켈도 밝혔듯이, 법 해석은 기본 전제 가운데 하나인 '다르게 행동할 수 있었다'라는 가정을 바탕으로 정의되는 책임능력이 비판적 검증을 버틸 수 없다는 사실을 그냥 외면해서는 안 된다.[14] 사회는 중요한 합법적 이해관계를 보호하기 위해 앞으로도 범법행위를 처벌해야 한다. 하지만 거기에서 더 나아가 범죄자에게 도덕적 몽둥이를 들이대며 위협하는 행위는 당장 그만두어야 한다.

이제 범인을 대하는 방법을 살펴볼 차례이다. 구스타프 라트브루흐는 언젠가 '양심의 가책을 느끼지 못하는 사람만이 좋은 법률가가' 될 수 있다고 말했다.[15] 페터 비에리가 창조해낸 가상의 판사는 그런 점에서 '훌륭한 법률가'였다. 그는 라스콜니코프를 처벌하는 것이 꼭 필요하다고 보면서도, 어떤 특정한 관점에서는 그것이 불공정하다는 사실도 뚜렷이 인식했다. "어떤 사람에게는, 예컨대 큰 저택에 살고 가족들도 흠잡을 만한 것이 없는 나와 같은 사람에게는, 자신의 의지가 범죄적인 생각으로 빠지지 않을 행운이 있다. 그렇지만 오롯이 살아남기 위해 법과 질서를 무시하는 방법을 배울 수밖에 없는, 빈민굴에서 자라난 불행한 사람도 있다. 그리고 지금은 사회계층을 선택하는 운명의 제비뽑기에서 행운을 잡은 사람이 불운을 잡은 사람을 처벌한다. 불운을 잡은 사람은 이중으로 처벌을 받는 셈이다. 불리한 출발조건으로 한 번, 그를 감옥으로 보내는 행운을 뽑은 사람의 판결로 또 한 번 처벌을 받는다."[16]

더 자세히 살펴보면 비에리의 판사가 호소하는 불공정은 당연히 법정에만 존재하지 않는다. 우리 삶과 늘 함께하는 현상이다. 제프가 학교에서 성적이 좋고 체육대회에서도 모든 우승컵을 가져온다면, 이것은 특별한 생물학적 재능과 문화적 학습경험의 결과이다. 이러한 도전에 형편없이 실패만 하는 불쌍한 빌리에게는 주어지지 않은 재능과 경험이다. 어떤 관점에서 살펴보더라도 인생은 불공정하다. 그리고 이런 사실은 아무리 현명한 판사의 판결이라도 크게 바꿀 수 없다.

그러나 자연과 문화의 이러한 근본적 불공정을 의식할 때, 범죄자를 인간적으로 대하는 방식으로 한 걸음 더 나아갈 수는 있다. 출발조건이 조금 달랐다면 피고석에 앉은 사람이 자신이 될 수도 있었다는 사실을 아는 판사는, 다시 말해 행복한 조건의 흐름이 자신을 판사석에 앉혔다는 사실을 아는 판사는 다르게 행동할 것이다. 조금의 도덕적 독선도 없이 범죄자를 이해하는 마음으로 행동할 것이다. 무죄 패러다임이 충분히 확산한다면 당연히 교도관, 보호관찰관, 심리학자, 대중매체, 나아가 사회 전체도 똑같은 태도를 보일 것이다.

이런 다른 태도, 곧 범인을 도덕적인 시각에서 다루지 않는 태도는 (앞서 4장과 5장에서도 강조했듯이) 다른 방식으로 자신을 대하고, 이전과는 다른 사람으로 될 수 있게 할 것이다. 범죄자가 했던 행위와 다르게 행동할 수 있었다는 (흥미롭게도 재소자들도 거의 믿지 않는)[17] 잘못된 도덕적 전제를 일단 내려놓으면 그가 그 시점에 왜 그렇게 행동했고, 다르게 행동할 수는 없었는지를 그와 함께 훨씬 더 잘 돌아볼 수 있게 되리라고 나는 확신한다. 나아가 이러한 이해의 진전이야말로 범죄자가 미래에는 비슷한 상황에서도 다르게 행동할 수 있게 하는 전제조건일 것이다.

상관관계가 이렇게 논리정연하다고 해도, 이것이 분별력 없는 범죄자의 성격의 벽을 부수는 일이 쉽다는 뜻은 절대 아니다. 범죄자를 무조건 지원한다거나, 심지어 그를 '사회의 희생양'으로 보고, 원래 그가 지닌 것을 끌어낼 뿐이라는 사고방식을 강조하려는 것도 아니다. 범죄자를 진정으로 도와주려면 그들의 역사와 격렬히 맞부딪치는 일은 피할 수 없다.

미국의 연구에 따르면, 감옥의 공감 훈련 과정에서 자기 행동의 결과를 직면한 형사범은 그런 훈련에 참여하지 않은 죄수보다 재범률이 더 낮았다.[18] 그런 종류의 공감 훈련은 범인이 희생자의 처지가 되어 그들이 느낀 공포와 고통을 겪어보게 하는 데 중점을 둔다. 그런 훈련이 진지하게 진행된다면, (아울러 범인이 회복할 수 없는 뇌 손상을 입지 않는다면) 그들의 인식 양식이 꾸준히 변화하게 된다.

이른바 강력범이 기본적으로 반공격성 훈련의 하나로 받는 공감 훈련은 폭력 희생자에게 권고되는 용서 프로그램과는 반대 방향에서 이루어진다. 폭력범은 흔히 자신이 (대부분 부모가 가해자인) 폭력의 희생자이고, 심리적으로 폭력에 희생이 되어 생긴 폭력을 극복하지 못한 경우가 많다.[19] 따라서 구금된 기간을 폭력으로 생긴 상처를 공개적으로 드러내서 치유할 기회로 활용해야 한다.

어쨌든 범죄자를 단순히 감옥에 가두었다가 기간이 되면 전혀 바뀌지 않은 상태로 세상에 내보내거나, 구금된 상황 때문에 오히려 감정과 인식의 문제가 더 심해진 상태로 범죄자가 세상에 나오게 되는 것은 무척 위험하고 비인간적인 정책임이 틀림없다. 아울러 비용의 측면에서도 효율적이지 못하다. 형 집행에 (보호관찰에) 필요한 인원을 최소한으로 유지해서 비용을 절약할 수는 있지만, 범죄자의 높은 재범률로 다른 비용이 늘어나기 때문이다. 범죄자의 재활에 필요한 투자를 꺼리는 것은 범죄 예방 분야에서 필요한 조치를 방해한다.

이제 우리는 세 번째이자 마지막 관점에 다다랐다. 범죄 행위에는 원인이 있다고 이해하는 사람은 당연히 범죄 행위를 발생시키는 요소를 없애기 위해 더 많은 노력을 한다. 한스 마르코비치와 베르너 지퍼는 앞에서 이미 언급했던《범인은 바로 뇌다》라는 책에서 이렇게 밝혔다. "작고 방어 능력이 없는 아이들에게 폭력적인 권리침해가 저질러지는 것을 막는 예방조치는 먼저 부모, 양부모, 조부모, 나이 든 형제자매의 양육 방식에 초점을 맞추어야 한다. 생각할 수 있는 방법은 일종의 '조기경보체계'를 구축하는 것이다. 예컨대 유치원과 학교에서 멍이나 상처를 정기적으로 검사하거나, 부모와 상담을 하거나, 사회복지국을 통해 통제하는 것이 방법일 수 있다."[20] 잘 알고 있듯이, 오늘날 이런 조치는 이미 도입되었다. 그러나 여전히 너무나 열악한 수준에서 시행되고 있다. 매우 적은 수의 교육자, 심리학자, 사회복지사가 너무 많은 사람을 상대한다. 이 경우에도 국가는 잘못된 방법으로 예산을 절약하려고 하는 것 같다.

하지만 효과적이면서 비용도 적게 드는 예방조치도 많다. 1993년과 2001년 사이에 뉴욕시에서는 범죄율이 놀랍게 감소했다. (살인은 66.63%, 강간은 49.52%, 절도는 67.56%가 줄었다.) 그렇게 된 근본적 이유는 뉴욕시가 환경심리학 지식을 철저히 활용했기 때문이다.[21] 깨진 창문은 곧바로 갈아 끼웠고, 벽에 그려진 낙서는 지웠고, 폐허가 된 건물은 재건축했다. 망가진 가로등도 교체했고, 회색 통로도 새롭게 칠했다. 이상하게 들릴지 모르겠지만, 이런 외관의 개선이 범죄통계에 꽤 영향을 끼쳤다. 친근한 환경은 저절로 우호적인 행동을 유도하기 때문이다.

이렇게 상황적 환경이 범죄 행위를 실행으로 옮기는 데 큰 영향을 끼친다. (여기에서 상황적 환경이란 외적 환경만이 아니라, 행동하게 만드는 사회적 맥락도 가리킨다.) 이런 주장은 특히 1971년에 유명한 스탠퍼드 감옥실험*을 진행했던 미국의 사회심리학자 필립 짐바르도가 제기했다.[22] 짐바르도는 상응하는 기본조건만 주어진다면, 거의 모든 사람이 무슨 짓이든 저지를 수 있다고 믿는다.[23] 이는 범죄 예방의 관점에서 볼 때, 사람들에게 불법적인 행동을 부추기는 특정한 사회적 상황과 집단 구성이 나타나지 않도록 애초에 최대한 주의를 기울여야 한다는 것을 뜻한다.

범죄 예방조치를 위한 실마리는 무척 풍부하다. 깨진 창문을 고치거나 가정폭력을 효과적으로 퇴치하는 것에 한정되지 않는다. 근본적으

---

* 1971년 스탠퍼드 대학교의 심리학 교수이던 필립 짐바르도는 24명의 학생을 대상으로 실험을 했다. 학생들은 무작위로 죄수와 교도관 역할을 맡았으며, 대학 건물 지하에 있는 가짜 감옥에서 생활했다. 실험은 6일 동안 진행되었는데, 참가자들은 자신의 역할에 완전히 빠져들었고, 교도관 역할의 학생들은 가혹 행위를 하기도 했다.

로 우리는 지금 모든 사회조직의 밑바탕에까지 영향을 미칠 개혁이라는 과제 앞에 서 있다. 범죄의 주된 요인은 구조적 · 문화적 폭력을 일상적으로 겪으면서 생겨난 반작용이다. 따라서 범죄 요인을 개별 범죄자의 고립된 현상으로 보는 것은 잘못이다. 오히려 개인을 넘어서 일반적 · 문화적 부당함에서 비롯된 증상으로 보아야 한다.

현실의 사회 · 경제적 조건을 자세히 살펴보면 범죄율이 (하층이나 이주노동자 가족과 같은) 특정한 사회집단에서 유독 심각하게 높게 나타나는 것이 그리 놀랍지 않다. 실제로 자신과 같은 부류의 사람들이 사회적으로 지위를 상승시킬 기회를 얻는 모습을 전혀 볼 수 없다면, 그 사람들은 처벌 조치를 그다지 두려워하지 않는다. 오히려 그런 상황에서는 '범죄에 빠지는' 것이 충분히 '합리적인 결정'으로 보일 수도 있다는 사실을 받아들여야 한다.

바로 이 지점에서 진정한 인본주의적 사회정책이 시행되어야 한다. 범죄자가 아닌 사람을 범죄자로 만드는 조건이 더 근본적인 문제이기 때문이다. 물론 그러한 조건을 꾸준히 변화하게 하는 것이 현실적으로 무척 어렵다는 점은 인정한다. 하지만 이러한 사실이 인본주의적 사회정책을 미리 포기해버리는 것을 정당화하는 근거가 돼서는 안 된다.

묵시록에서 인도주의적인 공동체로

자유의지 가설에서 비롯되는 심각한 결과는 자유의지 가설이 더 큰 차원의 사회적 상관관계에 끼친 영향을 연구하면 더욱 명확해진다. 자유의지 가설이 사회 부정의를 정당화하기 위한 확실한 수단으로 쓰인다는 사실이 입증되었기 때문이다. 요컨대 '행복은 저마다 하기 나름'

이라는 생각은 가난한 자의 가난과 부자의 부를 정당화하는 구실을 한다. 그래서 행복한 사람은 (적어도 얼핏 보기에는) 더욱 행복하게 되고, 불행한 사람은 (몇 번을 다시 보더라도) 더 불행하게 된다. 가진 사람에게 확신을 더 심어주고, 가뜩이나 없는 사람에게서 확신을 앗아간다.

현대 서양 사회에는 이런 법칙이 작동한다. 곧 자유의지 사상이 강하게 뿌리내릴수록 사회적 불평등이 더 많이 용인되고, 법체계의 처벌 조치가 더 엄격히 적용된다. 미국과 스칸디나비아 국가의 차이를 떠올려 보라. 미국인은 마치 '부동의 동자'처럼 접시닦이도 백만장자가 될 수 있다는 자수성가의 꿈에 부푼다. 하지만 스웨덴과 덴마크에서는 개인을 '개인과 사회적 관계의 조화'라는 틀에서 바라본다. 이는 미국에서 왜 그토록 사회보장국가의 정신이 발달하지 못했으며, 보복과 속죄의 법체계가 지배적인지를 알려준다. 특히 사형제도의 사회적 허용도가 왜 그렇게 높으며, 감옥 환경은 왜 그렇게 열악한지도 설명해준다. 스웨덴과 덴마크에서는 보복 · 속죄 · 도덕적 죄라는 개념이 법체계에서 폭넓게 사라졌으며, 사회안전망이라는 사고가 훨씬 더 중요한 역할을 한다.

그렇다면 왜 자유의지에 대한 가정이 행복한 사람은 (적어도 얼핏 보기에는) 더욱 행복하고, 불행한 사람은 (몇 번을 다시 보더라도) 더욱 불행하게 할까? 이해를 돕기 위해 뛰어난 재능을 지닌 제프와 재능이 없는 빌리의 사례를 살펴보자. 제프는 언제나 '수'를 받고, 빌리는 '양'이나 '가'만 받아온다고 하자. 자유의지 가설에 따르면 제프는 두 배로 상을 받고, 빌리는 두 배로 벌을 받는다. 빌리는 유전적 소질은 물론이고 '부동의 동자'라는 의미에서 문화적 학습경험도 통제할 수 없었다. 그런데도 그는 나쁜 성적을 받는 데 그치지 않고, 그의 한심한 성과는 자신의 잘못이라는 비난도 함께 받는다.

그러나 빌리를 향한 두 번째 비난은 설령 그가 더 열심히 노력했다면 정말로 더 좋은 점수를 얻을 수 있었다 하더라도 옳지 않다. 목표를 이루기 위해 자기에게 있는 모든 힘을 끌어내는 능력도 하늘에서 그냥 떨어지는 것이 아니라, 유전적 기질과 문화적 학습경험으로 결정되기 때문이다. 그래서 누구나 혼자 힘으로 어떻게든 자수성가할 수 있다는 생각을 《허풍선이 남작의 모험》에 나오는 뮌히하우젠 남작의 허풍과 같다고 지적하는 것이다.

그러면 우리는 이 생물학적 · 문화적 불평등을 어떻게 대하고 있는가? 제프와 빌리의 성적을 인위적으로 평준화하려는 시도는 분명히 최악의 해결책이다. 제프도 자기 재능을 최대한 펼칠 권리가 있기 때문이다. 빌리가 더는 실패자로 느끼지 않게 하려고 제프에게 더 나쁜 성적을 받으라고 요구하는 것은 말도 안 된다. 그러면 결국 제프만이 아니라 사회 전체가 고통을 받는다. 왜 그럴까? 그런 환경이라면 제프가 자신의 재능이 장려되었을 때 해낼 수 있는 사회 발전을 위한 기여를 절대 할 수 없기 때문이다. 아인슈타인, 에디슨, 러셀, 프로이트, 브레히트, 피카소, 모차르트와 같은 거장들이 최고의 성과를 거둘 수 없게 의욕이 꺾였다고 생각해보라. 인류는 지금보다 훨씬 볼품없이 되었을 것이다. 어떤 방식이든 중간을 만들려는 선택은 자연과 문화의 불평등을 바로잡기 위한 방식으로 적절치 않다. 평균적이거나 뒤떨어진 재능을 지닌 사람과 마찬가지로, 뛰어난 재능을 지닌 사람도 장려되어야 한다. 그들이 최고의 성과를 거둘 수 있게 동기부여가 확실히 이루어져야 하며, 특별한 성취를 이루어내면 그에 걸맞은 보상을 받아야 한다.

이런 상관관계 속에서 이른바 성과사회를 지속해서 비판하는 것은 비록 좋은 의도라 하더라도 깊고 올바른 생각으로 볼 수는 없다. 높은 성과를 위한 동기부여는 사회만이 아니라 개인에게도 필요하기 때문이다. (앞서 4장에서 살펴본 몰입 경험에서도 나타나듯이) 사람들은 자신의 성과를 과시하고, 다른 사람과 비교하기를 좋아한다. 스포츠계에 경쟁이라는 자극이 없다면 어떻게 될까? 학문과 예술, 철학, 경제, 나아가 여가로 즐기는 놀이에서도 우리는 늘 자기 능력을 증명할 기회를 찾는다. 경쟁은 사회에 활력을 불러일으킬 뿐 아니라 개인에게도 자신을 뛰어넘을 수 있는 동기를 부여한다.

이런 단정적인 말에 너무나 훌륭한 인성을 지닌 사회교육학자들은 얼굴을 찌푸릴지도 모르겠다. 하지만 성과 추구와 경쟁은 나쁜 것이 아니라 삶이라는 게임에서 매우 긍정적인 요소이다. 개인과 사회가 계속 발전하는 데 분명히 크게 이바지하기 때문이다. 이러한 상관관계에서 뭔가 문제가 있다면 그것은 성과에 따른 경쟁 자체가 아니다. 문제는 개인과 사회가 경쟁을 조직하고, 경쟁의 결과에 반응하는 방식에 있다.

제프가 빌리보다 계산을 잘하고, 잘 쓰고, 잘 읽고, 잘 달릴 수 있다는 이유로 자만해도 된다고 생각한다면, 곧 더 좋은 성과를 낸다는 이유로 더 나은 인간인 듯이 행동한다면, 그것은 거만함의 표시이다. 당연히 빌리도 마음에 상처를 입을 것이다. 반대로 제프가 자기 능력이 빌리의 무능과 똑같이 수많은 요소로 결정된 사실을 인정한다면, 그는 자만심을 품지 않을 것이다. 마찬가지로 빌리에게도 또 다른 굴욕감을 안겨주지 않을 것이다. 굴욕감이란 열등함을 경험하는 것 그 자체가 아니라, 승리와 패배를 자기중심적으로 구별하는 것에서 생기기 때문이다.

100m 달리기에서 일흔 살 먹은 노인이 스무 살 청년에게 졌다고 굴욕감을 느끼지는 않는다. 패배는 나이 차이라는 논리적으로 명백히 드

러나는 요소에서 이유를 찾을 수 있기 때문이다. 그렇지만 빌리가 엄두도 내지 못하는 수학 방정식을 제프가 단번에 풀어버리는 것과 같은 성과를 비교할 때는 객관적 요소에서 이유를 찾기가 어렵다. 그래서 잘못된 방식으로 '가상의 자신'에게 승리나 패배의 책임을 떠넘긴다. 그렇지만 애당초 나이를 먹어 신체 세포가 쇠약해진 것이나, 유전자나 밈에 의해 뇌의 회로 양식이 차이가 나서 개인의 능력 차이를 불러일으키는 것이나 서로 다를 것이 없다. 따라서 일반적으로 승패와 함께 생겨나는 자부심과 굴욕감은 원인을 잘못 생각하기 때문에 생긴다.

자세히 살펴보면, 자유의지 사상은 행복한 사람을 더욱 행복하게 만드는 것이 아니라 더 자만심을 느끼게 한다. 그러나 심각하게 자기중심적인 나르시시즘에 빠진 개인이 두 개념을 혼동하기는 하지만, 자만심과 행복감은 서로 다르다. 당연히 자만심이라는 감정에서 벗어난 사람도 행복할 수 있다. 특별한 감성을 누리거나, 어려운 과제를 해결하는 과정에서 몰입 상태에 빠지기 위해 꼭 자신을 '부동의 동자'처럼 인식해야 할 필요는 전혀 없기 때문이다. 이 책의 4장에서 언급했듯이, 무죄 패러다임을 내면화한 사람은 실패를 더 쉽게 이겨낼 수 있으므로 행복해질 더 좋은 조건을 지닌다. 하지만 자만심이 강한 사람은 자신이 더 뛰어나다고 여기는 특성을 잃을 것을 늘 두려워해야 한다. 게다가 자만심과 연결된 특성은 잃을 위험도 크다. 뛰어난 지능이나 운동 능력도 아름다운 외모만큼이나 한시적이기 때문이다.

이렇게 자세히 살펴보면 자유의지 사상은 행복한 사람을 더 행복하게 하지 못하지만, 불행한 사람은 확실히 더 불행하게 한다. 불행한 사람은 자신이 존재하는 객관적 환경 때문이 아니라, 자기 자신에게 책임이 있다고 생각하며 괴로워한다. 이러한 책임 떠넘기기는 불행한 사람의 자괴감을 강화할 뿐 아니라, 그들을 향한 외부의 배려심도 약화한다. 그들 자신에게 불행의 책임이 있는데 과연 그런 이들을 도와주어야 할 필요가 있을까?

사회 부적응자를 대하는 사회의 태도에서 확인했듯이, 우리 사회에는 이런 흐름이 폭넓게 퍼져 있다. '자유의지 사상은 공감 능력을 없앤다.' 더 나아가 사회의 기회균등 수준을 높이기 위해 꼭 필요한 개혁을 추진하려는 의지도 약화한다.

자유롭고 정의로운 사회에서는 누구나 자신의 재능을 펼칠 기회가 있어야 마땅하다. 그러나 우리는 그런 상태와 너무나 멀리 떨어져 있다. 이는 사회 정의를 더 폭넓게 실현할 때 맞부딪치는 커다란 기술적 어려움 때문만은 아니다. '자신의 추진력'으로 최상층까지 도달했다고 착각하는, 이른바 엘리트라고 불리는 이들의 자만심 때문이기도 하다.

무죄 패러다임은 권력의 거만함을 치유하는 효과적인 해독제가 될 수 있다. A은행의 경영자가 되거나, B대기업의 감사가 되거나, C정당의 대표가 된 것이 자신의 위대한 능력 때문이 아니라, 수많은 행운의 조건 때문에 그 자리에 오를 수 있었다는 사실을 아는 사람은 그런 행운을 갖지 못한 이들에게 더 많은 이해 · 공감 · 배려를 보일 것이기 때문이다. 아울러 그런 사람은 성과에 대한 동기를 부여하기 위해 사회에서 어느 정도의 수입 차이는 정당화될 수 있으나 현재와 같은 엄청난 차이는 받아들일 수 없으므로, 평사원의 수백 배에 이르는 연봉을 받는다는 사실을 스스로 정당화할 수 없을 것이다.

특히 금융업계가 무죄 패러다임과 함께하는 겸손함이라는 교훈을 배웠으면 좋겠다. 지금 이 글을 쓰는 순간에도 신문에는 세계 경제를 역사상 최대의 위기로 몰아넣은 투기꾼의 탐욕과 무책임에 분노하며 공격하는 기사로 가득하다. 금융시장의 기본적인 틀을 보면 이런 현상은 그리 놀랄 만한 일도 아니다. 인간의 뇌가 이윤을 '가치 그 자체'라고 보도록 설계된다면, 나아가 효과적인 제어장치 없이 사람들에게 그러한 밈의 영향을 받은 이윤추구를 따르도록 한다면, 재앙은 이미 예정된 것이나 다름없기 때문이다.

혐오스런 사례일지 모르겠지만, 이런 투기꾼의 상황은 고문이 폭넓게 저질러졌던 이라크 아부그라이브 수용소의 미군 병사에 빗대어 살펴볼 수 있다.* 그들도 역시 밈으로 한 가지 목적, 곧 '악'에 대한 '선'의 승리만을 목적으로 삼도록 설계되었다. 그리고 밈으로 굳혀진 강박관념에 따라서 통제되지 않은 행동을 할 수 있는 재량권을 얻었다. 비록 아부그라이브 사건이 월스트리트보다는 여파가 뚜렷이 드러나기는 했으나, 두 경우 모두 공감 능력과 책임의식이 없었다는 점에서 똑같다.

하지만 이반 프레데릭 하사, 찰스 그레이너 상병, 린디 잉글랜드 일병을 비롯해 학대 행위를 저지른 미군 병사들은 자신들의 희생양을 직접 대면해야 했다. (물론 그들이 찍은 '승리의 사진'이 보여주듯이, 이런 사실로 그들이 느낀 '고문의 즐거움'이 감소하지는 않았던 것 같다.) 그렇지만 때로는 자신의 이윤추구를 위해 국민경제 전체를 희생시키는 금융 투기꾼은 자신의 행위에 대한 책임을 거의 지지 않는다.

맹목적인 이윤추구라는 밈플렉스가 '악'이라는 고전적 밈플렉스보다 훨씬 더 치명적인 영향력을 끼치고 있는지는 논쟁의 여지가 있다. 그

* 아부그라이브 수용소는 이라크 전쟁 당시 바그다드를 점령한 미군이 불심검문으로 체포한 이라크인을 수용했던 곳이다. 이곳에서 미군은 수감된 이라크인을 상대로 고문과 성적 학대를 저질렀는데, 이 사실은 2004년 4월 미국 언론이 충격적인 사진을 배포하면서 알려졌다. 그 뒤 미국의 인권 유린을 비판하는 목소리가 높아졌으며, 이는 아랍 세계에서 반미 감정을 더욱 부추기는 계기가 되었다. 이 사건으로 7명의 미군이 군사재판에서 유죄판결을 받았다.

러나 고전적 밈플렉스가 오늘날 가장 위험한 방식으로 작동하고 있다는 것은 분명한 사실이다. 종교적 근본주의의 씨앗은 경제위기라는 비옥한 토양을 만났을 때 비로소 꽃을 활짝 피운다. 특히 프랑스를 대상으로 한 실증적 연구가 보여주듯이, 근본주의는 "사회 · 경제적 변화의 위협에 직면하고, 자신이 속한 계층에 두려움을 안겨주는 사회 불안의 상징으로 종교적 형태의 불안정이 나타날 때 유독 세력을 넓혔다."[24]

이슬람 지역에서 근본주의 경향이 활발해진 것도 이에 뿌리를 두었다. 근본주의가 이른바 자유주의 세계질서에 맞서는 "유일하게 실현할 수 있는 대안이기 때문이다. 이 세계질서에서는 분명히 가난한 사람은 더욱 가난해지고, 부자는 더욱 부자가 된다. 아울러 미국이라는 나라는 스스로 맡은 '세계경찰'의 임무를 제멋대로 해대면서, 어떤 처벌도 받지 않고 다른 국가의 권리를 침해한다. 합리적인 사회 · 교육 체계 안으로 들지 못하고, 너무나 비참한 상황에서 살아가는 사람은 자신의 삶에 '자부심'을 가질 수 있게 해주는 특정한 종교나 단체에 속하는 것 말고는 다른 방법을 기대할 수 없다."[25]

이 책 1장의 시작 부분에서 설명한 '묵시록적 사상의 귀환'에는 명확하게 정의할 수 있는 정치적 · 경제적 원인이 있다. 따라서 오직 정치 · 경제적 조치로만 원인에 대처할 수 있으며, 오롯이 철학적인 사고만으로는 도움이 되지 않는다. 철학은 단지 세상을 다양하게 해석할 뿐이고, 문제는 세상을 변화하게 하는 것이라고 말한 카를 마르크스의 말은 옳다.[26] 그렇다고 철학적 성찰이 실천의 차원에서 아무런 의미도 없다는 뜻은 아니다. 세상을 어떤 방향으로 변화하게 할 수 있고, 변화하게 해야만 하는지를 알기 위해서는 우선 세상을 새롭게 해석해야만 하기 때문이다.

불행하게도 이슬람 테러리즘과 대결 구도 속에서 이러한 비판적 재해석을 세계 곳곳에서 포기해버렸다. 서방의 대다수 국가, 특히 초강대국 미국은 선과 악의 최후의 전쟁이라는 비이성적 시나리오에 빠져서, 오사마 빈 라덴과 그의 사상적 동지들이 만들어놓은 함정 안으로 무작정 달려들었다. 사람들은 미국이 소련과 전쟁하던 시기에 빈 라덴을 지원했다고 비난한다. 그러나 이슬람 성전에 나선 전사들은 2001년 9월 11일 이후 미국 정부가 그들을 '악의 축'의 핵심 세력으로 만든 뒤에 가장 큰 지원을 받았다.

"우리는 선이고, 너희는 악이다. 그래서 우리는 알라의 도움으로 너희를 멸망시킬 것이다!"라는 오사마 빈 라덴의 군사적 선전포고에 맞서 이런 합리적 대답을 내놓아야 했다. "당신은 분명 망상에 시달리고 있다! 그래서 우리는 당신이 더 큰 피해를 끼치기 전에 해결해야겠다! 당신이 '악'은 현실에서는 존재하지 않는다는 사실을 인식할 수 있는 훌륭한 치료사를 만나서 도움을 받을 수 있게 말이다." 그러나 미국 정부의 대답은 빈 라덴의 망상을 단순히 방향만 바꾸고, 오히려 그 안에 담긴 망상의 근본적인 핵심을 더욱 강화했다. "그렇다. 악은 존재한다! 그렇지만 우리는 선이고, 너희가 악이다. 우리가 신의 이름으로 너희를 처단할 것이다!"

묵시록적 사고가 얼마나 사람의 정신을 흐리게 하는지는 당시 미국의 외무부 장관이던 콘돌리자 라이스가 매우 경악스러운 방식으로 특별히 증명했다. 사실 명문 스탠퍼드대학의 정치학 교수였던 그녀에게는 좀 더 높은 지성 수준을 기대했다. 그러나 2005년 7월 28일 〈뉴스아워〉라는 방송에서 라이스 장관은 미국의 대외정책이 테러리즘을 말살시키는 대신에 오히려 조장하는 것은 아닌가 하는 매우 정당한 질문에 몹시 격한 반응을 보이며 이렇게 맞받아쳤다. "우리는 도대체 테러리스트들을 옹호하면서 누군가 그들을 그렇게 행동하도록 몰아간다는 주장을 언제쯤 멈출 수 있을까요? 아닙니다. 그들은 그냥 살인하려는 악한 사람들일 뿐입니다. … 실제로 존재하는 악을 있는 그대로 지적하지 않고 악을 옹호하는 행동을 멈추지 않는다면 우리에게 문제가 생길 것입니다."[27]

이 말은 틀릴 수 있는 부분에서 모두 틀렸다. 당연히 테러리스트들은 "그냥 살인하려는 악한 사람들"이 아니다. 그들은 자신의 모든 테러 행위를 '신성한' 밈플렉스에 헌신하겠다는 '차원 높은 목표'와 연결한다. 그리고 지금의 결정적 문제는 절대 '악'을 있는 그대로 지적하지 않는 데 있지 않다. 이미 너무 많은 사람이 집단적 광기에 빠졌다는 데 있다.

테러리즘에 효과적으로 대응하려면, 무엇이 사람들을 그런 폭력행위로 몰아가는지 제대로 이해할 수 있어야 한다. ('악'을 향한 '자유의지'는 분명히 아니다!) 테러리즘의 객관적 원인을 이해해야 한다. 그런 시도로 범인의 도덕적 죄가 '줄어들고', 보복을 향한 욕구에 실망감을 안겨준다고 해도 말이다. 도덕적 자기만족에 빠져 세상 전체를 상대로 봉기해서 묵시록적 내집단·외집단 사고방식으로 상대를 악마화해서는 안 된다. 나아가 그렇게 해서 그들에 대해 아무런 공감도 갖지 못한 채 테러리스트들이 하는 것과 똑같은 잘못을 저질러서는 안 된다.

폭력의 상처를 치유하려는 사람은 용서할 수 있는 능력이 있어야 한다. 개인만이 아니라 국가도 그렇다. 남아프리카공화국에서 넬슨 만델라는 '진실과 화해 위원회'를 설립해서 바로 그렇게 행동했다. 그의 화해 정책은 과거 부시 정부가 했던 정책보다 윤리적일 뿐 아니라, 전략적 측면에서도 훨씬 뛰어났다. 출발 상황은 전혀 달랐다. 만델라의 정치적 상대자였던 프레데리크 빌렘 데 클레르크는 논쟁이 통하는 정치가였고, 오사마 빈 라덴과 같은 종교적 광신도가 아니었다. 그러나 9·11 이후에도 좀 더 신중하고, 무엇보다 도덕적 신경증에 덜 휩싸인 정책을 펼쳤다면 상황을 완화할 수 있었다. 미국 정부가 보복이라는 본능을 좇지 않고 '타인'의 이해관계를 이해하려는 노력을 기울였다면, 빈 라덴을 맹목적 광신도로 이슬람 세계에서 강하게 고립시킬 기회가 충분히 있었다. 그러나 그는 미국 정부 덕분에 세계적 차원에서 눈부시게도 〔성전을 뜻하는〕 지하드와 동일시되는 인물이 되었다. 9·11 이후에 부시와 그의 동맹국들은 마치 말과 행동으로 자신들의 적을 강력하게 만들고, 갈등을 부추길 어떤 기회도 놓치지 않으려는 것처럼 보였다.

이런 위태로운 정책 뒤에는 어떤 배경이 숨어 있을까? 그저 감정적 시각의 전달과정에서 밈에 의해 규정된 오작동의 표현이었을 뿐일까? 아니면 전혀 다른 이유가 존재했을까? 매사추세츠 공과대학교에서 언어학을 가르치는 노엄 촘스키,[28] 인도의 작가이자 활동가인 아룬다티 로이,[29] 영화감독 마이클 무어[30]는 미국 정부가 완전히 의도적으로 갈등을 부추겼다고 추측했다. 곳곳에 존재하는 이슬람의 위협이라는 구실을 내세워, 신보수주의 싱크탱크가 이미 오래전부터 요구해온 나라 안팎의 정책에서 억압적 조치를 밀어붙이기가 더 쉬워졌기 때문이다.[31]

확실한 사실은 당시 부시 주변의 강경파이던 딕 체니 부통령, 도널드 럼즈펠드 국방부 장관, 폴 월포비츠 국방부 부장관은 자신들의 정치적 노선을 밀어붙이기 위해 종교적 · 애국적 분위기를 이용하는 데 뛰어난 능력을 보였다는 점이다. 그들이 기독교적으로 거듭난 대통령처럼 '악'의 실존을 믿었는지는 의심해볼 여지가 있다. 그러나 그들은 확실히 알았다. '악'이 사람들에게 공포감을 심어주는 곳에서는 어지러워진

세상의 질서를 '선'으로 되돌려줄 '강력한 힘'을 향한 열망이 자라난다는 것을.[32]

그렇다면 '악의 축'을 상대로 한 '십자군 전쟁'은, 공감 능력이 교란되어 나타난 것이라기보다는, 냉철한 정치적 계산이 만들어낸 결과물이었을까? 아마도 둘이 조합되어 나타난 결과일 것이다. 부시 정부의 '매파'는 '다른 사람들'의 반응을 완전히 잘못 예측했다. 그들은 초강대국인 미국의 파괴력을 맹목적으로 신뢰했기에, 이슬람주의자들을 예측한 시간 안에 괴멸시키거나, 적어도 충분히 겁박할 수는 있으리라고 확신했다. 그러나 그들의 공격은 오히려 빈 라덴이 무척 바라던 결과만을 가져왔을 뿐이다. '테러와의 전쟁'은 여러 해에 걸쳐 세상을 뒤흔들기에 충분한 이데올로기적 무기고를 이슬람주의자들에게 제공해주었다. 테러와의 전쟁에서 살해된 모든 민간인, 미군 감옥에서 고문을 당한 모든 사람, 부시가 기독교적 단어와 함께 '악'을 언급한 모든 연설이 이슬람주의자들에게 새로운 동조자로 구성된 군대를 안겨주었다.

과거 미국 정부의 정책을 비판하는 것을 무조건으로 평화주의를 옹호하는 것으로 해석하지 말기 바란다. 안타깝게도 역사는 재앙을 막기 위해서는 군사적 위력이 꼭 필요하다는 사실을 충분히 증명했다. (그리 오래지 않은 과거에 루안다에서 벌어진 대량 학살이 가장 비극적 사례이다. 1994년 4월과 7월 사이에 어림잡아 80만 명이 살해되었다. 유엔이 병력을 철수시키지 않고 강화했다면 수십만 명의 목숨을 구할 수 있었다.)[33]

이슬람 근본주의자들과 맞서는 투쟁에서도 좋은 말만으로 현대 사회가 이룬 〔법률로 보호되는〕 기본적 법익을 지킬 수 있다는 생각은 매우 순진한 것이다. 성전을 벌이는 전사의 뇌에는 종교적 · 정치적 광신의 체계가 너무나 확고히 뿌리박혀 있다. 그러나 그렇다고 세계의 인권 발전에 가장 중요한 추진력을 제공했던 미국이 '테러와의 전쟁'에서 보여준 것처럼, 테러리스트의 수준으로 내려가서 인권을 그렇게 난폭하게 무시해서는 안 된다.

1장의 '침팬지 전쟁'에서 보았듯이, 집단끼리 갈등 관계에 있는 같은 종족을 먹잇감으로 여기려는 성향은 이미 우리 안에 생물학적으로 내재되어 있다. 따라서 우리는 이러한 야수성의 자연적 기질을 억누를 수 있는 문화적 밈이 절실히 필요하다. 그러나 '악'의 밈플렉스는 '다른 것'을 비인간화하려는 생물학적 성향을 더 강화할 뿐이다. 우리는 오래전부터 '다른 것'에 분노할 수 있는 (겉보기에 선한) 이유를 찾으려고 그들을 '악'이라고 (곧 도덕적으로 비난을 받을 만한 '어두운 세력의 대리자'라고) 주장하는 허구를 사용해왔다. 이러한 방식으로 악의 밈플렉스는 맹목적 보복 본능을 도덕적으로 정당화하는 데 이용되었다. 그 밈플렉스가 작동하는 방식은 너무나 끔찍해서, 최악의 학살자도 도덕적으로 우위에 서 있다는 편안함을 느끼고 행동할 수 있게 했다.

무죄 패러다임은 기만적인 도덕적 자기 정당화의 모든 근거를 빼앗아버린다. 그러나 자기 정당화와 결별하는 것이 곧바로 정의 사상과 결별하는 것을 뜻하지는 않는다. 오히려 그 반대이다. 무죄 밈플렉스에 감염된 사람은 인본주의 가치를 단호히 지킨다. 그것이 인류의 평화로운 공생을 위한 최선의 전제조건임을 이해하기 때문이다. 그러나 그는 자신이 이런 가치를 발견했다는 사실로 어떤 도덕적 우월감도 내세우지 않는다. (원인이 없다는 의미에서) '아무것도 없는 상태'에서 결정되는 선과 악은 없고, 누구나 우연과 필연의 엄격한 지휘를 받으며, 자신의 삶에 주어진 틀 안에서 최선의 결과를 얻으려고 노력한다는 사실을 알기 때문이다.

무죄 패러다임을 내면에 받아들인 사람은 자유와 정의에 맞서는 가장 끈질긴 적에게서도 '악마'가 아닌 '인간'을 본다. 그런 사람은 심각한 갈등 관계에 직면하더라도 되도록 상대방의 권리를 존중하려고 노력한다. 그러나 안타깝게도 우리의 역사는 흔히 보복 본능을 따른다.

따라서 무죄 패러다임은 개인의 자아상을 인식할 때나 사람들 사이에 관계를 맺을 때도 긴장을 느슨하게 할 뿐 아니라, 사회와 세계 차원에서도 새로운 형태의 긴장 완화 정책이 나타나게 해준다. 요컨대 무죄 패러다임은 묵시록적 세계관의 파괴 논리를 근본적으로 부정할 수 있게 해준다.

종말론자의 암울한 전망이 '자기실현적 예언'으로 발전하여 현실이 되지 않도록 하려면, 도덕적으로 무장해제를 해야 할 때가 되었다. 낡은 도덕적 밈플렉스를 내던져버리고, 선과 악의 저편에 서서 이 작은 초록 행성 위에서 어떻게 의미 있고 윤리적인 생존을 이어갈 수 있을지 생각해보자.

무죄 패러다임이 지닌 가장 큰 장점은 도덕적 무장해제 과정을 시작하기 위해 정치적인 결정권자를 기다릴 필요가 없다는 점이다. 온전히 혼자서 자신의 작은 세상에서도 시작할 수 있으며, 새로운 존재의 가벼움을 경험할 수도 있다. 그리고 어쩌면 아주 가끔은 이러한 여유로운 방식의 생각과 느낌이 다른 사람에게도 감염될지 모른다. 대립하는 밈플렉스의 강력함을 생각하면 이러한 '풀뿌리 혁명'이 정치적 차원으로까지 도달할 가능성은 그리 크지 않은 것 같다. 하지만 그래도 불가능한 것은 아니지 않은가.

07

털 없는 원숭이를 위한 복음

인간은 세상의 모든 동물 중에서 원숭이와 가장 가깝다.

– 리히텐베르크(1768)[1]

인간, 작고 기괴하게 생긴 동물.
운이 좋아 아주 잠시, 우발적으로, 영향력 없는 예외적 존재로서
지구 위에 존재하는 생명.
지구의 전체 성격과는 아무 상관없는 존재로 머무르는 존재.
지구, 다른 별들과 똑같이 아무것도 아닌 것들 사이의 틈새,
계획 · 이성 · 의지 · 자의식 없는 하나의 사건.
필연 중 가장 나쁜 형태, 바보 같은 필연….
이런 생각이 우리 안에 있는 뭔가를 분노케 한다.
허영이라는 뱀이 우리에게 말한다.
"이 모든 것은 거짓이어야 한다. 화가 나니까."

– 프리드리히 니체[2]

상황은 절망적이다. 그러나 심각히 여길 필요는 없다!

– 오스트리아의 격언[3]

진화는 자신의 창조물을 파괴한다

"너무 일찍 온 사람은 삶이 그를 벌할 것이다." 1963년 독일의 행위 예술가인 바촌 브로크는 프랑크푸르트 동물원에서 전시물이 되려고

했다. 하지만 그의 시도는 커다란 몰이해와 완강한 저항에 부닥쳤다. 브로크가 제시한 ('하루 세 차례 식량 반입과 배설물 반출, 사육사, 타자기, 종이, 담배 10개비'라는) 조건은 매우 소박했다. 하지만 당시 동물원 원장이던 베른하르트 그르치메크는 절대 그를 영장류 우리 안으로 받아들이려 하지 않았다.[4] 바촌 브로크의 아이디어는 40년쯤 지난 뒤에야 실현되었다. 2005년 8월 런던 동물원은 여러 마리의 호모사피엔스 영장류를 야외사육장에서 관람할 수 있게 했다. 동물원 관계자는 인간의 자연 안에서의 위치를 직시하고, 다른 종의 동물과 비교할 수 있게 하려고 그런 행사를 기획했다고 밝혔다.

이런 행사로 자신의 '존엄성'이 몹시 상처받았다고 느낀 사람도 적지 않았다. 세계의 수많은 사람이 자신이 원숭이에게서 비롯되었다는 사실을 순순히 받아들이지 못했다. 그러나 현실은 더욱 뼈아프다. 우리는 조상이 원숭이일 뿐 아니라, 근본적으로 여전히 원숭이로 남아 있다. 동물학에서 인간은 정확히 영장목, 직비원아목, 원숭이하목, 협비원소목, 사람상과, 사람과, 사람아과, 사람족, 사람아족, 사람속, 사람에 속한다. 생물학적 진화과정에서 털을 벗어버리고, 수만 년 뒤에 디지털 손목시계를 발명했다고 해서 정말로 뭔가 대단한 것이라도 된 듯이 착각해서는 안 된다.

이 책에서 나는 자만심이 얼마나 헛된 것인지 되풀이해서 설명했다. 행운이 있는 사람이 불운한 사람에게, 잘생긴 사람이 못생긴 사람에게, 배운 사람이 못 배운 사람에게, 엘리트가 소외된 사람에게 지니는 거만함이 얼마나 파멸적인지도 설명했다. 자만심이라는 독은 사람 사이의 관계만 파괴하지 않는다. 다른 생물과 맺는 관계도 파괴한다. 우리는 스스로 뭔가 특별하다고 생각한다. 곧 최고의 존재, 피조물의 정점, 신이 설계한 우주의 창조물 가운데 궁극의 작품으로 여긴다.

이러한 오만함이 생겨나는 데 자유의지 밈플렉스가 결정적인 구실을 한다. 자유의지라는 허구로 인간과 다른 동물 사이에 인위적인 장벽을 세우기 때문이다. 우리에게는 뭔가 다른 자연물에는 없는 것이 있다고 착각한다. 그래서 스스로 원인 없이 작용하는 '부동의 동자'로, 나아가 신의 형상을 그대로 본뜬 존재로 여긴다.

자유의지와 결별하면 인간과 자연 사이의 장벽도 허물어진다. 곧 우리는 자연의 '위'가 아니라 '일부'로 존재하게 된다. 우리는 손톱에 매니큐어를 칠하고, 미분방정식을 풀 수 있다. 하지만 이러한 문화적 성과를 누린다 해도, 우리는 여전히 '생존 의지를 지닌 생명체의 한가운데에 놓인 하나의 생명체'에 지나지 않는다.

이런 생각은 당연히 윤리에도 영향을 끼친다. 초월자적인 '자유의지'가 아니라, 이익과 고통에 대한 느낌이 윤리적 성찰의 한복판에 놓이기 때문이다. 그러면 인간이 아닌 생명체의 이해관계에 지금보다는 훨씬 더 큰 관심을 기울일 것이다. 인간이 같은 인간에게 저지른 끔찍한 행동을 돌아보면[5] 인간이 인간을 제외한 자연에 저지른 행위가 과연 인류의 '가장 끔찍한 범죄'인지는 논란의 여지가 있다. 하지만 카를하인츠 데슈너의 말처럼[6] 이타적 이기주의를 인간 이외의 생명체로 넓혀야 할 필요가 절대적으로 존재한다는 사실만큼은 분명하다.[7]

이 책에서 개인은 물론이고 사회집단에도 필요하다고 권고한 겸손함이라는 교훈은 인간 전체에도 적용된다. 우리는 자신을 특별한 존재로 여기고, 심지어 우주적 사건의 중심에 서 있다고 여기는 오만함에서 벗어나야 한다. 이런 생각은 우주 차원에서 관찰되는 진정한 관계의 관점에서 보면 정말로 어처구니없을 만큼 우스운 것이다.

우리가 태양 주위를 맴돌고 있고, 태양의 에너지 덕분에 우리의 생명이 존재할 수 있지만, 태양조차도 은하계 구석진 곳의 미미한 나선형 돌기 안에 있는 존재감 없는 행성일 뿐이라는 사실을 생각해보자. 지구의 고향 성운인 은하계에만 1천억에서 2천억에 이르는 별이 존재한다. 초당 120㎞를 은하계 방향으로 움직이고, 20억 년쯤 뒤에 은하계와 충돌하게 될 안드로메다 은하에는 수천조에 이르는 별이 존재한다. 이것만 해도 벌써 우리 상상력의 범위를 벗어난다. 그러나 은하계와 안드로메다 은하 외에도, 우리가 관찰할 수 있는 우주에만 "평균 수천억 개의 별을 포함하고 있는 다른 은하가 수천억 개가 더 존재한다. 이것을 합하면 상상도 할 수 없이 많은 별이 있다. 우리에게 같은 수의 유리구슬이 있다면 지구 표면 전체를 에베레스트산의 높이까지 덮을 수 있다."[8] 이것이 끝이 아니다. 우리의 커다란 우주는 수없이 많은 우주를 포괄하는 더 커다란 다중 우주의 일부일 가능성이 크다.

이렇게 어마어마한 차원에서 바라보면 정말로 지구는 우주 전체에서 하나의 먼지에 지나지 않는다는 사실을 깨닫게 된다. 그렇다면 우연히 먼지 입자에서 발생한 원숭이류의 생명체이면서, 기껏해야 20억 년 전만 해도 존재하지 않았고 앞으로 20억 년 뒤에는 존재하지도 않을 종이, 우주 전체가 궁극적으로 오직 자신만을 위해 창조되었다는 이야기를 만들어내는 것을 도대체 어떻게 받아들여야 좋을까? 약 6천5백만 년 전에 지름 10㎞ 크기의 소행성이 떨어진 후에 생쥐만 한 크기의 원시 포유류가 우연히 살아남게 된 덕분에 존재하는 '원숭이 하목'이 (기독교처럼) 하필이면 원숭이 형상으로 현신하거나, (유대교나 이슬람교처럼) 한시적인 생명체가 미미한 꼬마 행성에서 돼지 앞다리를 먹는지 먹지 않는지를 할 일 없이 매의 눈으로 지켜보는 허구의 우주 창조자(신)

를 상상해낸다면, 그것이야말로 과대망상이 아니겠는가?

사람들은 리처드 도킨스가 '신이라는 망상'과 같은 개념을 썼다고 비판했다.[9] 그러나 생각해보자. 모든 차원을 무너뜨리는 과대망상을 이보다 더 정확히 나타낼 개념이 있을까? 사실 숨조차 쉴 수 없게 하는 허튼 생각을 표현하는 데 '망상'은 너무 부드러운 표현이다. 그리고 제발 수백만이나 수십억의 사람이 똑같은 망상에 빠져 있을 리 없다고는 말하지 말라. 끔찍한 폭력과 증오, 보복과 비열함으로 얼룩진 우리의 역사를 돌이켜보라. 사람들에게 다른 사람을 멸시하고, 고문하고, 사랑하는 이들이 보는 눈앞에서 그들을 처형하게 하려면 어떤 정신적 박약함이 있어야 하는지 생각해보라. 만약 우주 차원의 정신과 의사가 있다면 '인간'이라는 환자는 어떤 진단과 처방을 받을까? 그들이 지금까지 보여온 증상의 역사를 돌아보았을 때 분명히 반사회성 인격장애의 가능성이 매우 크다는 진단을 받을 것이다. 그리고 평생 '예방구금'이 필요하다는 처방도 함께 내려질 것이다.

우리가 인간의 정신병적 행위를 더는 계속하지 않으려면 집단적 과대망상이라는 전통적 밈플렉스에서 완전히 벗어나야 한다. 우리는 '한시적인 존재'일 뿐이고, 우리의 종은 진화의 과정에서 오롯이 우연히 발생했으며, 전에 있었던 수많은 다른 종과 마찬가지로 언젠가는 거의 확실한 확률로 사라진다는 사실을 깨닫자. 진화는 자신의 창조물을 파괴한다. 인류도 이런 법칙에서 벗어날 수 없다. 무엇이 인류에게 마지막 일격을 가할지는 알 수 없다. 문명의 기술적 성과를 뜻있게 다룰 줄 모르는 무능력 때문일 수도, 인간을 멸종시킬 바이러스 전염병 때문일 수도 있다. 히로시마 원자폭탄 수백만 개의 위력을 지닌 소행성이 우주에서 지구에 일격을 가할 수도 있고, 예정되었듯이 수십억 년 뒤에 태양이 소멸할 때일 수도 있다.[10] 어쨌든 마지막 인류가 최후의 숨을 거두는 순간이 언젠가 틀림없이 올 것이다. 그런 뒤에 우리는 잊힐 것이고, 잊혔다는 것 자체도 잊힐 것이다.[11] 우리가 얼마나 '대단'했는지, 우리에게 주어진 짧은 생존의 시기에 조금이라도 풍성한 의미를 얻기 위해 얼마나 노력했는지, 아무도 기억하지 못할 것이다. 이러한 사실을 괜히 모르는 척하면 안 된다. 마지막 날에는 분명히 새로운 출발이 미소를 지으며 서 있지 않을 것이다. 어떤 구원도 없이, 절망적이고 영원한 공허만이 존재할 것이다.[12]

우리라는 존재가 지닌 이러한 위협적인 헛됨이라는 관점에서 바라보면, 많은 사람이 우주적 사건의 중심에 서 있다는 매력적인 망상에 빠져드는 것도 어느 정도 이해할 수 있다. 잘 알다시피 망상은 부정할 수 없는 진실을 직시하기를 거부하고 비현실적인 것을 '인식'하려는 경향이며, 트라우마를 극복하려는 심리 전략으로 나타나기도 한다. 그러나 니체가 불행에 빠진 현실의 증상이라고 해석했던 '현실을 외면하는 거짓말'[13]은 분명히 우주적 무의미에 관한 경험을 심리적으로 해결하기 위한 최선의 방법이 아니다. 현실을 망상으로 억누르기보다는 현실의 도전에 맞서 개선하고 성장하는 편이 훨씬 더 생산적이다. 우주의 실재와 끝까지 철저히 대면하면 이 장을 시작하면서 언급한 오스트리아의 격언이 얼마나 현명한 것인지를 확인하게 된다. 정말로 우리의 "상황은 절망적이다. 그러나 심각히 여길 필요는 없다."

왜 그런지는, 얼마 전에 일간지 《쥐트도이체 차이퉁》이 발행하는 과학잡지인 《비센스마가진》의 편집장 크리스티안 베버와 '신 없는 행복'이라는 커버스토리의 주제를 놓고 인터뷰를 하면서 비로소 제대로 명확하게 인식할 수 있었다.[14] 우리는 특히 세계를 설명하는 과학적 모델이 인간의 자기애에 '근본적 상심'을 가져다준 사건에 관해 대화를 나누었다. 잘 알려진 바와 같이 지그문트 프로이트는 세 가지 '근본적 상심'을 제시했다. 지구가 우주의 중심이 아니라는 코페르니쿠스적 상심, 인간은 진화의 우연한 산물이라는 다윈적 상심, 무의식의 힘으로 조종되는 인간은 자신의 집에서조차 주인이 아니라는[15] 심층 심리학적 상심이다. 나는 [독일의 물리학자이자 철학자인] 게르하르트 폴머의 주장을 참조해서[16] 프로이트의 근본적 상심 목록에 아홉 가지를 추가했다.[17] 크리스티안 베버에게는 모두 그다지 새로운 것이 없는 내용이었다. 그래서 나도 더 자세히 설명할 필요가 없었다. 그는 완전히 다른 문제에 관심을 보였다. "당신은 근본적 상심을 인식했습니다. 그런데 전혀 상심한 것처럼 보이지 않습니다. 원래 당신은 불행하다고 생각해야 하지만, 분명히 반대인 것 같습니다. 까닭을 설명해줄 수 있나요?"

이 질문이 잠시 나를 혼란스럽게 했다는 사실을 인정할 수밖에 없다. 이상하게도 나는 이런 방식으로 스스로 질문을 던져본 적이 없었기 때문이다. 내게 '근본적 상심'이라는 주제는 지성의 문제였다. 모든 경험적 증거와 논리적 근거에 어긋난 확신에 매달리는 것이 의미 없는 짓이라는 사실을 아는 것만으로 충분했다. 세상이 특정한 성질을 지니기를 바란다고 그런 성질이 실제로 존재하는 결과가 생겨나지는 않는다. 당위로부터 존재를 증명하려는 성향, 곧 사람들이 자신이 원하는 것에 근거해서 본디 그러하다고 결론을 내리는 성향을 나는 '문화주의적 오류'라고 비판했다.[18]

그러나 당연하게도 그런 비판이 내게 던져진 질문에 답이 되지는 못했다. 세계상을 자신이 원하는 상상이 아니라 증거 위에 세워야 한다는 것이 논리적으로 확실하다고 해서, 당연히 그러한 세계상이 곧바로 받아들여지지는 않는다. 그렇다면 왜 이 모든 상심은 나를 상심에 빠뜨리지 못할까? 털 없는 원숭이가 은하계 한구석의 미미하고 작은 행성에 존재한다는 생각은 오히려 왜 나를 즐겁게 할까?

오랜 고민이 필요 없었다. (어쨌든 내 뇌는 가상의 자아에 그런 종류의 사고 과정에 관한 정보를 전달할 필요를 느끼지 못했다.) "더 자세히 살펴보면, 이 근본적 상심은 해방이다!" 이런 생각이 갑자기 내 안에서 총알처럼 튀어나왔다. "알맞게 해석할 줄만 알면 된다!"

참으로 진부한 생각이었으나, 나는 그때까지는 그런 생각을 그토록 뚜렷이 해본 적이 없었다. 우리가 지금까지의 세계상을 포기해야 하는 것은 논리적으로 그럴 수밖에 없기 때문만이 아니다. 망상 너머에 있는 삶이 총체적으로 더 편안하고 행복하기 때문이다. 이런 생각은 이 책을 쓰면서 더 뚜렷해졌다. 하찮은 행성 위에 한시적인 생명체로 존재한다는 사실이 곧바로 상심을 가져다주는 것은 아니다. 상심은 현실을 뛰어넘어 과도한 요구를 강요하는 사람에게만 해당하는 말이다. 따라서 인간에 대한 미몽에서 과학적으로 벗어나는 것이 상심으로 나타날지, 아니면 해방으로 경험하게 될지는 우리의 해석의 질에 달렸다.

당연히 인간이 자신을 '피조물의 정점'으로 여기는 허구에 실망하면 고통스러울 수 있다. 그러나 '피조물의 정점'일 필요가 없다는 사실 때문에 기쁨을 느낄 수도 있다. 우주에서 벌어지는 우연과 필연의 맹목적인 사건 때문에, 전지전능한 사랑의 아버지가 우리를 지켜보는 것을 믿을 수 없게 되었다고 상처받고 고통스러워할 수 있다. 그러나 허구의 지배자가 지시한 것에 복종하지 않고, 자신의 판단에 따라 스스로 삶을 누릴 수 있다는 사실에 해방감을 느낄 수도 있다.

이것이야말로 털 없는 원숭이를 위한 진정한 복음이다. 아름다움을 느끼려고 세상을 미화할 필요는 없다. '부동의 동자'가 되려고 뭔가 움직일 필요도 없다. 우리는 자유의지를 억지로 가정하지 않고도 자유로울 수 있다. 우리는 자신을 정당화하지 않고서도 정의를 실현할 수 있다. 우리는 다른 사람을 도움으로써 자신을 도울 수 있고, 다른 사람을 행복하게 함으로써 스스로 행복해질 수 있다. 우리는 보복이 아니라 용서를 할 수 있고, 비판을 두려워하기보다는 선물처럼 기쁘게 받아들일 수도 있다. 우리는 환상이 아니더라도 초감각적인 것을 감각적으로 경험하며 삶에 의미를 부여할 수 있다. 우리는 자아를 극복하지 않고서도 그것을 실현할 수 있다. 우리는 자신에게 죄가 있다고 느끼는 대신에 자신이 되려는 사람이 되기 위해 노력할 수 있다.

동양의 지혜를 서양의 지혜와 결합할 줄 아는 사람은 더 나은 세상을 위한 투쟁에서 섣불리 체념하지 않기 위해 필요한 불타오르는 인내를 키울 수 있다. 그런 사람은 인간에게 의문은 품지만 절망하지는 않는다. 그리고 인권을 업신여기는 자들과 싸우지만 도덕적으로 다른 인간 위에 서지 않는다. 선과 악이 아니라, 이익과 고통만이 존재한다는 사실을 알기 때문이다. 그래서 공격적 밈플렉스에 근거한 사람도, 나아가 어쩌면 있을지도 모를 삶의 저 너머에 뜻을 둔 사람도 모두 배려한다.

* * *

성서 바깥의 새로운 전설에 따르면, 아담과 이브가 두 번째로 선악과를 먹자 그들은 선과 악의 허구성을 깨닫고 죄가 없는 상태로 되돌아갔다. 그래서 그들은 비록 낙원은 아니지만, 직립 보행을 하는 원숭이에게 생태적으로 적절한 환경을 제공하는 아름다운 에덴동산으로 되돌아갈 수 있었다. 아담과 이브는 신과 같은 존재가 되려 했던 지난날의 소망에 웃음을 참지 못했다. 그들은 신이 없어도 행복했고, 도덕이 없어도 윤리적이었다. 허영이라는 뱀이 더는 잠을 못 이루게 하지 않는다. 그들은 마침내 자신들이 우주의 먼지 입자 위에 한시적인 생명체로 존재한다는 사실을 받아들일 수 있었다. 분명히 그들의 삶이 늘 쉽지만은 않았다. 실패와 질병, 죽음이 언제나 그들과 함께했다. 그러나 그들은 주어진 상황에서 최선을 다하려 노력했고, 현재보다 더 나은 삶은 존재하지 않는다는 사실을 깨달았다. 그들에게는 단 한번의 기회뿐이었다. 그래서 그들은 어떻게든 기회를 잘 활용하려 했다. 새로운 선악과를 먹고 강해진 그들은 오랫동안 다져진 길을 벗어나 새로운 길로 나아가기 시작했다. 환상을 벗어난 길, 선과 악의 저편에 놓인 길, 죄와 속죄를 벗어난 길이었다. 어떤 이들은 그들을 보고 제정신이 아니라고 했다. 그러나 그들은 개의치 않았다. 새로운 존재의 가벼움에서 행복을 찾았기 때문이다.

끝맺는 글

아름다운 마무리를 위하여

이제 우리가 함께해온 여행을 마칠 때가 되었다. 아담과 이브에게서 시작한 우리의 여행은 아이히만을 거쳐, 원시 바다의 원형 세포와 알카에다의 테러 세포, 아부그라이브 수용소의 고문 세포에까지 이르렀다. 혼란스러운 밈플렉스에 미약하나마 질서를 부여하려 했던 글쓴이의 노력에 엄청난 인내심을 보여준 독자들에게 고마운 마음을 전한다.

독자들은 어떻게 받아들였을지 모르겠다. 그러나 나는 부족한 점이 많지만, 기본적으로 우리의 여행에 만족한다. 인간의 무죄 패러다임이 원죄 증후군보다 이론적 · 실천적 관점에서 더 우월하다는 사실을 입증하는 데 어느 정도 성공했다고 생각하기 때문이다.

나로서는 시대에 걸맞은 '진화론적 인도주의' 세계관에 기초하지 않은 인간상을 상상조차 할 수 없다. 물론 내 생각이 틀렸을 수 있다. 독자들도 잘 알듯이, 무엇이 옳다고 생각하는 개인의 확신이 정말로 옳다는 의미는 아니기 때문이다. 아돌프 히틀러, 이오시프 스탈린, [카타리파에 맞서 알비 십자군 원정을 일으켜 이단 심문과 종교재판의 계기를 마련한] 교황 인노켄티우스 3세, 모하메드 아타도 자기 생각이 옳다고 확신했다.

그러니 독자들도 주의하기 바란다. 이 책의 주장을 비판적으로 다루어야 한다. 이 책에는 분명히 '진리'가 담기지 않았다. 글쓴이가 살아오면서 마주한 밈을 모아놓은 것일 뿐이다. 어느 밈도 '신성하지' 않다. 그러므로 독자들은 밈을 만져보고, 모든 방향으로 뒤집어 꼼꼼히 살펴보면서 자기 것으로 만들어야 한다. 그때 제발 까다롭게 선택하기 바란다. 당신이 계속 발전할 밈을 활용하고, 당신이나 다른 이에게 방해가 될 것으로 여겨지는 밈은 버려야 한다.

철학적 세계관이 종교에 견주어 지니는 장점은 잘못된 사상을 위해 인간이 죽음으로 내몰리기 전에 그 사상이 먼저 고사한다는 점이다.[1] 그러니 철학적 밈플렉스를 '더 높은 숭고함'으로 무장하려는 시도를 단호히 물리쳐야 한다.

어떤 철학책은 일종의 '새로운 성서'가 되어 '최고의 권위'를 주장하는 강력한 밈플렉스로 바뀌기도 한다. 하지만 이런 종교적 변형이야말로 이 책에 일어날 수 있는 가장 나쁜 일일 것이다. 이 책을 바탕으로 '무죄의 교회'가 세워지기보다는 아무도 이 책에 관심을 두지 않는 벌을 받는 것이 차라리 더 낫다. 이렇게 강조해서 말하는 이유는 이 책의 내용이 내가 이전에 출간했던 다른 책보다 종교적 · 비의적 의미에서 오해의 소지가 훨씬 더 많기 때문이다. (이미 나는 바로 앞에 출간한 책에서도 몇몇 사람이 내 노력을 건강하지 못하게 '신성하리만큼 진지하게' 칭송하는 일을 겪었다.)

이런 종류의 오해에서 벗어나기 위해 마지막으로 당부한다. 종교 지도자를 찾는 사람이라면, 나아가 그것이 정말로 필요한 사람이라면, 서둘러 다른 곳을 돌아보기를 바란다. 나는 머리카락도 빠졌고, 발에 땀도 많이 나고, 이제 막 이중 턱이 되려는 외모와 평범한 재능을 지닌 사람이다. 나는 영원한 진리를 선포할 수도 없고, 동정녀에게서 태어나지도 않았다. 그저 살아오면서 몇 명의 현명한 사람을 만나고, 몇 권의 훌륭한 책을 읽는 행운을 누렸을 뿐이다. 그것 말고는 달리 더 내세울 만한 것이 없다. 내가 쓴 책들도 오류로 가득 찼다. 내 사고의 시야가 너무 제한되어서 오류를 알아채지 못할 뿐이다. 그러니 내 책을 바탕으로 어떤 종파나 종교를 세우려 하는 사람은, 이런 표현을 써서 미안하지만 진짜 바보일 것이다.

여기까지 이야기했으니 이제 정말로 독자들과 헤어질 일만 남았다. 모두 안녕하기를 바란다. 그리고 당신이 나보다 더 현명해서, 내가 어리석어서 보지 못한 오류를 이 책에서 찾아낸다면 망설이지 말고 알려주기를 바란다. 당신도 알지 않는가. 비판이야말로 최고의 선물이라는 사실을.

원주

찾아보기

원주

선과 악의 저편

1. Friedrich Nietzsche, *Menschliches, Allzumenschliches: Ein Buch für freie Geister*, Karl Schlechta ed., *Werke in drei Bänden*, Bd. 1, München, 1954, p. 948. (강두식 옮김, 《인간적인 너무나 인간적인》, 동서문화사, 2016)
2. 칼 포퍼와 함께 비판적 합리주의를 독일어로 표현하고 전파하는 데 기여했던 한스 알베르트 덕분에 나는 그 철학에 들어설 수 있었다. 한스 알베르트의 저작들에는 매우 특별한 실용주의적 특징이 있다. 칼 포퍼와는 달리 그는 절대적 진실이 아니라 더 나은 문제해결을 추구했다. 그래서 자신의 사고방식을 어떤 방식으로든 결코 교조화하지 않았다. 그래서 파이어아벤트가 비판적 합리주의 철학과 극단적으로 결별한 뒤에도 현대 인식론의 선구자였던 두 사람은 격렬히 다투면서도 친분을 유지하는 데 큰 어려움을 겪지 않았다. 알베르트는 자신이 일관되게 추구해온 비판주의는 결코 '존재론적 의미가 결여된 추상적 원칙'이 아니라, 하나의 '삶의 방식'이라고 썼다. Hans Albert, *Traktat über kritische Vernunft*, Tübingen, 1991, p. 95. 늙은 뒤에도 정신적 활동을 활발히 계속했던 이 철학자를 아는 사람이라면 그 주장의 가장 훌륭한 증거가 바로 그 자신이라는 사실을 알 것이다.
3. Sam Harris, *Das Ende des Glaubens. Religion, Terror und das Licht der Vernunft*, Winterthur, 2007, p. 13. (김원옥 옮김, 《종교의 종말》, 한언, 2005)
4. 이 부분과 다음 장에 관해서는 다음을 보라. Pinchas Lapide, *Ist die Bibel richtig übersetzt?*, Gütersloh, 1989, p. 63.
5. 이 주제는 다음 장의 '문화적 진화와 악의 밈플렉스'에서 더 자세히 다루겠다.
6. 창세기 1:25
7. 창세기 3:1
8. 창세기 3:6

9. Ecclesia Catholica, *Katechismus der Katholischen Kirche*, München, 1993, p. 132.
10. 창세기 3:16
11. 창세기 3:19
12. Albert Einstein, *Wie ich die Welt sehe. Mein Weltbild*, Gütersloh, p. 7. (강승희 옮김, 《나는 세상을 어떻게 보는가》, 호메로스, 2017)

01. 선과 악에서 벗어나기

1. *Gaudium et Spes, Über die Kirche in der Welt von heute*, 37장('죄로 타락한 인간의 창조성'). 바티칸 웹사이트에서도 볼 수 있다. www.vatican.va/
2. 조지 부시가 2002년 6월 1일 웨스트포인트 사관학교에서 한 연설에서 인용. 부시의 이 연설은 백악관 웹사이트에서도 볼 수 있다. www.whitehouse.gov/
3. 요한의 첫째 서간 5:19
4. Victor und Victoria Trimondi, *Krieg der Religionen. Politik, Glaube und Terror im Zeichen der Apokalypse*, München, 2006.
5. 같은 책 p. 11.
6. 같은 책
7. 같은 책 p. 11 이하.
8. 같은 책 p. 12.
9. 같은 책
10. 같은 책
11. 같은 책 p. 81.
12. '레프트 비하인드' 시리즈는 개신교 서적에 특화된 틴데일(Tyndale) 출판사에서 출간되었다.
13. '레프트 비하인드' 시리즈는 영화와 만화, 아동용 서적만이 아니라, 컴퓨터게임으로도 제작되었다. 2006년 LB Games사에서 〈Left Behind. Eternal Forces〉라는 이름으로 출시되었는데, 게이머는 '레프트 비하인드'의 크리스천이 되어 사탄의 부하들을 학살하거나 여러 임무를 해결한다. 홍보 영상에 따르면 악이나 선 가운데 어느 편에 설 것인지에 대한 근본적인 결정을 내려야 하는 것이 이 게임의 핵심이다.
14. *Time*, 2002. 7. 1. Victor und Victoria Trimondi, *Krieg der...*, p. 79에서 재인용.
15. Peter Singer, *The President of Good and Evil: The Ethics of George W. Bush*, Dutton, New York,

2004.

16. 같은 책 p. 22.

17. Norman Mailer, *Heiliger Krieg. Amerikas Kreuzzug*, Reinbek, 2003, p. 58.

18. 경계선 성격장애는 인간관계나 자아상, 감정조절 등에서 심각한 불안증상을 보이며, 선과 악, 옳고 그름 등에서 '모 아니면 도' 식으로 분열된 이분법적인 인식의 특성을 자주 나타낸다. Henning Saß ed., *Diagnostische Kriterien des Diagnostischen und Statistischen Manuals Psychischer Störungen*, Göttingen, 2003, p. 259.

19. 독실한 천주교도인 가브리엘레 쿠비는 독일어권 국가에서 해리 포터에 대한 종교적 저항을 이끌었다. 그녀는 해리포터 시리즈를 (이교도적인) 마법을 긍정적으로 평가해 '선과 악에 대한 변별력'을 파괴하려는 '세계적이고 장기적인 프로젝트'로 보았다. 이런 위협에 맞선 그녀의 행동은 라칭거 주교와 베네딕트 16세의 지지를 받았다. Gabriele Kuby, *Harry Potter–gut oder böse?*, Kißlegg, 2003.

20. 기사의 제목은 '이웃의 악마. 인간이 비인간적으로 될 때. 요제프 프리츨의 악마적인 이중생활(Das Böse nebenan. Wenn Menschen unmenschlich werden, Das monströse Doppelleben des Josef Fritzl)'이었다. *Der Spiegel*, 2008/19.

21. Sabine Rückert, "Wie das Böse nach Tessin kam", *Die Zeit*, 2007/26, p. 14.

22. Max Weber, "Die 'Objektivität' sozialwissenschaftlicher und sozialpolitischer Erkenntnis", Johannes Winckelmann ed., *Gesammelte Aufsätze zur Wissenschaftslehre*, Tübingen, 1985, p. 151. (천성우 옮김, 〈사회과학적 그리고 사회정책적 인식의 객관성〉, 《막스베버 사회과학방법론 선집》, 나남, 2011)

23. Gerhard Vollmer, *Auf der Suche nach Ordnung. Beiträge zu einem naturalistischen Welt- und Menschenbild*, Stuttgart, 1995. 그리고 Mario Bunge, Martin Mahner, *Über die Natur der Dinge. Materialismus und Wissenschaft*, Stuttgart, 2004.

24. 그녀는 그나마 언뜻 설명할 수 없을 것처럼 보이는 청소년 살인자의 행위에 대해 열등감, 고립, 슈팅게임에 대한 과도한 몰입 등 합리적으로 추론할 수 있는 원인을 찾으려 성실히 노력했다.

25. 이에 대한 자세한 설명은 다음 절의 '자기 이익의 원칙'을 볼 것.

26. Brigitte Luchesi, "Schrecklich und heilvoll. Furcht erregende Göttinnen in hindu-istischen Religionen", Silke Seybold ed., *All about Evil, Das Böse*, Mainz, 2007.

27. Bernd U. Schipper, Das Böse in den Religionen, p. 21.

28. 다음 문장들은 내가 동료 교수인 에카르트 폴란트와 함께 쓴 논문에서 사용한 표현에서 가져온 것이다. Michael Schmidt-Salomon und Eckart Voland, "Die Entzauberung des

Bösen", Franz Josef Wetz ed., *Kolleg Praktische Philosophie*, Bd 1, Stuttgart, 2008, p. 97 이하.

29. Kurt Galling ed., *Die Religion in Geschichte und Gegenwart*, Bd 1, Tübingen, 1962, p. 1343. 'Numinosen'은 루돌프 오토(Rudolf Otto)가 (신성, 신적 현신이라는 의미의) 형용사 'numen'을 종교철학에 적용한 개념이다. 이 단어는 모든 '인간적이고 도덕적인 시점'과는 관계가 없고, 현실적 현상과 직접 비교할 수 없는 '신비하고 감춰진 진실'과도 같은 '신성한 영역'을 뜻한다.
30. Ecclesia Catholica, *Katechismus der Katholischen Kirche*, p. 448.
31. Susan Neiman, *Das Böse denken. Eine andere Geschichte der Philosophie*, Frankfurt am Main, 2006.
32. Rüdiger Safranski, *Das Böse oder das Drama der Freiheit*, Frankfurt am Main, 2004.
33. Gerhard Streminger, *Gottes Güte und die Übel der Welt*, Tübingen, 1992, p. 49.
34. Theo R. Payk, *Das Böse in uns. Über die Ursachen von Mord, Terror und Gewalt*, Düsseldorf, 2008, p. 9.
35. 창세기 6:1, 9:29
36. Theo R. Payk, *Das Böse in uns...*, p. 9.
37. Volker Sommer, "Das Töten von Artgenossen. Kontroversen in der Verhaltensforsc-hung", *Darwinisch denken. Horizonte der Evolutionsbiologie*, Stuttgart, 2007. p. 45.
38. Jane Goodall. 다음에서 재인용. Volker Sommer, 같은 책 p. 47.
39. Volker Sommer, 같은 책 p. 47 이하.
40. Adrian Forsyth, *Die Sexualität in der Natur. Vom Egoismus der Gene und ihren unfeinen Strategien*, München, 1991, p. 38.
41. Randy Thornhill, K. Peter Sauer, "The notal organ of the scorpionfly(Panorpa vulgaris), an adaptation to coerce mating duration", *Behavioral Ecology*, 1991. 2. pp. 156–164.
42. Adrian Forsyth, *Die Sexualität in der Natur...*, p. 39.
43. Volker Sommer, *Karl Ammann, Die großen Men schenaffen*, München, 1998, p. 75.
44. 같은 책
45. 같은 책 p. 49.
46. 같은 책 p. 50.
47. Konrad Lorenz, *Das sogenannte Böse. Zur Naturgeschichte der Aggression*, München, 1983, p. 53.
48. Wolfgang Wickler, *Ulla Seibt, Das Prinzip Eigennutz*, Hamburg, 1977.
49. Brüder Grimm, "Hänsel und Gretel", 홍성광 옮김, 〈헨젤과 그레텔〉, 《그림 동화집 1》,

펭귄클래식코리아, 2011.

50. Brüder Grimm, "Brüderchen und Schwesterchen", 홍성광 옮김, 〈어린 오누이〉, 같은 책.

51. Eckart Voland, *Grundriss der Soziobiologie*, Heidelberg, 2000, p. 286 이하.

52. 여기에서 '잘 작동한다'는 말은 결코 '필연적으로 그렇다'는 의미가 아니다. 뒤에서 다시 살펴보겠지만, '자기 이익의 원칙'이 필연적으로 유전적 결정론과 연결되는 것은 아니다.

53. 1964년에 발표된 해밀턴의 다음 논문이 아무런 이유 없이 생물학 문헌들 가운데 가장 많이 인용되는 것이 아니다. William Hamilton, "The genetical evolution of social behavior", *Journal for Theoretical Biology*, 1994.

54. (동종교배가 아닌) 이배체 집단에서 근친계수 r은 부모와 자식 사이에서는 0.5, 조부모와 손자 사이에서는 0.25, 증조부와 증손 사이에서는 0.125, 친자매형제 사이에서는 0.5, 이복형제자매 사이에서는 0.25, 사촌 사이에서는 0.125가 된다.

55. Eckart Voland, *Grundriss der Soziobiologie*, p. 5 이하.

56. Stephen J. Gould, *Darwin nach Darwin. Naturgeschichtliche Refl exionen*, Frankfurt am Main, 1984, p. 223. (홍욱희·홍동선 옮김, 《다윈 이후》, 사이언스북스, 2009)

57. 같은 책 p. 224 이하.

58. 유전자에 관해 설명하면, 엄마가 유전자 A와 B를 가지고 있고 아빠가 유전자 C를 가지고 있다면, 이교배된 딸은 AC나 BC라는 유전자 배열을 갖지만, 아들들은 유전자 A나 B만을 갖게 된다. 따라서 자매들의 유전자는 100%(AC/AC)나 50%(AC/BC) 일치하므로, 평균 75%, 곧 4분의 3이 일치한다. 그렇지만 오누이 사이에는 50%(AC/A 혹은 BC/B) 일치하거나 전혀(AC/B나 BC/A) 일치하지 않는다. 따라서 오누이 사이에는 유전자가 평균 25%, 곧 4분의 1이 일치한다.

59. DE라는 유전자조합을 가진 암컷 일꾼이 F라는 유전자를 가진 수컷과 교배를 한다면 이들의 딸들은 DF나 EF라는 유전자 배열을 갖게 될 것이다. 따라서 어미와 그 후손 사이에는 일치하는 유전자조합이 50%가 된다. 곧 이배체 종들 사이에서는 자매들 사이의 유전적 일치도가 어미와 그 자손 사이의 유전적 일치도보다 더 높다.

60. 리처드 도킨스의 베스트셀러인 《이기적 유전자》는 1976년에 처음 출간되었으며 1989년에 개정증보판이 나왔다. Richard Dawkins, *The Selfish Gene*, 이용철 옮김, 《이기적 유전자》, 동아출판사, 1992.

61. Ulrich Kutschera, *Evolutionsbiologie*, Stuttgart, 2008, p. 144 이하.

62. 같은 책. p. 162.

63. 특별히 자세한 설명은 다음 책을 보라. Richard Dawkins, *River Out of Eden: A Darwinian*

View of Life, 이용철 옮김, 《에덴 밖의 강》, 동아출판사, 1995.

64. Nicholas Humphrey, *Die Naturgeschichte des Ich*, Hamburg, 1995, p. 46.

65. '의식'이라는 주제에 관한 최근의 논의는 다음 책을 보라. Thomas Metzinger ed., *Bewusstsein. Beiträge aus der Gegenwartsphilosophie*, Paderborn, 2001.

66. 여기에서 제시되는 이론은 어느 정도 사회생물학의 유전자 중심적인 이론과 페터 메르쉬의 체계적 진화이론의 종합으로 볼 수 있다. Peter Mersch, *Evolution, Zivilisation und Verschwendung*, Norderstedt, 2008.

67. Stephen J. Gould, *Darwin nach Darwin*, p. 225.

68. 이 형태의 언어는 '은유적 약어'를 기반으로 한다. 정확하게 표현하면 이렇게 나타낼 수 있을 것이다. 이러한 협력적 행동방식을 지지하는 유전자들은 세대를 이어가면서 더 잘 번식할 수 있는 유전적 장점을 가지고 있다.

69. Ingelore Welpe, Isabel Welpe, *Netzwerken für Egoisten. Mit fairer Kooperation zum Erfolg*, München, 2006.

70. Matthias Uhl, Eckart Voland, *Angeber haben mehr vom Leben*, Heidelberg, 2002, p. 122.

71. Thomas Keneally, *Schindlers Liste*, München, 1996.

72. '이데올로기적 이유'라는 표현이 진화론적으로 해석할 때는 어떤 의미가 되는지는 뒤에서 설명하겠다.

73. 이 '거울뉴런'의 존재에 관해서는 1996년 이탈리아 뇌과학자 지아코모 리초라티가 영장류를 대상으로는 처음으로 증명했으며, 얼마 뒤 UCLA의 학자들이 인간의 뇌에서 거울뉴런의 작동방식에 대해 밝혔다.

74. 이러한 사실들을 근거로 뇌과학자 빌라야누르 라마찬드란(Vilayanur Ramachandran)은 거울뉴런을 '감정이입 세포'라고 명명하고, 이를 인간의 윤리와 문화 발전의 전제 조건이라고 설명했다. 이 주제에 관해서는 다음을 참조하라. Joachim Bauer, *Ich fühle, was du fühlst. Intuitive Kommunikation und das Geheimnis der Spiegelneuronen*, Hamburg, 2005.

75. Franz M. Wuketits, *Was ist Soziobiologie?*, München, 2002, p. 69.

76. Michael Schmidt-Salomon, *Manifest des evolutionären Humanismup. Plädoyer für eine zeitgemäße Leitkultur*, Aschaffenburg, 2006, pp. 20-21.

77. Alfie Kohn, *The Brighter Side of Human Nature*, New York, 1990. 알피 콘의 책은 독일어로 번역되지 않았다. 인용된 문장은 다음에서 재인용하였다. Peter Singer, *Wie sollen wir leben? Ethik in einer egoistischen Zeit*, München, 2002, p. 187.

78. Ludwig Marcuse, *Argumente und Rezepte. Ein Wörterbuch für Zeitgenossen*, Zürich, 1973, p.

84.

79. Franz M. Wuketits, *Verdammt zur Unmoral? Zur Naturgeschichte von Gut und Böse*, München, 1993.

80. Michael Schmidt-Salomon, *Manifest des evolutionären Humanismus*, p. 21.

81. Marwan Abou-Taam, Ruth Bigalke ed., *Die Reden des Osama bin Laden*, Kreuzlingen, 2006, p. 138.

82. Jean-Paul Sartre, *Geschlossene Gesellschaft*, Reinbek, 1986, p. 59. (지영래 옮김, 《닫힌 방·악마와 선한 신》, 민음사, 2013)

83. 엄밀히 말해서 사르트르는 우리가 앞으로 다루게 될 내집단의 갈등이 아니라, 3인의 소집단 안에서 소외된 관계구조의 존재론적 의미를 다루고 있다. 그러나 사르트르의 이 단어는 그 사이에 진화해서 내집단과 외집단의 구성원 사이의 관계에서 나타나는 특별한 문제들을 설명하기에 가장 알맞은 의미로 쓰인다.

84. Kulischer, 1885. 다음에서 재인용. Eckart Voland, *Grundriss der...*, p. 119.

85. 탈출기 20:13

86. 탈출기 20:15

87. 탈출기 22:17 – 19

88. 탈출기 23:27 – 31

89. 신명기 7:16 – 24

90. 이사야서 13:3 – 16

91. 마태오 복음서 5:43 – 45. 구약에도 (레위기 19:33 – 34처럼) 비슷한 주장이 일부 있다. 그러나 다른 민족을 학살하라는 요구는 훨씬 적게 나타난다.

92. 마태오 복음서 13:41 – 43

93. Franz Buggle, *Denn sie wissen nicht, was sie glauben. Oder warum man redlicherweise nicht mehr Christ sein kann*, Aschaffenburg, 2004, p. 120.

94. 로마 신자들에게 보낸 서간 1:28 – 32

95. Sure 14:16, 78:25. 쿠란의 인용은 루디 파렛(Rudi Paret, Köln, 1996)의 번역을 따랐다.

96. Sure 6:70

97. Sure 47:15

98. Sure 22:21

99. Sure 22:19–20.

100. Sure 47:4

101. "신에게 가장 나쁜 짐승은 믿지 않는 자와 앞으로도 믿지 않을 자들이다." Sure

8:55

102. Sure 9:81 이하.

103. 쿠란에는 이렇게 쓰여 있다. "믿는 자들아! 너희가 이교도들과 전투할 때면 절대 등을 보이지 말라! 그들에게 등을 보이는 자, 그리고 다시 싸우려고 돌아서지 않는 자, 싸움에 참여하기 위해 다른 집단에게로 방향을 돌리지 않는 자는 신의 분노를 만나게 되리라. 지옥이 그를 맞이할 것이며 처참한 끝을 보리라!" Sure 8:15 - 16

104. 다음 쿠란 구절은 빈 라덴의 첫 번째 선전포고문과 1998년의 두 번째 선전포고문에도 인용되었다. Marwan Abou-Taam, Ruth Bigalke, *Die Reden...*, p. 66과 p. 73.

105. Sure 9:5

106. Maria Wuketits, Franz M. Wuketits, *Humanität zwischen Hoffnung, Illusion. Warum uns die Evolution einen Strich durch die Rechnung macht*, Stuttgart, 2001, p. 129.

107. Jane Goodall, *The Chimpanzees of the Gombe–Patterns of Behaviour*, Cambridge, 1986.

108. Eckart Voland, *Die Natur des Menschen. Grundkurs Soziobiologie*, München, 2007, p. 27.

109. 같은 책 pp. 27–28.

110. Maria Wuketits, Franz M. Wuketits, *Humanität zwischen Hoffnung...*, p. 131.

111. Volker Sommer, "Ungezähmte Multikultip. Wie Tiere Traditionen pflegen", *Darwinisch denken*, p. 17.

112. Andreas Buck, *Lebensfragen. Anthropologische Antworten*, Opladen, 1997, p. 20.

113. Thomas Junker, *Die Evolution des Menschen*, München, 2006.

114. 알려진 것처럼 세계의 몇몇 지역에서는 이러한 과정이 유라시아 지역보다 훨씬 늦게 진행되었다. 그 생태학적 원인에 대해서는 다음에 매우 잘 묘사되어 있다. Jared Diamond, *Guns, Germs, and Steel. The Fates of Human Societies*, 김진준 옮김, 《총, 균, 쇠》, 문학사상사, 2005. 재레드 다이아몬드의 이론에 대한 짧은 요약은 다음에 잘 나와 있다. John Brockman ed., *Die Neuen Humanisten. Wissenschaftler, die unser Weltbild verändern*, Berlin, 2004.

115. Michael Schmidt-Salomon, *Auf dem Weg zur Einheit des Wissens. Die Evolution* der *Evolutionstheorie und die Gefahren von Biologismus und Kulturismus*. Schriftenreihe der Giordano Bruno Stiftung, Bd 1, Aschaffenburg, 2007.

116. Christoph Antweiler, *Was ist den Menschen gemeinsam? Über Kultur, Kulturen*, Darmstadt, 2007, p. 134 이하.

117. Arnold Gehlen, *Der Mensch. Seine Natur, Stellung in der Welt*, Frankfurt am Main, 1972.

118. Thomas Junker, *Die Evolution des Menschen*, p. 96.

119. Volker Sommer, *Ungezähmte Multikultis*, p. 16.

120. Thomas Junker, *Die Evolution des Menschen*, p. 97.

121. 당시 내가 들어야만 했던 많은 음악에 나는 아무 관심도 없었다. 그러나 다행히 그 음악 중에는 프랭크 자파, 딥 퍼플, 핑크 플로이드의 음반이 있어서 클래식 음악에 감염되어 있던 나의 뇌에까지 도달할 수 있었다. (친구들아, 고맙다!) 이 음악들이 이른바 진지한 음악과 가벼운 음악 사이의 다리 구실이 되어 주었고, 갈수록 더 (팝, 록, 레게, 펑크, 소울, 랩처럼) 단순한 구조의 음악이나 (프리재즈와 같은) 즉흥음악도 즐길 수 있게 되었다.

122. Susan Blackmore, *Die Macht der Meme. Oder, Die Evolution von Kultur, Geist*, Heidelberg, 2000, p. 272 이하.

123. Bernd Verbeek, *Die Wurzeln der Kriege. Zur Evolution ethnischer, religiöser Konflikte*, Stuttgart, 2004.

124. '아메리카의 홀로코스트'에 대해서는 다음을 보라. Karlheinz Deschner, *Kriminalgeschichte des Christentump*, Bd 9, Reinbek, 2008, p. 11 이하.

125. 다음에서 재인용. Matt Ridley, *Die Biologie der Tugend – Warum es sich lohnt, gut zu sein*, Berlin, 1997, p. 268.

126. Martin Luther, *Von den Juden, ihren Lügen*, Wittenberg, 1543. 현대 독일어로 옮겼으나 의미는 그대로 전달하도록 편집한 다음 책에서 재인용. Martin Sasse, *Martin Luther über die Juden, Weg mit ihnen!*, Freiburg, 1939. 다음도 참조할 것. Martin Luther, *Werke*(바이마르 판본), Bd 53, Weimar, 1883. p. 443 이하.

127. 뉘른베르크 전범 재판(1945. 11. 14 – 1946. 10. 1)의 독일어판 공식 기록 *Der Prozess gegen die Hauptkriegsverbrecher vor dem Internationalen Gerichtshof Nürnberg*. Bd 12, Nürnberg, 1947, pp. 346-347.

128. 마틴 자세가 11월 23일에 쓴 서론. Martin Sasse, *Martin Luther über...*, p. 2.

129. *Der Prozess gegen die Hauptkriegsverbrecher vor dem Internationalen Gerichtshof Nürnberg*, Bd 5, p. 109.

130. 같은 책 pp.108-109.

131. 같은 책 p. 109.

132. 같은 책 p. 128.

133. 같은 책 p. 113.

134. Hyam Maccoby, *König Jesup. Die Geschichte eines jüdischen ebellen*, Tübingen, 1982.

135. 마태오 복음서 27:25

136. 요한 복음서 8:44

137. 요한 복음서 13:27

138. Pinchas Lapide, *Wer war schuld an Jesu Tod?*, Gütersloh, 1987, p. 15.

139. Karlheinz Deschner, *Kriminalgeschichte des Christentums*, Bd 1, p. 273.

140. Gerhard Czermak, *Christen gegen Juden. Geschichte einer Verfolgung*, Reinbek, 1997.

141. Pinchas Lapide, *Wer war schuld an Jesu Tod?*, p. 13 이하.

142. 비극적이게도 유럽의 위대한 사상가들조차 반유대인 밈플렉스의 영향에 대한 면역력을 갖추지 못했다. 카를 마르크스의 유대인 문제에 대한 언급을 보라. 니체의 발언은 더욱 심각하다! "이 지상에서 '고귀한 자', '무력을 가진 자', '지배자', '권력자'에 대항하여 행한 그 어떤 것도 유대인이 이들에 대항하여 행한 것에 비하면 언급할 가치가 없다. 성직자적 민족인 유대인은 궁극적으로 자기 적과 정복자들의 가치를 철저하게 전도시킴으로써, 곧 가장 정신적인 복수를 하는 방식으로 보상받을 줄 알았다. … 유대인이 행한 모든 선전포고 가운데 가장 근본적이고 치명적인 행위와 관련하여 내가 다른 기회에 말했던 문구를 상기시키고 싶다. … 유대인과 더불어 도덕에서의 노예반란이 시작된다. 이 반란은 2,000년의 역사를 가지고 있으나 지금 그것이 우리의 시야에서 벗어나 있는 그 반란이 승리를 거뒀기 때문이다." Friedrich Nietzsche, "Zur Genealogie der Moral", *Werke*, Bd 2, pp. 779-780.

143. Jeffrey L. Sammons ed., *Die Protokolle der Weisen von Zion. Die rundlage des modernen Antisemitismus – eine Fälschung. Text und Kommentar*, Göttingen, 1998.

144. 가장 유력한 후보는 당시 파리의 러시아 비밀정보기관 수장이었던 피요트르 라치코프스키(Pjotr Ratschkowski)이다. 확실한 것은 이 의정서가 1868년 정치적으로 수구파에 속했던 헤르만 괴드체(Herrman Goedsche)가 존 레트클리프(John Retcliffe)라는 가명으로 쓴 통속소설 《비아리츠*Biarritz*》를 복제했다는 사실이다. 이에 대해서는 다음 책을 보라. Jeffrey L. Sammons, *Die Protokolle...*, pp. 7–26.

145. Wolfgang Wippermann, *Agenten des Bösen. Verschwörungstheorien von Luther bis heute*, Berlin, 2007, p. 69.

146. Adolf Hitler, *Mein Kampf*, München, 1936, p. 337. (황성모 옮김, 《나의 투쟁》, 동서문화사, 2014)

147. Wolfgang Wippermann, *Agenten des Bösen*, p. 77

148. Dietrich Eckart, *Der Bolschewismus von Moses bis Lenin. Zwiegespräche zwischen Hitler und mir*, München, 1924.

149. 같은 책 pp. 49–50.

150. 같은 책 p. 49.

151. 같은 책 p. 46.

152. 같은 책 pp. 9–10.

153. 예컨대 다음의 유명한 책에는 이렇게 쓰여 있다. "히틀러와 그의 정당의 강령은 사탄의 강령이었다." Joe Heydecker, Johannes Leeb, *Der Nürnberger Prozess*, Bd 2, Köln, 1985, p. 293. 다음도 참조하라. Horst Junginger, "Irrationalen in der Interpretation des Nationalsozialismus": "Der Führer als 'höllischer Messias'", *humanismus aktuell*, 2006/19.

154. Adolf Hitler, *Mein Kampf*, p. 70과 p. 751.

155. Jeffrey L. Sammons, *Die Protokolle der Weisen von Zion*, pp. 24-25에서 재인용.

156. Michael Ley, Julius H. Schoeps ed., *Der Nationalsozialismus als politische Religion*, Bodenheim, 1997.

157. 1938년에 출간된 《남녀노소 선봉대를 위한 책*Der Giftpilz. Ein Stürmerbuch für Jung und Alt*》에서는 유대인을 좋은 버섯과 구별하기 매우 어려운 독버섯이라고 표현했다. 아울러 "유대인은 인간의 형상을 한 악마 그 자체"라고 자세히 설명했다. (1948년 뉘른베르크 국제재판소 문서 1778-PS)

158. 이와 관련해 이해하기 좋은 자료로는 1940년부터 1943년까지 아우슈비츠의 총지휘관이었던 루돌프 회스(Rudolf Höß)가 공존하는 상반된 감정들에 대하여 매우 인상 깊고 신뢰할 수 있게 표현한 기록이 있다. Staatliches Auschwitz-Museum ed., *KL Auschwitz in den Augen der SS*, Auschwitz, 1973, pp. 103–107.

159. 지금은 지명이 포즈나(Poznar)로 바뀐 포센에서 힘믈러가 나치친위대원들 앞에서 한 연설 중에서. (1948년 뉘른베르크 국제재판소 문서 PS-1919) 그의 연설은 인터넷 웹사이트에서도 볼 수 있다. www.nationalsozialismus.de

160. 이것이 바로 제시카 스테른이 세계의 많은 전투적 극단주의자들의 사고체계를 서로 비교해서 행한 연구의 핵심이기도 하다. Jessica Stern, *Terror in the Name of God, Why Religious Militants Kill*, New York, 2003.

161. Hannah Arendt, *Eichmann in Jerusalem. Ein Bericht von der Banalität des Bösen*, München, 2006, p. 57. (김선욱 옮김, 《예루살렘의 아이히만 , 악의 평범성에 대한 보고서》, 한길사, 2006)

162. 같은 책 p. 400.

163. 같은 책 pp. 56–57.

164. Irmtrud Wojak, *Eichmanns Memoiren. Ein kritischer Essay*, Frankfurt am Main, 2004.

165. 사센의 아이히만과의 인터뷰는 다음에서 재인용. Irmtrud Wojak, *Eichmanns*

Memoiren, pp. 63-64.

166. 리처드 도킨스는 데슈너상의 수상연설에서 이렇게 말했다. "아인슈타인의 말대로라면 나는 매우 신앙심이 깊은 사람입니다." Richard Dawkins, Karlheinz Deschner, Michael Schmidt-Salomon, Franz M. Wuketits, *Vom Virus des Glaubens. Deschner-Preis 2007.* Schriftenreihe der Giordano Bruno Stiftung. Bd 2, Aschaffenburg, 2008, p. 30 이하.

02. 자유의지에서 벗어나기

1. Eduard Kohlrausch, "Der Kampf der Kriminalistenschulen im Lichte des Falles Dippold", *Monatsschrift für Kriminalpsychologie*, Strafrechtsreform, 1905/1, p. 20.
2. Julien Offray de La Mettrie, *Über das Glück oder das höchste Gut*, Bernd A. Laska ed., Nürnberg, 1985, pp. 66-67.
3. Baruch de Spinoza, *Ethik*, Helmut Seidel ed., Leipzig, 1975, p. 163 이하.
4. Hans J. Markowitsch, Werner Siefer, *Tatort Gehirn. Auf der Suche nach dem Ursprung des Verbrechenp*, Frankfurt am Main, 2007, p. 138. (김현정 옮김, 《범인은 바로 뇌다》, 알마, 2010)
5. 같은 책 p. 139.
6. 같은 책
7. 같은 책 p. 177 이하. 다음도 참조. Werner Siefer, Christian Weber, *Ich. Wie wir uns selbsterfinden*, Frankfurt am Main, 2006, p. 9 이하. (전은경 옮김, 《나, 마이크로 코스모스》, 들녘, 2007)
8. Hans J. Markowitsch, Werner Siefer, *Tatort Gehirn...*, p. 179.
9. 올리버 삭스는 기괴하게 느껴지는 수많은 자아 정체성의 혼란에 관해 기록해 놓았다. Oliver Sacks, *The Man Who Mistook His Wife for a Hat*, 조석현 옮김, 《아내를 모자로 착각한 남자》, 살림터, 1993. 다음의 훌륭한 개괄도 있다. Werner Siefer, Christian Weber, *Ich. Wie wir uns selbst erfinden*, pp. 9–34.
10. Benjamin Libet, "Haben wir einen freien Willen?", Christian Geyer ed., *Hirnfors-chung, Willensfreiheit. Zur Deutung der neuesten Experimente*, Frankfurt am Main, 2004, pp. 268–289.
11. 다음 책은 이 논쟁에 대한 훌륭한 개괄서이다. Henrik Walter, *Neurophilosophie der Willensfreiheit*, Paderborn, 1997.
12. Christian Geyer ed., *Hirnforschung, Willensfreiheit...*, p. 9.

13. Wolf Singer, "Verschaltungen legen uns fest, Wir sollten aufhören, von Freiheit zu sprechen", Christian Geyer ed., *Hirnforschung, Willensfreiheit...*, p. 63.

14. 같은 책

15. Gerhard Roth, *Aus Sicht des Gehirnp*, Frankfurt am Main, 2003, pp. 180-181.

16. Gerhard Kaiser, "Warum noch debattieren? Determinismus als Diskurskiller", Christian Geyer ed., *Hirnforschung, Willensfreiheit...*, p. 262.

17. 같은 책

18. 이에 관해서는 제4장에서 상세하게 다루겠다.

19. Arthur Schopenhauer, *Preisschrift über die Freiheit des Willenp*, Arthur Hübscher ed., *Werke in zehn Bänden*, Bd 6, Zürich, 1977, p. 48.

20. 같은 책 p. 84.

21. 같은 책 p. 81.

22. 같은 책

23. 같은 책 p. 87.

24. 같은 책 pp. 82–83.

25. Michael Pauen, *Illusion Freiheit? Mögliche, unmögliche Konsequenzen der Hirnforschung*, Frankfurt am Main, 2004, p. 107.

26. Eduard Kohlrausch, *Der Kampf der Kriminalistenschulen...*, p. 20

27. Wolfgang Prinz, "Der Mensch ist nicht frei. Ein Gespräch", Christian Geyer ed., *Hirnforschung, Willensfreiheit...*, p. 22.

28. 칼 로저스의 인본주의 심리학은 하나의 예외이기는 하다. 그러나 이 이론은 실증적 연구에서는 거의 활용되지 않았다. 로저스의 강점은 심리치료적인 대화의 진행 분야에 있다. 그러나 이 강점을 이해하기 위해서 꼭 자유의지론에 의지할 필요는 없다.

29. Judy Dunn, Robert Plomin, *Warum Geschwister so verschieden sind*, Stuttgart, 1996.

30. Wolfgang Prinz, "Kritik des freien Willenp. Bemerkungen über eine soziale Institution", Helmut Fink, Rainer Rosenzweig ed., *Freier Wille – frommer Wunsch? Gehirn, Willensfreiheit*, Paderborn, 2006, p. 32.

31. Arthur Schopenhauer, *Preisschrift über die Freiheit des Willens*, pp. 62-63.

32. 이 사례는 BBC의 다큐멘터리 'Phobie–Die nackte Angst'의 2부인 'Panikattacken'에 있고, 여러 심리전공 서적에서도 발견할 수 있다.

33. António Damásio, *Descartes' Error: Emotion, Reason, and the Human Brain*, 김린 옮김, 《데카르트의 오류》, 중앙문화사, 1999.

34. 같은 책 pp. 11-12.
35. 같은 책 p. 12.
36. 같은 책 p. 77.
37. Gerhard Roth, *Aus Sicht des Gehirns*, p. 162.
38. Gerhard Roth, *Fühlen, Denken, Handeln. Wie das Gehirn unser Verhalten steuert*, Frankfurt am Main, 2001, p. 211 이하.
39. 같은 책 p. 209.
40. 같은 책 p. 231.
41. Bas Kast, *Wie der Bauch dem Kopf beim Denken hilft. Die Kraft der Intuition*, Frankfurt am Main, 2007, p. 75.
42. 같은 책 pp. 74-75.
43. 같은 책 p. 75.
44. Thomas Metzinger, *Being No One. The Self-Model Theory of Subjectivity*, Cambridge, 2003.
45. Gerhard Roth, *Denken, Fühlen, Handeln*, p. 340.
46. Werner Siefer, Christian Weber, *Ich. Wie wir uns selbsterfinden*, p. 263.
47. 볼프강 프린츠는 이렇게 썼다. "사회의 행위자들이 의사소통과 상호작용을 조직한다는 것은 모든 행위자가 저마다 정신적 자아를 가지고 있다는 사실을 전제로 한다. 새롭게 참여하는 행위자를 비롯해 모든 행위자는 자신의 역할을 스스로 준비시키는 담론적 상황에 놓인다. 자신에게 향하는 타인의 규정을 인식하면 자기 규정도 형성된다. … 그래서 마침내 행위자는 자기에게 규정된 자기 역할을 습득하게 된다. 그는 다른 사람의 거울 속에서 자기를 구성하게 되고, 결국에는 다른 사람이 그를 이해하는 것처럼 스스로를 이해하게 된다." Wolfgang Prinz, *Kritik des freien Willens*, p. 38.
48. 같은 책 p. 39.
49. 같은 책
50. Susan Blackmore, *Die Macht der Meme...*, p. 346 이하.
51. Julian Jaynes, *Der Ursprung des Bewusstseins durch den Zusammenbruch der bikameralen Psyche*, Reinbek, 1988.
52. Uwe Flick ed., *Psychologie des Sozialen. Repräsentationen in Wissen und Sprache*, p. 72 이하.
53. António Damásio, *Der Spinoza-Effekt. Wie Gefühle unser Leben bestimmen*, München, 2003, p. 93. (임지원 옮김, 《스피노자의 뇌: 기쁨, 슬픔, 느낌의 뇌과학》, 사이언스북스, 2007)
54. 같은 책
55. Gerhard Roth, *Fühlen, Denken, Handeln*, p. 231

56. 같은 책 pp. 230-231.

57. Julian Nida-Rümelin, *Über menschliche Freiheit*, Stuttgart, 2005, p. 36 이하.

58. Karlheinz Deschner, *Ärgernisse. Aphorismen*, Reinbek, 1994, p. 9.

59. 이에 관해서는 제3장에서 더 자세하게 다루겠다.

60. Erich Fromm, *Die Furcht vor der Freiheit*, 원창화 옮김, 《자유로부터의 도피》, 홍신문화사, 1991.

61. Adolf Eichmann, "Meine Memoiren. Einleitender Vermerk", *Die Welt*, 1999. 8. 12. 1960년 5-6월에 작성된 이 기록은 수십 년 동안 문서보관소에 잠들어 있다가 1999년 8월에 빌트지에서 처음으로 세상에 발표되어 세계적인 주목을 받았다. 다음도 참조할 것. Irmtrud Wojak, *Eichmanns Memoiren*, p. 67 이하.

62. Erich Fromm, *Die Furcht vor der Freiheit*, pp. 217-218.

63. 에리히 프롬의 사례 연구인 《제3제국 직전의 노동자, 직원*Arbeiter, Angestellte am Vorabend des Dritten Reichs*》과 뒷날 학생운동의 영향으로 유명해진 권위주의와 가족에 관한 연구도 참조하라. 이 연구는 에리히 프롬만이 아니라 헤르베르트 마르쿠제와 막스 호르크하이머도 함께 했다. Max Horkheimer, Erich Fromm, Herbert Marcuse, *Studien über Autorität, Familie. Forschungsberichte aus dem Institut für Sozialforschung*, Lüneburg, 1987. (1936년 파리에서 출판된 것을 재출간)

64. Erich Fromm, *Die Furcht vor der Freiheit*, p. 317

65. 같은 책 pp. 353-354.

66. 같은 책 p. 354

67. 같은 책 pp. 354-355.

68. 같은 책 p. 321

69. Adolf Eichmann, *Götzen*. Jerusalem, 1961, pp. 200-201. 이 문서는 2000년에 이스라엘에서 공개되었으며, 인터넷에서 디지털 형태로도 찾을 수 있다. (Mazal Library 디지털 아카이브의 홀로코스트 연구를 위한 데이터뱅크 www.mazal.org/various/Eichmann.htm)

70. Erich Fromm, *Die Furcht vor der Freiheit*, p. 318.

71. Adolf Eichmann, *Götzen*, p. 206.

72. 같은 책 p. 11.

73. 같은 책 p. 12.

74. 같은 책 p. 552.

75. 같은 책 p. 206.

03. 잘못된 결론

1. 1945년 1월 30일 아돌프 히틀러의 마지막 라디오 연설에서 발췌.
2. 이란 대통령 마무드 아마디네자드가 미국 대통령이던 조지 부시에게 보낸 서한. *Der Spiegel*, 2006. 6.
3. Bobby Henderson, *Das Evangelium des Fliegenden Spaghettimonsterp*, München, 2007, pp. 113-114.
4. Hannah Arendt, *Eichmann in Jerusalem*, p. 370.
5. 흔히 생각하는 것과는 달리 나치 이데올로기는 결코 '무신론적'이지 않다. 나치주의자들은 스스로를 기독교도라고 하지는 않았으나 '신을 믿는 자'라고 밝혔다. 이 경우 그들의 '신'은 어떤 인격체가 아니라 '세상의 질서'를 보존하라는 특별한 사명을 아리안 민족에게 내려준 '높은 차원의 권위'로 이해된다.
6. Adolf Eichmann, *Götzen*, p. 592.
7. 같은 책.
8. 같은 책 p. 645.
9. 같은 책
10. 같은 책 pp. 648-649.
11. 같은 책
12. 같은 책 p. 645.
13. 같은 책 pp. 650-651.
14. 같은 책 pp. 651-652.
15. 같은 책 p. 662 등을 참조할 것.
16. 같은 책 pp. 652-653.
17. 같은 책 p. 13.
18. 같은 책 p. 15.
19. 같은 책 p. 666 이하.
20. Josemaría Escrivá, *Der Weg*, Köln, 1982, p. 149와 pp. 241-242.
21. Michael Schmidt-Salomon, *Erkenntnis aus Engagement*, Aschaffenburg, 1999, p. 162.
22. 예외적으로 이것은 《다빈치 코드》의 저자 댄 브라운의 창작이 아니었다. Peter Hertel, *Geheimnisse des Opus Dei*, Freiburg, 1995; Klaus Steigleder, *Das Opus Dei. Eine Innenansicht*, München, 1996.
23. '자유의 양면성'에 대해서는 다음을 보라. Erich Fromm, *Die Furcht vor der Freiheit*, p.

237 이하.

24. Steve Coll, *Die Bin Ladens. Eine arabische Familie*, München, 2008, p. 249.

25. 바르나(Varna)는 다시 총 3천여 개의 (사회와 가족 내의 신분을 뜻하는) 야티(Jati)로 분류된다. 현실에서는 야티가 훨씬 더 중요했고 지금도 부분적으로는 그렇다. 하지만 여기에서 우리가 관심을 두고 있는 근본적 문제와는 관계가 없으므로 더 깊은 세분화는 하지 않겠다.

26. Michael Hartmann, *Der Mythos von den Leistungseliten. Spitzenkarrieren und soziale Herkunft in Wirtschaft, Politik, Justiz, Wissenschaft*, Frankfurt am Main, 2002.

27. 이런 경향은 90년대 초반부터 이미 명확하게 인식할 수 있었다. 다음을 참조할 것. Heiner Barz, *Postmoderne Religion. Die junge Generation in den Alten Bundesländern*, Opladen, 1992.

28. Colin Goldner, *Die Psycho-Szene*, Aschaffenburg, 2000, p. 22에서 재인용.

29. *Materialien, Informationen zur Zeit*(MIZ) 1997/1, p. 15.

30. Colin Goldner, "Das Geschäft mit der Verblödung", *Psychologie Heute*, 1994/7, p. 24에서 재인용.

31. Stefan Klein, *Alles Zufall. Die Kraft, die unser Leben bestimmt*, Reinbek, 2004, pp. 25-26. (유영미 옮김, 《우연의 법칙》, 웅진지식하우스, 2006)

32. 바츠라비크는 '미신에 빠진 쥐'를 다음과 같은 실험과정의 결과물로 설명하고 있다. "쥐를 가로 3미터, 세로 0.5미터 길이의 우리 속에 놓아준다. 우리의 반대편 끝에는 먹이그릇이 있다. 우리를 개방한 지 10초 뒤에 먹이가 그릇 안으로 떨어진다. 단, 쥐가 우리를 개방한 지 10초 만에 도착했을 때에만 그렇고, 10초보다 더 일찍 그릇에 도착한다면 그릇은 비어 있게 된다. (이른바 시행착오 방식의) 여러 번에 걸친 임의의 실행 끝에 쥐는 먹이의 존재와 (혹은 부재와) 시간적 요소 사이의 실질적 상관관계를 확실하게 파악하게 된다. 그러나 우리의 입구에서 먹이그릇까지 도달하는 데 보통 2초 정도밖에 필요하지 않기 때문에 쥐는 나머지 8초를 어떤 방식으로든 지나가게 해야 한다. 이것은 당연히 쥐가 곧바로 먹이로 달려가려는 자연적 자극에 반하는 것이다. 이런 상황에서 쥐에게 8초라는 시간은 유사-인과관계를 알려주게 된다. 여기에서 유사-인과관계란 남는 시간 동안에 행하는 쥐의 모든 행동이 (어떤 우연적인 행동이든) 자기 확신과 그 확신을 강화하는 역할을 하게 됨을 의미한다. 그럼으로써 쥐는 먹이의 출현이라는 신의 보상이 이루어지기 위해서는 그런 행동이 필요하다고 '가정'할 것이다. 이것이 바로 우리가 인간의 영역에서 말하는 미신의 본질이다. 예를 들어 먹이를 향해 리듬에 맞추어 뛰어가거나 왼쪽, 오른쪽으로 회전을 하면서

가거나 혹은 쥐가 처음에는 순전히 우연히 행한 행동도 먹이를 먹는 데 성공하기 위해서 꼭 필요하다고 생각되기 때문에 세심하게 그런 행동을 반복하게 된다. 쥐가 먹이그릇에 도착했을 때마다 먹이가 있다는 사실이 쥐의 '올바른' 행동이 그런 결과를 초래했다는 '가정'을 더욱 강화시키기 때문이다." Paul Watzlawick, *Wie wirklich ist die Wirklichkeit?*, München, 1978, p. 60.

33. 여기에서 '보통은'이라는 말은 우리가 양자역학의 코펜하겐 해석을 다루는 이론물리학자가 아닌 경우를 말한다. 실제로 미시물리학적 차원에서 '진정한 우연', 다시 말해 정말로 인과적으로 결정되지 않은 사건이 존재하는지는 물리학자들 사이에서 여전히 논쟁 중이다. 물리학자 가운데 다수는 이러한 '존재론적 우연'의 존재를 인정한다. 하지만 아인슈타인은 이런 이론에 반대한다. 그래서 "신은 주사위를 던지지 않는다"는 그의 유명한 말이 나왔다.
34. David Bohm, *Causality and Chance in Modern Physics*, London, 1964.
35. 다음 책에는 우주의 미세조정에 대한 논의가 잘 정리되어 있다. Rüdiger Vaas, "Ein Universum nach Maß? Kritische Überlegungen zum Anthropischen Prinzip in der Kosmologie, Naturphilosophie, Theologie", Jürgen Hübner ed., *Theologie, Kosmologie. Geschichte, Erwartungen für das gegenwärtige Gespräch*, Tübingen, 2004, pp. 375–498.
36. Michael Schmidt-Salomon, *Manifest des evolutionären Humanismus*, p. 58.
37. 같은 책.
38. Richard Dawkins, *Und es entsprang ein Fluss in Eden*, p. 151.
39. 같은 책
40. 이 부분은 내가 제10회 레흐 철학세미나에서 발표한 내용을 따랐다. 이 흥미로운 발표에 관해서는 다음을 보라. Konrad Liessmann ed., *Die Freiheit des Denkenp*, Wien, 2007.
41. Julien Offray de La Mettrie, *Der Mensch als Maschine*, Nürnberg, 1988.
42. 라 메트리의 매우 훌륭한 저작을 깊게 연구하려는 사람들은, 뒷날 사람들이 종종 오해하는 것과 달리 그가 이 비유에 그리 큰 의미를 두지 않았다는 사실을 유념할 필요가 있다. Ursula Pia Jauch, *Jenseits der Maschine. Philosophie, Ironie, Ästhetik bei Julien Offray de la Mettrie*, München, 1998.
43. (아마도 순수한 기계가 아니라 유기체로 만든 키메라일 가능성이 크지만) 언젠가 진짜로 감정, 욕구, 욕망 등을 갖추고 있는 로봇을 만드는 데 성공한다면, 당연히 이 '자기 이익에 따라 행동하는 로봇'에게는 그에 상응하는 권리를 주어야 할 것이다. 어쨌든 이런 로봇은 더 이상 단순한 기계로 대할 수는 없다. 여기에서 외면적으로 '진정한' 감정과 단지 '그런 척하는' 감정을 구분하기가 대단히 어려울 것이다. 게다가 원

칙적으로 우리의 엄청난 한계를 지닌 지식을 가지고 스스로의 존재에 대해 고통 받을 수 있는 존재를 창조하는 것에 대한 책임을 질 수 있는지 질문을 던져봐야 한다. 그러므로 철학자 토마스 메칭어는 이미 "우선적으로 인공적 또는 '탈생물적(postbiotic)' 의식을 만들어내려는 모든 시도를 금지시켜야 한다"고 호소한다. Thomas Metzinger, "Künstliches Bewusstsein, Maschine, Moral, Mitgefühl". *Gehirn&Geist*, 2006/4, p. 70.

44. Detlev Linke, *Die Freiheit, das Gehirn. Eine neurophilosophische Ethik*, München, 2005, p. 16 이하.
45. Mina Ahadi, Sina Vogt, *Ich habe abgeschworen. Warum ich für die Freiheit, gegen den Islam kämpfe*, München, 2008.
46. 탈무슬림 중앙위원회에 대한 정보는 다음을 참조할 것. www.ex-muslime.de
47. 종교의 자유에 대한 문제에 대해서는 Gerhard Czermak, *Religions- und Weltanschauungsrecht. Eine Einführung*, Heidelberg, 2008, p. 55 이하.
48. Ibn Warraq, *Warum ich kein Muslim bin*. Berlin, 2004, p. 241 이하.
49. Chahdortt Djavann, *Was denkt Allah über Europa? Gegen die islamische Bedrohung*, Berlin, 2005, p. 35.
50. Hartmut Krauss, *Islam, Islamismus, muslimische Gegengesellschaft. Eine kritische Bestandsaufnahme*, Osnabrück, 2008.
51. 이슬람 달력은 태음력을 사용하고 모하메드가 메카를 떠난 때로부터 시작된다. 그날이 그레고리력에 따르면 622년 7월 16일이다. 앞의 책은 이슬람 달력에 따르면 1430년에 발행된 것이다.
52. Michael Schmidt-Salomon, *Manifest des evolutionären...*, pp. 7-8과 p. 83 이하. 다음도 참조하라. Bassam Tibi, *Islamischer Fundamentalismus, moderne Wissenschaft, Technologie*, Frankfurt am Main, 1992.
53. 그래도 최근 들어 법학자와 법철학자들 사이에서 이에 대한 문제가 제기되고 있다. 다음을 참조할 것. Horst Dreier, Eric Hilgendorf ed., *Kulturelle Identität als Grund, Grenze des Rechts*, Stuttgart, 2008.
54. Necla Kelek, *Die fremde Braut. Ein Bericht aus dem Inneren des türkischen Lebens in Deutschland*, Köln, 2005. 그리고 Necla Kelek, *Die verlorenen Söhne. Plädoyer für die Befreiung des türkisch-muslimischen Mannep*, Köln, 2006.
55. Seyran Ateo, *Der Multikulti-Irrtum. Wie wir in Deutschland besser zusammenleben können*, Berlin, 2007.
56. Ayaan Hirsi Ali, *Ich klage an. Plädoyer für die Befreiung der muslimischen Frauen*, München,

2005. 그리고 Ayaan Hirsi Ali, *Mein Leben, meine Freiheit. Die Autobiographie*, München, 2006.

57. 다행히 모든 만화작가가 겁을 집어먹지는 않았다. 독일의 인기 만화작가 랄프 쾨니히(Ralf König)가 이 사태를 풍자해 그린 작품이 그러했다. 그는 이 작품으로 권위 있는 '막스 운트 모리츠 상'을 수상했다. 그의 이슬람 비판적인 그림들은 나중에 조르다노 브루노 재단의 우편엽서 시리즈로 채택되었다. 이 재단은 표현할 수 있는 가장 강력한 형태로 '종교적 편협함으로 발생하는 예술의 자유에 대한 억압'에 반대하고 있다. 다음을 참조하라. www.giordanobruno-stiftung.de
58. Mina Ahadi, Sina Vogt, *Ich habe abgeschworen...*, pp. 256-257.
59. Necla Kelek, *Die fremde Braut*, p. 254.
60. 같은 책 p. 261.
61. Paul Feyerabend, *Zeitverschwendung*, Frankfurt am Main, 1997.
62. Paul Feyerabend, *Erkenntnis für freie Menschen. Veränderte Ausgabe*, Frankfurt am Main, 1980, p. 233.
63. 같은 책 p. 68.
64. 같은 책
65. 같은 책 p. 72.
66. 같은 책 pp. 72-73.
67. 같은 책 p. 147
68. 자서전에서 그는 자신을 유명하게 만들었던 상대주의와 거리를 두었다. "문화적 특수성이 신성불가침이 될 수는 없다. 어떤 '문화적으로 정당한' 억압도 '문화적으로 정당한' 살인도 없다. 오직 억압과 살인만 있을 뿐이다. 이 두 가지는 그 자체로 대해야 한다. 필요하다면 온 힘을 다하여." Paul Feyerabend, *Zeitverschwendung*, p. 205.
69. William Shakespeare, "Der Kaufmann von Venedig" 3. Akt, 1. Szene. *Sämtliche Werke*. Wiesbaden, pp. 175-176.
70. 개인 중심의 '이해관계 기반 윤리' 이론들에 대한 훌륭한 입문서로는 다음이 있다. Norbert Hoerster, *Ethik, Interesse*, Stuttgart, 2003.
71. 공간적인 제약으로 여기에서 진실이론을 모두 설명할 수는 없다. 이에 관해서는 다음을 보라. Michael Schmidt-Salomon, "Was ist Wahrheit? Das Wahrheitskonzept der Aufklärung im weltanschaulichen Widerstreit", *Aufklärung, Kritik*, 2003/2.
72. Hans Albert, *Traktat über kritische Vernunft*, p. 44. '비판의 선물'에 대해서는 이 책 5장도 참조할 것.

73. 가끔은 '윤리(Ethik)'가 실천철학의 한 부분인 '도덕철학(Moralphilosophie)'으로 이해되기도 한다. 여기에서 도덕철학은 '도덕', '풍속적인' 문제, 행위, 논쟁 등을 포함한다. 그러나 이런 언어관습적인 구분은 여기에서 문제가 되지 않는다.
74. Michael Schmidt-Salomon, *Manifest des evolutionären...*, p. 102 이하.
75. 이 심리적 과정은 이미 지그문트 프로이트에 의해 분석되었다. Alice Miller, *Am Anfang war Erziehung*, Frankfurt am Main, 1983 참조.
76. 앞에서 소개한 이 책의 인용을 보라. Heinrich von Kleist, *Über das Marione-ttentheater, Erzählungen, Schriften*, München, 1986, p. 400.

04. 초연한 나

1. Albert Einstein, *Mein Weltbild*, p. 11.
2. Sam Harris, *The End of Faith*, p. 223.
3. André Comte-Sponville, *Woran glaubt ein Atheist? Spiritualität ohne Gott*, Zürich, 2008, p. 219.
4. Doris Wolf, *Wenn Schuldgefühle zur Qual werden*, Mannheim, 1996, p. 12.
5. 같은 책
6. Franz Alexander, *The Scope of Psychoanalysip*, New York, 1961, p. 129. 독일어 번역은 다음에서 재인용. Wendell Watters, *Tödliche Lehre*, Neustadt, 1995, p. 124.
7. 나는 '존재 보존(Existenzsicherung)'과 '존재 확장(Existenzerweiterung)'이라는 개념을 트리어대학에 다닐 때 페터 발테스에게 처음 접했다. Peter Baltes, *Lebenstechnik*, Darmstadt, 1997. 내 박사학위 지도교수였던 하인리히 자일러(Heinrich Seiler, Trier)와 롤프 슈벤터(Rolf Schwendter, Kasser)에게 고마움을 전하고 싶다. 두 사람은 그때의 학생이 이렇게 '도전적인 주제'를 주장하며 나타난 것에 놀랄 수도 있을 것이다. 하지만 그들이 없었다면 이 책이 나오지 못했다.
8. Alexander Lowen, *Bio-Energetik. Therapie der Seele durch Arbeit mit dem Körper*, Gütersloh, 1986, p. 22.
9. Esther Vilar, *Die Schrecken des Paradiesep. Wie lebenswert wäre das Ewige Leben?*, Aschaffenburg, 2009. 1992년 Alibri 출판사에서 '천사의 양육(Die Erziehung der Engel)이라는 제목으로 출간된 책이 2009년 새 이름으로 재출간되었다.
10. Sigmund Freud, *Das Unbehagen in der Kultur*, Frankfurt am Main 1972, p. 75. (성해영 옮김, 《문명 속의 불안》, 서울대학교출판문화원, 2014)

11. 같은 책 p. 105.

12. Paul Watzlawick, *Anleitung zum Unglücklichsein*, München, 1983.

13. 다음 책은 긍정심리학에 대한 훌륭한 개괄서이다. Ann Elisabeth Auhagen ed., *Positive Psychologie, Anleitung zum 'besseren' Leben*, Weinheim, 2008.

14. Heiko Ernst, "Gibt es einen Maßstab für das Glück?", Glücksmomente. Was das Leben gelingen lässt. *Psychologie Heute Compact*, 2007/17, p. 8.

15. 같은 책

16. David Lykken, *Happinesp. What Studies on Twins Show Us about Nature, Nurture and the Happiness Set Point*, New York, 1999.

17. 미네아폴리스 대학의 교수였던 David Lykken은 이렇게 말한다. "더 행복해지려는 모든 시도는 키가 더 커지려는 시도만큼이나 실패할 수밖에 없다." 다음에서 인용. Stefan Klein, *Die Glücksformel - oder wie die guten Gefühle entstehen*, Reinbek, 2002, p. 63.

18. 이것이 쌍둥이 연구의 문제이기도 하다. 분리되어 자란 일란성 쌍둥이의 환경은 대부분 너무 비슷하다. 그래서 일란성 쌍둥이에게 실제로 나타나는 공통점을 동일한 유전자 때문이라고 여기게 한다.

19. Joachim Bauer, *Das Gedächtnis des Körperp. Wie Beziehungen, Lebensstile unsere Gene steuern*, München, 2004.

20. Stephen J. Gould, *Darwin nach Darwin*, p. 211 이하.

21. 이 학교 교장 Ernst Fritz-Schubert와의 인터뷰. *Gehirn&Geist*, 2008/9, p. 53 이하.

22. Epikur, *Philosophie der Freude. Briefe, Hauptlehrsätze, Spruchsammlung, Frag-mente*. Paul M. Laskowsky ed., München, 1988, p. 98.

23. Josemaría Escrivá, *Der Weg*, Spruch Nr. 194.

24. Klaus Thomas, *Eine falsche Frömmigkeit kann Christen krank machen*, Wetzlar, 1989.

25. Epikur, *Philosophie der Freude...*, p. 67.

26. 같은 책 p. 71.

27. 같은 책 p. 70.

28. 같은 책 p. 85.

29. 같은 책 p. 87.

30. 같은 책 p. 65.

31. 같은 책 p. 88.

32. 같은 책 p. 101.

33. 같은 책 p. 95.

34. 같은 책 p. 100.

35. 같은 책 p. 79.

36. 이 주제는 뒤에 나오는 '합리적 종교'에 관한 설명을 참조할 것.

37. Erich Fromm, Daseitz T. Suzuki, Richard de Martino, *Zen-Buddhismus, Psycho-analyse*, Frankfurt am Main, 1971, p. 150.

38. Wilhelm Schmid, *Mit sich selbst befreundet sein. Von der Lebenskunst im Umgang mit sich selbst*, Frankfurt am Main, 2007, p. 395.

39. Douglas Adams, *Per Anhalter durch die Galaxis*, Vierteilige Trilogie in fünf Bänden. München 1981 이하. 잘 알려져 있듯이 '마지막 질문'에 대한 애덤스의 답은 '42'이다. 그것이 무엇을 뜻하든 말이다.

40. 설령 '더 높은 삶의 의미, 우주의 의미, 또 다른 의미'가 존재한다고 해도 '의미 그 자체'를 찾으려는 시도는 희망 없는 행위다. 왜 그럴까? 우리는 '세상 그 자체'를, 곧 '우리를 위한' 것이 아니라 '그 자체'로서의 세상을 우리의 인식과 분리되어 인식할 수 없고, 그래서 이 세상에 대한 접근이 원칙적으로 차단되어 있기 때문이다. 비록 누군가가 정말로 우리의 인식 너머에 존재하는 의미 그 자체에 상응하는 어떤 의미를 그를 위해 발견했다 하더라도, 그 둘이 일치한다고 확인할 수 있는 사람이 존재할 수 없다.

41. Mihaly Csikszentmihalyi, *Flow. Das Geheimnis des Glückp*, Stuttgart, 2004, p. 79. (최인수 옮김, 《몰입: 미치도록 행복한 나를 만난다》, 한울림, 2004)

42. 같은 책.

43. 같은 책 p. 64.

44. 같은 책 p. 81.

45. 같은 책 pp. 214-215.

46. 최선의 경우에는 이런 기분을 간접적으로 느낄 수 있을 것이다. 마라톤 주자가 마지막 힘까지 짜내어 결승점 몇 미터 앞에서 경쟁자를 추월하는 장면을 텔레비전으로 보면 거울뉴런이 우리를 그 마라톤 주자의 입장이 되도록 만들어준다. 그가 느끼는 승리의 일부를 우리도 느낄 수 있다. 그러나 직접적인 자신의 경험이 그냥 관찰해서 감정이입되어 느끼게 되는 경험보다는 대부분 더 강력하다. 이에 관해서는 제1장의 감정이입된 자기 이익의 한계에 대한 설명을 볼 것.

47. 니체는 기독교가 제2의 천성을 향한 본능에 대한 불신을 만들어내기 위해 '자유의지'라는 개념과 함께 '원죄'라는 개념과 그에 속하는 고문도구 일체를 창조해냈다고 비난했다. Friedrich Nietzsche, "Ecce Homo. Wie man wird, was man ist", *Werke*, Bd 2, p.

1159. (이상엽 옮김, 《이 사람을 보라》, 지식을만드는지식, 2016)

48. 이러한 사실을 알게 되면, 몇몇 아인슈타인 자서전 저자들이 그의 삶에서 찾아냈다고 믿었던 피상적 '모순'으로부터 벗어날 수 있게 된다.

49. 미국 연구팀의 연구가 주목되었다. Kathleen Vohs & Jonathan Schooler, "The value of believing in free will, Encouraging a belief in determinism increases cheating", *Psychological Science*, 2008/19, pp. 49–54. 보스와 스쿨러는 학생들에게 수학시험을 볼 때 커닝할 기회를 제공했다. 이때 시험 전에 자유의지를 논박하는 글을 읽은 학생들이 읽지 않은 학생들보다 신뢰성 있게 더 많이 커닝한다는 사실을 확인했다. 이로부터 연구자들은 자유의지가 정직한 행동을 만들어내는 유용한 환상이라는 결론을 도출해냈다. 그러나 이러한 해석은 오직 도덕적 밈에 의해 특정된 맥락에서만 유효할 것이다. 내가 파악하는 바로는 보스와 스쿨러는 학생들에게 자유의지와 자유행위 사이는 물론이고 윤리와 도덕 사이의 차이를 설명하는 기록을 제시하지 않았다. 그럼으로써 자유의지로부터의 이별로부터 잘못된 결론을 이끌어낼 가능성이 높은 운명론적이고 상대론적인 경향의 기록을 제공했다. 따라서 이 책에서 주장하는 이론의 검증에는 문제에 대한 실증에 관련해서 더 높은 수준의 세분화가 필요하다.

50. 예를 들어 과체중 환자의 다이어트 성공을 위해 각자의 '자유의지'에 대한 호소의 효과를 연구해 볼 수도 있다. (이 기회에 이 주제에 주목할 수 있도록 해준 피트니스 트레이너이자 스포츠맨인 Daniel Holzinger에게 감사의 말을 전한다.) 이 실험은 두 그룹으로 나누어 실시된다. 한 그룹은 ("당신을 해낼 수 있어요. 단지 원하기만 하면 됩니다! 약해지지 마세요!"라며) 시종일관 '자유의지'에 호소하고, 다른 그룹은 반대로 ("최선을 다해보세요! 당신은 확실히 숨겨진 잠재력을 아직 가지고 있어요. 그렇지만 당신이 실패했다고 해도 절대 자신을 비난하지 마세요! 결국 우리는 모두 자신 과거의 희생양일 뿐이니까요!"라며) 반복해서 괜찮다고 변명해준다. 자유의지 사상을 거부하는 것이 내적 행동의 자유를 강화할 수 있게 된다는 가정이 옳다면, 실제로 다이어트 시도가 실패할 가능성에 대해서 변명을 해주는 그룹 사람들이 의미 있는 정도로 더 살이 빠져야 한다. '변명 그룹'에서는 다이어트 계획의 실패로 인한 자존심의 상처를 받는 문제가 더 이상 활성화되지 않게 되고 '자유의지 그룹'과는 다르게 자신의 실패를 폭식으로 보상할 필요도 발생하지 않을 것이기 때문이다. 이것은 자유의지의 배제가 내적 행동의 자유를 매몰하는 것이 아니라 오히려 특정한 조건 아래에서만 그 자유가 가능하다는 가정에 대한 타당하고 경험적인 증거가 될 것이다.

51. Michael Schmidt-Salomon, "Können wir wollen, was wir wollen? Unzeitgemäßes zur Theorie der Willensfreiheit", *Aufklärung und Kritik*, 1995/2. 이 논문은 저자의 홈페이지에서도 볼

수 있다. www.schmidtsalomon.de

52. 실제로 나는 이 책에 전에 쓴 자유의지에 관한 논문의 표현을 그대로 사용했다.
53. 불교 철학에 대해서는 앞에서 언급한 Erich Fromm, Daisetz T. Suzuki, Richard de Martino, *Zen-Buddhismus und...*, p. 37 이하를 보라. 이와 관련해 다음도 흥미로운 책이다. Byung-Chul Han, *Philosophie des Zen-Buddhismus*, Stuttgart, 2002.
54. 다음을 참조. Ramesh Balsekar, *Schuld und Sünde. Der IrrSinn des Verstandes*, Freiburg, 2001; Sri Nisargadatta Maharaj, *Ich bin*, Bielefeld, 1998.
55. Dieter Voigt, Sabine Meck, *Gelassenheit. Geschichte, Bedeutung*, Darmstadt, 2005.
56. Meister Eckart, *Einheit mit Gott. Die bedeutendsten Schriften zur Mystik*. Dietmar Mieth ed.. Düsseldorf, 2007. 마이스터 에카르트의 이른바 X-경험에 관한 에리히 프롬의 설명도 참조하라. Erich Fromm, "*Ihr werdet sein wie Gott*", 앞의 책, Bd 6, p. 118 이하.
57. Albert Schweitzer, *Die Lehre der Ehrfurcht vor dem Leben*, Berlin, 1974, p. 30.
58. Anton A. Bucher, *Psychologie der Spiritualität*, Weinheim, 2007, p. 50 이하.
59. Dalai Lama, Victor Chan, *Die Weisheit des Verzeihenp. Ein Wegweiser für unsere Zeit*, Bergisch Gladbachm, 2007.
60. Colin Goldner, *Dalai Lama. Fall eines Gottkönigs*, Aschaffenburg, 2008.
61. 나는 '불타오르는 인내(brennenden Geduld)'라는 개념을 로베르트 융크에게 처음 들었다. 1990년대 초에 그가 로쿰에서 열린 미래학자들의 모임에 나를 초대했다. 행사가 열린 첫날밤 우리는 함께 앉았고, 거기에서 나는 이 위대한 미래학자에게 그토록 끔찍한 일들을 많이 보아왔으면서도 어떻게 그 긴 세월을 견디면서 희망을 잃지 않게 자신에게 동기 부여를 할 수 있었는지 물었다. (이에 관해서는 그의 자서전을 보라. Robert Jungk, *Trotzdem: Mein Leben für die Zukunft*, München, 1993. 그는 웃으면서 내게 "불타오르는 인내!"라고 말했다. 그때 나는 깊은 감명을 받았고 로베르트 융크가 그의 삶에서 보여준 것처럼 나도 언젠가 그런 '불타오르는 인내'를 발전시켜야겠다고 결심했다.

05. 느슨해진 관계

1. Epikur, *Philosophie der Freude...*, p. 89.
2. Bertolt Brecht, "Die Maske des Bösen", *Gesammelte Werke*, Bd 10, Frankfurt am Main, 1990, p. 850.

3. Everett Worthington. 다음에서 재인용. Martin E. P. Seligman, *Der Glücks-Faktor. Warum Optimisten länger leben*, Bergisch Gladbach, 2007, p. 135.
4. 크레이그의 작업들은 조르다노 브루노 재단 홈페이지(www.giordano- bruno-stiftung.de/)에서 'Düsseldorfer Kreationismusdebatte'라는 단어로 검색할 수 있다.
5. Hans Albert, *Traktat über kritische Vernunft*, p. 44.
6. Eric Hilgendorf ed., *Wissenschaft, Religion, Recht. Hans Albert zum 85. Geburtstag*, Berlin, 2006.
7. Udo Wolter, "Sharia is not under discussion here: Der UN-Menschenrechtsrat, sein Verhältnis zu den Menschenrechten", *Jungle World*, No. 32/08, 2008. 8. 7.
8. 이 청원은 다음에서 볼 수 있다. www.leitkultur-humanismup.de
9. 되풀이해서 강조하건대 내가 매우 종교적인 사람이라고 표현할 때에는 단지 형식적으로만 전통과 연결되어 있고, 내용적으로는 오래전에 그 뿌리를 벗어난 계몽된 기독교인을 뜻하는 공허한 문구가 아니다. 계몽된 기독교인은 지옥과 악마의 존재도, 기적과 죽은 자의 부활도 믿지 않는다. 어느 정도까지를 독실한 기독교인이라고 할 수 있는지는 충분히 논쟁거리가 된다. 다른 종교와 마찬가지로 무슬림 가운데에도 당연히 계몽된 이들이 있다. 그러나 이슬람의 계몽적 훈련이 유럽의 기독교보다는 훨씬 덜 발전했다는 사실을 간과해서는 안 된다.
10. 요한 묵시록 22:18-19.
11. Richard Dawkins, *Der entzauberte Regenbogen. Wissenschaft, Aberglaube, die Kraft der Phantasie*, Reinbek, 2000, p. 54. (최재천, 김산하 옮김, 《무지개를 풀며》, 바다출판사, 2008)
12. Hans Albert, *Traktat über kritische Vernunft*, p. 95.
13. Everett Worthington, *Five Steps to Forgiveness, The Art and Science of Forgiving*, New York, 2001. 워딩턴의 다른 책들과 마찬가지로 이 책도 독일어로 번역되지 않았다. 다행스런 일은 아직 독일어권에서는 거의 받아들여지지 않은 용서에 관한 연구가 미국에서 흥미로운 결과를 내고 있다는 점이다. 그나마 용서 연구의 원조에 속하는 로버트 인라이트의 책은 독일어로 번역되어 있다. Robert D. Enright, *Vergebung als Chance. Neuen Mut fürs Leben finden*, Bern, 2006.
14. Martin E. P. Seligman, *Der Glücks-Faktor. Warum Optimisten länger leben*, p. 140.
15. 같은 책 p. 141.
16. '용서를 위한 캠페인' 웹사이트에는 46개의 최근 연구들을 찾을 수 있다. 그 가운데에는 대규모 사례연구도 있다. www.forgiving.org를 보라. 다음 책은 조금 오래되기는 했지만 훌륭한 개괄서이다. Michael McCullough, Kenneth Pargament, Carl Thoresen ed., *Forgiveness, Theory, Research, and Practice*, New York, 2001. 앞에서 말한 Robert D. Enright의

흥미로운 연구결과도 있다.

17. 예컨대 인라이트는 "성폭력을 당한 여성들에게 용서 연습의 효과가 다른 어떤 성폭력 피해자를 위한 프로그램보다 더 긍정적인 효과를 보여줬다"고 확인했다. Robert D. Enright, *Vergebung als Chance*, p. 27.

18. 그래도 Elisabeth Auhagen의 책에는 '용서'라는 단어가 등장한다. *Positive Psyc-hologie*, pp.150–165. 그러나 Christian Schwennen의 논문에는 미국의 연구성과만 나열되어 있다. 그래도 서유럽에서 자리 잡은 치료형태에도 용서의 원칙을 따르고 있다는 점을 지적하고 싶다. 예컨대 헬링거의 이른바 '가족세우기(Familienaufstellung)' 방법론이 매우 공격적으로 용서를 주제로 삼아서 큰 효과를 거둘 수 있었다. 그러나 이 방법론이 가부장적 규범을 기반으로 하고 있다는 비판은 정당하다. Colin Goldner ed., *Der Wille zum Schicksal. Die Heilslehre des Bert Hellinger*, Wien, 2003.

19. 템플턴 재단은 금융사업가 존 템플턴이 설립했다. 이 재단은 매년 개인에게 세계에서 가장 많은 상금(820,000 영국 파운드)이 주어지는 템플턴상을 수여한다. 이 상은 과학과 종교 사이의 연계를 확고히 하는 사람에게 주어진다. 이 상의 최초 수상자는 1973년 테레사 수녀였다. 그러나 Carl Friedrich von Weizsäcker와 George Ellis처럼 종교적 영감을 받은 과학자들도 수상했다. 상당한 액수의 자금 덕분에 템플턴 재단은 학문 연구에 적지 않은 영향력을 미치고 있다. 그래서 리차드 도킨스를 비롯한 여러 분야의 사람들에게 정당한 비판을 받아왔지만 용서에 관한 연구는 충분히 긍정적 영향을 발휘했다.

20. Kenneth Pargament, "Can group interventions facilitate forgiveness of an ex-spouse? A randomized clinical trial". *Journal of Clinical and Consulting Psychology*, 2005/73, pp. 880–892.

21. 비엘 가족의 역사에 관해서는 〈어둠으로부터의 기나긴 길Der lange Weg aus der Dunkelheit〉이라는 영상에 잘 기록되어 있다. 남아프리카에서 나타난 용서의 과정을 그린 이 영상은 2000년 선댄스 영화제에서 최우수 다큐멘터리영상으로 상을 받았다. 에이미비엘 재단 웹사이트(www.amybiehl.org, www.amybiehl.co.za)에서 더 많은 정보를 볼 수 있다. 저널리스트의 기사도 참조했다. Gregg Easterbrook, "Forgiveness is good for your health", beliefnet.com; Maureen Harrington, "A Mother Forgives Her Daughter's Killers", *People Magazine*, 2003. 7. 21.

22. 남아메리카공화국 사면위원회에서 피터 비엘이 한 발언은 앞의 영상에 잘 기록되어 있다.

23. 나도 이 사건에 대한 여러 언론 기사를 읽고서 처음에는 믿을 수 없었음을 인정한다.

그러나 늦어도 2008년 4월 16일 오스틴에 있는 텍사스 대학에 71분 동안 한 린다 비엘과 은토베코 페니의 연설을 듣고 난 뒤부터는 이 비엘 가족의 놀라운 이야기가 꾸며낸 것이 아니라고 믿게 되었다.

06. 여유로운 사회

1. Immanuel Kant, "Die Metaphysik der Sitten", Wilhelm Weischedel ed., *Werke in zwölf Bänden*, Bd 8, Frankfurt am Main, 1977, p. 455. (백종현 옮김, 《윤리형이상학》, 아카넷, 2012)
2. Friedrich Nietzsche, "Menschliches, Allzumenschlichep", *Werke*, Bd 1, p. 888. (강두식 옮김, 《인간적인 너무나 인간적인》, 동서문화사, 2016)
3. Karlheinz Deschner, "Warum man zu Lebzeiten nicht aus seiner Haut fahren kann. Redebeitrag zur Begehung meines 80. Geburtstages am 23. Mai 2004", Hermann Gieselbusch, Michael Schmidt-Salomon ed., *'Aufklärung ist Ärgernis...' Karlheinz Deschner. Leben–Werk–Wirkung*, Aschaffenburg, 2006.
4. Peter Bieri, *Das Handwerk der Freiheit: Über die Entdeckung des eigenen Willens*, München, 2001, pp. 17-18. 왜 그런지 모르겠지만 비에리의 책에는 Raskolnikow가 아니라 Raskolnikov 라고 적혀 있다.
5. Swetlana Geier의 현대적 번역에서는 원래 러시아어의 의미와 같은 제목을 선택하고 있다. Fjodor Dostojewski, *Verbrechen und Strafe*, Frankfurt am Main, 1994.
6. Peter Bieri, *Das Handwerk der Freiheit...*, p. 325.
7. 같은 책 pp. 344-355.
8. 같은 책 p. 360.
9. 다음 비판적 분석을 참조. Robert J. Lifton, Greg Mitchell, *Who Owns Death? Capital Punishment, the American Conscience and the End of Executions*, New York, 2000.
10. Arthur Schopenhauer, "Die Welt als Wille, Vorstellung", *Werke in zehn Bänden*, Bd 2, p. 433. 포이어바흐(Paul Feuerbach)도 비슷한 방식으로 보복 형법을 비판하였다.
11. Roland Freisler. 다음에서 재인용. Fritz Bauer, "Die Schuld im Strafrecht", *Die Humanität der Rechtsordnung: Ausgewählte Schriften*, Frankfurt am Main, 1998, p. 274.
12. Fritz Bauer, 같은 책 p. 249 이하.
13. Gunnar Spilgies, *Die Bedeutung des Determinismus-Indeterminismus-Streits für das Strafrecht. Über die Nichtbeachtung der Implikationen eines auf Willensfreiheit gegründeten Schuldstrafrechts*,

Hamburg, 2004 참조.

14. Reinhard Merkel, *Willensfreiheit, rechtliche Schuld: Eine strafrechts-philosophische Untersuchung*, Baden-Baden, 2008.
15. Reinhard Merkel, 같은 책 p. 136에서 재인용.
16. Peter Bieri, *Das Handwerk der Freiheit...*, pp. 335-336.
17. Fritz Bauer, *Die Schuld im Strafrecht*, pp. 268-269.
18. Daniel Coleman, *EQ–Emotionale Intelligenz*, München, 1997, p. 141.
19. Hans J. Markowitsch, Werner Siefer, *Tatort Gehirn...*, pp. 168-169.
20. 같은 책 p. 192.
21. Malcolm Gladwell, *Tipping Point. Wie kleine Dinge Großes bewirken können*, München, 2002, p. 165 이하.
22. 스탠퍼드 죄수실험에서는 학생들을 임의로 나누어 모의감옥에서 죄수와 간수 역할을 하게 했다. 원래 2주를 계획했던 실험은 1주가 지난 뒤 멈추어야 했다. 죄수의 심리적 부담이 너무 컸기 때문이다. 평범한 학생들이 매우 짧은 기간에 감정적으로 붕괴된 죄수와, 가학적 공격성을 지닌 간수로 바뀌었다.
23. Philip Zimbardo, *The Lucifer Effect: Understanding How Good People Turn Evil*, 임지원·이충호 옮김, 《루시퍼 이펙트: 무엇이 선량한 사람을 악하게 만드는가》, 웅진지식하우스, 2007.
24. Michael Ebertz, "Treue zur einzigen Wahrheit. Religions interner Fundamentalismus im Katholizismus", Hermann Kochanek ed., *Die verdrängte Freiheit. Fundamentalis-mus in den Kirchen*, Freiburg, 1991, p. 46.
25. Michael Schmidt-Salomon, *Manifest des evolutionären Humanismus*, p. 115.
26. Karl Marx, *Thesen über Feuerbach*, 최인호 옮김, 〈포이에르바하에 관한 테제들〉, 《칼맑스 프리드리히엥겔스 저작선집 1》, 박종철출판사, 1997.
27. Condoleezza Rice. 다음에서 재인용. Philip Zimbardo, *The Lucifer Effect...*, p. 300.
28. Noam Chomsky, *Hegemony or Survival*. 황의방 옮김, 《패권인가 생존인가》, 까치, 2004; Noam Chomsky, *Power and Terror: Post 9/11 Talks and Interviews*, 홍한별 옮김, 《권력과 테러》, 양철북, 2003.
29. Arundhati Roy, Krieg ist Frieden, *Spiegel Online* 2001. 10. 30.
30. *Fahrenheit* 2004/11
31. 영향력 있는 네오콘 씽크탱크의 보고서를 참조할 것. *Project for the New American Century*(PNAC); *Rebuilding America's Defenses, Strategies, Forces, And Resources For A New*

Century, Washington, 2000.

32. 다음도 참조. Michael Schmidt-Salomon, "Amerika, 'das Böse' Über den wachsenden Einfl uss der religiösen Rechten in den USA", *Materialien und Informationen zur Zeit*(MIZ), 2/2003.

33. Roméo Dallaire, *Handschlag mit dem Teufel: Die Mitschuld der Weltgemeinschaft am Völkermord in Ruanda*, Frankfurt am Main, 2007 참조.

07. 털 없는 원숭이를 위한 복음

1. Georg Christoph Lichtenberg, *Aphorismen*. München, 1984, p. 40.
2. Friedrich Nietzsche, "Aus dem Nachlass der Achtziger Jahre", *Werke*, Bd 3, pp. 836-837.
3. 이 멋진 관용구는 조르다노 브루노 재단 안의 카페에서 새벽까지 토론을 이어가곤 했던 빈의 진화생물학자 프란츠 부케티츠 덕분에 알게 되었다.
4. 바촌 브로크는 'Emergentia praecox', 곧 일종의 '조숙증'를 앓았다고 밝혔다. Bazon Brock, *Der Barbar als Kulturheld. Ästhetik des Unterlassens - Kritik der Wahrheit*. Köln, 2005.
5. Horst Herrmann, *Die Folter. Eine Enzyklopädie des Grauenp*, Frankfurt am Main, 2004.
6. Karlheinz Deschner, *Für einen Bissen Fleisch. Das schwärzeste aller Verbrechen*, Bad Nauheim, 1998.
7. Michael Schmidt-Salomon, *Manifest des evolutionären Humanismus*, p. 120 이하.
8. Heinz Oberhummer, *Kann das alles Zufall sein? Geheimnisvolles Universum*, Salzburg, 2008, p. 40.
9. Richard Dawkins, *The God Delusion*, 이한음 옮김, 《만들어진 신》, 김영사, 2007.
10. Ernst Salcher, *Gott? Das Ende einer Idee*, Frankfurt am Main, 2007, p. 247 이하. 그리고 Heinz Oberhummer, *Kann das alles Zufall sein...*, p. 99 이하.
11. Franz Josef Wetz, *Die Kunst der Resignation*, Stuttgart, 2000.
12. 루트거 뤼트케하우스는 계몽적 비관주의의 고전적인 저서에서, 이 '무의미하고, 절망적인 영원한 무'가 더 자세히 살펴보면 그렇게 끔찍하지는 않다는 사실을 잘 보여주었다. Ludger Lütkehaus, *Nichts: Abschied vom Sein, Ende der Angst*, Frankfurt am Main, 2003.
13. "누가 사실이 아니라고 거짓말할 이유가 있을까? 사실로부터 고통 받는 사람이다. 그러나 사실로부터 고통 받는다는 것은 하나의 실패한 사실이다." Friedrich Nietzsche,

"Der Antichrist", *Werke*, Bd 2, p. 1175. (백승영 옮김, 〈안티크리스트〉, 《니체 전집 15권》, 책세상, 2005)

14. Christian Weber, "Das Paradies ist, jetzt". 다음 제목의 기사에서 "Glück ohne Gott. Wie ungläubige Menschen Sinn im Leben finden", *Süddeutsche Zeitung Wissen*, 2008. 11.
15. Sigmund Freud, "Vorlesungen zur Einführung in die Psychoanalyse", *Studienausgabe*, Bd 1, Frankfurt am Main, 1969, pp. 283-284. (김양순 옮김, 《정신분석 입문》, 동서문화사, 2016)
16. Gerhard Vollmer, *Auf der Suche nach Ordnung. Beiträge zu einem naturalistischen Welt- und Menschenbild*, Stuttgart, 1995, p. 43 이하 참조.
17. Michael Schmidt-Salomon, *Manifest des evolutionären Humanismus*, pp. 11-12.
18. Michael Schmidt-Salomon, *Auf dem Weg zur Einheit des Wissens*, p. 30 이하 참조. 문화주의적 오류는 기본적으로 존재로부터 당위라는 결론을 만들어내는 '자연주의적 오류'로의 회귀이다.

아름다운 마무리를 위하여

1. 칼 포퍼는 이런 사고를 매우 명확하게 공식화했다. "우리는 이론이 우리를 대신해 죽게 버려둘 수 있다. 자존심을 제외하고는 아무 것도 잃지 않고 그것을 없앨 수 있다." Karl Popper, "Die Wege der Wahrheit", *Aufklärung und Kritik*, 1994/2, p. 49.

찾아보기

인 명

책·영화·간행물

사항·주요 개념